디지털·AI 전환

디지털·AI 전환

초판 1쇄 발행 2024년 10월 15일
초판 2쇄 발행 2025년 9월 30일

지은이 이병기

펴낸곳 서울대학교출판문화원
주소 08826 서울 관악구 관악로 1
도서주문 02-889-4424, 02-880-7995
홈페이지 www.snupress.com
페이스북 @snupress1947
인스타그램 @snupress
이메일 snubook@snu.ac.kr
출판등록 제15-3호

ISBN 978-89-521-3878-1 93500

DIGITAL·AI TRANSFORMATION

디지털·AI 전환

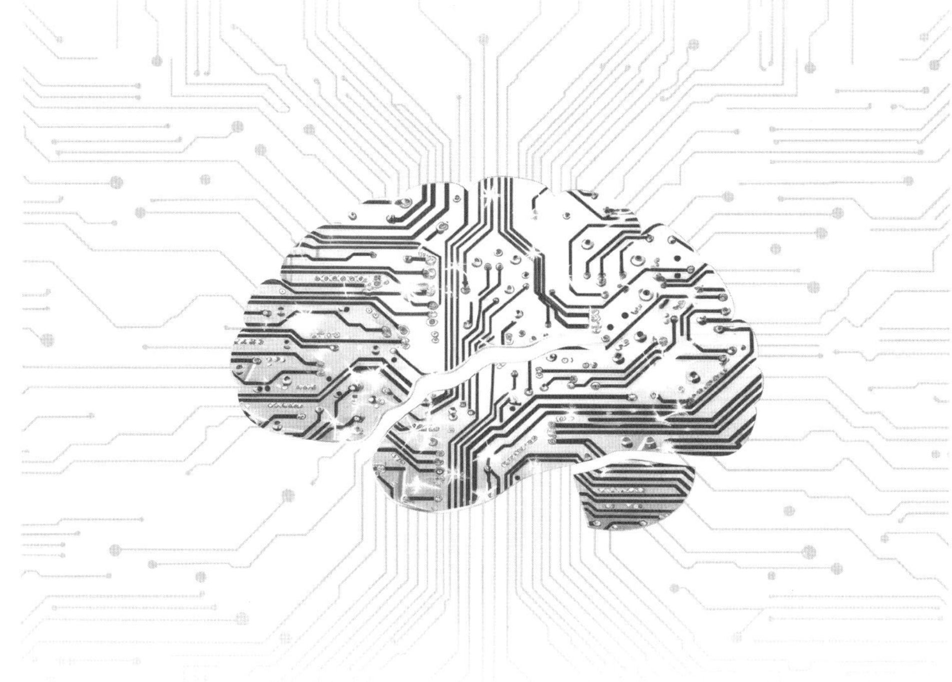

DIGITAL·AI TRANSFORMATION

이병기 지음

서울대학교출판문화원

디지털·AI 전환 기술 연혁

통신	방송		컴퓨터	AI
전화		1876		
무선전신		1896		
	흑백TV 방송	1927		
		1946	에니악 컴퓨터	
	CATV 방송	1948		
	컬러TV 방송	1954		
TAT-1 해저케이블		1956		
Echo-1 통신위성		1960	IBM1401(메인)	
디지털 T-1 캐리어	텔스타-1 위성방송	1962		
		1964	IBM360(메인)	
		1965	PDP-8(미니)	
		1969	아파넷, 인터넷 초연	
		1972	HP9830A(마이크로)	
		1973	IBM SCAMP(PC)	
광통신		1975		MS 설립
전자교환기 4ESS		1976		애플 설립
		1977	Apple Ⅱ(PC)	
		1980	이더넷 표준	
		1981	TCP/IP 프로토콜	
AMPS(1G)		1983	ISP, 인터넷 확립	
ISDN 표준		1984		
ATM 표준		1990	WWW	
GSM(2G)	HDTV 방송	1991		
		1994	넷스케이프	아마존 설립
IS-95(2G)		1996		
		1997	WiFi 표준	IBM 딥블루
	IPTV 방송	1998		구글 설립
		2004		메타 설립
WCDMA(3G)	디지털 지상파 방송	2006		
m-WiMAX(4G)				
cdma2000(3G)		2007	아이폰(스마트폰)	앱스토어
LTE(4G)		2009	갤럭시(스마트폰)	
		2011		IBM 왓슨
		2015		오픈AI 설립
		2016		구글 알파고
NR(5G)		2018		GPT, BERT
		2022		GPT-3.5
		2023		바드, 라마2
				GPT-4, 제미나이
		2024		GPT 스토어

책머리에

지금 인류사회는 디지털 사회로 전환하고 있다. 산업혁명이 농경사회를 산업사회로 전환시켰듯이, 디지털 혁명이 산업사회를 디지털 사회로 이끌었다. 그리고 디지털 사회는 디지털·AI 사회로 줄달음치기 시작했다.

인류사회가 디지털 사회로 전환하면서 모든 것이 새로운 패러다임으로 변화하고 있다. 디지털 전환은 산업에서 먼저 시작되어 기업을 전면적으로 바꾸었다. 제조 부문에 디지털 기술을 적용하는 것을 넘어 사업 모델, 사업 운영, 조직 구조, 의사결정 등을 전면적으로 변화시켜 기업을 혁신했다. 그리고 디지털 전환은 사회로 밀려들어 인간의 사회활동을 광범위하게 변화시키고 있다. 정치·경제·사회는 물론 개인의 일상생활까지, 디지털 방식과 디지털 개념으로 전방위적인 변화를 일으키고 있다.

디지털 사회로 전환한다고 해서 기존 산업이 사라지는 것은 아니다. 농업사회가 산업사회로 전환해도 농업이 소멸하지 않는 것과 마찬가지다. 다만 새로운 패러다임으로 전환할 뿐이다. 산업사회로 전환하면서 쟁기로 짓던 농사가 트랙터 농사로 바뀌었듯이, 디지털 사회로 전환하게 되면 트랙터 농사는 새롭게 디지털 기술을 이용한 자율주행 트랙터 농사로 변화하게 된다.

디지털 전환이 시작된 것은 디지털 개념이 처음 출현하고 대략 50년의 세월이 흐른 뒤였다. 디지털 전환(轉換)에 시동을 건 것은 1960년대에 장거리 통신의 꿈을 실현하고자 시작한 디지털 변환(變換)이었다. 아날로그 신호를 디지털 신호로 변환하는 기술은 장거리 통신은 물론 음성 및 영상 신호를 컴퓨터 데이터와 종합적으로 처리하는 것까지 가능하게 했다. 그리고 통신과 컴퓨터가 융합하는 계기를 마련해 주었다. 먼저 통신과 컴퓨터가 통신의 차원에서 융합해 인터넷을 기반으로 하는 통신 플랫폼이 정립되었다. 뒤이어 통신과 컴퓨터가 시스템 차원에서 융합한 스마트폰이 출현하면서 운영체제(OS)를 기반으로 하는 콘텐츠 플랫폼이 확립되었다. 그 플랫폼 위에서 애플리케이션 직거래 장터가 열렸고, 그 장터에 온갖 애플리케이션들이 물밀듯이 몰려들었으며, 그 애플리케이션들을 바탕으로 검색, 소셜미디어, 온라인 상거래, 콘텐츠 공유 등 갖가지 응용 플랫폼들이 우후죽순처럼 뻗어 나갔다. 그렇게 'ICT 빅뱅'이 일어났고, 디지털 혁명의 물결이 산업과 사회를 휩쓸면서 디지털 전환이 전개되기 시작했다. 그리고 디지털 전환은 챗GPT의 출현을 계기로 디지털·AI 전환으로 나아가고 있다.

디지털 전환의 중심축을 형성하는 디지털 기술들은 오늘날 인류의 삶에 큰 영향을 미치고 있다. 디지털 기술은 의사소통 방식부터 생활 방식, 학습과 업무 방식, 정보 접근과 유통 방식에 이르기까지 많은 변화를 가져오고 있다. 그리고 디지털 기술의 총아인 인공지능(AI) 기술이 뛰쳐나와 그 변화에 새로운 추동력을 가하기 시작했다. 이는 개개인의 생활 차원을 넘어 기업활동 및 정부 운영으로까지 확장되면서 인류의 활동 방식을 크게 변화시키고 있다. 또한 정보와 서비스에 대한 접근성을 개선하고 사회적 연결성과 산업적 혁신성을 향상하는 긍정적인 변화를 일으키고 있다. 그러나 디지털 격차, 일자리 감소, 거짓 정보와 가짜 뉴스, 개인정보 침해 등 갖가지 문제점도 함께 드러나고 있다.

이와 같은 디지털 전환기를 현명하게 살아가는 방법은 무엇일까? 먼저 시대의 변화를 이해한 뒤 그 흐름에 부합하게 사회적으로 활동하고 개인적으로 행동해야 한다. 그러려면 우선 디지털 기술들이 무엇이고 어떠한 속성을 가지고 어떻게 기능하는지 알 필요가 있다. 또한 디지털 시대의 중심축인 디지털 플랫폼들이 제공하는 서비스와 그 서비스에 결부된 부작용을 함께 이해할 필요가 있다. 나아가 AI 기술을 이해하고, 디지털·AI 기술이 산업을 어떻게 변화시키고 사회에 어떠한 변화를 가져오고 있는지, 또 그 변화가 어떠한 편익과 문제를 수반하는지 숙고할 필요가 있다.

이 책은 이와 같은 문제들에 대한 답을 찾는 데 도움을 주기 위해 쓴 안내서다. 이 책을 읽고 숙고하며 디지털·AI 전환의 본질을 이해하고, 그 토대 위에서 디지털 시대를 현명하게 살아가는 방법을 스스로 찾게 되기를 기대한다.

끝으로 집필에 도움을 주신 분들께 감사드린다. 원고를 검토해 주신 서울대학교 박세웅 교수, 심병효 교수와 문병로 교수, 고려대학교 강충구 교수와 이인규 교수, KAIST 황의종 교수, 영남대학교 노석균 명예교수, 삼성전자 최성현 부사장, 포스코ICT 최두환 전 사장, 현대자동차 도영진 상무께 감사드린다. 또한 집필을 지원해 준 대한민국학술원에 감사를 표한다.

2024년 가을,

관진재(觀眞齋)에서, 성주산을 바라보며

저자 씀

차례

책머리에 6

제1장 디지털·AI 전환의 개관 15

제2장 디지털 전환의 토대 33

2.1 통신과 컴퓨터의 발달 과정 34

(1) 유선통신 (2) 무선 이동통신 (3) 컴퓨터
(4) 컴퓨터 통신 (5) 방송 (6) 핵심 기술 요소

2.2 디지털 변환 42

(1) 세 가지 신호원 (2) 아날로그 신호와 디지털 신호
(3) 디지털 변환 (4) 회선 방식과 패킷 방식

2.3 디지털 통합 50

(1) 회선 방식의 디지털 통합 (2) 패킷 방식의 디지털 통합
(3) 무선에서의 디지털 통합 (4) 인터넷 통신 플랫폼

2.4 디지털 융합, 'ICT 빅뱅' 62

(1) 디지털 융합 (2) ICT 빅뱅 - OS 차원
(3) ICT 빅뱅 - 사업 차원 (4) 디지털 전환의 토대 - 요약

제3장 디지털 플랫폼 69

3.1 디지털 플랫폼의 정립 70

3.2 디지털 플랫폼의 종류 71

(1) 통신 플랫폼(인터넷) (2) 콘텐츠 플랫폼(OS) (3) 응용 플랫폼(앱)
(4) 플랫폼 서비스 예시 (5) 콘텐츠, 애플리케이션, 서비스

3.3 디지털 플랫폼 기업 81

(1) 애플 (2) 구글 (3) 아마존 (4) 메타(페이스북)

3.4 디지털 플랫폼의 성질 90
(1) 양면 시장 (2) 네트워크 외부 효과 (3) 경비 지불, 광고
(4) 주목 경제 (5) 규제 기능

3.5 디지털 플랫폼의 역기능 94
(1) 검색 엔진 (2) 소셜미디어 (3) 개인정보 (4) 최저가 보장 (5) 자연 독점

3.6 디지털 플랫폼 기업의 규제 106
(1) 규제 방법 (2) EU의 디지털 시장법 (3) EU의 디지털 서비스법

제4장 디지털 기술 119

4.1 5G/6G 이동통신 120

4.2 사물인터넷 123

4.3 클라우드 컴퓨팅, 에지 컴퓨팅 126

4.4 디지털 가상공간 128
(1) 증강현실 (2) 가상현실 (3) 메타버스

4.5 디지털 트윈 133

4.6 빅데이터 136
(1) 빅데이터 분석 (2) 바이오정보학

4.7 사이버 보안 솔루션 141

4.8 로봇, 자율주행 145
(1) 로봇 (2) 로봇 프로세스 자동화 (3) 자율주행 차량 (4) 자율 드론

4.9 탈중앙화·분산화 기술 152
(1) 블록체인 (2) 암호화폐 (3) 웹3.0

4.10 3D·4D 프린팅 159

4.11 양자 컴퓨터 162

4.12 AI 166

제5장 인공지능, AI 169

5.1 인간의 지능과 인공지능 170
(1) 사람의 인지 과정 (2) AI의 인지 과정 (3) 이해 (4) 기억

5.2 AI 발달 과정 177
(1) 초기 AI (2) 신경망과 기계 학습
(3) 생성형 모델 (4) 트랜스포머 구조

5.3 AI 알고리듬 181
(1) 탐색 알고리듬 (2) 정렬 알고리듬 (3) 최적화 알고리듬

5.4 기계 학습 186
(1) 지도 학습 (2) 비지도 학습 (3) 반지도 학습 (4) 강화 학습

5.5 신경망 193
(1) 신경망 구조 (2) 신경망의 유형 (3) 순환 신경망, 합성곱 신경망
(4) 신경망의 학습 과정 (5) 실용적 고려사항 (6) 심층 학습, 심층신경망

5.6 트랜스포머 구조 210
(1) 트랜스포머의 구성 (2) 자기주목 메커니즘
(3) RNN, CNN과의 비교 (4) 자연어 처리

5.7 GPT, BERT 221
(1) GPT와 BERT의 구조 (2) GPT와 BERT의 응용 (3) 챗GPT

5.8 AI 인지 기능의 시스템 구현 229
(1) AI 시스템의 블록별 기능 (2) AI 시스템의 복잡도
(3) 가중치 파라미터 수 (4) AI 시스템의 훈련

5.9 AI의 도전과 한계 242
(1) 기술적 도전과 한계 (2) 사회적·윤리적 도전
(3) 위험과 위협 (4) 규제와 관리 (5) EU의 인공지능법(AIA)

제6장 산업의 디지털·AI 전환 261

6.1 디지털 전환의 혜택 262

6.2 디지털 전환의 추동력 264

6.3 디지털 기술의 적용 267

6.4 전통산업의 디지털 전환 270
(1) 전통산업의 운영 개선 (2) 에너지 회사 엔지의 사례
(3) 농기계 제조사 존디어의 사례

6.5 제조산업의 디지털화 276
(1) 인더스트리 4.0 (2) 철강회사 포스코의 사례 (3) 현대자동차의 사례

6.6 디지털 전환 전략 287
6.7 산업의 AI 전환 293

제7장 사회에서의 디지털·AI 전환 297

7.1 디지털 전환기의 사회 298
7.2 디지털 전환 시대의 문화 301
7.3 디지털 시대의 일자리 변화 307
7.4 디지털 격차 309
7.5 디지털 시대의 교육 312
7.6 디지털 전환기의 정치 315
7.7 디지털 감시 320
(1) 디지털 감시사회 (2) 감시자본주의 사회
7.8 디지털 자기 구속 331
(1) 연결 단절의 공포 (2) 집중력 저하 (3) 디지털 도피
(4) 디지털 테크노스트레스 (5) 생각의 구속
7.9 사회에서의 AI 전환 337

제8장 디지털·AI 전환의 과제 343

8.1 디지털 혁명 344
8.2 디지털 플랫폼 346
8.3 교육, 디지털 문해력 350
8.4 거짓 정보, 언론 353
8.5 개인정보, 개인 소양 355
8.6 정부의 역할 358
8.7 AI 시대, AI 로봇 시대 362

참고문헌
약어 목록
찾아보기

01 디지털·AI 전환의 개관

우리는 일상생활 중에 언뜻언뜻 낯선 곳에 살고 있다고 느끼곤 한다. 익숙하던 생활 풍경에 새로운 디지털 장치와 도구들이 들어앉아 있는 것을 발견한다. 산업화 시대의 생활 방식은 어느새 하나둘씩 디지털 시대의 방식으로 바뀌었고, 세상은 이미 옛날과 다른 방식으로 돌아가고 있다. 누구나 스마트폰을 하나씩 지니고 다니며 모든 것을 그것에 의존하며 산다. 단순히 전화와 문자를 주고받는 것을 넘어서, 대화방에 들어가 채팅하고 모르는 것을 검색하고 메모를 하고 약속을 확인하고 길을 찾고 신문을 읽고 음악을 듣고 비디오를 보고 사진을 찍는다. 스마트폰 덕분에 남에게 의존하지 않고 스스로 할 수 있는 일의 범위가 넓어졌다. 대신에 스마트폰 없이 스스로 할 수 있는 일은 그만큼 줄어들었다. 디지털 시대의 상징물인 스마트폰에 익숙해지기 위해 노력하는 가운데 우리는 부지불식간에 디지털 시대 안으로 성큼 들어섰다.

인류사회는 수렵 채취 생활 이후 오랜 세월에 걸쳐 농경사회를 유지해 오다가 19세기 산업혁명을 맞으면서 산업사회로 전환했다. 땅속에 묻힌 탄소 자원을 끌어내 화력을 만들고, 이를 중세 수도원에서 시작된 물레방아 기술에 적용해 인간의 근육의 한계를 넘어서는 동력을 만들어 냈다. 1814년 증기기관의 발명에서 비롯된 산업혁명은 19세기와 20세기에 산업사회를 일궈 냈고, 다양한 기술을 발전시키며 마침내 오늘의 풍요로운 물질문명을 꽃피웠다. 그 토대 위에서 전자 문명이 바통을 이어받아 통신, 컴퓨터, 반도체를 고도로 발달시키면서 디지털 혁명의 기초를 닦기 시작했다. 통신과 컴퓨터가 반도체의 지원 아래 융합에 이르면서 디지털 혁명의 기운이 고조되었다. 그 융합이 통신-컴퓨터 단말기 통합으로 절정에 다다른 순간, 앱스토어의 점화로 'ICT 빅뱅'이 일어나면서 디지털 혁명이 발발했고, 그것을 계기로 산업사회의 디지털 전환(轉換, transformation)이 본격화됐다.

우리는 지금 디지털 전환기에 살고 있다. 음식점에서 직원을 대체하는 디지털 키오스크, 오프라인 서점이 사라져도 책을 살 수 있는 온라인 도서 주문, 한밤중에도 송금할 수 있는 인터넷뱅킹, 동네 병원에 도입된 줄서기 앱, 무엇이든 물어볼 수 있는 검색 엔진, 친구들과 어울릴 수 있는 소셜네트워크 서비스(SNS), 이 모든 것이 디지털 전환기의 변화를 보여준다. 우리가 휴대하며 생활필수품으로 사용하는 스마트폰은 디지털 전환 기술을 집대성한 음성-영상-데이터-컴퓨터-통신의 복합서비스 장치이고, 매일매일 이용하는 인터넷과 소셜미디어는 디지털 전환이 가져다준 사회적 연결과 소통의 수단이며, 오늘날 우리 사회에서 빈번하게 거론되는 '4차 산업혁명'은 다름 아닌 제조산업의 디지털 전환이다. 이와 같이 디지털 전환은 오늘날 개인적 삶의 형태, 사회적 활동 양식, 그리고 산업의 생산 방식을 좌우하면서 인류사회와 산업을 근본적으로 변혁시키고 있다.

디지털 전환은 디지털 혁명으로 인한 산업사회의 변혁에 기인한다. 과거 산업혁명이 농경사회를 산업사회로 전환하는 패러다임 변화를 가져왔듯이, 디지털 혁명은 산업사회를 디지털 사회로 전환하는 새로운 패러다임 변화를 가져오고 있다. 산업혁명기에는 증기기관을 비롯한 각종 생산 기계들이 진원(震源)이 되어 제조산업을 일으켜 생산 방식을 바꾸고, 농촌 중심의 사회를 도회지 중심의 사회로 전환하고, 생활 양식을 변화시키는 대지진을 일으켰다. 마찬가지로 디지털 혁명은 통신과 컴퓨터의 수

직적 융합으로 정립된 플랫폼 위에서 디지털 기술들이 작용해 산업활동을 바꾸고 사회활동으로 확산하면서 산업사회를 디지털 사회로 전환하고 있다. 산업사회의 변혁을 주도한 디지털 패러다임으로 새롭게 변화하는 것, 그것이 디지털 전환의 본질이다.

디지털 전환의 토대

디지털 전환은 과연 어떻게 시작된 것일까? 인류가 필요해서 발명한 것일까, 아니면 작은 변화가 큰 변화로 연결된 것일까? 디지털 전환은 어떻게 전개되면서 인류사회에 자리 잡은 것일까? 그 결과 인류의 산업과 사회활동에 어떠한 영향을 주고 어떻게 변모시킬까? 이러한 질문들을 차근히 살펴보고 그에 대한 답을 면밀하게 검토할 필요가 있다. 그러면 디지털 전환이 가져온 현실의 변화를 좀 더 명확히 이해할 수 있다. 그에 수반된 문제들을 파악하고 더 잘 대응할 수 있으며, 나아가 미래의 변화 방향을 예측할 수 있다. 그 가운데 우리는 디지털 전환에 부합하는 사회활동을 하면서, 불안감 없이 디지털 시대의 삶을 영위할 수 있을 것이다.

디지털 전환은 통신과 컴퓨터의 발달 과정에서 자연스럽게 나타난 현상이었다. 디지털 전환에 시동을 건 것은 디지털 변환(變換, conversion)이었다. 그것은 아날로그 신호를 디지털 신호로 바꾸고, 디지털 신호를 아날로그 신호로 되돌리는 가역적(可逆的) 신호처리 행위였다. 디지털은 잡음 없는 장거리 통신을 꿈꾼 통신공학자들이 아날로그 세상을 떠나 새롭게 개척한 미지의 신세계였다. 그들은 디지털 변환을 뒷받침하는 이론과 기술을 발견·발명했고, 그것을 디지털 통신의 형태로 구현해 장거리 통신의 꿈을 실현했다. 아날로그 신호를 디지털 신호로 변환하자 음성과 이미지를 컴퓨터 데이터와 함께 처리하는 것이 가능해졌는데, 그것이 통신과 컴퓨터가 융합하는 계기를 마련해 주었다. 통신과 컴퓨터는 독자적으로 발전하며 경쟁하고 충돌하다가 서로 융합했으며, 그 융합이 유선 통신에서 무선 이동통신으로 나아가고 시스템 차원으로 발전하면서 통신과 컴퓨터의 완전 융합을 이루었다. 그리고 그것은 디지털 전환에 이르는 커다란 변화를 일으킨 원동력이 되었다. 장거리 통신에의 꿈이 디지털이라는 신세계를 열었고, 그것이 시발점이 되어 세상을 디지털로 바꾸는 디지털 전환에 이른 것이다.

통신과 컴퓨터의 융합은 유선 영역과 무선 영역, 그리고 시스템에 이르는 다차원적 융합으로 진행되었다. 먼저 통신과 컴퓨터가 신호 전송의 차원에서 융합해, 유선과 무선의 모든 음성-영상-데이터 신호가 인터넷을 통해 전송되는 통신 플랫폼이 정립되었다. 뒤이어 통신과 컴퓨터가 시스템 차원에서 융합해 스마트폰이 출현하면서 모든 콘텐츠-서비스-애플리케이션이 운영체제(OS) 위에서 유통되는 콘텐츠 플랫폼이 정립되었다. 그 토대 위에서 애플리케이션 직거래 장터가 열리면서 콘텐츠가 통신 무대의 중심에 자리 잡았고 전통 통신을 주변으로 밀어냈다. 그것은 130년간 이어졌던 전통 통신 시대를 마감하고 콘텐츠 시대를 연 역사적인 사건이었다. 정보통신의 무대를 뒤흔들어 놓은 'ICT 빅뱅'이었다. 애플리케이션 직거래 장터가 중심에 자리 잡자 OS 콘텐츠 플랫폼 위에 온갖 애플리케이션들이 물밀듯이 몰려와 올라앉았고, 그 위에서 검색, 소셜미디어, 온라인 상거래, 콘텐츠 공유 등 갖가지 응용 플랫폼들이 우후죽순처럼 뻗어 나갔다. 그로써 디지털 혁명의 물결이 산업과 사회를 휩쓸면서 디지털 전환을 촉진하기 시작했다. 그리고 그 디지털 전환은 챗GPT가 출현하면서 디지털·AI 전환으로 이행하고 있다.

디지털 플랫폼

통신과 컴퓨터가 통신 차원에서 융합해 정립된 통신 플랫폼, 그리고 통신과 컴퓨터가 시스템 차원에서 융합해 정립된 콘텐츠 플랫폼은 그 위에 형성된 응용 플랫폼과 함께 디지털 전환을 구동하는 엔진으로 기능했다. 통신 플랫폼은 인터넷의 기반 위에서, 콘텐츠 플랫폼은 컴퓨터 OS 위에서, 그리고 응용 플랫폼은 각종 애플리케이션 위에서 형성된다. 이들은 디지털 플랫폼이 되어 각종 콘텐츠와 애플리케이션과 서비스를 실어 나르면서 산업과 사회의 디지털 전환을 촉진했다. 특히 응용 플랫폼은 각종 애플리케이션을 통해 검색, 소셜미디어, 온라인 상거래, 콘텐츠 공유 등의 서비스를 제공하면서 사회 깊숙이 파고들어 디지털 전환을 주도했다.

디지털 플랫폼은 디지털 자원을 생성, 저장, 전달, 처리 및 응용하는 공간이다. 이때 디지털 자원이란 각종 정보로 구성된 디지털 콘텐츠, 애플리케이션, 디지털 서비스를 일컫는다. 따라서 디지털 플랫폼은 모든 개발자, 제공자, 사용자들이 참여해 콘텐츠, 애플리케이션, 서비스 등 다양한 디지털 자원을 생성, 유통, 소비하는 디지털 생태계 공간을 형성한다.

디지털 플랫폼은 콘텐츠, 애플리케이션, 서비스를 제작하고 유통할 수 있는 하드웨어, 소프트웨어, 네트워크 등의 디지털 기술 인프라를 제공한다. 디지털 플랫폼은 개발자가 플랫폼의 기능과 형식에 맞춰 애플리케이션과 서비스를 생성할 수 있도록 응용프로그래밍 인터페이스(API)를 제공한다. 또한 디지털 플랫폼은 사용자가 플랫폼의 기능과 콘텐츠와 서비스에 접속하고 상호작용할 수 있도록 웹이나 모바일 앱과 같은 사용자 인터페이스(UI)를 제공한다. 이와 같이 디지털 플랫폼은 디지털 기술로 디지털 전환을 구동하는 공간이자 디지털 전환 관련 이해관계자들이 소통하고 거래하고 협업하는 공간이다.

디지털 플랫폼의 종류는 다양하다. 잘 알려진 예로, 애플의 앱스토어나 구글의 플레이스토어와 같은 애플리케이션 장터가 있고, 페이스북이나 트위터와 같은 소셜미디어 플랫폼이 있다. 또한 아마존이나 알리바바의 모바일 쇼핑과 같은 전자상거래 플랫폼, 아마존 웹 서비스(AWS)나 마이크로소프트 애저(Azure)와 같은 클라우드 컴퓨팅 플랫폼, 그리고 유튜브나 넷플릭스와 같은 콘텐츠 공유 플랫폼이 있다. 그 밖에도 각종 온라인 상거래 플랫폼, 교육 플랫폼, 협업 플랫폼, 메시지 통신 플랫폼, 여행 예약 플랫폼, 금융 결제 플랫폼, 건강 피트니스 플랫폼 등이 있다.

디지털 플랫폼을 주도하는 기업을 플랫폼 기업이라고 부른다. 디지털 플랫폼 기업의 수는 플랫폼의 종류만큼이나 많겠지만, 그중에서 가장 규모가 크고 영향력이 큰 기업은 애플, 구글(알파벳), 아마존, 메타(전 페이스북) 등 빅테크 기업이다. 이 네 기업은 모두 2024년 6월 28일 기준 시가총액 세계 10대 기업에 들어간다. 이 사실은 플랫폼 기업들이 디지털 전환의 시대를 앞장서며 경제 판도를 주도하고 있음을 말해 준다.

디지털 기술

디지털 전환의 커다란 수레바퀴를 돌리는 원동력은 어디서 나왔을까? 바로 디지털 기술이다. 디지털 기술이 산업에 적용되어 산업의 디지털 전환을 구동했고, 그것이 사회의 디지털 전환으로 확산했다. 디지털 기술이 없었다면 디지털 전환이라는 용어도, 디지털 전환이라는 현상 자체도 없었을 것이다.

디지털 기술은 매우 다양한데, 모두 통신기술과 컴퓨터기술이 결합된 정보통신기술(ICT)이다. 통신에 직접 관련된 기술에는 5G 이동통신, 사물인터넷(IoT) 등이 있고, 컴퓨터에 직접 관련된 기술에는 인공지능(AI), 디지털 트윈, 양자 컴퓨터 등이 있다. 통신과 컴퓨터에 공통으로 관련된 것으로 클라우드 컴퓨팅과 에지 컴퓨팅, 증강현실(AR)과 가상현실(VR), 메타버스, 자율주행 등이 있다. 또한 컴퓨터 데이터 처리에 관련된 기술로 빅데이터 분석, 사이버 보안 솔루션 등이 있고, 기타 로봇 프로세스 자동화(RPA), 3D 프린팅, 블록체인 등이 있다.

5G 이동통신 기술은 4G 기술에 비해 데이터 전송 속도, 지연 시간, 동

시 연결 기기 수, 주파수 효율성 등 여러 측면에서 성능이 뛰어나다. 그래서 자율주행과 지능형 교통 시스템(ITS), IoT, 스마트시티, 원격 의료, 원격 교육, 산업 자동화 등 장차 새롭게 제공될 미래형 서비스의 필수 요소가 된다.

IoT는 인터넷을 사람에서 사물(事物)로 확장한 것으로, 주변 사물들을 인터넷으로 연결해 상호 통신하고 데이터를 공유하며 지능적으로 작동할 수 있도록 해준다. 그래서 자동화와 효율성의 향상, 실시간 상황 파악과 조처, 자원 관리와 에너지 절감 등의 효과를 꾀하면서 연결성, 자동화, 효율성 및 혁신을 제공함으로써 디지털 전환을 촉진해 줄 수 있다.

클라우드 컴퓨팅은 사용자나 기업이 물리적 하드웨어와 인프라를 소유하는 대신 클라우드 사업자의 서버 안에 장착된 저장 장치, 컴퓨터, 응용소프트웨어에 접속해서 데이터를 저장하고 처리한다. 그래서 디지털 장치 구입에 필요한 투자를 절약해 주고 지속적인 관리 비용도 절감해 주며, 경제적이고 확장 가능한 해결책을 제공해 준다. 나아가 사용자나 기업이 장소에 구애받지 않고 원격으로 협업하고 문서를 공유할 수 있는 수단을 제공해 준다.

AR은 화면이나 안경에 보이는 현실 세계 위에 디지털 정보를 덮어씌워 사용자의 현실에 대한 인식을 향상해 주는 기술이고, VR은 가상적인 세계 속에 이용자가 물리적으로 존재하는 것처럼 행동하도록 디지털 환경을 만드는 기술이며, 메타버스는 가상 세계와 현실 세계가 융합하는 디지털 플랫폼이다. 메타버스는 가상 세계와 현실적 환경이 상호 연결되어 있고 사용자들이 아바타를 통해 가상공간에서 각종 사회활동에 참여할 수 있어 장차 다양한 목적으로 사용될 잠재력을 지닌다.

빅데이터는 대용량의 데이터를 수집, 저장, 처리, 분석해 의미 있는 패턴, 상관관계, 추세, 통찰, 지식 등을 추출하는 빅데이터 분석을 말한다. 빅데이터 분석을 활용하면 제반 현상에 대한 심도 있는 이해, 데이터에 기반한 의사결정, 업무 처리에서의 최적화 등을 꾀할 수 있다.

블록체인은 중앙기관의 개입 없이 개인 대 개인이 거래할 수 있도록 개발된 탈중앙화, 분산형 기술이다. 블록체인 기술은 거래를 기록하고 검증하기 위한 투명하고 효율적인 수단을 제공하기 때문에 다양한 산업에 활용될 잠재력이 있다. 암호화폐 비트코인, 대체 불가능 토큰(non-fungible token, NFT) 등이 블록체인 기술을 토대로 만들어졌다.

AI는 인간의 지능을 모방해 사람처럼 사고하고 학습, 추론, 문제해결, 의사결정 등을 수행하는 기계를 일컫는다. AI를 구현하는 데에는 기계학습, 신경망, 자연어 처리, 컴퓨터 비전 등 여러 기술이 관여한다.

AI

AI는 디지털 기술 중 한 가지이지만 인간의 지능을 모방해 사람처럼 학습하고 추론하고 문제를 해결하고 의사를 결정하는 특별한 기술이다. 신경망과 기계 학습을 통해 지식을 습득하고 그 지식을 토대로 추론하고 문제를 풀고 결정을 내린다. AI 개발의 목표는 음성인식, 시각인식, 의사결정, 언어 번역 등과 같이 인간의 지능이 필요한 작업을 수행할 수 있는 시스템을 만드는 것이다. 나아가, 인간의 인지 능력의 다양한 측면을 모방해 상황에 적응하고, 상황을 개선하며, 자율적으로 작동할 수 있는 기계를 만드는 것이다. 그러한 작업에는 학습, 추론, 문제 해결, 인식, 인간 언어의 이해 등의 능력이 필요하다.

AI라는 용어가 처음 사용된 것은 1950년대였지만 AI를 구현하는 과정은 더디게 진척되었다. AI의 핵심인 알고리듬, 기계 학습, 신경망의 세 요소는 70년 정도의 긴 세월 동안 여러 난관을 헤치며 진화·발전했다. 여러 고비를 기술적 돌파구 삼아 발전했고, 몇 차례의 도전적인 이벤트를 거치며 AI 발전의 이정표를 세웠다. 기술적으로는 순환 신경망(RNN)과 합성곱 신경망(CNN)이 출현해 각각 음성 같은 순차적 데이터와 이미지 같은 그리드 형태의 데이터를 효과적으로 처리했다. 또한 변분 자동부호기(VAE)와 생성적 대립 신경망(GAN)이 출현해 생성모델의 문을 열었고, 자기주목 메커니즘이 출현해 병렬 처리의 문을 열었다. 이벤트 측면에서는 1997년에 IBM 딥블루가 체스 세계 챔피언을 이기고, 2011년에 IBM 왓슨이 퀴즈 쇼에서 인간 챔피언을 이기고, 2016년에 구글 알파고가 세계 제일의 바둑 기사를 이기면서 AI 발전사에 이정표를 세웠다.

2017년에 제시된 자기주목(自己注目, self-attention) 메커니즘은 트랜스포머 구조로 구현되어 자연어 처리에 획기적인 발전을 가져왔으며, 트랜스포머 구조는 구글의 BERT와 오픈AI의 GPT에 채택되면서 자연어 처리에 신기원을 이루었다. GPT는 2018~2023년에 걸쳐 개발된 언어 모델로, 이름이 의미하는 대로 '트랜스포머 구조를 갖는 사전 훈련된 생성형 모델(generative pre-trained transformer)'이다. GPT는 자기주목 메커니즘과 트랜스포머 구조를 토대로 신경망의 크기와 능력의 한계를 돌파해 자연어 처리에 획기적인 발전을 가져왔다. GPT는 GPT-3, GPT-4로 진화하면서 발전을 거듭했고, BERT도 람다, 바드, 제미나이 등으로 진화·발전했다.

2022년 11월에 공개된 챗GPT-3.5는 고급 언어 모델로, GPT의 애플리케이션이다. 즉, 사전 훈련에 의해 작동하고 트랜스포머 구조를 갖는 생성형 신경망 모델로, 자연어 처리에 특화된 GPT 애플리케이션이다. 트랜스포머 구조가 갖는 강점을 그대로 계승하고 있으며, 자연어를 이해하고 생성하는 데 특출난 능력을 보유한다. 이름이 챗GPT인 것은 사용자와 대화하고 질문에 답하고 텍스트를 작성하는 등 다양한 기능을 채팅 방식으로 수행하기 때문이다. 그러나 챗GPT는 훈련에 사용된 데이터가 가진 편향성이나 부정확성 등의 한계가 그대로 계승된다는 한계가 있다.

챗GPT-3.5가 출시되면서 AI에 대한 비상한 관심이 모였다. AI가 인간과 유사한 텍스트를 생성하고 인간과 대화를 나눌 수 있음을 확인한 사람들은 AI가 미래의 일이 아닌 현재의 일임을 깨달았다. 챗GPT 출시는 ICT와 플랫폼 사업자들의 비상한 경쟁심을 유발했고 연구개발의 방향을 급속히 AI로 선회하도록 했다. 한편으로 챗GPT의 출시는 AI의 잠재적 위험에 대한 경계심을 불러일으키는 계기도 됐다. AI의 위험에 관한 공적 논의의 장을 열었고, 정부의 정책적 대응에 시동을 걸었다.

산업의 디지털·AI 전환

디지털 기술이 제일 먼저 적용되어 디지털 전환을 일으키기 시작한 부문이 산업이다. 전통산업의 기업들이 디지털 전환에 먼저 관심을 기울이게 된 이유는 경쟁 때문이다. 기업이 디지털로 전환하지 않으면 경쟁에서 뒤처지고 결국은 도태하게 된다. 산업 시대에 들어서서도 쟁기 농사를 고집하면 트랙터 농사에게 밀려날 수밖에 없듯이, 디지털·AI 시대에 들어섰음에도 단순 트랙터 농사를 고수했다가는 디지털 기술로 재무장한 자율주행 트랙터에 밀려서 도태할 수밖에 없다. 그래서 기업들은 디지털 전환을 시대적 과제로 인식하며 경쟁적으로 디지털 전환에 뛰어들었다.

디지털 전환이 기업들의 관심사였던 만큼, 과거에는 디지털 기술들을 사업의 각 영역에 접목해 기업 운영을 변화시키는 행위를 디지털 전환이라고 협의해 정의하기도 했다. 그러나 기업이 추구하는 디지털 전환은 단지 디지털 기술을 채택하는 것을 넘어 디지털 기술들을 토대로 사업 모델, 사업 절차, 조직구조, 의사결정 등 운영 전반에 걸친 변화를 도모하고 새로운 가치를 창출하는 데까지 이르는 전면적인 변화를 추구한다. 그리고 디지털 기술 중 AI 기술이 빠르게 진화한다는 점을 주목해 대량의 데이터 처리, 실시간 의사결정, 정밀한 품질 관리, 적극적인 고객 대응 등의 업무에 AI를 비중 있게 적용해 자동화와 지능화를 추구한다. 이것이 산업의 AI 전환이다.

산업의 디지털·AI 전환에는 여러 디지털 장치를 구입하고 소프트웨어를 개발하고 디지털 전문가를 고용하는 등 많은 투자가 필요하다. 또한 모든 경영진의 합치된 노력이 요구되며 그것을 토대로 회사를 전면적으로 혁신해야 하는 어려운 과제이다. 그러므로 성공적인 전환을 위해서는 명확한 목표와 비전을 제시하고, 전환 책임자를 임명해 전권을 부여하고, 구체적인 전환 계획을 세우고, 전담 조직을 구성할 필요가 있다. 또한 디지털 장치와 기술 확보에 투자하고, IT 인프라를 구축하고, 데이터를 관리 및 분석하고, 현장과 밀착해 협업하고, 성과를 평가 및 분석하는 등 철저한 계획과 실천이 필요하다.

기업이 디지털·AI로 전환했을 때 얻게 되는 혜택은 다양하다. 우선 프로세스 자동화와 운영 최적화를 통해 효율성을 향상하고 비용을 절감하며 시장 진입 시간을 단축할 수 있다. 또한 디지털·AI 기술을 활용하면 고객의 요구사항에 부합하는 개인화된 서비스를 제공할 수 있고, 고객과의 상호작용을 통해서 고객에게 새로운 체험과 만족을 줄 수 있다. 디지털·AI 전환으로 혁신을 촉진하면 과거에 상상할 수 없던 새로운 제품과 새로운 서비스, 그리고 새로운 수익원을 개발하는 것도 가능하다. 실시간 데이터와 고급 분석 수단을 활용해 데이터 기반 의사결정을 내리면, 비즈니스 전략을 최적화하고 시장 변화에 신속하게 대응할 수 있다. 디지털·AI 전환으로 자원 활용을 최적화하고 환경 영향을 최소화하면 지속가능성 목표에 근접할 수 있다. 결국 디지털·AI 전환을 수용하면 시장의 변화에 기민하게 반응하며 경쟁 우위를 유지할 수 있게 된다.

사회에서의 디지털·AI 전환

디지털 기술은 플랫폼 기업들이 제공하는 혁신적인 서비스를 통해서 사회에 흘러들었으며, 그것은 사회활동과 일상생활의 방식을 크게 변화시켰다. 디지털 기술은 의사소통 방식부터 생활 방식, 학습과 업무 방법, 그리고 정보 접근과 유통 방식에 이르기까지 많은 변화를 가져왔다. 모든 사람이 스마트폰을 휴대하고 다니면서 그것을 통해 다른 사람들과 소통하고, 그것을 이용해 각종 정보를 검색하며, 뉴스·스포츠·영화·비디오 영상 등을 감상하고, 사진도 찍고 오락 게임도 한다. 이러한 변화에는 사회적 연결성 향상, 정보 및 서비스 접근성 개선, 산업의 혁신성 제고 등과 같은 긍정적인 요소들이 자리한다. 그러나 디지털 격차, 일자리 감소, 가짜 뉴스 등과 같은 부정적인 요소들도 있다. 나아가 디지털 기술을 잘못 사용하면 디지털 감시사회를 초래할 위험성도 있다.

디지털·AI 시대에는 디지털 기기들을 이용하기 때문에 업무 효율이 높아져서 업무를 처리하는 데 필요한 인력이 감소하는 추세이다. 특히 로봇 프로세스 자동화(RPA)가 확산되면서 생산직 인력을 급속히 대체해 일자리가 많이 감소하고, AI의 발달로 사무직 인력까지도 감소 중이다. 더욱이 은행 업무를 소프트웨어·애플리케이션을 이용한 핀테크로 이행하고 매표나 주문 서비스가 디지털 키오스크로 대체되는 등 대면 서비스가 전자 및 사이버 업무 처리로 전환되면서, 일자리가 더욱 줄어드는 추세이다. 지금 거의 모든 나라가 겪는 일자리 부족 문제는 경기 침체가 원인이기도 하지만, 그보다 더 근본적인 원인은 디지털 기술의 발달로 인한 것이다. 이것은 선진국이나 중진국의 모든 나라가 겪는 공통 문제이다.

디지털·AI 전환은 교육에 디지털 기술을 통합함으로써 교사가 가르치고 학생이 배우는 방식에 근본적인 변화를 가져오고 있다. 디지털 시대의 교육에서 첫 번째로 중요한 것은 모든 학생이 디지털 장치와 인터넷 연결에 차별 없이 접근할 수 있도록 환경을 구비하고 디지털 기술을 적용해 교육 효과를 높이는 것이다. 또한 각종 디지털 도구를 교육에 이용해 학생들의 디지털 문해력을 높여 주고 또한 과학적 문해력을 길러 주는 것이다. 나아가 디지털·AI 시대의 교육은 디지털·AI 기술과 사람이 공존할 미래에 대비해 교육 내용을 재편할 필요가 있다. AI의 발달을 관찰하면서 그것에 비추어 인간이 어떠한 존재인지 새롭게 이해하고, AI와 공존하려면 인간이 어떠한 능력을 개발해야 할지 면밀하게 탐구해 교육에 반영할 필요가 있다.

디지털·AI 전환기에 들어선 오늘날, 정치·사회적으로 여러 병리 현상들이 발생하는 것을 마주하게 된다. 특히 디지털 전환으로 등장한 소셜미디어 플랫폼이 정치활동과 사회운동을 획기적으로 변화시킨 점에 주목할 필요가 있다. 초연결의 소셜미디어가 정치·사회 환경에 가져온 여러 변화 가운데 가장 충격적인 것은 인터넷을 매개로 한 집단행동이라고 할 수 있다. SNS와 유튜브를 통한 인터넷 개인방송이 그것을 가능하게 해주었다. SNS는 구성원들에게 개인의 주장을 표출하고 공유하는 수단을 제공해 주며, 인터넷 개인방송은 불특정 다수에게 개인의 주장을 전파하는 수단을 제공한다. 소셜미디어를 이용하면, 의견을 공유하는 집단을 형성하는 것뿐 아니라 해당 집단의 구성원들이 연대해 집단행동을 하는 것도 가능하다. 또한 과거와 달리, 시공간의 제약 없이 집단을 형성하고 행동으로 옮길 수 있다.

디지털 전환기에 은밀하게 진행되는 현상 중 하나가 국민 개개인과 소비자 개개인에 대한 정보를 수집해 국민과 소비자를 감시하는 데 사용하는 현상이다. 국민 개개인의 정보를 수집하고 이를 국민 감시에 사용하는 것은 통제사회에서나 일어나는 일로서, 자유민주 사회에서는 허용되지 않는다. 그러나 자유민주주의 국가에서도 개개인의 정보가 수집 및 이용되는데, 그것은 디지털 플랫폼 기업이 소비자의 정보를 수집하고 개인별 맞춤형 광고에 이용하는 것이다. 전자는 국가에 의한 국민의 감시이고, 후자는 기업에 의한 소비자의 감시이다. 전자가 국민의 동의 없이 국가가 일방적으로 시행하는 것이라면, 후자는 상당 부분 소비자의 동의를 얻어서 사업자가 시행한다. 전자가 국민의 인권을 침해하는 정치적인 행위라면, 후자는 상당 부분 소비자의 양해 아래 이루어지는 경제활동이다. 전자가 디지털 감시사회를 만든다면, 후자는 감시자본주의 사회로 이끈다.

디지털·AI 전환의 과제

디지털 전환이 진척되면서 디지털 시대가 무르익어 가고 있다. 챗GPT가 출현한 후 AI가 바통을 이어받아 AI 시대로 나아갈 채비를 하는 중이다. 그런데 디지털 사회가 AI 사회로 나아가는 것은 산업사회가 디지털 사회로 전환한 것과는 양태가 다르다. 디지털 사회로의 전환은 패러다임이 변화하는 것이지만, AI 시대는 디지털 시대의 연속선상에 존재하기 때문이다. AI는 디지털 기술의 하나로 이미 사용되어 왔는데, 점차 그 중요도가 커져 종국에는 디지털 기술의 중심에 올라설 것이라는 뜻이다. 즉 AI의 발달은 디지털 전환이 디지털·AI 전환으로 본격화된다는 의미이다.

디지털 전환은 인류사회에 여러 가지 새로운 과제를 안겼다. 디지털 플랫폼 서비스가 개인정보 보호에 대한 과제를 남겼고, 검색 엔진과 소셜미디어는 정보에 편향과 왜곡을 가져왔다. 디지털 전환은 특히 사회에 많은 과제를 던졌는데, 디지털 격차, 일자리 감소, 사이버 공격과 데이터 보안, 거짓 정보와 가짜 뉴스 등이 대표적인 사례이다. 디지털 격차는 디지털 시대의 사회경제적 불평등과 교육 불평등의 원인이 된다. 거짓 정보와 가짜 뉴스는 정치에 악용될 경우 여론조작과 대중선동으로 사회 갈등을 증폭시키고 국민 통합을 저해할 뿐 아니라, 선거 결과를 역전시키고 민주주의를 위기에 몰아넣을 수 있다. 디지털 기술이 원격 카메라와 안면 인식 기술에 적용되어 사람의 이동과 행동을 감시하는 데 사용되면, 감시사회를 초래할 가능성이 있다. 교육 측면에서는 장차 인류가 AI 로봇과 같은 디지털 기술과 공생할 것에 대비해 교육 내용을 어떻게 재정립해야 할지 숙제를 안겼다.

이와 같은 문제점들을 해결하는 것은 인류사회의 발전과 인류의 삶의 질 향상을 위한 필수 과제이다. 부분적으로는 개인의 노력으로 해결할 수 있겠지만, 대부분은 사회제도와 인프라 구축을 통해 체계적으로 풀어나가야 한다. 개인정보 보호, 데이터 보안 및 소비자 권리를 법으로 규정하거나 기존의 법 규정을 강화하고, 허위 정보와 가짜 뉴스에 대처하는 기술을 개발하고 처벌 규정을 제정하며, 사이버 공격에 대한 네트워크의 보안 강화 조치가 필요하다. 정치·사회적 병리 현상에 대응해 소셜미디어의 무분별한 파행을 단속하고 자유민주주의의 파손을 예방하는 각종 대응책이 필요할 뿐 아니라 디지털 감시로부터 국민을 보호하고 감시 자본주의로부터 소비자를 보호하는 대응책도 필요하다. 교육의 측면에서는 디지털 문해력을 길러 주고, 디지털·AI 시대에 부합한 교육 철학을 정립해 교육 현장에 반영할 필요가 있다. 디지털 시대의 일자리 감소 및 변화에 대응하는 다양한 정책적 해결책과 디지털 전환을 돕는 다양한 재교육 및 직업 전환 교육프로그램도 필요하다. 그러한 다각적인 노력을 통해 디지털 기술이 주는 문제점을 예방하면서 혜택은 온 국민이 고르게 누릴 수 있도록 하는 것이 디지털 전환에 수반하는 사회적 과제이다.

디지털 전환이 낳은 시대적 총아인 디지털 플랫폼들이 디지털 문명의 중심에 위치하며 각종 소통과 연결의 수단을 제공하고 '초연결'의 세상을 앞당겨 주었으나, 이제 그 발전이 한계에 달하며 여러 문제를 노정하고 있다. 인터넷 검색 서비스는 개인정보를 수집해 타깃 광고에 이용하면서 개인정보 보호 문제를 노출했고, 소셜네트워크 서비스는 거짓 정보와 가짜 뉴스의 배포나 사이버 괴롭힘 같은 문제를 초래했으며, 전자상거래 플랫폼 제공자의 시장 지배력이 강해지면서 판매자의 사용료를 임의로 올리고 사용자 선택의 폭을 축소하는 폐해를 낳았다. 이와 같은 문제들은 그간 기술 혁신과 산업화를 존중하는 분위기 속에서 관용되어 왔으나, 이제는 그 부정적인 영향이 심각한 사회 문제로 부상했고, 플랫폼 기업들의 독점으로 인한 경쟁 제한 문제가 심각한 수준에 이르렀다. 그래서 각종 소송이 제기되는 가운데 미국 정부는 독점 행위에 대해 규제를 가했고, 유럽은 디지털 시장법과 디지털 서비스법으로 이에 대응하기 시작했다.

AI 기술은 대규모 데이터에 의존해 작동하기 때문에 개인정보 침해, 데이터 보안, 디지털 감시 등에 대한 우려를 증폭시킨다. 특히 AI 기술로 만들어 내는 딥페이크가 심각한 사회 문제로 부상했다. AI가 광범위한 데이터를 끌어모아 사용하는 것은 지식재산권 침해 문제를 유발할 수 있고, AI에 의존해 내리는 의사결정은 윤리적 문제와 편향성 문제를 유발하기도 한다. 반면, AI 기술을 사용하면 이러한 문제들에 대응할 강력한 보안기술을 개발하는 것도 가능하다. 따라서 AI 기술은 정보 보호와 디지털 감시에 대한 양날의 칼을 품고 있는 셈이다. 이와 같이 AI 전환에 따른 사회적 영향은 광범위하고 다면적이며, 기회와 함께 도전을 수반한다. 정보 보안, 디지털 감시, 재산권 침해, 윤리적 문제, 공평성 문제 등 각종 잠재적 부작용을 최소화하면서 AI의 이점을 극대화하는 것이 디지털·AI 전환기의 과제이다.

디지털·AI 전환 주제들의 관계

이 책은 위와 같은 디지털 전환 주제들을 제2장에서 제8장까지 순서대로 기술한다. 그림 1.1과 같이 디지털 전환의 토대, 디지털 플랫폼, 디지털 기술, AI 기술, 산업의 디지털 전환, 사회에서의 디지털 전환, 디지털 전환의 과제 순으로 설명한다. '제1장 디지털·AI 전환의 개관'은 책 내용 전체를 개관하는 서론에 해당하고, '제2장 디지털 전환의 토대'는 디지털 전환을 밑받침하는 통신 및 컴퓨터 기술과 이것들이 융합함으로써 가능해진 통신 플랫폼과 콘텐츠 플랫폼의 형성에 관해 설명한다. 그다음 세 가지 주제, 즉 '제3장 디지털 플랫폼', '제4장 디지털 기술', '제5장 인공지능, AI'는 각각 디지털 전환을 위한 핵심 기술을 다루는데, 서로 독립적이다. 그다음 두 가지 주제, 즉 '제6장 산업의 디지털·AI 전환'과 '제7장 사회에서의 디지털·AI 전환'은 각각 디지털 전환의 산업과 사회에의 적용을 논하는데, 이들 또한 상호 독립적이다. 제8장은 책을 마무리 짓는 결론으로서, 제2장부터 제7장까지 논의한 디지털 전환의 도전 과제들을

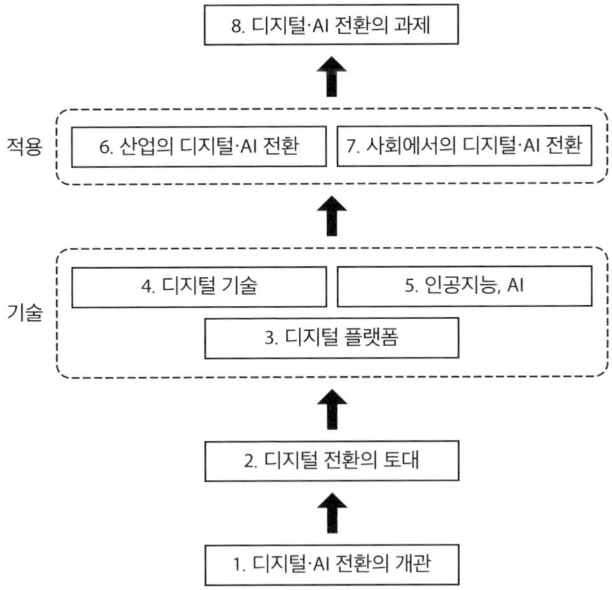

그림 1.1
책의 구성

종합적인 시각에서 재조명한다.

이 책을 제1장에서 제8장까지 순서대로 읽는다면 역사적 배경에서부터 시작해 디지털 플랫폼과 디지털 기술과 AI라는 디지털·AI 전환의 핵심 기술들을 파악한 후에 디지털·AI 전환의 산업적·사회적 영향과 문제를 짚어 보는 순서를 밟을 수 있다. 그러나 각 장은 서로 독립적이기에 순서대로 읽어야만 이해가 가능한 것은 아니다. 예를 들어, 디지털 전환의 토대를 이해해야 디지털 플랫폼으로 넘어갈 수 있는 것이 아니고, 디지털 플랫폼을 이해해야 디지털 기술을 알 수 있는 것도 아니다. 관심이 가는 주제부터 읽은 후에 자유롭게 주제를 옮겨 가는 것 또한 바람직하다.

02 디지털 전환의 토대

디지털 전환이 가능하기까지 여러 단계의 기술적인 혁신이 필요했는데, 그 기술들이 통신과 컴퓨터의 융합으로 발전하면서 폭발적인 힘을 발하게 되었다. 먼저 아날로그 신호를 디지털로 변환하는 데 필요한 이론적 뒷받침과 이를 실제 시스템으로 구현하는 기술들이 마련되었다. 이론적으로는 디지털 신호처리 이론을 비롯해 신호 전송, 교환, 네트워크 등과 관련된 통신 이론이 뒷받침해 주었고, 기술적으로는 디지털 변환을 시스템으로 구현하는 데 필요한 정보통신 및 컴퓨터 기술, 그리고 구현에 물리적 수단을 제공해 준 반도체 기술이 뒷받침해 주었다. 디지털 변환은 전화 음성 신호에 뒤이어 텔레비전 영상 신호에 적용되었고, 이들이 디지털 도메인에서 컴퓨터 데이터와 통합 처리되면서 통신-컴퓨터 융합의 길을 열기 시작했다. 그것이 통신과 컴퓨터의 시스템 차원의 융합으로 발전하면서 폭발적인 힘을 얻었고, 그 결과 통신 플랫폼과 콘텐츠 플랫폼이 형성되었다. 그 플랫폼들이 막강한 힘을 발휘하면서 모든 산업과 서비스에 파급하자, 디지털 전환이 전방위적으로 확산되었다.[1]

1 이병기, 「정보통신의 전개·발전 추세와 시사점: ICT의 메가트렌드」, 『대한민국학술원 논문집(자연과학편)』 제56집 1호, 2017, pp. 33-87; 이병기, 「디지털 전환과 산업·사회에의 파급」, 『대한민국학술원 논문집(자연과학편)』 제63집 1호 , 2024, pp. 353-413 참조.

2.1 통신과 컴퓨터의 발달 과정

통신의 발달사에 있어서 가장 큰 획을 그은 사건은 1876년에 있었던 알렉산더 그레이엄 벨(Alexander Graham Bell)의 전화기 발명이었다. 전화기는 곧 실용화되어 AT&T가 설립되었다. 1896년에는 굴리엘모 마르코니(Guglielmo Marconi)가 무선전신을 발명했다. 전화 발명 이후 100년가량의 기간, 즉 1984년 벨 시스템 붕괴까지가 통신 발달의 전성기였다. 유선통신, 무선통신, 이동통신, 데이터통신을 위한 각종 기술이 발달했고 이를 뒷받침하는 부품 소재도 크게 발전했다. 그리고 그 발전을 앞장서 견인한 것은 AT&T 벨연구소였다.

컴퓨터의 발달사에서 획기적인 출발점은 1946년 에니악(ENIAC)의 제작이었다. 그 후 트랜지스터의 발명과 집적회로의 출현에 힘입어 컴퓨터는 눈부시게 발달했다. 메인 컴퓨터를 시작으로 미니 컴퓨터, 마이크로컴퓨터, 개인용 컴퓨터(PC)로 소형화하면서 발전을 거듭했고, 스마트폰이 출현하면서 컴퓨터는 통신 단말기에 통합되었다. 인터넷이 부상하고 무선 이동통신이 발달함에 따라 컴퓨터는 모바일 컴퓨팅의 주체로 자리하며 정보통신과 결합해 ICT 기술을 발전시켰다. 이러한 컴퓨터의 발달 과정에서 IBM이 초기 발전을 견인했고 뒤이어 DEC, 휴렛 패커드(HP), 애플, 마이크로소프트(MS) 등이 크게 기여했다.

(1) 유선통신

전화통신이 처음 등장했을 당시에는 사용자들이 직접 통신 선로를 연결했다. 그러다 곧 중앙에 위치한 교환수들이 사용자들을 수동으로 연결해 주는 방식으로 바뀌었고, 1892년에 스트로저(Strowger) 스위치가 발명되면서는 기계장치에 의한 자동 교환이 시작되었다. 1906년에 발명된 진공관 전자증폭기가 전송 거리를 연장하는 수단을 제공했고, 1915년 뉴욕과 샌프란시스코를 잇는 대륙횡단 장거리 전화 통화가 가능해졌다. 1956년에는 첫 해저케이블 TAT-1 시스템이 대서양에 설치되어 미국과 유럽을 연결하기 시작했다. 그런데 아날로그 통신 방식에는 잡음과 전송 용량이라는 근본적인 한계가 있었다. 그중 잡음은 디지털 통신 방식을 도입함으로써 획기적으로 줄일 수 있게 되었는데, 그 시작점은 1962년에 개발된 디지털 전송 방식 PCM과 디지털 반송장치(搬送裝置) T-1 캐리어(carrier)였다. 또 전송 용량은 광섬유에 의한 광통신을 도입함으로써 대폭 늘릴 수 있었는데, 첫 광통신 시스템은 1960년에 발명된 레이저와 1966년에 실용적인 수준에 오른 광섬유를 토대로 1975년에 개발되었다. 교환의 문제는 1976년에 개발된 전자동(全自動) 전자교환기 4ESS, 뒤이어 개발된 5ESS 등을 통해 완전히 해결되었다. 한편 음성에 이어 영상과 데이터 서비스의 중요성이 점차 커지면서 기존의 전화망을 이용해 이들을 통합적으로 전송하는 방안이 강구되었다. 1984년에 종합정보통신망(綜合情報通信網, ISDN)이 표준화되었고, 추후 광대역종합정보통신망(BISDN)으로 확대되면서 통합 서비스의 계기가 생겼다.

(2) 무선 이동통신

유선통신은 무선통신과 이동통신으로 발전했다. 무선통신의 기반은 1800년대 말에 확립되었다. 1860년대에 맥스웰(Maxwell)이 전자파에 관련된 네 개의 방정식을 정립했고, 1888년에 헤르츠(Hertz)가 이를 뒷받침해 전자파를 발생시키고 검출하는 데 성공한 것이다. 이를 토대로 1896년 마르코니가 무선전신을 발명했고, 1901년 대서양을 가로질러 전자파로 교신하는 데 성공했다. 주로 무선전신에 사용되던 무선이 방송으로 옮겨가서 1916년에는 라디오 방송이 시작되었고, 1927년에는 흑백TV 방송이 처음 시연되었다. 또 1935년에는 레이더가 발명되었다. 1960년에 첫 통신위성인 Echo-I이 발사되었고, 1962년에 방송위성인 Telstar I이 발사되었으며, 1965년에는 INTELSAT I이 발사되면서 위성통신 시대를 열었다. 이동통신은 1946년에 벨연구소가 첫 서비스를 제공했으나 보편화되지 못했고, 제1세대 이동통신(1G)은 아날로그 방식인 AMPS 시스템에 의해 1983년에 서비스가 시작되었다. 제2세대 이동통신(2G)은 TDMA 방식인 GSM 시스템이 1991년에, CDMA 방식인 IS-95 시스템이 1996년에 각각 상용화되었다. 제3세대 이동통신(3G)에서 이 둘은 CDMA 방식으로 수렴했고 비동기식인 WCDMA 시스템이 2006년에, 그리고 동기식인 cdma2000 시스템이 2007년에 각각 시작되었다. 제4세대 이동통신(4G)은 직교주파수분할다원접속(orthogonal frequency division multiple access, OFDMA) 방식을 사용하는 m-WiMAX 시스템이 2006년에, 마찬가지로 OFDMA 방식인 LTE 시스템이 2009년에 각각 상용화되었으나 추후 LTE 시스템으로 단일화되었다. 제5세대 이동통신(5G)은 4G와 마찬가지로 OFDMA 방식을 사용하며, 2018년에 상용화되어 오늘날 4G와 함께 널리 사용 중이다.

(3) 컴퓨터

에니악 컴퓨터가 1946년에 처음 개발되었을 때 그 크기는 커다란 방에 꽉 찰 만큼 컸다.[2] 그것이 오늘에 이르러서 손에 들고 다닐 수 있는 크기로 줄어든 것이 컴퓨터의 발달 과정을 단적으로 보여 준다고 할 수 있다. 기술 측면에서는 1950년대에는 진공관을, 1960년대에는 트랜지스터를 사용했으며, 1970년대 이후에는 집적회로(integrated circuit, IC)와 대규모 집적회로(large-scale integrated circuit, LSIC)를 사용했다. 먼저 대규모의 메인 프레임 컴퓨터가 만들어졌고, 이어서 미니 컴퓨터, 마이크로 컴퓨터, PC, 스마트폰 등으로 소형화의 길을 걸으며, 규모가 작아지고 가격도 낮아졌다. 또한 사용자가 전문가에서 일반인으로 확대되는 가운데 크게 발전했다. 1950년대에는 천재급의 컴퓨터 전문가들만이 사용할 수 있었는데,

2 컴퓨터의 효시로 꼽는 것은 1946년에 펜실베이니아 대학의 존 모클리(John Mauchly)와 프레스퍼 에커트(Presper Eckert)가 만든 에니악이다. 에니악은 1만 8,000개의 진공관을 사용했고 거기서 발열되는 열을 냉각시키기 위해 167제곱미터에 달하는 냉각 면적이 필요했다.

1960~1970년대에는 고도로 숙련된 사람들까지 사용할 수 있게 되었다가, 1980년대 이후에는 일반인 누구나 사용할 수 있도록 보편화되었다.

1960년대에는 IBM이 IBM1401(1960년), IBM360(1964년)을 출시하는 등 IBM의 주도로 메인프레임 컴퓨터들이 발달했다. 이 대형의 메인 프레임 컴퓨터들은 대기업용과 군용, 그리고 우주 개발용으로 주로 사용되었다. 1965년부터는 PDP-8 등 미니 컴퓨터가 보급되었는데, 이것을 주도한 회사는 DEC, 데이터 제너럴, HP 등이었다. 1970년대 들어서는 1970년에 CDC가 Datapoint2200을, 1972년에 HP가 HP9830A를 출시하는 등 여러 마이크로 컴퓨터들이 등장했다. 이때까지만 해도 아직 컴퓨터는 전문가의 영역에 머물고 있었다.

컴퓨터가 일반용으로 보급되기 시작한 것은 1970년대 중반 IBM, HP, 애플, 코모도르, 컴팩 등이 경쟁적으로 PC를 출시한 이후이다. 1973년 IBM 로스가토스 연구소에서 SCAMP라는 이동식 컴퓨터의 시작품을 만들었는데 이것이 PC의 효시로 알려져 있다. IBM은 디스크운영시스템(DOS)과 윈도우(Windows)를 운영체제로 사용하는 PC의 표준형을 제시했고, 대부분의 다른 회사들은 IBM PC와 호환성이 있는 제품을 출시했다. 그러나 애플은 IBM과 경쟁하며 OS X를 운영체제로 사용하는 새로운 개념의 PC들을 출시했다. 실질적으로는 1977년에 워즈니악(Steve Wozniak)과 잡스(Steve Jobs)가 BASIC 언어, 컬러 그래픽, 4,100자 메모리를 갖춘 첫 Apple II PC를 1,297달러에 판매한 것이 PC 보편화의 시작이었다. 그 이후 IBM이 메인 프레임과 미니 컴퓨터에 역점을 두어 왔던 전략을 바꿔서 PC 사업에 적극적으로 나섰다.

PC가 스마트폰으로 전환된 것은 1990년대에 나온 개인디지털비서(personal digital assistant, PDA)를 그 시발점으로 볼 수 있다. PDA는 이메일, 달력, 주소 책, 계산기, 웹 브라우징, 팩스 송수신 등의 기능을 갖추었고, 닫으면 셀룰러폰으로도 사용할 수 있었다. 실제로 스마트폰을 소형 OS를 갖춘 소형 컴퓨터 겸 휴대전화라고 정의할 때, 제대로 상용화된 스마트폰은 1999년에 나온 RIM의 블랙베리폰과 2003년에 나온 모토롤라의 A760 핸드셋 등을 들 수 있다. 2007년에는 애플이 iOS를 장착한 아이폰을 출시했는데, 이것이 애플리케이션 직거래 장터인 앱스토어와 결합하면서 통신의 판도를 뒤흔들었다. 아이폰은 본격적으로 스마트폰 시대를 열었고, 앱스토어와 결합해 'ICT 빅뱅'을 일으켰다. 아이폰의 등장에 대응해 삼성전자는 2009년에 안드로이드 OS를 장착한 갤럭시를 출시했다.

(4) 컴퓨터 통신

컴퓨터 통신은 컴퓨터의 발전 과정에서 사용자들이 컴퓨터를 공동으로 사용할 수 있도록 단말기와 컴퓨터를 연결할 필요가 있다고 여겨지면서 태동했다. 1960년에 폴 배런(Paul Baran)이 전통적인 회선 통신 방식을 벗어난 패킷에 의한 분산 통신의 개념을 제시했고, 1964년에 패킷 교환이 구현되었으며, 1965년에 이것이 미국 국방성의 아파넷(ARPANET) 프로젝트에 반영되었다. 1969년에 레너드 클라인록(Leonard Kleinrock)이 아파넷 프로젝트의 일환으로 UCLA와 스탠포드 대학을 잇는 첫 데이터통신을 성공시켰으며, 이것이 인터넷(Internet) 역사의 시발점으로 여겨진다. 1973년에 빈트 서프(Vint Cerf)와 로버트 칸(Robert Kahn)이 TCP 프로토콜을 제시했고, 이것이 1981년에 TCP/IP 프로토콜로 재정립되어 아파넷에 사용되면서 인터넷 프로토콜로 정착하게 되었다.

근거리통신망(LAN)에 있어서는 1973년에 로버트 멧칼프(Robert Metcalfe)가 이더넷(Ethernet)의 개념을 제시했고 이것이 1980년부터 상용화되었으며 1983년에 IEEE 802.3 표준으로 자리 잡았다. 무선지역통신망(WLAN)에서는, 1971년에 노만 아브람슨(Norman Abramson)이 첫 무선 패킷 시스템 ALOHA 네트워크를 개발한 이래, 1997년에 IEEE 802.11 WiFi 표준으로 제정되었고 1999년에 상품화되었다. 그 이후로 다양한 버전으로 발전하면서 전송 용량이 획기적으로 증가했고 무선 인터넷 접속 수단으로 자리 잡았다. 한편, 1990년에 팀 버너스리(Tim Berners-Lee)가 월드와이드

웹(world-wide web, WWW)을 개발했고, 1980년대 말 인터넷 서비스 제공업체(ISP)가 등장하기 시작했다. 또한 1994년과 1995년에 각각 넷스케이프와 익스플로러가 출현하면서 인터넷의 상용화가 급진전했고, 그와 함께 인터넷이 급속히 발전했다. 특히 1995년에 처음으로 표준화된 ADSL이 1998년 이후 대용량 가입자망 통신의 문을 열면서 인터넷이 급격히 팽창해 전통적인 통신의 경쟁 상대로 급부상했다.

(5) 방송

방송은 1920년대에 라디오로 먼저 시작했고, 1930년대에 텔레비전이 뒤이어 실용화되었다.[3] TV 방송은 흑백에서 시작해 1950년대에 컬러로 발전했다.[4] 방송은 원래 전파에 프로그램을 변조해 불특정 다수에게 지상파로 내보냈으나, 전파 음영 지역을 대상으로 케이블 텔레비전(cable television, CATV) 유선방송이 1950년대에 처음 등장해 1970년대에 널리 보급되었다.[5] 1980년대에 들어서 지상파 방송이 위성방송으로 확장되었고, 1990년대에는 디지털로 전환되어 고화질 텔레비전(high-definition television, HDTV) 방송 서비스가 제공되었으며,[6] 이와 함께 CATV도 디지털 CATV로 발전했다. 이렇게 지상파 방송을 아날로그 방식에서 디지털 방식으로 전환하는 데는 모든 아날로그 방송을 일시에 끄고('analog switchoff') 디지털 방송을 일제히 켜는('digital switchover') 특별한 과정이 필요했다.[7]

---

3 1927년에 베어드가 전화선을 통해 런던과 글래스고 간 705km에 신호를 보낸 것을 출발점으로, 1928년에 대서양을 건너 런던과 미국 사이에 첫 텔레비전 신호를 보냈고, 1929년에 독일에서 시험 텔레비전 서비스를 시행했다. 그러나 상용 텔레비전 서비스를 처음 제공한 것은 1936년 BBC 방송이었다.

4 미국에서는 NBC가 1954년 1월 1일에 로즈 퍼레이드(Rose Parade)를 전국에 중계하며 최초로 컬러 방송을 시작했다. 이때 사용한 것은 RCA가 개발한 NTSC 시스템이었다.

5 CATV가 상용 서비스로서 처음 시작된 것은 1948년 미국 펜실베이니아주의 소규모 도시에서였고, 우리나라에서 처음 상용 CATV 서비스가 제공된 것은 1995년이다.

6 HDTV 방송의 시작은 1991년 일본에서였다. 그 뒤로 디지털 HDTV 표준이 제정되어 미국은 1998년, 한국은 2001년, 영국은 2006년에 각각 시작했다.

7 지상파 방송의 디지털 전환을 처음 시작한 것은 2006년 룩셈부르크에서였다. 미국은 2009년에

CATV는 지상파 방송이나 위성방송을 공동 안테나로 수신해 가입자들에게 유선으로 서비스하는 방식이다. 주로 동축케이블로 가입자망을 구성했고 나중에는 광섬유를 사용했다. 처음에는 지상파를 수신하기 어려운 난시청 지역을 대상으로 안테나를 높이 세워서 지역 공동으로 사용했기 때문에 '공동체 안테나 텔레비전(community antenna television, CATV)'으로 약칭하기도 한다. 방송은 CATV를 계기로 불특정 다수에게 전파하던 서비스에서 유선 시청자에게만 서비스를 제공하는 구독 서비스로 전환되었다.

CATV는 처음에 단방향의 방송 서비스를 주로 제공했으나, 차츰 양방향 서비스가 가능하도록 케이블 네트워크를 개선했고, 1990년대 들어 인터넷이 중요해지면서부터 케이블 모뎀을 부착해 인터넷 서비스를 겸해 제공하기 시작했다. 그로써 방송 사업자들이 통신 사업에 뛰어들기 시작했다. CATV가 통신 시장으로 진출하기 시작하자, 통신 사업자들은 역으로 인터넷 프로토콜 텔레비전(internet protocol television, IPTV)을 이용해서 방송 서비스를 제공했다. 1998년부터 통신 사업자들이 ADSL, VDSL 등 초고속 가입자망을 이용해 IPTV 서비스를 제공하면서,[8] 방송 시장에 경쟁이 도입됐다.[9] IPTV는 IP 패킷 방식이 통신을 넘어 방송까지도 융합하는 수단을 제공했다는 점에서 의의가 있다.

(6) 핵심 기술 요소

통신과 컴퓨터의 발달사에서 중요한 전기를 마련해 준 요소들이 있다. 새로운 부품 소재의 발명과 새로운 개념 체계의 수립이 그것이다. 그중 첫번째 꼽을 수 있는 것은 1947년에 있었던 트랜지스터의 발명이다. 벨연구

전환했으며, 한국은 2010년에서 2012년 사이에 단계적으로 전환했다.

8 IPTV 서비스를 처음으로 제공한 것은 1998년 미국의 US West였다.

9 우리나라의 IPTV 방송 사업은 2009년에 종합편성방송채널사업자('종편')를 선정한 이후에 시작되었다. 2009년에 종편방송사업자로 선정된 TV조선, 채널A, JTBC, MBN 등이 그에 해당한다.

소의 물리학자 월터 브래튼(Walter Brattain), 윌리엄 쇼클리(William Shockley), 존 바딘(John Bardeen) 세 사람이 발명한 이 새로운 소자는 진공관 중심의 전자공학을 반도체 소자 중심으로 새롭게 조형하는 결과를 가져왔고, 통신, 방송, 컴퓨터 장치들을 소형으로 저렴하게 만드는 길을 열어 주었다.

1960년에 발명된 레이저와 1966년에 감쇄를 20dB/km로 실용화한 광섬유는 광통신을 가능하게 해주었고 통신에서 전송 용량의 문제를 근본적으로 해결해 주기 시작했다. 이에 더해, 통신에서 잡음 문제를 해결해 준 디지털 신호처리 이론은 1960년대에 태동해 모든 아날로그 신호를 디지털로 처리할 수 있는 길을 열었고, 음성·영상·데이터의 디지털 융합을 가능하게 했다.

통신 발달에 커다란 이정표를 세운 새로운 이론과 개념도 있다. 1947년에 벨연구소의 더글러스 링(Douglas Ring)과 윌리엄 영(William Rae Young)이 제시한 육각형 셀룰러 통신의 개념은 30년이 지난 후에 이동통신망으로 구현되었다. 1948년에 벨연구소의 클로드 섀넌(Claude Shannon)이 제시한 정보 이론은 통신 방식과 통신 채널이 전달할 수 있는 정보의 한계를 제시했다.

인터넷 발달에서 몇 가지 획기적인 발명이 있었다. 1960년에 배런이 제시한 패킷 방식 통신은 데이터통신을 위한 새로운 장을 열었다. 1969년에 레너드 클라인록(Leonard Kleinrock) 등이 시연한 아파넷 교신은 첫 인터넷 교신으로 기념된다. 1973년에 빈트 서프(Vint Cerf)와 로버트 칸(Robert Kahn)이 제안한 TCP 프로토콜은 1981년에 IP를 포함하는 종합적인 TCP/IP 프로토콜로 공식 채택되었고, 그것을 계기로 IP 패킷 방식이 다양한 네트워크에서 전송 표준 방식으로 굳어졌다. 아파넷은 1983년에 과거에 사용하던 네트워크 제어 프로토콜(NCP)을 TCP/IP 프로토콜은 교체했고, 그것이 오늘의 인터넷의 시발점이 되었다.[10]

---

10 아파넷이 TCP/IP를 공식적으로 채택한 1983년 1월 1일을 인터넷의 'flag day'라고 부르는 사람이 많다. 이는 이것이 현대 인터넷의 구조가 확립되고 광범위하게 확산하는 계기가 되었기 때문이다.

2.2 디지털 변환

디지털 전환(轉換, transformation)은 디지털 방식으로 업무를 처리하면 효과적이라는 것을 미리 알고 그와 관련된 기술을 개발한 것을 의미하지 않는다. 디지털 전환은 장거리 통신을 위해 아날로그 신호를 디지털 신호로 변환한 디지털 변환(變換, conversion)이 시발점이 되어 나타난 현상이다.[11] 일단 아날로그 신호들이 모두 디지털 신호로 변환되니, 데이터 신호를 포함한 모든 신호도 디지털 방식으로 처리할 수 있게 되었다. 이것이 시너지 효과를 발해 상호 융합에 이르면서 디지털 전환의 실마리가 잡힌 것이다. 그때 디지털 변환의 대상이 된 아날로그 신호는 전화의 음성 신호였고, 이후 텔레비전의 영상 신호가 추가되었다.

(1) 세 가지 신호원

정보통신 발달의 역사는 곧 전화, 텔레비전, 컴퓨터가 각각 만들어 낸 음성, 영상, 데이터 신호를 목적지에 전달하는 방법이 진화해 온 과정이다. 전화, 텔레비전, 컴퓨터는 역사적으로 서로 다른 시점에 서로 다른 서비스를 위해 만들어진 전자장치이다. 전화는 음성 서비스를 위해서 1876년에 발명되었고, 텔레비전은 영상방송 서비스를 위해서 1920년대 초반에 만들어져 1927년에 처음 방송되었으며, 컴퓨터는 계산 및 데이터 처리를 위해서 1947년에 만들어졌다. 전화와 텔레비전은 처음부터 일반인의 관심 영역이었으나, 컴퓨터는 전문가들의 관심 영역이었고 그것이 일반인을 대상으로 보편화되기 시작한 것은 1973년 PC가 출시된 이후이다. 그

11 영어에 digitization, digitalization, digital transformation 등의 용어가 있는데, digitization은 아날로그 신호를 수치화해 디지털 형식으로 바꾸는 것이고, digitalization은 디지털 기술을 이용해 어떤 공정(process)이나 부분(sector)을 바꾸는 것이며, digital transformation은 디지털 기술을 도입해 회사 운영을 전면적으로 바꾸는 것을 말한다. 따라서 digitization은 디지털 변환에 대응되고 digital transformation은 디지털 전환에 대응된다.

러므로 일반인의 입장에서 본다면 음성 서비스용 전화는 1876년에, 영상 서비스를 위한 텔레비전은 1927년에, 데이터 서비스를 위한 PC는 1973년에 출현한 셈이다. 각각 50년가량의 터울을 두고 출현했다.

전화, 텔레비전, PC는 각각 음성, 영상, 데이터 형태의 통신 서비스를 제공하기 위한 세 가지 통신 신호원(信號源)을 형성한다. 음성 신호는 원래 아날로그 신호로서 주파수 대역이 4kHz 이하인데, 디지털로 전환하면 64kbps의 전송 속도를 갖는다. 영상 신호는 원래 2차원의 아날로그 신호로 전송을 위해서 수평 방향으로 스캔한다. 화면의 수평 방향을 따라 빛의 세기를 아날로그 신호로 표시하고 한 줄이 끝나면 그다음 줄을 스캔하는 방식이다. 이러한 스캔 과정은 1초에 30회 반복된다.[12] 컬러TV의 경우에는 색을 RGB(빨강, 초록, 파랑) 삼원색으로 분해해 그 각각의 빛의 세기를 스캔한다. 스캔한 아날로그 신호를 디지털로 변환하면 표준형 TV의 경우 전송 속도가 통상 250Mbps가량으로 높지만, MPEG-2 등 신호 압축 기술을 적용하면 2~6Mbps 수준으로 낮출 수 있다.[13] 디지털TV의 경우에는 TV 화면 안에 화소가 촘촘히 박혀 있고 그 화소의 빛의 세기를 스캔하면 바로 디지털 신호가 된다. 전송 속도는 화소의 밀도, 즉 해상도(解像度, resolution)에 따라 다르며, 화소의 밀도는 표준형 TV(SDTV)는 720화소×480줄, 고해상도 TV(HDTV)는 1,920화소×1,080줄, 초고해상도 TV(UHDTV)는 3,840화소×2,160줄 등이다. 데이터는 원래 디지털 신호로서 보통 음성 신호보다도 전송 속도가 느리지만 멀티미디어 데이터의 경우는 음성이나 영상 신호의 수준으로 전송 속도가 빠를 수 있다.

---

12 이것은 우리나라와 미국, 일본 등과 같이 NTSC 표준을 채택하는 나라들의 경우이고, 유럽처럼 PAL이나 SECAM 표준을 채택하는 경우에는 초당 25회 스캔한다. 이것은 각 국가에서 사용하는 전기 공급 주파수(각각 60Hz와 50Hz)에 맞춰서 정한 것이다. 각 스캔은 홀수 줄로 구성된 필드를 먼저 스캔한 후에 짝수 줄로 구성된 필드를 스캔하는 방식으로 이루어진다.

13 실례로, 표준형 TV의 경우 줄마다 720픽셀(pixel, picture cell)을 취하고, 480줄을 초당 30회 스캔하며, RGB 삼원색을 각각 픽셀당 8비트로 양자화한다고 하면 데이터 속도는 720×480×30×24로 약 248.83Mbps가 된다.

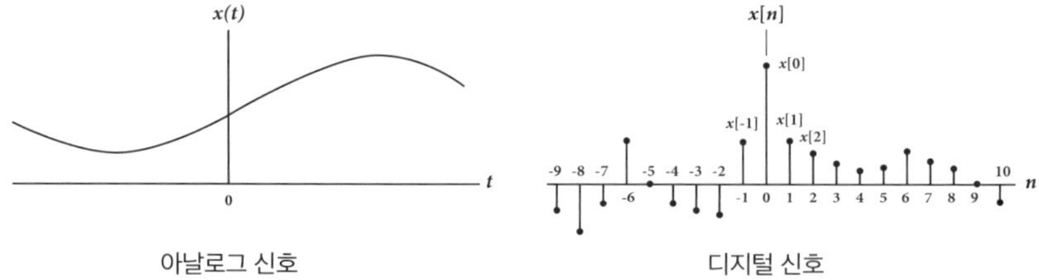

그림 2.1 아날로그 신호와 디지털 신호

(2) 아날로그 신호와 디지털 신호

아날로그 신호와 디지털 신호는 어떻게 다를까? 단적으로, 자연 상태에서의 소리는 모두 아날로그 신호라고 할 수 있다. 귀로 듣는 소리나 눈으로 보는 장면은 모두 아날로그 신호이다. 사람의 음성도 아날로그 신호이고 전화기를 통해 보낸 음성 신호도 아날로그이다. 마찬가지로 촬영하는 화면도 아날로그이고 이를 텔레비전으로 방영한 영상도 아날로그이다. 아날로그 신호는 시간적으로 변하는데 신호의 변화가 연속적이라는 점이 특징이다. 이를 그림으로 표현하면 그림 2.1과 같다. 아날로그 신호 $x(t)$는 시간 t에 따라서 연속적으로 변한다. 엄밀히 말하면, 시간 t는 연속적인 값을 갖고 아날로그 신호 $x(t)$는 실수값을 갖는다.

아날로그 신호에 비해 디지털 신호는 그림 2.1과 같이 불연속적이다. 디지털 신호는 모든 시간에 존재하는 것이 아니라 일정한 간격으로 떨어진 시간, 즉 이산시간(離散時間, discrete-time)에만 존재한다. 그래서 그림에서는 시간을 자연수 n으로 표시했다. 디지털 신호 $x[n]$은 시간 n에 존재하는 신호의 크기이다. 이것은 실수값일 수도 있고 이진법(二進法, binary) 수치로 표시할 수 있는 제한된 값만 가질 수도 있다. 엄밀히 말해 전자를 이산시간 신호(discrete-time signal), 후자를 디지털 신호(digital signal)라고 부른다. 시간축이 이산시간이라는 점이 공통적이기 때문에 때로는 이산시간 신호와 디지털 신호를 혼용해서 사용하기도 한다.

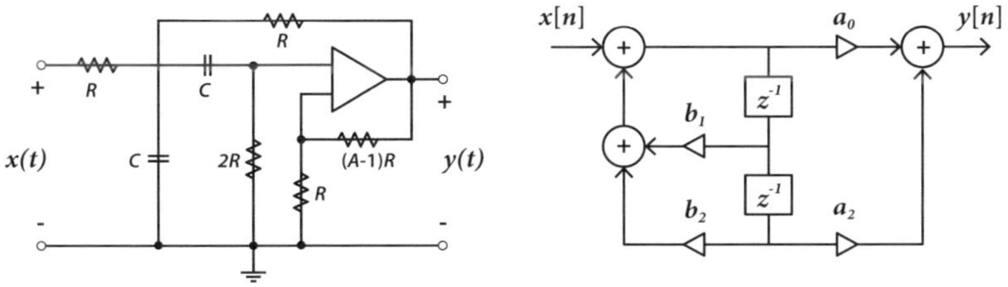

아날로그 회로　　　　　　　　디지털 회로

그림 2.2 아날로그 회로와 디지털 회로

1870년대에 전화기가 발명된 이래, 전통적인 전화통신에서는 음성 신호를 아날로그 상태로 처리하고 전달해 왔다. 이때 아날로그 신호를 처리하는 시스템을 아날로그 회로라고 부른다(그림 2.2 참조). 아날로그 회로는 저항(resistor, R), 인덕터(inductor, L), 커패시터(capacitor, C), 연산증폭기(Operational Amplifier, OpAmp) 등 아날로그 소자로 구성된다. 여기서 R, L, C, OpAmp 등은 실체가 있는 명실상부한 전자 소자들이고 각 소자들도 실체적으로 연결된다.

1960년대 이후 아날로그 신호가 디지털 신호로 변환되고 전화통신이 아날로그 통신에서 디지털 통신으로 전환하면서 음성 신호를 디지털로 변환해 디지털 상태로 처리하고 전달해 왔다. 이때 디지털 신호를 처리하는 시스템을 디지털 회로라고 부른다(그림 2.2 참조). 디지털 회로는 덧셈기(adder), 곱셈기(multiplier), 지연기(delay) 등으로 구성된다. 이것들은 실체적인 소자도, 실체적인 연결도 아니다. 다만 연산논리장치(arithmetic logic unit, ALU), 곱셈덧셈기(multiplier accumulator, MAC), 메모리 등을 연결해 회로에 표시된 것과 같이 계산하도록 프로그래밍한 것이다.

(3) 디지털 변환

아날로그 신호를 디지털 신호로 변환하게 된 동기는 단순히 전송 잡음의

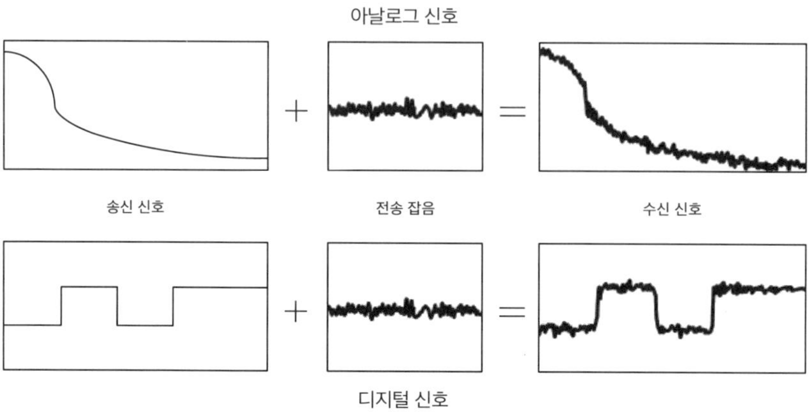

그림 2.3 아날로그 전송 잡음과 디지털 전송 잡음

제약에서 벗어나 장거리 통신을 하고 싶다는 욕망에서 비롯되었다. 아날로그 신호로 통신을 하면 누적되는 잡음을 제거할 방법이 없어서 장거리 통신이 불가능했다. 그 이유는 송신자가 보내는 신호와 전송 도중에 끼어드는 잡음을 수신자가 구분할 방법이 없어서, 잡음을 제거하고 원래의 송신 신호를 복원할 수 없기 때문이다. 그런데 아날로그 신호를 디지털 신호로 변환해 이진수 0과 1을 전송하게 되면(실제 회로에서는 0V와 5V 등) 수신자가 0과 1에서 벗어난 부분을 잡음으로 간주해서 송신 신호를 해독하면 원래 신호를 복원할 수 있다(그림 2.3 참조). 이와 같은 디지털 변환 문제를 이론적·실질적으로 해결했을 때 디지털 통신이 실현되었고, 장거리 통신에 대한 꿈도 이루었다.

그렇다면 어떻게 아날로그 신호를 디지털 신호로 변환하고 다시 역변환해 원래의 아날로그 신호를 복구하는 것이 가능했을까? 아날로그 신호를 디지털 신호로 변환하는 데에는 두 가지 과정이 필요하다. 그림 2.1을 예로 들면, 하나는 x축(시간축)에 관련된 표본화(標本化, sampling) 과정이고 다른 하나는 y축(신호크기)에 관련된 양자화(量子化, quantization) 과정이다.

x축에서는 아날로그 신호에서 일정한 시간 간격으로 표본(샘플)을 취해서 이산시간 신호를 만드는 것이고, y축에서는 이산시간 신호를 양자화해 디지털 이산시간 신호로 읽어 내는 것이다.[14]

디지털 변환에 있어서 아날로그 연속시간 신호에서 일정한 간격으로 샘플을 취하면 간단히 이산시간 신호를 얻을 수 있는데, 역으로 그 이산시간 신호에서 원래의 연속시간 신호를 복원하는 것은 또 다른 문제이다. 따라서 디지털 변환 문제의 관건은 표본화 과정에서 어떻게 샘플을 취해야 표본화된 이산시간 신호에서 원래의 아날로그 신호를 복원할 수 있느냐는 것이다. 이 문제를 해결해 준 이론이 바로 나이퀴스트(Nyquist) 표본화 정리이다. 이것은 아날로그 신호가 포함한 주파수 중 최고 주파수의 두 배 이상의 빈도로 샘플을 취하면 그 표본으로부터 원래 아날로그 신호를 완벽하게 복원할 수 있다는 이론이다.[15] 물론 이 이론은 양자화 과정과 그 역의 과정에서 오차가 발생하지 않는다는 전제하에서 성립한다. 그것은 양자화에 필요한 비트 수를 얼마나 크게 할당하느냐 하는 문제로 양자화 오차가 무시해도 좋을 만큼 작아지도록 비트 수를 충분히 크게 잡으면 해결된다. 이론상, 비트 수가 무한대로 크면 디지털 신호는 아날로그 신호와 같아진다.

디지털 변환(아날로그-디지털 변환과 디지털-아날로그 변환)이 실현 가능한 영역으로 들어오자, 모든 아날로그 신호처리를 디지털 방식으로 처리할 수 있도록 뒷받침하는 학문 연구가 활발히 진행되었다. 그 결과, 1960년대에는 아날로그 회로 이론에 대응되는 디지털 신호처리 이론이 확립되었

---

14 여기서 '양자화(量子化, quantization)'는 양자역학의 양자와는 무관하고, 수량화(數量化) 또는 수치화(數値化)를 의미한다. 어떤 실숫값을 양자화해 m비트의 이진수 디지털 신호로 표현하려면, 그 실숫값이 등(等) 간격으로 나눈 2^m개의 눈금 중 어디에 가장 가까운지 확인하고 그 눈금 값을 이진수로 읽으면 된다.

15 모든 아날로그 신호는 푸리에(Fourier) 급수를 전개하거나 푸리에 변환을 취하면 그 아날로그 신호에 포함된 주파수 성분을 알아낼 수 있다. 거기서 최고의 주파수 성분을 찾아내 그 두 배 이상의 빈도로 표본화하면 된다.

다.[16] 전화기 발명 이래 한 세기가량 아날로그 방식으로 되어 왔던 회로 구성, 회로 해석, 필터 처리, 주파수 변환, 변복조 등 모든 아날로그 방식의 신호처리에 대한 디지털 신호처리가 독자적으로 가능해진 것이다. 아날로그 회로를 구성했던 저항, 인덕터, 커패시터 등 소자들이 지연, 덧셈, 곱셈 등을 연산하는 디지털 소자들로 교체되었고, 그 연산을 수행하는 반도체 칩들이 생산되어 디지털 신호처리와 디지털 통신을 뒷받침해 주었다. 그 결과 1960년대에 아날로그 채널 뱅크[17]를 대체하는 디지털 채널 뱅크가 출현해 디지털 전송이 실현되기 시작했다. 디지털 기술이 발전하면서 디지털 전송이 무선통신, 광통신, 해저통신, 위성통신 등으로 확장되었으며, 나아가 교환기도 디지털 교환기로 교체되면서 완전한 디지털 통신망을 구축할 수 있게 되었다.

(4) 회선 방식과 패킷 방식

그런데 음성 서비스 위주의 전통적인 전화통신과 데이터 전송을 위한 컴퓨터 통신 사이에는 근본적인 차이점이 있었다. 음성 신호가 아날로그이고 컴퓨터 데이터 신호가 디지털이라는 차이점도 있지만, 그보다 음성이 실시간 신호이고 데이터가 비실시간 신호인 것이 더 큰 차이였다. 이러한 특성에 따라 전화통신은 교환기를 이용해서 송신자와 수신자를 잇는 통신로인 회선(回線, circuit)을 미리 설정해 놓고 그 위에 음성 신호를 실시

---

16 A. V. Oppenheim and R. W. Schafer, *Digital Signal Processing*, Pearson, 1975; A. V. Oppenheim and R. W. Schafer with J. R. Buck, *Discrete-Time Signal Processing*, 2nd Edition, Prentice-Hall, 1999 참조.

17 채널 뱅크(channel bank)는 전화국에 설치된 다중화 장치로, 전화 가입자 선로에서 들어오는 음성 신호를 모아서 기간망으로 내보내는 기능과 그 역기능을 수행한다. 아날로그 채널 뱅크는 아날로그 가입자 신호 12개를 다중화해 기본 그룹을 생성하고 기본 그룹 5개를 다중화해 슈퍼그룹을 생성하는 등 다중화를 반복하면서 높은 주파수의 아날로그 신호를 생성한다. 디지털 채널 뱅크는 디지털화된 가입자 신호 24개를 다중화해 DS-1 신호를 만들고 DS-1 신호 4개를 다중화해 DS-2 신호를 만드는 등 다중화를 반복해 높은 비트율의 디지털 신호를 생성한다. 채널 뱅크가 처음 만들어진 것은 1960년대지만, 보편적으로 사용된 것은 1970년대에 들어서이다. Bell Laboratories, *Transmission Systems for Communications*, 5th Edition., 1982 참조.

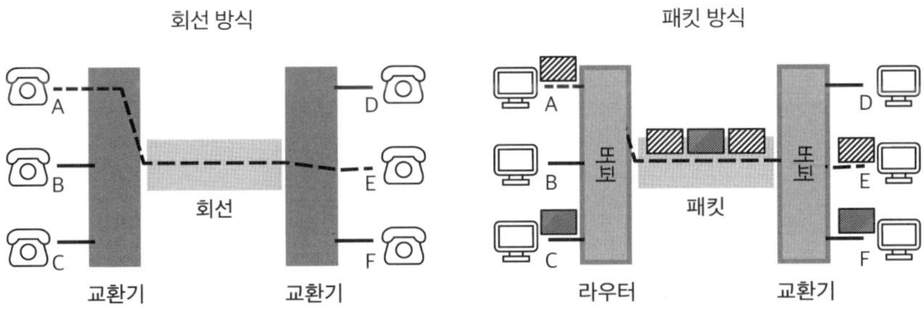

그림 2.4 회선 방식과 패킷 방식

간으로 전달하는 방식을 택했고, 컴퓨터 통신은 데이터가 생성되는 대로 모아서 패킷을 만들고 그 앞에 수신자의 주소를 붙여서 라우터에 넣는 방식을 택했다. 전자를 '회선 방식'이라 부르고 후자를 '패킷 방식'이라고 부른다(그림 2.4 참조).

전화 통화를 하는 경우, 송화기를 들고 다이얼이나 버튼으로 수신자의 전화번호를 입력하면 전화국은 그 번호를 받아서 수신자에게 연결할 경로를 찾고 그 경로 위에 있는 모든 교환기의 스위치를 세팅한다. 그러면 회선이 설정된 것이다.[18] 그렇게 통화가 시작되면, 그 회선은 통화가 끝날 때까지 연결 상태를 유지하며, 다른 사용자가 그 연결을 방해할 수 없다. 즉, 그 회선은 사용자가 통화 시간 동안 독점적으로 사용하며, 사용 요금도 연결 시간에 비례해 부과된다. 통화 중에 연결이 유지되지만 말하지 않는 시간이 상당히 있으므로 통신 자원의 사용 효율은 낮은 편이다.

컴퓨터로 데이터를 내보내는 경우, 송신자 컴퓨터는 송신자 데이터를 패킷(packet, 즉 소포)에 담고 수신자의 주소를 붙여서 라우터로 보낸다. 이때 통상 하나의 메시지를 여러 개의 패킷으로 분할해서 처리한다. 라우터

18 이와 같이 수신자와 연결하는 경로를 찾는 과정을 '라우팅(routing, 경로 설정)'이라고 부른다. 라우팅은 내비게이션 시스템을 사용해 지도상에서 목적지까지의 경로를 찾을 때에도 동일하게 적용된다.

는 패킷의 주소를 읽고 목적지로 향하는 출구로 내보내며, 그중 트래픽이 적은 출구로 내보낸다. 그것을 다음 라우터가 받아서 동일한 방식으로 처리한다. 그런 방식으로 패킷이 여러 라우터를 거쳐서 목적지 컴퓨터에 도달하면, 수신자 컴퓨터는 동일한 메시지를 구성하는 다른 패킷들을 모두 수신한 후 함께 조립해 수신자에게 전달한다. 동일한 메시지에서 나온 여러 패킷이 서로 다른 경로를 통과해 전달될 수 있고 도착 순서가 바뀔 수 있으므로, 조립 과정에서 순서를 바로잡는다. 이와 같이 패킷 방식은 패킷 처리 과정이 상대적으로 복잡해 실시간 신호를 처리하는 데 한계가 있다. 그러나 사용자가 통신 자원을 독점하지 않고 모든 사용자와 공유하기 때문에 자원의 사용 효율성이 높다.

2.3 디지털 통합

음성, 영상, 데이터 등 세 가지 신호원을 대상으로 하는 통신 서비스는 독자적으로 등장하고 네트워크를 형성하면서 진화·발전했다. 그런데 그 과정에서 각 영역이 확대되면서 다른 신호들과 충돌이 발생했다. 또 디지털 형태로 전환할 필요성과 단일 전송매체를 통해서 통합적으로 전달할 필요성이 생겼다. 특히 전화 음성 서비스와 컴퓨터 데이터 서비스를 통합해 전달할 필요성이 커지면서 두 영역 간에 충돌이 잦아졌다. 원래 데이터 통신은 컴퓨터와 컴퓨터 또는 컴퓨터와 단말기 간에 데이터를 전달하기 위해 시작되었는데, 컴퓨터가 점차 발전하고 PC가 보편화되면서 통신의 범위가 넓어지고 빈도가 늘어났다. 이에 따라 전화통신과 컴퓨터 통신 간에 충돌이 잦아졌다. 충돌은 유선통신에서 시작되었고, 특히 음성, 영상, 데이터 서비스를 통합할 필요성이 생기면서 격화되었으며, 나중에는 무선 이동통신 영역으로 옮겨 가 재개되었다. 이와 같이 진화발전 과정 중 서로 충돌하고 접전(接戰)하면서 결국 해결점을 찾아서 통합 또는 융합되어 온 것이 곧 정보통신의 발달 과정이다.

(1) 회선 방식의 디지털 통합

전화, 텔레비전, 컴퓨터는 서비스 측면에서 대조를 이룬다. 전화는 유선으로 송신자와 수신자를 연결해 음성 서비스를 제공하는 방식으로 서비스를 시작했다. 음성 서비스는 실시간 양방향으로 전달하며 정보량이 상대적으로 적다. 텔레비전은 영상 신호 서비스를 무선을 통해 불특정 다수에게 실시간 단방향으로 전달하며 정보량이 상대적으로 많다. 유선 케이블 텔레비전 서비스로 확장되면서 실시간 단방향 영상 서비스가 가입자에게만 전달되었다. 컴퓨터는 대량 계산을 처리하기 위해서 만들어진 독립적인 계산 시스템인데 컴퓨터와 사용자 단말 간에 데이터를 송수신하는 컴퓨터 통신이 필요해지자 컴퓨터 통신은 점차 컴퓨터를 중심으로 사용자들이 근거리통신망을 형성해 컴퓨터와 데이터를 통신하는 방식으로 발전했다. 컴퓨터 데이터 서비스는 양방향 비실시간 서비스이고 정보량이 상대적으로 적다. 이와 같이 세 가지 서비스는 실시간성, 방향성, 정보량 등의 측면에서 성격이 서로 달랐다. 그래서 유선 서비스가 나왔던 초기에는 각각 음성, TV 영상, 데이터에 특화된 별개의 통신망을 통해 서비스를 제공했다. 그러나 각 서비스 이용자가 늘어나면서 별도의 통신망을 확장해서 구축하는 것에 경제적 부담이 커졌다.

전화통신에서 디지털 변환을 추구했던 1960년대는 관심사가 오직 잡음 없는 장거리 통신에 있었다. 그러나 디지털 변환에 성공하자 디지털 통신의 출현과 함께 새로운 응용처가 나타났다. 전화와 텔레비전과 컴퓨터에서 생성된 음성 신호와 영상 신호와 데이터 신호를 통합해 처리하는 가능성이 열린 것이다. 이것은 디지털 변환으로 음성, 영상, 데이터 신호가 모두 디지털이라는 같은 형태를 갖게 되었기 때문에 가능해진 일이다. 더 이상 각각의 통신망을 구축할 필요 없이 하나의 통신망으로 세 가지 신호를 통합해 처리하는 게 가능해졌다. 개별적인 통신망을 구축하는 대신 기존의 전화통신망을 통해서 음성, 영상, 데이터 서비스를 통합해 제공하려는 연구가 시도되었다. 결국 디지털 변환이 서비스 통합이 가능하도록 문을 열어 준 셈이다.

음성, 영상, 데이터 신호를 동일한 통신망을 통해서 통합적으로 제공하려는 노력이 본격화된 것은 1980년대 초에 ITU가 주도한 ISDN으로부터였다. 그것은 음성 신호와 영상 신호를 디지털화하고 디지털 데이터 신호와 함께 다중화해 하나의 통신 선로에 실어 전송하는 방법이었다. 이때 사용한 표준 방식은 전화통신에서 사용해 온 회선 방식이었다. 그런데 TV 영상 신호는 원래 정보량이 많은데다 장차 등장할 고해상도 텔레비전(HDTV)은 정보량이 더욱 많았다. 그래서 그것까지 전송할 수 있도록 ISDN을 광대역 ISDN(BISDN)으로 확장했고, 이를 뒷받침할 새로운 통신 방식으로 ATM을 채택했다. ATM은 패킷 방식의 성격을 가미한 회선 방식으로, 회선 방식과 마찬가지로 음성, 영상, 데이터 신호를 연속적으로 결합해 통합하는 방식이었다. 다만, 회선 방식이 디지털 시간슬롯(time slot)의 크기를 정보량에 비례하도록 할당하고 각 시간슬롯에 음성, 영상, 데이터를 순차적으로 매핑해서 전송하는 것과 달리, ATM은 셀(cell)이라는 동일한 크기의 패킷에 각각 음성, 영상 또는 데이터를 따로따로 채워 넣고 셀 개수를 정보량에 비례하도록 발생시켜 연속적으로 전송했다.

이와 같은 통합디지털통신망을 사용한 접근 방식에서는 음성, 영상, 데이터 신호를 서비스하기 위해서 별도의 통신망을 구축할 필요가 없었다. 과거에는 이 세 가지 신호가 형태나 성격이 전혀 달라서 별도의 통신망을 구축해야만 했는데, 디지털로 변환하니 모두 같은 형태가 되었고, 차이는 단지 비트 수밖에 없었다. 실제로 디지털로 변환한 후에 비교하면 TV 영상 신호의 정보량은 전화 음성 신호 정보량의 수백 내지 수천 배에 달한다. 따라서 디지털화한 음성, 영상, 데이터 신호를 전송할 시간슬롯의 길이나 셀 수를 각 신호의 정보량에 비례하도록 할당하면 단일 디지털망을 통해서 세 가지 서비스를 동시에 제공할 수 있다.

(2) 패킷 방식의 디지털 통합

ATM과 BISDN을 통해 디지털 서비스를 종합적으로 제공하려던 ITU의 디지털 통합 통신망의 시도는 전 세계 통신 사업자들에게 전폭적인 지지를 받아 성공적으로 표준화를 진행했다. 뒤이어 세계의 통신제조사들이 ATM 전송장치와 ATM 교환장치를 개발했으며, 통신 사업자들은 그 장치들을 구입해 기간망에 설치했다. 그러나 가입자망에 광섬유를 매설하는 일을 앞두고 경제성에 발목을 잡혀서 지지부진해지고 말았다.

디지털 변환이 통신에 적용된 이래 디지털 통신이 본격적으로 적용된 것은 교환국과 교환국을 연결하는 기간망에서였다. 기간망의 전송장치와 교환기들을 ATM 장치들로 교체하면서 ATM 방식의 통신망 통합이 빠른 속도로 진척되었다. BISDN은 전송선로로 광섬유를 사용하는 것을 전제했는데, 기간망을 광섬유망으로 교체하는 것은 일찌감치 완료했지만, 가입자와 전화국을 연결하는 가입자망에 광섬유를 설치하는 데는 진척이 느렸다. 전화 서비스 초창기부터 설치된 가입자 선로는 이중나선(twisted-pair) 동선으로 10km 이내의 단거리에 음성 신호를 통과시킬 수 있는 정도로 전송 품질이 낮았다. 그것으로는 ATM 통신을 제공할 수가 없었기에 가입자 선로를 광섬유로 교체하는 것이 BISDN의 성공을 위한 필수 요건이 되었다. 그런데 가입자망은 지리적으로 넓어서 광섬유를 설치하는 데 드는 경비가 막대했으나, 그 투자로 창출할 수 있는 수익은 불투명했다. 광(光)가입자 선로를 매설하더라도 제공할 서비스가 충분치 않았고, 광대역 서비스에 대한 가입자 수요도 크지 않았다. 이와 같은 경제성 문제로 인해 통신 사업자들이 가입자망 투자를 꺼리게 되면서 BISDN은 부진을 면치 못했다.

그러는 사이에 인터넷이 활발하게 움직이기 시작했다.[19] 마침 라우

19 인터넷은 1969년에 아파넷으로 시작된 패킷 방식 네트워크로 1983년에 TCP/IP 프로토콜을 채택한 이후에 인터넷으로 전환되었다. 뒤이어 도메인 이름 시스템(Domain Name System, DNS)이 도입되어 도메인 이름과 IP 주소로 변환해 사용했다. 1980년대 말부터 인터넷 서비스 제공

터의 성능도 좋아졌고 컴퓨터 통신을 돕는 소프트웨어도 다양해졌다. WWW가 개발되어 일반인들에게 관심을 끌기 시작했고 넷스케이프와 익스플로러와 같은 웹브라우저가 등장하면서 인터넷 검색이 쉬워졌다. 그 토대 위에서 가입자망을 디지털화해 전송 속도를 초당 메가비트(Mbps) 수준으로 올려 줄 ADSL이 개발되어 널리 보급되기 시작했다. 그러자 인터넷에 대한 관심이 급격히 증가하고 인터넷 사용이 빠르게 퍼지면서 소위 '초고속통신망'이 구축되었다. ADSL은 발전을 거듭하고 VDSL로 확장되면서 더욱 높은 전송률을 제공했고 그것에 힘입어 인터넷이 급속히 확산했다. 반면에 ATM에 의거한 BISDN은 정체 상태에 머물렀고, 그 결과 통신 사업자들은 인터넷과의 경쟁에 밀려서 ATM-BISDN 사업을 포기하게 되었다. 결국 인터넷이 승자로 등극한 것이다.

유선통신에서 ATM-BISDN과 인터넷 간에 벌어진 접전은 치열했다. 그것은 전통적인 통신과 컴퓨터 통신 간의 대결이자 ATM의 회선 방식과 인터넷의 패킷 방식 간의 대결이었다. 그런데 그 대결은 가입자망의 광섬유 매설이라는 암초를 ADSL로 우회해 넘어선 인터넷의 승리로 돌아갔다. 그렇게 회선 방식과 패킷 방식의 대접전은 결국 패킷 방식의 승리로 끝났다. 이것이 이른바 '제1차 디지털대전'[20]이다. 인터넷은 IP 패킷 방식 속에 데이터는 물론 음성과 영상 신호를 패킷 형태로 수용하는 방법으로 서비스 통합의 길을 열었다. 물론 이것은 실시간 통신 서비스에 취약한 점이 있었으나 기간망의 광섬유를 통해 전송 용량이 무한대에 가깝게 증가하고 라우터 성능이 획기적으로 향상되면서 그러한 취약점도 극복할

자(Internet Service Provider, ISP)가 출현했고, 1990년대 중반에 상용화가 본격화되면서 인터넷은 폭발적으로 성장했다. TCP/IP는 전송 제어 프로토콜(Transmission Control Protocol, TCP)과 인터넷 프로토콜(Internet Protocol, IP)을 결합한 인터넷 통신 프로토콜이다.

20 1990년대에 벌어진 ATM-BISDN 대 인터넷의 접전은 세계의 모든 통신 사업자와 통신 제조사들이 참여하고 인터넷 진영이 총출동해 벌인, 그야말로 디지털 통신의 세계적인 대전이었다. 당시 열렸던 통신과 컴퓨터 분야의 각종 학술대회에서는 'ATM이냐 인터넷이냐?'가 핵심적인 토론 주제였다.

수 있었다.

'제1차 디지털대전'의 의미는 단순히 가입자망에서 인터넷이 ATM-BISDN을 이겼다는 수준을 넘어선다. ATM-BISDN에 대한 인터넷의 승리는 유선에서의 통신 방식 교체라는 역사적인 사건이었다. 연속된 시간 슬롯에 셀을 매핑해서 전송하는 ATM 회선 방식의 서비스 통합이 쇠하고, 패킷이 생성되는 대로 간헐적으로 전송하는 인터넷의 패킷 방식이 승리한 것이다. 이것은 ATM으로 대변되는 전통적인 회선 방식 기술에 대해서 인터넷으로 대변되는 패킷 방식 기술이 승기를 잡은 것을 의미하면서 장차 가입자망을 넘어 모든 유선통신에서 패킷 방식이 회선 방식을 대체하는 대변혁이 시작되었음을 알리는 신호탄이었다.

(3) 무선에서의 디지털 통합

유선통신 영역에서 디지털 변환과 디지털 통합이 패킷 방식을 토대로 종료되자, 회선 방식과 패킷 방식의 접전은 무선 이동통신 영역으로 옮겨갔다.

무선 이동통신에 대한 인류의 꿈은 1900년대부터 시작되었으나 실제로 첫 이동통신 시스템이 구축된 것은 1946년이고, 손으로 들고 다닐 수 있는 휴대전화가 처음 나온 것은 1973년이었으며, 처음으로 이동통신 상용 서비스가 제공된 것은 1983년이었다. 그것은 1G 시스템 AMPS로, 주파수분할다원접속(FDMA) 방식을 사용하는 아날로그 이동통신이었다. 그로부터 이동통신에 관한 이용자의 관심과 사업자 간의 경쟁이 뜨거워지면서 1991년에 2G 디지털 이동통신이 새롭게 출현했는데, 그것은 시분할다원접속(TDMA) 방식을 사용하는 GSM이었다. 그것에 대항해 1996년에는 또 다른 2G 디지털 이동통신 시스템인 IS-95가 출현했는데, 그것은 부호분할다원접속(CDMA) 방식을 사용했다.[21] 3G는 2006년에 비동기

---

21 IS-95는 미국에서 퀄컴이 개발한 첫 번째 CDMA 기반의 디지털 이동통신 표준인데, 우리나라

표 2.1 이동통신의 진화

	1G	2G	3G	4G	5G
대역폭	30kHz	25MHz	25MHz	100MHz	~30GHz
전송 속도	2.4kbps	64kbps	2Mbps	1Gbps	10Gbps
명칭	AMPS	GSM, IS-95	WCDMA,HSPA cdma2000	LTE	NR
다원 접속	FDMA	TDMA, CDMA	CDMA	OFDMA	OFDMA
주요 기능	아날로그 음성	디지털 음성, 텍스트 메시지	광대역 모바일, 국제 로밍, 전 지구적 무선 접속	고속 인터넷, 정밀 멀티미디어 스트리밍, 끊김 없는 로밍, 전 지구적 이동	대량 통신, 높은 신뢰와 낮은 지연, 향상된 이동 광대역
용도	음성 서비스	문자, 기본 인터넷 접속	영상전화, 모바일 TV, GPS	전자상거래, 게임, 온라인 쇼핑	자율주행 차량, 디지털 공장, 에지 컴퓨팅, AR/VR

식인 WCDMA, 2007년에 동기식인 cdma2000이 각각 출현했는데, 둘 다 CDMA 방식이었다. 이후 4G가 2009년에, 5G가 2018년에 출현했는데, 둘 다 OFDMA 방식을 사용했다(표 2.1 참조).

2G 디지털 이동통신에서는 데이터 서비스가 시작되면서 이용자들은 데이터 전송 속도에 관심이 높아져서 3G부터는 전송 속도를 높이는 것이 경쟁의 초점이 되었다. 음성 신호는 회선 방식을 써서 수용했고, 데이터 처리는 패킷 방식을 사용하기 시작했다. 3G까지는 이동통신이 음성을 기본으로 하면서 데이터를 중시하는 추세였는데, 인터넷 사용이 증가하면

가 앞장서서 상용 시스템으로 개발했다. CDMA 이동통신은 주로 미국, 한국, 베트남, 인도, 브라질과 칠레 등에서 사용되었고, 전 세계 이동전화 가입자의 13%가량을 점했으며, 86%는 GSM을 사용했다.

서 데이터 서비스 수요가 음성 서비스를 크게 앞질렀고, 그 수요가 4G에 그대로 반영되었다. 이에 전송 용량을 확대하는 동시에 인터넷 데이터를 효과적으로 다루는 방법을 모색한 것이 4G 개발의 핵심 관심사였다. 전송 용량을 키우기 위해서는 OFDMA 방식을 채택하는 쪽으로 의견이 수렴되었다. 그러나 데이터를 효율적으로 다루는 방법에 대해서는 두 가지로 의견이 갈렸다. 하나는 종전대로 회선 방식의 시간슬롯에 데이터 패킷을 수용하는 것이고, 다른 하나는 인터넷에서 사용하는 IP 패킷 방식으로 음성과 데이터를 모두 수용하는 'all-IP 방식'이었다. 전자는 전통적인 2G와 3G 표준화 그룹인 3GPP가 채용한 LTE였고, 후자는 IEEE 802 계열 표준의 연장선상에서 나온 모바일 와이맥스(m-WiMAX)였다.[22] 인터넷이 ADSL을 타고 가입자망으로 파고들어 유선 지역망인 LAN/MAN과 무선 지역망인 WLAN/WMAN으로 확산하면서 WiFi를 형성했고 뒤이어 광대역의 WiMAX로 발전했는데, 고정형의 WiMAX를 이동형으로 확대한 것이 m-WiMAX이다.

4G에 대한 표준화 경쟁은 결국 ITU 3GPP 계열의 LTE와 IEEE 계열의 m-WiMAX 간의 경쟁이 되었다. 다른 시각에서 보면, 3GPP는 전통적인 회선 방식을 대표하고 IEEE802는 IP 패킷 방식을 대표했기 때문에 결국 회선 방식과 패킷 방식이 벌이는 '제2차 디지털대전'이 무선 이동통신 영역에서 벌어진 것이라고 할 수 있다. 그런데 표준화 과정에서 이변이 일어났다. 미래의 정보통신은 데이터 중심일 수밖에 없음을 인식한 3GPP 진영이 LTE 표준안을 변경해 'all-IP 방식'으로 선회한 것이다. 결국 양측 모두 'all-IP 방식'의 4G 표준을 채택했고, 그로써 4G 무선 이동통신에서도 패킷 방식이 회선 방식을 누르고 싱겁게 승리를 거두었다. 비록 LTE와 m-WiMAX 둘 다 표준으로 채택되었고, 상용화 단계에서 대부분 통

22 우리나라에서는 모바일 와이맥스를 와이브로(WiBro)라고 불렀다. 우리나라가 국제표준화를 추진해 성공한 사례였으나, 시장에서는 전통적인 통신사 그룹이 주도한 LTE(Long-Term Evolution)의 벽을 넘지 못했다.

신 사업자와 통신 제조사가 참여했던 LTE가 시장을 주도했지만, '제2차 디지털대전'에서도 또다시 패킷 방식이 승자가 되었다. 그 결과, 이동통신은 외형적인 몸체는 전통적인 통신이지만 몸속 유전자는 패킷 방식의 인터넷인 새로운 모습을 갖게 되었다.

유선통신 영역에서 벌어진 '제1차 디지털대전'에 이어 무선 이동통신 영역에서 벌어진 '제2차 디지털대전'에서도 IP 패킷 방식이 승리한 것은 정보통신 발달사에서 커다란 전환점이 되었다. 유선 무선 모든 영역에서 음성 신호와 영상 신호가 모두 IP 패킷으로 분할되어 통합적으로 처리되도록 변화된 것이다. 1998년에 IPTV 서비스가 제공되기 시작한 이후에는 TV 영상 신호까지 IP 패킷으로 전달되기 시작했다.[23] 이로써 IP 패킷 방식은 통신 방식을 완전히 장악하면서 통신 플랫폼의 중심에 등극하게 되었고, 차후의 모든 통신 신호는 IP 패킷 방식을 토대로 하는 인터넷에 통합되게 되었다. 통신의 130년 역사를 관통해 온 회선 방식이 IP 패킷 방식에 왕좌를 넘겨주면서, 인터넷이 통신 플랫폼으로 자리 잡게 되었다.

(4) 인터넷 통신 플랫폼

그러면 이와 같은 전통적 통신 '골리앗'을 쓰러뜨린 승자 인터넷은 무엇이고, 핵심 DNA인 IP 패킷 방식은 무엇일까?

먼저, IP 패킷 방식은 TCP/IP 프로토콜의 인터넷 프로토콜(IP)에서 사용되는 패킷 방식을 뜻한다. 회선 방식과 패킷 방식의 대표적인 차이점은 앞에서 설명한 것처럼 다음과 같다. 회선 방식은 음성과 같은 실시간 서비스에 사용하기 위해서 회선을 설정한 후 연속적으로 신호를 내보내는 방식이고, 패킷 방식은 데이터와 같은 비실시간 서비스에 맞게 데이터가 생기는 대로 모아서 패킷을 만들어 단속적으로 보내는 방식이다. 예를

---

23 IPTV 서비스를 처음 제공하기 시작한 것은 1998년 미국의 통신회사인 US West였다. 영국에서는 지역 통신회사인 킹스턴통신이 1999년에 처음으로 IPTV서비스를 제공했고, 한국에서는 2008년에 통신회사인 KT가 처음으로 IPTV 서비스를 제공하기 시작했다.

들어, 전화 음성 서비스의 경우 송신자가 수신자에게 전화를 걸면 교환기가 송수신자를 서로 연결하는 통신로인 회선을 설정하고, 회선은 통화하는 동안 해당 송수신자가 독점적으로 사용한다. 그래서 사용료도 회선을 점유한 시간에 비례해서 산정한다. 반면에 패킷 방식은 송신자가 데이터를 패킷으로 포장하고 수신자의 주소를 부착해 라우터에 보내면 그 패킷이 수신자에게 가는 통신로로 보내지며, 그 통신로는 다른 패킷들이 함께 공유한다. 사용료도 보낸 패킷 수에 비례해서 산정한다. 회선 방식은 통신로를 독점하기 때문에 통신망의 사용 효율이 낮고, 반대로 패킷 방식은 통신로를 공유하기 때문에 효율이 높다. 그러나 패킷을 만들고 패킷을 풀고 라우터에 대기하는 등의 처리 과정에서 지연이 발생할 수 있다. 즉 회선 방식은 실시간성을 지키기 위해서 자원 활용의 효율성을 희생시키는 셈이고, 패킷 방식은 실시간성에 구애받지 않기 때문에 효율성이 높아진 셈이다.

회선 방식에 입각한 전통적인 통신망과 IP 패킷 방식에 입각한 인터넷망은 기본적인 설계 개념이 서로 상반된다. 전화통신망은 통신망의 중심에 있는 교환기에 지능을 집중시키고 이용자 단말(전화기)에는 지능을 두지 않도록 설계했다. 반면 인터넷망은 지능을 이용자 단말(컴퓨터)에 집중시켰고 망의 중심에 있는 라우터에는 단순한 기능들만 부여했다. 회선 방식의 중심 장치는 교환기인데, 교환기는 모든 입력 신호를 동기화(同期化)해서 처리하고 각 입력 신호에 대해 망 전체의 연결을 고려해 라우팅 경로를 계산하는 등 복잡다단한 기능들을 수행하는 대형 시스템이다. 때문에 개발이나 유지 보수 비용이 높은데, 라우터는 개별 라우터 내부의 경로만 설정하기 때문에 기능이 단순하며, 따라서 상대적으로 매우 저렴하다. 그러므로 회선 방식 통신망을 구축하고 유지하는 것보다 패킷 방식 통신망을 구축하고 유지하는 편이 훨씬 경비가 적게 든다.

IP 패킷 방식이란 곧 인터넷에서 사용하는 패킷 방식을 말하는데, 인터넷에서는 TCP/IP 프로토콜을 사용해 전달, 주소, 경로 등을 제어한다.

TCP/IP 프로토콜은 네 개로 나뉜 계층 구조로 단순하면서도 강력한 데이터 전달 수단을 제공한다. 특히 IP는 물리적인 망이 무엇이든 그 위에 쉽사리 올라타고 데이터를 전달할 수 있는 '잡초성'의 강인함을 지닌다. 그래서 ADSL에 올라타고 가입자망을 건널 수 있다. TCP는 전송제어 프로토콜로서 인터넷 이용자들이 흔히 사용하는 WWW 접속용의 HTTP, 파일 전달용의 FTP, 원격 접속용의 Telnet, 메일 전달용의 SMTP 등 각종 프로토콜이 그 위에서 작동한다(표 2.2 참조).[24]

IP 패킷 방식은 원래 데이터 서비스를 위해서 개발되었기 때문에 음성 서비스나 영상 서비스를 아울러 수용할 수 있으려면 실시간 서비스에 부합하는 성능 향상이 필요하다. 즉, 서비스 신호를 IP 패킷으로 분할하고 전달하고 재조립하는 과정에 걸리는 지연 시간을 실시간 서비스의 요구사항을 충족할 수 있을 만큼 짧게 만들어야 한다. 처음에는 이것이 해결할 수 없는 난제로 여겨졌으나 라우터 기술이 발달하고, 광통신의 도입으로 전송 용량이 증가하면서 점차 해결이 가능해졌다. 원래 TCP/IP 프로토콜은 채널 상태가 안정된 유선망을 대상으로 설계되었기 때문에, 무선 이동통신 서비스에 적용할 때는 추가로 채널의 상태를 고려해야 한다. 무선 채널의 상태에 따라 무선 인터넷의 성능이 변하므로 이를 보완할 만한 적절한 조치가 필요하다.

제1·2차 디지털대전의 결과로 IP 패킷 방식이 회선 방식을 누르고 통신 플랫폼으로 등극하게 된 것은 큰 기술사적(技術史的) 변화이다. 이로써 IP가 트래픽 전달을 위한 범용의 수단과 관련 정보 처리의 공통적인 기

---

24 TCP/IP 프로토콜의 응용 계층에는 HTTP(하이퍼텍스트 전송 프로토콜), FTP(파일 전송 프로토콜), Telnet(원격 접속 프로토콜), SMTP(단순 메일 전송 프로토콜) 같은 프로토콜이 속하고, 링크 계층에는 이더넷, ADSL, ISDN 같은 매체 접근 제어 프로토콜(Medium Access Control, MAC)이 속한다. UDP는 단순 메시지 교환용의 사용자 데이터그램 프로토콜(User Datagram Protocol)이고, ARP는 IP 주소를 물리적 네트워크 주소(MAC address)로 대응시키는 주소 결정 프로토콜(Address Resolution Protocol)이며, RARP는 역으로 MAC 주소를 IP 주소로 대응시키는 역순 주소 결정 프로토콜(Reverse Address Resolution Protocol)이다.

표 2.2 TCP/IP 프로토콜

계층 번호	계층 명칭	TCP/IP 프로토콜 스위트
4	응용 계층 Application Layer	FTP, HTTP, Telnet, SMTP
3	전송 계층 Transport Layer	TCP, UDP
2	인터넷 계층 Internet Layer	IP, ARP, RARP
1	링크 계층 Link Layer	MAC(이더넷, ADSL, ISDN)

반을 제공하게 되었다. 그 결과 통화 시간에 비례해 요금을 매기던 전통적인 요금 부과 방식이 패킷 수에 비례해 부과하는 방식으로 바뀌었고,[25] 값비싼 음성 서비스 사업도 값싼 VoIP(Voice over IP) 사업으로 바뀌었다. 그러나 무엇보다도 중요한 변화는 IP 기반 통신 플랫폼의 확립 자체로, 그 플랫폼 위에서 이메일, 웹 브라우징, 파일 공유, 비디오 회의, 온라인 쇼핑 등 각종 서비스가 인터넷 방식으로 제공되었다. IP 기반 통신 플랫폼은 전통적 통신과 컴퓨터 통신이 IP를 중심에 두고 이룬 수직적 결합이기에 그 결합 방식이 공고해 모든 디지털 산업과 서비스에 막대한 힘을 미쳤다.

25 이동통신사들이 사용하는 '구간별 요금제'는 사용 데이터양에 비례하도록 요금 구간을 미리 정해 놓고 가입자가 희망하는 구간을 선택하도록 하는 방식으로, 패킷 비례 요금 부과 방식의 변형이다.

2.4 디지털 융합, 'ICT 빅뱅'

컴퓨터 통신에서 태어난 인터넷이 장기간에 걸친 전통 통신과의 경쟁에서 이기고 통신 플랫폼으로 자리매김한 것은 그 자체만으로도 통신의 빅뱅이라고 할 만큼 획기적인 사건이었다. 그러나 디지털 통합의 물결은 그것으로 끝나지 않았다. 통신과 컴퓨터는 한 단계 더 나아가 시스템 차원에서 융합했고, 결국 콘텐츠 플랫폼을 형성해 ICT 빅뱅으로 가는 길을 열었다.

(1) 디지털 융합

통신과 쌍벽을 이루는 컴퓨터는 처음에 메인 프레임 대형 컴퓨터로 시작해 1960년대 중반에는 미니 컴퓨터, 1970년대 초반에는 마이크로 컴퓨터, 1970년대 중반에는 PC로 축소·발전했으며, 2000년대에 들어서는 더욱 작아져 스마트폰 안으로 들어갔다. 스마트폰이 처음 등장한 것은 1990년대에 나온 PDA로, 2000년대 초반 심비안 폰과 블랙베리 폰으로 본격화했으며, 2007년 애플이 iOS를 탑재해 출시한 아이폰과 그것을 뒤이은 여러 회사의 안드로이드 탑재 스마트폰으로 완성되었다. 안드로이드는 구글이 2008년에 iOS에 대응하는 OS로 제시한 것으로, 삼성전자가 2009년에 스마트폰 갤럭시에 탑재한 이래 여러 통신 제조사가 뒤따라 스마트폰에 탑재했다.

스마트폰의 등장이 시사하는 함의는 매우 크다. 통신 입장에서는 이동통신 단말기에 컴퓨터 기능을 넣은 것이고, 컴퓨터 입장에서는 컴퓨터를 단말기 크기로 작게 만든 것이다. 통신의 무선 이동통신 단말 장치는 차량 탑재용에서 시작해 각종 피처폰(feature phone)[26] 단계를 거쳐 스마트폰

---

26 피처폰은 스마트폰 이전에 사용되던 다기능 전화기를 일컫는다. 피처폰 이전에는 단순히 통화 기능만 지닌 폰이 있었고, 이것이 통화뿐 아니라 음악, 영상, 문자메시지, 카메라 등 다양한 기능을 탑재한 피처폰으로 진화했으며, 그 위에 컴퓨터 기능이 탑재된 스마트폰으로 진화해

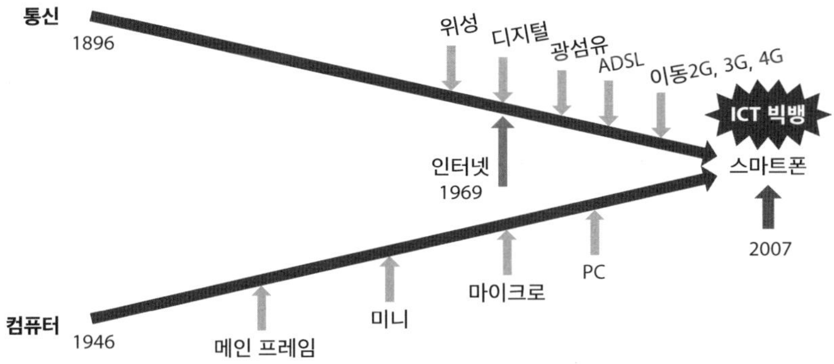

그림 2.5 통신과 컴퓨터의 진화 과정, ICT 빅뱅

에 이르렀다. 컴퓨터는 메인 프레임, 미니 컴퓨터, 마이크로 컴퓨터, PC의 진화 과정을 거쳐 스마트폰에 이르렀다. 그러므로 스마트폰은 통신 단말기인 동시에 소형 컴퓨터이며, 통신과 컴퓨터가 시스템 차원에서 융합한 것이다. 즉, 통신 단말기와 컴퓨터가 독자적으로 진화 과정을 겪다가 스마트폰에 이르러 시스템 차원에서 융합한 것이다. 이 디지털 융합은 통신과 컴퓨터가 충돌을 일으켜서 발생한 것으로, 단말기 차원의 'ICT 빅뱅'(또는 '스마트 빅뱅') 현상이라고 할 수 있다(그림 2.5 참조).

(2) ICT 빅뱅 - OS 차원

스마트폰을 통한 통신과 컴퓨터의 완전 융합이 ICT 빅뱅을 일으키도록 점화한 것은 2007년에 아이폰과 함께 등장한 앱스토어였다. 아이폰 출현 당시에는 세계의 수많은 통신사가 이미 스마트폰에 애플리케이션 장터를 운영하고 있었다. 그러나 통신사마다 서로 다른 모바일 OS를 사용하고 있었기에 상호 호환성이 없어서 애플리케이션 제작사는 동일한 애플리케이션을 각 통신사가 특정하는 OS로 제작해 납품해야만 했다. 심

오늘에 이르렀다.

비안과 블랙베리는 비교적 많은 통신 제조사가 채택했고 폭넓은 사용자층을 형성했으나 서비스가 사용자 친화적이지 못하고 인터페이스가 사용자 직관적이지 못한 데다 OS 기능이 제한적이라서 애플리케이션이 활성화되지 못했다. 그러다 아이폰 출현과 함께 개방형 직거래 장터인 앱스토어가 들어오면서 애플리케이션은 급속히 성장하기 시작했다. 애플리케이션 제작자들은 통신사들의 울타리를 벗어나 자유롭게 애플리케이션을 앱스토어에 올리기 시작했고, 뒤이어 구글이 안드로이드에 기반한 플레이스토어를 운영하며 앱스토어와 경쟁을 벌이자 애플리케이션 수가 폭발적으로 늘어났다. 이것이 OS 차원의 'ICT 빅뱅' 현상이다.

앱스토어와 플레이스토어의 출현으로 벌어진 스마트폰의 경쟁은 통신에서 애플리케이션으로 옮겨 갔고, 경쟁의 중심에는 OS가 자리 잡았다. 그리하여 모바일 OS 차원에서 치열한 경쟁이 벌어졌는데, 이것이 곧 '제3차 디지털대전'이다. 대전 초기에는 애플의 iOS가 심비안, 블랙베리, 시리즈 40 등과 같은 기존 통신사들의 모바일 OS들과 경쟁하다가, 후발주자인 안드로이드가 급부상하며 전선이 확대되었다. 그러다 2012년에 이르러 iOS와 안드로이드가 승세를 잡기 시작했고, 많은 통신 제조사가 안드로이드를 채택한 가운데 안드로이드가 절대 강자로 등극했다(그림 2.6 참조).[27] 결국 모바일 OS 영역에서 벌어진 제3차 디지털대전은 구글의 안드로이드와 애플의 iOS 양대 진영의 승리로 종결되었다.

후발주자였던 iOS와 안드로이드가 선발주자였던 심비안, 블랙베리, 윈도우 모바일 등의 OS와의 경쟁에서 어떻게 승기를 잡을 수 있었을까? 그 이유는 다면적이다. 첫째는 긍정적인 사용자 경험을 제공했다는 점이다. iOS는 직관적인 인터페이스를 지니고 있으며 애플 기기 간의 에코시스템을 원활하게 통합함으로써 사용자 경험에 혁신을 가져왔다. 안드로이드

27 2010년 1월에 iOS 33%, 심비안 34%, 블랙베리 10%, 안드로이드 5%였던 모바일 시장 점유율이 2012년 12월에는 안드로이드 33%, iOS 23%, 심비안 11%, 블랙베리 4%로 변화했고, 2023년 9월 현재는 안드로이드 70%, iOS 30%로 양분되어 있다(Statcounter, Global Stats 참조).

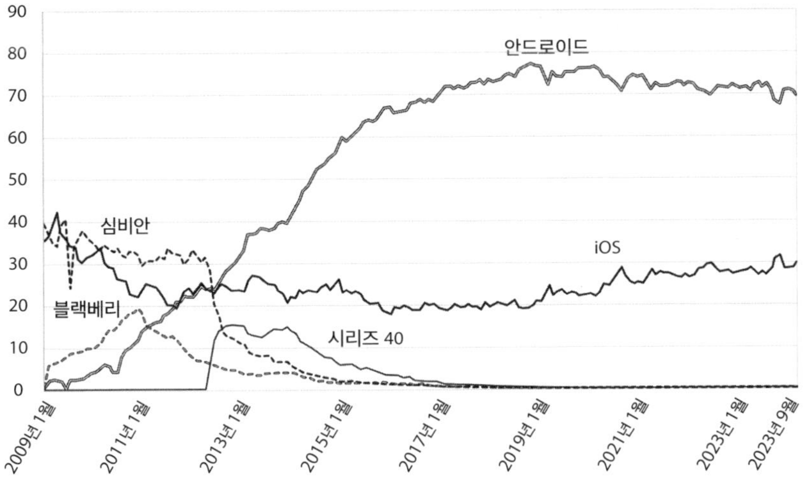

(출처: StatCounter Global Stats)

그림 2.6 OS 시장 점유율 변화(2009.1~2023.9)

는 구글 서비스와 통합해 사용자 맞춤형 인터페이스와 사용자 중심의 경험을 제공했다. 그러나 심비안 등은 사용자 친화적이거나 직관적이지 않았다. 둘째는 다채롭고 성능이 뛰어난 앱을 제공했다는 점이다. 애플의 앱스토어와 구글의 플레이스토어는 방대한 앱 생태계를 창출해 심비안의 오비 스토어(Ovi Store) 및 기타 OS의 능력을 크게 앞질렀을 뿐 아니라 사용자들로 하여금 다양한 애플리케이션을 자유롭게 이용할 수 있도록 제공했다는 점이 매력을 끌었다. 셋째는 신기능 개발과 성능 향상이다. 애플과 구글은 모바일 OS를 빠르게 진화시켜 새로운 기능을 도입하고 성능을 개선해 사용자의 관심을 끌어들였지만, 심비안 등은 그러지 못했다. 넷째는 개발자들에 대한 적극적인 지원이다. iOS와 안드로이드는 시장 점유율 확대, 개발 용이성, 수익 창출 가능성 등을 내세워 개발자들을 끌어들였지만, 심비안 등은 개발 도구와 지원책이 제한적이었다. 다섯째는 브랜드 이미지 구축이다. 애플과 구글은 OS와 기기를 효과적으로 마케팅해 강력한 브랜드 충성도를 만들었다. 특히 애플은 프리미엄 브랜드 인식을 창출했지만, 심비안 등은 브랜드 매력이 부족했다. 여섯째는 전략과 투자이다. 애플과 구글은 자사의 모바일 플랫폼에 대한 명확한 비전과 전략을 제시하고 생태계 구축에 크게 투자했지만, 심비안 등은 그러지 못했다. 일곱째는 하드웨어-소프트웨어 사이의 조화이다. 애플은 하드웨어와 소프트웨어 모두를 제어함으로써 최적화된 기기를 제공해 기술적 생태계를 만들었고, 안드로이드는 유연성을 발휘해 다양한 하드웨어 제조업체들의 생태계를 만들었다. 그러나 심비안 등은 그러지 못했다.

(3) ICT 빅뱅 - 사업 차원

위에서 언급한 ICT 빅뱅은 시스템 차원의 통신-컴퓨터 융합의 결과로 나타난 단말기 차원의 빅뱅과 스마트폰과 애플리케이션 스토어의 결합의 결과로 나타난 모바일 OS 차원의 빅뱅이었다. 이 빅뱅 현상으로 현실에서 폭발적인 변화를 만들어 낸 것이 통신 사업이었다. ICT 빅뱅으로 인해 통신 무대의 중심에 섰던 통신 사업자가 주변으로 밀려나고 그 자리를 애플리케이션 직거래 장터가 대체했다. 통신 사업의 중심축이 음성 서비스에서 데이터 서비스로 옮겨 가고 앱스토어의 출현과 성공으로 전통 통신사들이 데이터 사업에서 수세에 몰리면서, 통신 사업이 주변으로 밀려날 수밖에 없어졌다. 130년을 통신 무대의 중심에 군림해 왔던 통신 사업자를 주변으로 밀려나게 만든 것, 이것은 실로 'ICT 빅뱅'이 아닐 수 없었다(그림 2.7 참조). 그것은 통신 시장의 기반을 송두리째 뒤엎는 역사적인 빅뱅이었다. 그 빅뱅으로 결국 통신 주도의 시대가 종식하고 콘텐츠 주도의 시대가 개막했다. 그것은 ICT 산업의 판도를 재편한 빅뱅이었기에 'ICT 빅뱅'이라고 부르고, 스마트폰의 출현으로 생긴 빅뱅이었기에 '스마트 빅뱅'이라고도 부른다.

(4) 디지털 전환의 토대 - 요약

지금까지 디지털 전환의 토대가 어떻게 형성되었는지에 대해 설명했다.

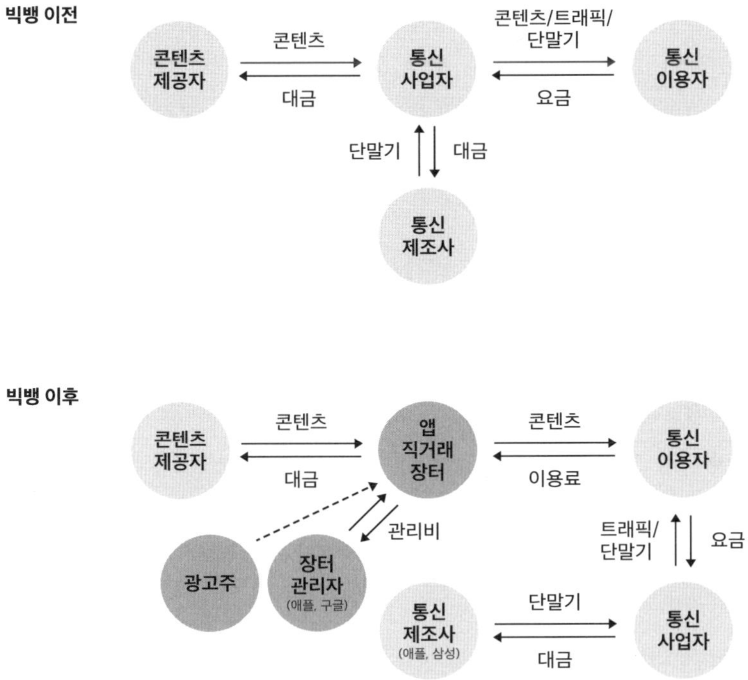

그림 2.7 ICT 빅뱅의 과정

그 내용을 요약하면 다음과 같다.

아날로그 신호의 디지털 변환 이래, 통신과 컴퓨터의 발달 과정에서 디지털대전이라고 불릴 만큼 커다란 충돌이 세 차례 일어났다. 첫 번째는 유선통신의 영역에서 벌어진 회선 방식과 IP 패킷 방식의 충돌로, '제1차 디지털대전'이라고 한다. 이는 무선 이동통신 영역으로 옮겨 가 다시 충돌을 일으키는데 그 두 번째 충돌이 '제2차 디지털대전'이다. 그 결과 제 1·2차 디지털대전에서 승리한 IP 패킷 방식의 인터넷이 '통신 플랫폼'으로 등극했다.

세 번째 충돌은 통신 단말과 컴퓨터 시스템을 한 몸으로 만든 스마트폰의 모바일 OS에서 벌어졌다. 스마트폰을 계기로 컴퓨터가 통신 단말기에 통합되었고, 컴퓨터 회사가 통신 회사로 탈바꿈했다. 컴퓨터 기업인 애플이 아이폰을 출시한 이후에 통신 제조사로 변신한 것이 그 대표적인 사례이다. 애플은 iOS를 장착한 아이폰으로 이동통신 시장을 공략해 심비안, 블랙베리 등 기존 통신 사업자들의 OS와 경쟁을 벌였다. 여기에 구글의 안드로이드를 장착한 여러 스마트폰이 경쟁에 뛰어들면서 '제3차 디지털대전'이 벌어졌다. 그 결과, 애플리케이션 직거래 장터인 앱스토어와 플레이스토어를 연계한 iOS와 안드로이드가 공동 승리하며 3차 디지털대전은 막을 내렸다. 그로써 iOS와 안드로이드가 '콘텐츠 플랫폼'의 기반으로 자리 잡게 되었다.[28]

이와 같은 세 차례의 충돌을 통해 통신과 컴퓨터는 내부적으로는 통신 방식, 외부적으로는 단말기 차원에서 완전하게 융합했다. 그 결과, IP 패킷 방식의 인터넷을 기반으로 하는 통신 플랫폼, 그리고 iOS와 안드로이드를 기반으로 하는 콘텐츠 플랫폼이 정립되었다. 나아가 통신과 컴퓨터의 완전 융합은 그 결정체인 스마트폰과 애플리케이션 직거래 장터를 결합해 ICT 빅뱅(스마트 빅뱅)을 일으켰다. 빅뱅으로 통신의 시대가 콘텐츠의 시대로 전환하게 되었고, 빅뱅의 힘이 ICT 산업의 판도를 완전히 바꾸며 모든 산업과 사회에 파급되었다. 이로써 디지털 전환을 본격화하기 위한 기술적 토대가 확고하게 다져졌다. 결국 디지털 전환의 토대는 통신과 컴퓨터의 발달 과정에 일어난 세 차례에 걸친 디지털대전의 결과로 확립된 것이다.

---

28 콘텐츠는 사용자가 텍스트, 이미지, 비디오 등을 통해 소비하는 실제 데이터나 정보이고, 애플리케이션은 사용자가 특정 작업이나 기능을 수행할 수 있도록 돕는 소프트웨어 프로그램이다. 여기서 '콘텐츠 플랫폼'이라는 용어를 사용한 이유는 애플리케이션이 결국 콘텐츠 소비를 가능하게 해주는 수단이 된다는 점과 '통신의 시대'가 '콘텐츠의 시대'로 전환하는 점을 감안했기 때문이다. 콘텐츠, 애플리케이션, 서비스에 관한 구체적인 내용은 이 책 제3장 3.2절 참조.

03 디지털 플랫폼

디지털 전환은 제2장에서 논의한 것처럼, 아날로그 신호의 디지털 변환으로부터 시작되었다. 디지털 변환을 시발점으로 음성, 영상, 데이터 서비스를 제공하는 여러 종류의 통신들이 디지털 방식으로 결합했으며, 전통적인 통신이 컴퓨터 통신과 먼저 신호 차원에서 통합하고 이어서 시스템 차원에서 융합했다. 그 토대 위에서 통신 플랫폼이 정립되었고, 통신 플랫폼 위에서 OS를 기반으로 콘텐츠 플랫폼이 형성되었다. 그리고 콘텐츠 플랫폼의 위에 올린 각종 애플리케이션을 통해 응용 플랫폼이 만들어졌다. 결국 디지털 변환은 통신 플랫폼, 콘텐츠 플랫폼, 응용 플랫폼으로 구성되는 디지털 플랫폼을 형성하며 디지털 전환을 위한 발판을 마련했다. 그리고 응용 플랫폼들이 우후죽순처럼 솟아나고 사용자들에게 뻗어 나가면서 혁명적인 기세로 디지털 전환을 추동했다.

디지털 플랫폼은 디지털 기술을 이용해 디지털 자원을 생성, 저장, 전달, 처리 및 응용하는 공간을 제공한다. 모든 개발자, 제공자, 사용자가 참여해 콘텐츠, 애플리케이션, 서비스 등 다양한 디지털 자원을 생성, 유통, 소비하는 디지털 생태계 공간이다. 특히 응용 플랫폼은 디지털 플랫폼의 꽃으로, 그것을 통해 검색, 소셜미디어, 온라인 상거래, 콘텐츠 공유 등 갖가지 서비스가 제공된다. 응용 플랫폼이 산업과 사회, 특히 사회의 디지털 전환을 이끌어 가는 중심축이 된 것이다. 그리고 그와 같은 커다란 변화를 주도한 것은 플랫폼 기업들이었다. 그들은 디지털 전환의 흐름을 남보다 앞서 포착하고 준비해 변화를 주도했으며, 결국 디지털 전환기의 패자(霸者)로 등극했다.

3.1 디지털 플랫폼의 정립

디지털 플랫폼이 정립된 것은 앞서 논의했듯이 세 차례에 걸친 디지털 대전을 통해서였다. 유선통신 영역에서 벌어진 '제1차 디지털대전'에서, 그리고 무선 이동통신 영역에서 벌어진 '제2차 디지털대전'에서 IP 패킷 방식이 연거푸 승리하면서, 음성, 영상, 데이터 신호가 모두 IP 패킷 형태로 전송되는 융합이 이루어졌다. 그리고 통신과 컴퓨터가 융합해 IP 패킷 방식의 인터넷이 통신 플랫폼으로 정립되었다. 그런데 그 통신 플랫폼은 전통 통신과 컴퓨터 통신이 IP 패킷을 매개로 수직적 융합을 이룬, 매우 공고한 결정체였다. 그래서 정보통신 서비스는 물론 콘텐츠 서비스까지 제공할 수 있는 토대가 되어, 모든 디지털 콘텐츠를 ICT로 수렴하게 만드는 초석이 되었다.

이동통신은 2G부터 기존의 음성 서비스에 추가해 데이터 서비스가 제공되기 시작했고, 데이터 속도는 3G, 4G, 5G로 세대를 거듭하면서 초고속 대용량으로 확대되었다. 그 변화에 부응해, 통신 무대의 경쟁이 통신 서비스에서 콘텐츠 서비스로 옮겨 갔다. 초기에는 통신 사업자들이 독자적인 콘텐츠 서비스로 서로 경쟁했으나, 애플이 iOS를 장착한 아이폰을 출시하고 뒤이어 구글도 안드로이드로 경쟁에 합류하면서 콘텐츠 서비스 경쟁이 '제3차 디지털대전'으로 비화했다. 그것은 곧 모바일 OS 간의 접전으로 결국 애플의 iOS와 구글의 안드로이드가 승자가 되어 콘텐츠 플랫폼의 주도자로 자리를 굳혔다. 차후에는 모든 애플리케이션이 이 두 OS 위에서 운영되는 직거래 장터를 통해 거래 및 운영되었다.

이와 같은 과정을 통해 통신과 컴퓨터가 유무선 네트워크에서 통합되어 탄생한 통신 플랫폼은 다름 아닌 IP 패킷 방식의 인터넷 플랫폼이다. 통신과 컴퓨터가 시스템 차원에서 융합해 ICT 빅뱅을 일으키면서 탄생시킨 콘텐츠 플랫폼은 인터넷 플랫폼 위에서 모바일 OS에 의해 구동되는 콘텐츠 생태계이다. 오늘날 스마트폰으로 통화, 웹 서핑, 소셜미디어, 온라인 상거래 등을 모두 할 수 있는 이유는 스마트폰에 통신 플랫폼과 콘텐츠 플랫폼이 함께 장착되어 있기 때문이다. 통신 플랫폼과 콘텐츠 플랫폼이 공조해서 각종 애플리케이션을 가동할 수 있게 했고, 애플리케이션 자체가 응용 플랫폼이 되어 각종 서비스를 제공하는 것이다.

그러므로 디지털 플랫폼을 디지털 서비스를 제공하는 플랫폼이라고 정의할 때, 그 안에는 통신 플랫폼과 콘텐츠 플랫폼, 그리고 응용 플랫폼이 모두 포함된다. 외형적으로 보이는 것은 하위 계층인 인터넷이고, 인터넷을 통해 전달되는 것은 상위 계층인 콘텐츠이다. 모든 음성, 영상, 데이터 신호는 IP 패킷 형태로 통신 플랫폼 위에서 전달되고, 모든 콘텐츠는 OS 프로토콜에 맞춰 콘텐츠 플랫폼 위에서 애플리케이션들을 통해서 유통된다. 이를테면 iOS와 안드로이드 그 자체가 콘텐츠 플랫폼의 중심을 이루면서, 그 위에 구축된 각종 애플리케이션이 앱 고유의 서비스를 제공하는 응용 플랫폼이 된다.

3.2 디지털 플랫폼의 종류

플랫폼이라는 용어가 일반인에게 생소하지 않은 것은 기차역에 있는 플랫폼 덕분이다. 기차역 플랫폼은 승객이 기차를 타고 내리는 공간이다. 플랫폼은 특정 기차나 특정 승객들을 위한 공간이 아니라, 모든 기차와 모든 승객이 공동으로 사용할 수 있는 열린 공간이다. 디지털 플랫폼도 마찬가지이다. 다양한 디지털 자원의 개발자 및 제공자가 사용자와 만나

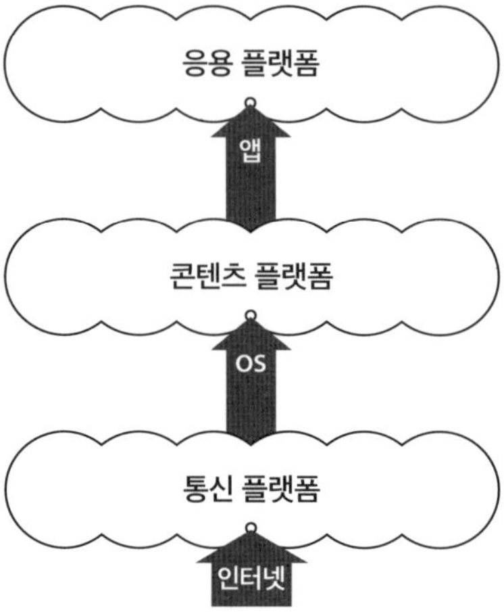

그림 3.1
디지털 플랫폼 간의 관계

서 디지털 자원을 주고받는 디지털 공간이다. 여기서 제공하는 디지털 자원은 각종 콘텐츠, 애플리케이션, 디지털 서비스 등이다. 디지털 플랫폼은 개발자 및 제공자와 사용자가 함께 참여해 디지털 콘텐츠, 애플리케이션, 서비스 등 다양한 디지털 자원을 생성, 배포, 소비하는 디지털 생태계 공간이다. 디지털 플랫폼은 통신 플랫폼, 콘텐츠 플랫폼, 응용 플랫폼을 통칭한다. 그림 3.1은 이 세 가지 디지털 플랫폼 간의 관계를 도식화한 것이다.

(1) 통신 플랫폼(인터넷)

물리적인 차원에서 디지털 플랫폼의 개발자, 제공자, 사용자를 상호 연결해 주고 디지털 자원을 전달해 주는 것은 인터넷 프로토콜 기반의 통신 플랫폼이다. 즉, 인터넷은 다양한 기기들을 연결해 주고 정보 교환 및 상호 소통을 가능하게 하는 통신 플랫폼이다. 그리고 데스크톱 컴퓨터, 랩톱, 모바일 기기 등은 사용자가 인터넷을 통해 관련 웹(월드와이드웹)과 앱에 접속하고 상호작용하는 수단을 제공한다. 즉, 인터넷에 접속해 웹

브라우징, 이메일, 소셜미디어 등의 서비스를 제공하는 데 필요한 하드웨어와 인터페이스를 제공한다. 그러므로 인터넷 통신 플랫폼은 통신망에 연결된 각종 정보통신 기기들을 통해 장치 개발자, 통신서비스 제공자, 사용자들을 연결해 통신, 정보 교환 및 디지털 서비스를 전 세계적으로 유통해 주는 포괄적인 생태계를 형성한다.

오늘날 널리 사용되는 소셜미디어, 모바일 쇼핑, 클라우드 컴퓨팅, 콘텐츠 공유 등 각종 서비스는 콘텐츠 플랫폼 위에서 앱에 의존해 제공된다. 그러나 모든 콘텐츠와 서비스가 그런 것은 아니다. 통신 플랫폼 위에서 직접 제공되는 서비스도 여럿 있다. 예를 들면, 웹 브라우징, 파일 전송, 원격 컴퓨터 접속, 이메일 등과 같은 서비스는 iOS나 안드로이드 등 OS에 의존하지 않고 직접 인터넷을 통해 제공된다. 이때 데스크톱 컴퓨터, 랩톱, 모바일 기기나 기타 특수한 장치를 통해 인터넷에 접속할 수 있다. 물론 iOS와 안드로이드 기기를 위한 전용 앱을 만들어 제공할 수도 있지만, 사용자는 거기에 구애받지 않고 다양한 기기와 OS에서 이들 서비스에 접속할 수 있다.

웹 브라우징 등 여러 서비스가 통신 플랫폼 위에서 작동하는 방법은 다음과 같다. 웹 브라우징은 구글 크롬, 모질라 파이어폭스, 마이크로소프트 엣지와 같은 웹브라우저를 통해 인터넷에 연결하고 웹사이트와 웹 기반 콘텐츠에 접근해 이루어진다. 이러한 브라우저들은 윈도우, 맥OS, 리눅스 등 다양한 OS에서 이용할 수 있다. 이때 FTP를 이용해 컴퓨터 간에 파일 전송이 가능하고, HTTP/HTTPS를 이용해 웹 브라우징에 따른 컴퓨터와 웹서버 간에 웹 페이지 및 이미지를 전송한다. 이들 프로토콜은 다양한 플랫폼과 기기에서 사용할 수 있다. 원격 컴퓨터 접속은 원격 데스크톱, 시큐어쉘(SSH) 가상네트워크컴퓨팅(VNC)과 같은 서비스를 사용해 인터넷을 통해 이루어지며, 이러한 서비스들은 여러 OS에서 사용할 수 있다. 지메일, 아웃룩, 야후메일과 같은 이메일 서비스는 기반 OS와 독립적으로 작동하며, 웹브라우저나 특정 이메일 클라이언트 애플리케이션을 통해 다양한 기기에서 접근할 수 있다.

(2) 콘텐츠 플랫폼(OS)

통신의 중심이 콘텐츠로 이동했다고 할 때, 콘텐츠가 의미하는 것은 광범하고 포괄적이다. 통신 플랫폼을 통해 제공할 수 있는 모든 디지털 정보를 포함한다. 즉, 디지털로 가공된 각종 정보물이나 프로그램, 영화, 음악, 비디오, 애니메이션, 게임, 공연물, 소프트웨어 등을 총체적으로 가리킨다. 콘텐츠 플랫폼의 관심 대상인 콘텐츠는 〈콘텐츠 산업 진흥법〉에 광범위하게 정의된 콘텐츠 중에서 통신망을 통해 유통할 수 있는 디지털 콘텐츠를 모두 포함한다.[1] 또한 통신망을 통해 제공되는 콘텐츠, 애플리케이션, 서비스를 대표한다.

콘텐츠 플랫폼은 이와 같은 디지털 콘텐츠를 개발하고, 유통하고, 이용하는 이해관계자들(예: OS 제공/관리자, 콘텐츠 개발자, 사용자 등)이 모두 참여하는 생태계이다. 여기에는 애플리케이션 장터(예: 앱스토어, 플레이스토어), 애플리케이션 개발 도구(예: 애플의 Xcode, 안드로이드 스튜디오) 등 콘텐츠 제작 및 유통에 필요한 하드웨어/소프트웨어 인프라가 모두 포함된다. 즉, 콘텐츠에 관련된 모든 이해관계자가 참여해 콘텐츠 제작 및 유통 인프라를 사용해 각종 콘텐츠를 생성, 유통 및 소비하는 생태계를 콘텐츠 플랫폼이라고 정의할 수 있다.

따라서 콘텐츠 플랫폼은 애플리케이션을 통해 사용자에게 콘텐츠와 서비스를 제공할 수 있도록 하드웨어, 소프트웨어, 네트워크 등에 걸친 기술적 자원을 제공한다. OS 관리자, 앱 개발자, 앱 사용자, 그리고 기타

---

1 〈콘텐츠 산업 진흥법〉은 "콘텐츠란 부호·문자·도형·색채·음성·음향·이미지 및 영상 등(이들의 복합체를 포함한다)의 자료 또는 정보를 말한다."라고 정의한다. 참고로, 일본의 법률에서는 "콘텐츠는 영화·음악·연극·문학·사진·만화·애니메이션·컴퓨터 게임, 그 밖의 문자·도형·색채·음성·동작 또는 영상 및 이들을 조합한 것 또는 이들에 관한 정보를 컴퓨터 등을 통해 제공하는 프로그램 등으로서, 인간의 창조적 활동에 의해 창작된 것 중 교양 또는 오락의 범위에 속하는 것을 가리킨다."라고 더 광범위하게 정의한다.

이해관계자 간에 소통하고 거래하고 데이터를 공유하고 협업할 수 있는 생태계도 마련해 준다. 나아가, 콘텐츠 플랫폼은 개발자가 플랫폼의 기능과 형식에 맞춰 애플리케이션과 서비스를 생성할 수 있도록 API를 제공하며, API는 다양한 소프트웨어가 표준화된 방식으로 상호작용할 수 있는 수단을 제공한다. 또한 콘텐츠 플랫폼은 사용자가 콘텐츠와 서비스에 접속하고 상호작용할 수 있도록 웹이나 모바일 앱과 같은 사용자 접속 수단을 제공한다.

콘텐츠 플랫폼의 중심에는 OS가 있다. 콘텐츠 플랫폼은 인터넷 통신 플랫폼 위에서 OS에 의해 구동된다. 콘텐츠 생태계는 OS를 언어로 사용하는 공동체와 같다. 이를테면 안드로이드 또는 iOS라는 언어를 사용하는 언어 공동체인 셈이다. 콘텐츠 플랫폼은 동일한 OS의 토대 위에서 콘텐츠를 생산하고 유통하고 소비한다. 앞서 논의했던 '제3차 디지털대전'은 곧 OS 간의 접전이었고, 그 OS를 사용하는 플랫폼 생태계 간의 대전이었다. 그리고 OS 자체의 성능과 사용자 친화력과 콘텐츠 제작자의 흡수력 등에 의해서 승패가 판가름 났다. 그래서 콘텐츠 플랫폼은 OS 플랫폼이라고 불러도 무방하다.

(3) 응용 플랫폼(앱)

응용 플랫폼은 콘텐츠 플랫폼 위에 올린 앱에 의해 형성되는 플랫폼을 지칭한다. 즉, 앱 플랫폼에 해당한다. 응용 플랫폼은 iOS나 안드로이드와 같은 OS를 토대로 제공된다. OS는 하드웨어 기기를 관리하고 애플리케이션을 실행하고 다양한 소프트웨어를 연결하는 기반을 제공하기 때문에, 응용 플랫폼은 이 기반을 활용해 사용자 친화적인 인터페이스를 생성하고 소기의 서비스를 제공할 수 있다. 애플의 앱스토어와 구글의 플레이스토어는 각각 iOS와 안드로이드로 구동되는 별개의 콘텐츠 플랫폼들이기 때문에, 응용 플랫폼들은 각 콘텐츠 플랫폼에 탑재할 수 있도록 개발된다.

표 3.1 디지털 플랫폼의 성격 비교

	통신 플랫폼	콘텐츠 플랫폼	응용 플랫폼
기반	인터넷	OS	앱
서비스	기기연결, 정보 교환, 디지털 서비스	앱 개발, 앱 거래, 앱 서비스 지원	사용자에게 제공되는 앱 고유의 서비스
인프라	데스크톱, 랩톱, 모바일 기기, 하드웨어, API	앱 장터, 앱 개발도구, 콘텐츠 제작/유통 인프라	앱
참여자	망 운용자, 장치 개발자, 통신 서비스 제공자, 가입자	OS 관리자, 앱 개발자, 앱 사용자	서비스 제공자, 사용자, 광고주, 마케팅 매체

응용 플랫폼의 종류는 다양하다. 애플의 앱스토어나 구글의 플레이스토어는 별도의 콘텐츠 플랫폼을 형성하고, 그 위에 올려진 애플리케이션들은 제각각의 응용 플랫폼을 형성한다. 응용 플랫폼에는 페이스북이나 트위터와 같은 소셜미디어 플랫폼이 있고, 아마존이나 알리바바의 모바일 쇼핑과 같은 전자상거래 플랫폼이 있다. 또한 아마존 웹 서비스(AWS)나 마이크로소프트 애저와 같은 클라우드 컴퓨팅 플랫폼, 그리고 유튜브나 넷플릭스와 같은 콘텐츠 공유 플랫폼이 있다. 그 밖에도 아마존 마켓플레이스(Marketplace)나 엣시(Etsy)와 같은 온라인 시장 플랫폼, 코세라(Coursera)나 칸아카데미(Khan Academy)와 같은 교육 플랫폼, 마이크로소프트 팀즈(Teams)나 슬랙(Slack)과 같은 협업 플랫폼, 줌(Zoom)이나 왓츠앱(WhatsApp)과 같은 통신 플랫폼, 에어비앤비(Airbnb)나 익스피디아(Expedia)와 같은 여행 예약 플랫폼, 페이팔(PayPal)이나 벤모(Venmo)와 같은 금융 결제 플랫폼, 피트빗(Fitbit)이나 마이피트니스팔(MyFitnessPal)과 같은 건강 피트니스 플랫폼 등 다양한 플랫폼이 있다.

응용 플랫폼은 제각각 제공하는 특정 서비스와 콘텐츠에 관련된 기기와 함께 서비스 제공자와 사용자가 참여해 특정 서비스를 생성, 배포, 소비하는 디지털 생태계 공간을 이룬다. 예를 들어, 소셜미디어 플랫폼은 소셜미디어 서비스를 제공 및 이용하는 데 관련된 기기들과 함께 소셜미디어 서비스 제공자(플랫폼 기업)와 사용자(SNS 이용자)가 참여해 메시지를 생성하고(즉, 올리고) 유통하고(즉, 저장 및 전시하고), 소비하는(즉, 내려받는) 생태계 공간이다. 생태계 참여자는 플랫폼에 따라 다르며, 예를 들어 여행 예약 플랫폼의 경우에는 생태계에 숙소 제공자도 포함된다.

이상에서 논의한 세 가지 디지털 플랫폼의 성격을 비교하면 표 3.1과 같다.

(4) 플랫폼 서비스 예시

통신 플랫폼과 콘텐츠 플랫폼의 상호관계와 작동 절차를 현실감 있게 이해하기 위해 구글 검색 서비스를 예로 들어 웹 서비스 절차를 살펴보자(표 3.2 참조). PC를 이용해 직접 통신 플랫폼 서비스로 받는 경우와 스마트폰을 이용해 콘텐츠 플랫폼 서비스로 받는 경우를 비교해 보려고 한다. PC의 경우는 시스템에 사용되는 OS가 윈도우, 맥OS, 리눅스 등이고, 스마트폰의 경우는 iOS와 안드로이드이다. 사용자의 검색쿼리(search query)[2]는 다음과 같은 여러 소프트웨어, 하드웨어, 인터넷의 처리 절차를 거쳐 검색 엔진을 향해 전송된다. 첫째, PC의 경우에는 사용자가 크롬, 파이어폭스, 엣지, 사파리 등의 브라우저를 이용해 검색쿼리를 입력하면 브라우저는 검색쿼리를 응용 계층의 HTTP 또는 HTTPS 요청으로 내보낸다(표 2.2 참조). 스마트폰의 경우에는 사용자가 검색 애플리케이션을 이용해 검색쿼리를 입력하면 iOS 또는 안드로이드가 이 입력을 포착하고 관련 API를 통해서 HTTP/HTTPS 요청으로 내보낸다. HTTP/HTTPS 요청에는 검색쿼리뿐만 아니라 장치 유형과 같은 메타데이터도 포함된다. 둘째, HTTP/HTTPS 요청은 전송 계층으로 전달되고, 거기서 TCP가 작동

2 검색쿼리란 사용자가 인터넷상의 특정 정보, 웹사이트 또는 자원을 찾기 위해 검색 엔진에 입력하는 텍스트 문자열을 말한다.

표 3.2 플랫폼 서비스의 비교(웹 서비스와 메일 서비스의 경우)

PC로 받는 경우

	웹 서비스	메일 서비스	OS
응용 프로그램	브라우저(크롬, 파이어폭스, 엣지, 사파리 등)	이메일(지메일, 아웃룩, 야후 등)	윈도우, 맥OS, 리눅스
응용 계층	HTTP/HTTPS, DNS	SMTP, IMAP, POP3	
전송 계층	TCP, UDP		
인터넷 계층	IP		
링크 계층	이더넷, 와이파이		

스마트폰으로 받는 경우

	웹 서비스	메일 서비스	OS
응용 프로그램	웹 앱/API	이메일 앱	iOS, 안드로이드
응용 계층	HTTP/HTTPS, DNS	SMTP, IMAP, POP3	
전송 계층	TCP, UDP		
인터넷 계층	IP		
링크 계층	이더넷, 와이파이, LTE, 5G		

해 HTTP/HTTPS 요청을 작은 패킷으로 나누고 신뢰성 있게 전송하기 위한 처리 과정을 거친다. 셋째, 각 TCP 패킷은 인터넷 계층으로 전달되어 IP 패킷으로 잘게 나누어 캡슐화되고, 송신자(사용자의 장치)의 IP 주소와 수신자(구글 서버)의 IP 주소가 부착된다. 단, 도메인 이름(google.com)을 IP 주소로 변환하는 작업은 응용 계층의 도메인 이름 시스템(domain name system, DNS)에서 이루어진다. 다섯째, IP 패킷은 링크 계층에 전달되어 네트워크를 통해 전송된다. 이때 네트워크는 PC를 사용하는 경우 이더넷이나 와이파이이고, 스마트폰을 사용하는 경우 이더넷, 와이파이, LTE, 5G 네트워크 등이다. 링크 계층은 네트워크의 종류에 따라 거기에 맞는 프로토콜과 하드웨어 인터페이스를 사용해 데이터를 전송한다.

이렇게 전송된 IP 패킷들은 여러 라우터와 네트워크를 경유해 구글 서버로 향한다. 패킷들이 구글 서버에 도착하면 위의 처리 과정을 역으로 거쳐서 원래의 HTTP/HTTPS 요청으로 재조립된다. 원래의 검색쿼리를 받은 검색 서버는 정교한 검색 엔진 소프트웨어를 실행해 쿼리를 처리한다. 그 과정에 웹의 방대한 색인을 검색해 관련 결과를 찾아내는데, 강력한 처리 능력이 있는 데이터 센터를 활용하기에 매우 짧은 시간 안에 가능하다. 검색 결과는 HTTP/HTTPS 응답으로 패키징되어 사용자의 장치로 다시 보내진다. 이 과정은 사용자가 검색쿼리를 보낼 때 이루어졌던 것과 똑같은 과정을 거쳐 진행된다. 즉, 구글 서버의 응용 계층, 전송 계층, 인터넷 계층, 링크 계층을 경유해 처리된 후, 네트워크를 통해 사용자의 기기에 도착해 재조립되고 사용자의 웹브라우저나 검색 앱에 의해 해석된다. 끝으로 검색 결과가 사용자 기기에 표시된다. 이 모든 과정은 아주 짧은 시간에 이루어진다.

이상의 웹 서비스에 관한 설명은 메일 서비스에서도 마찬가지로 적용된다. PC 이용의 경우, 응용 프로그램이 브라우저에서 이메일 서버로 바뀌고, 스마트폰의 경우 웹 앱이 이메일 앱으로 바뀌는 것 이외에는 모두 같다. 표 3.2는 이와 같은 통신 플랫폼과 콘텐츠 플랫폼을 통한 서비스 절차를 웹 서비스와 메일 서비스를 대상으로 정리한 것이다. 콘텐츠 플랫폼의 경우, 웹 애플리케이션과 해당 API 대신 다른 애플리케이션과 해당 API를 사용하면 그 애플리케이션과 관련된 응용 서비스를 제공할 수 있다.

(5) 콘텐츠, 애플리케이션, 서비스

앞서 콘텐츠가 통신망을 통해서 제공되는 콘텐츠, 애플리케이션, 서비스를 대표한다고 언급했는데, 이 세 가지는 성격과 기능이 서로 다르다.

콘텐츠는 사용자가 생성, 공유, 소비하는 정보, 데이터, 미디어와 기타 정보 자원을 의미한다. 즉, 사용자가 정보를 얻거나 오락을 즐기거나 교육을 받기 위해 통신망을 통해서 제공받는 대상물이다. 콘텐츠의 형태는 텍스트, 이미지, 비디오, 오디오, 문서 등으로 다양하며, 디지털 플랫폼상에 블로그 글, 기사, 소셜미디어 업데이트, 팟캐스트, 비디오, 이미지, 미디어 등의 형태로 제공된다.

애플리케이션 또는 앱(app)은 스마트폰, 컴퓨터, 태블릿 같은 전자기기에서 특정 기능이나 작업을 수행하기 위해 설계된 소프트웨어 프로그램이다. 애플리케이션은 워드프로세서나 이메일 클라이언트 같은 생산성 도구부터 게임이나 멀티미디어 플레이어와 같은 오락성 도구에 이르기까지 매우 다양하다. 애플리케이션은 사용자가 앱스토어나 플레이스토어에서 다운로드받아서 핸드폰 등의 기기에 설치해 사용할 수 있다. 사용자가 특정 기능을 액세스하거나 특정 작업을 수행할 수 있도록 사용자 친화적인 인터페이스를 제공한다. 즉 애플리케이션은 콘텐츠와 서비스를 모두 제공할 수 있다.

서비스는 인터넷 등 네트워크를 통해 제공되는 기능, 능력, 정보 자원 등을 의미한다. 서비스는 클라우드 컴퓨팅, 온라인뱅킹, 스트리밍 미디어, 소셜네트워킹, 이메일 등 다양한 기능뿐 아니라 사용자에게 원격으로 접속할 수 있는 수단을 제공한다. 애플리케이션과 달리 사용자 기기에 설치하지 않아도 웹브라우저나 클라이언트 소프트웨어를 통해 접속하고 활용할 수 있다. 서비스는 구독 기반, 또는 광고를 매개로 무료로 제공되며, 사용자의 상호작용이나 참여를 요구하기도 한다. 또한 통신, 데이터 저장, 금융 거래 등 사용자의 특정 필요를 충족하거나 특정 작업의 수행을 돕도록 설계된다.

단적으로 콘텐츠, 애플리케이션, 서비스 간에는 다음과 같은 차이점이 있다. 콘텐츠는 사용자가 텍스트, 이미지, 비디오 등을 통해 소비하는 실제 데이터나 정보이고, 애플리케이션은 사용자가 특정 작업이나 기능을 수행할 수 있도록 돕는 소프트웨어 프로그램이며, 서비스는 네트워크를 통해 원격에서 제공되는 기능이나 능력이다. 즉, 콘텐츠는 사용자가 읽고 보고 들으며 직접 소비하는 대상물이고, 애플리케이션은 사용자가 작업이나 기능 수행을 위해 사용하는 도구이며, 서비스는 사용자가 활용할 수 있는 기능이다. 콘텐츠와 애플리케이션은 사용자 기기에 다운로드하고 설치해서 사용하지만, 서비스는 직접 웹브라우저나 클라이언트 소프트웨어를 통해 제공된다. 서비스는 통신 플랫폼 위에서 직접 제공될 수도 있고, 애플리케이션 위에서 응용 플랫폼을 통해서 제공될 수도 있다.

3.3 디지털 플랫폼 기업

디지털 플랫폼이 개발자, 제공자, 사용자가 모두 참여하고 디지털 콘텐츠, 애플리케이션, 서비스 등 다양한 디지털 자원이 집결되는 디지털 생태계 공간인 만큼, 오늘날 디지털 플랫폼 기업이 산업과 사회에서 차지하는 비중은 매우 크다. 디지털 플랫폼 가운데 응용 플랫폼을 제공하는 기업 수는 플랫폼의 종류만큼이나 많다고 할 수 있다. 그중 가장 규모가 크고 영향력이 큰 기업은 애플, 구글, 아마존, 메타 등 네 회사이다. 이 네 곳은 모두 2024년 6월 28일 기준 시가총액 세계 10대 기업에 들어간다. 이 사실은 플랫폼 기업이 디지털 전환의 시대를 앞장서 가며 경제 판도를 주도하고 있음을 단적으로 보여 준다.[3]

(1) 애플

애플은 스티브 잡스(Steve Jobs)를 중심으로 1976년에 설립된 회사로, 초기에는 Apple I, Apple II, 매킨토시 등 PC의 하드웨어와 소프트웨어를 개발했다. 그 후 애플은 사업을 다변화해 스마트폰인 아이폰, 콘텐츠 소

3 2024년 6월 28일 현재 시가총액 10대 기업 순위는 다음과 같다. 마이크로소프트(3.366조 달러), 애플(3.283조 달러), 엔비디아(3.047조 달러), 알파벳(구글)(2.299조 달러), 아마존(2.059조 달러), 사우디아람코(1.786조 달러), 메타 플랫폼스(페이스북)(1.318조 달러), 버크셔 해서웨이(8,810억 달러), 엘리 릴리(8,190억 달러), TSMC(7,640억 달러).

비와 창작 도구인 아이패드(iPad), 노트북 컴퓨터 인 맥북(MacBook), 데스크탑 컴퓨터 아이맥(iMac) 등을 생산했고, 그 밖에 휴대용 음원 재생 기기인 아이팟(iPod), 웨어러블 장치인 애플워치(Apple Watch)와 에어팟(Airpod), 그리고 음악 및 미디어 관리 프로그램인 아이튠즈(iTunes)[4]와 스트리밍 음악 서비스인 애플 뮤직(Apple Music)도 출시했다. 특히 아이폰은 스마트폰 시장을 혁신한 애플의 대표 제품으로, 아이폰 출시와 함께 애플은 통신 제조사로 변신해 통신 단말기 부문의 선두주자가 되었다. 아이폰은 애플 전체 매출의 50%를 차지하며, 아이폰을 포함한 하드웨어 장치의 매출이 전체의 78%를 차지한다.[5]

그림 3.2 애플 로고

애플의 제품은 뛰어난 상표 이미지와 제품 디자인으로 유명하다. 직관적이고 사용하기 쉬운 인터페이스를 개발해 사용자들에게 감동을 주었다. 애플의 제품과 서비스는 서로 시너지를 발휘하는 생태계를 형성하며, 그것은 다양한 애플 제품을 통합해 사용하도록 유인하는 강력한 도구이다. 또한 제품의 품질에 대한 신뢰도가 높아 고객들에게 긍정적인 이미지를 심어 줬다. 애플은 앱스토어를 통해 수많은 애플리케이션을 유통하며, 다양한 용도의 앱 생태계를 구축했다. 특히 애플 앱스토어는 사용자와 개발자의 욕구를 동시에 충족시킨 본격적인 콘텐츠 직거래 장터로, 아이폰과 연계해 ICT 빅뱅을 일으킨 주역이다.

---

4 아이튠즈는 애플의 각종 미디어 기기를 관리하는 프로그램이다. 초기에는 아이튠즈 스토어와 연계해 아이팟에 음악 및 각종 미디어를 넣어 주는 프로그램으로 기능했다. 지금은 아이폰, 아이패드, 애플 TV와 같은 여러 애플 기기에서 동기화해 사용할 수 있다. 아이튠즈 스토어(iTunes Store)는 애플이 아이튠즈를 통해 서비스하는 음악, 오디오북, 뮤직비디오, 영화, TV 프로그램, 아이팟용 게임 등을 판매하는 온라인 미디어 점포이다.

5 2023년도 애플의 매출은 3,833억 달러였다. 여기서 아이폰 매출이 2,010억 달러로 가장 비중이 높았고, 이어 아이패드 280억 달러, 맥 290억 달러, 애플워치와 에어팟 등 웨어러블 장치가 400억 달러이며, 앱스토어 등 서비스 매출이 850억 달러를 차지했다. 하드웨어 장치의 매출이 전체 매출의 78%를 차지한다는 점에서, 애플은 단연 제조회사라고 말할 수 있다.

애플은 아이폰과 앱스토어를 통해서 정보통신에 혁신을 가져왔을 뿐 아니라 제품 디자인, 기술 혁신, 사용자 경험의 측면에서 디지털 산업 발달을 견인했다. 나아가 아이패드, 애플 펜슬 등의 도구를 통해 디자이너와 예술가들의 창작을 지원하기도 했다. 애플은 장래에도 기술과 제품에 더 많은 혁신을 가져올 것으로 기대되며, AI, VR, AR, 메타버스 등으로 관심 분야를 확대할 것으로 전망된다.

그러나 여러 가지 문제점과 우려도 있다. 애플이 생태계 내에서 독점적인 터라 다른 기업의 장치 및 서비스와 상호 연결하는 데 한계가 있고, 제품 가격이 높아 저소득 계층에게는 진입 장벽이 되고 있다. 또한 애플의 높은 시장 점유율에 따라 시장 지배력도 높아 독점적인 기업 행위로 인해 불공정경쟁이 우려된다. 실제로 그것이 앱스토어 플랫폼 이용과 수수료에 관한 독단적인 통제로 나타나 개발자들에게 불만을 사고 있다. 애플은 전자 제조업체이기 때문에 자원 소비, 폐기물 생성 등과 관련된 환경적 책임에 대해 비판을 면할 수 없으며, 제조 및 공급망 운영에 있어서 중국 의존도가 높아 지정학적인 위험이 우려될 뿐 아니라, 중국 제조사에서의 노동 조건과 인권에 대한 윤리적 문제도 제기되고 있다. 한편, 애플은 사용자 데이터를 수집해 서비스 개선과 타깃 광고에 활용하는데, 그 과정에서 개인정보 보호 준수에 대한 의혹과 정부 요청 거부 등으로 비판을 받기도 한다.

(2) 구글

구글은 래리 페이지(Larry Page)와 세르게이 브린(Sergey Brin)에 의해 1998년에 설립됐고, 초기에는 검색 엔진을 개발해 웹 검색 분야의 혁신을 이끌었다. 지금은 사업 영역이 광고, OS, 동영상 콘텐츠, 클라우드 등으로 다변화되었다. 검색 분야에서는 아직도 구글이 독보적인 입지를 차지하며 가장 큰 검색 엔진을 제공한다. 광고 분야는 애드워즈(AdWords)[6]

6 구글 애드워즈는 2018년에 구글 애즈(Google Ads)로 명칭이 변경되었다.

그림 3.3 구글 로고

와 애드센스(AdSense)와 같은 광고 플랫폼을 제공하며 막대한 수익을 창출 중이다. OS는 애플의 iOS와 쌍벽을 이루는 안드로이드를 소유하고 있고, 인기 동영상 플랫폼인 유튜브를 운영하고 있다. 또한 클라우드 컴퓨팅, 데이터 저장 및 분석 도구를 제공하는 구글 클라우드 플랫폼을 운영한다. 구글의 매출은 대부분 광고에서 발생한다. 검색 등을 통한 광고가 전체 매출의 60%에 가깝고, 구글 네트워크 광고와 유튜브 광고까지 포함하면 광고 매출이 전체 매출의 77%에 달한다.[7]

구글은 창의적인 검색 엔진을 발명해 지식을 대중화하는 데 기여했고, 지금도 검색하는 것을 '구글한다(google)'고 말할 정도로 검색 분야에서 대표성을 인정받고 있다. 안드로이드는 폐쇄적인 애플 iOS에 대항해 모든 스마트폰에 개방함으로써 치열한 경쟁 속에 디지털 플랫폼 생태계를 발전시키는 데 기여했다. 구글은 데이터 분석과 AI 분야에서 뛰어난 능력을 갖추고 있고, 이를 토대로 통찰력 있는 정보와 트렌드를 제공하며, 개인화된 서비스와 기능을 제공하고 있다. 구글은 창립 이래 개방적인 문화와 기술 혁신 역량을 가진 회사로 인정받고 있으며, 장래에 AI, 클라우드, 건강 관련 기술, 자율주행차 등에 투자를 늘릴 것으로 전망된다.

그러나 구글 검색에 관해서는 많은 문제와 우려가 나온다. 구글 검색은 한편 지식의 대중화를 선도한 공적이 있고, 다른 한편 구글을 광고회사로 성공하게 만든 일등 공신이다. 그런데 검색 서비스 과정에서 사용자 정보를 수집하는 것과 그것을 타깃 광고에 이용하는 것에서 문제가 비롯된다. 구글은 검색 서비스를 향상한다는 명분으로 사용자 정보를 수집하고, 실

7 2023년도 구글의 매출은 총 3,074억 달러로, 구글 검색 광고 1,750억 달러, 구글 네트워크 광고 313억 달러, 유튜브 광고 315억 달러, 클라우드 서비스 330억 달러 등이다. 광고 매출 합계가 2,379억 달러로 전체 매출의 77%이다(출처: FourWeekMBA).

제로 사용자 정보 중 일부가 그렇게 사용되어 개인 맞춤형의 빠른 검색 서비스를 제공한다. 그런데 개인 맞춤형 서비스 자체가 사용자를 필터 버블에 가두는 역효과를 낳았다.[8] 게다가 구글은 사용자 정보를 타깃 광고에 이용해 광고 수입을 크게 증대하는 효과를 보았는데, 그것이 사용자에게는 자신이 인지하지 못하는 가운데 타깃 광고에 노출되는 부작용을 낳았다. 문제는 여기서 그치지 않는다. 구글이 보유한 막대한 양의 사용자 정보가 해킹과 사이버 공격에 노출될 위험에 대한 우려가 크고, 구글 검색 알고리듬이 정치적인 편향이나 소수자에 대한 차별적인 인식을 조성해 사회적 논란이 발생할 우려도 있다. 또한 사용자 정보의 효용성을 알게 된 구글이 검색 서비스 이외에도 모든 수단을 동원해 사용자의 정보를 적극적으로 수집하고 있는데, 그것이 장래에 사용자와 사회에 어떠한 영향을 미칠지 우려할 수밖에 없다. 한편 구글은 매출의 77%가 광고에서 발생하고 세계 디지털 광고 시장의 점유율 1위인 만큼 광고 시장에 대한 지배력이 강하기에 독점 관련 우려를 낳기도 한다.[9]

(3) 아마존

아마존은 제프 베조스(Jeff Bezos)에 의해 1994년 7월에 설립되었다. 온라인 서점으로 시작해서 점차 온라인 쇼핑으로 옮겨 가 사업 영역을 확장하면서 종합 전자상거래 회사로 성장했다. 아마존은 온라인 서점의 연장선상에서 킨들 전자책 리더기를 출시하며 전자책 시장에 진출했고, 이어서 에코 스마트 스피커, 파이어 태블릿 등으로 아마존 디바이스 사업을 펼쳤다. 또한 아마존은 클라우드 컴퓨팅 서비스를 제공하는 AWS 사업을 시작했

---

8 인터넷 검색 알고리듬은 검색자 개인에 맞춘 빠른 서비스를 제공하기 위해 과거에 검색했던 내용을 기억해 두었다가 그것과 유사한 범위에서 검색어를 찾아 제공하도록 설계되었기 때문에 검색자는 자신도 모르는 가운데 과거의 검색 이력의 범주 내로 정보를 여과(濾過, filter)당하게 되는데, 이를 '필터 버블(filter bubble)' 효과라고 부른다.

9 2023년도 세계 디지털 광고 시장 점유율은 구글 39%, 메타 18%, 아마존 7%, 바이트댄스 3% 등이다(출처: Statista).

그림 3.4 아마존 로고

고, 스트리밍 비디오 서비스 아마존 프라임과 아마존 스튜디오를 통해 엔터테인먼트 분야로 진출했다.

현재 아마존의 핵심 사업은 전자상거래, 즉 온라인 소매업이다. 세계 각지에서 다양한 제품을 구매할 수 있는 다양한 온라인 시장을 운영하며, 그 연장선상에서 제3자에게 아마존 온라인 시장인 마켓플레이스(Marketplace)를 개방하는 제3판매자(third-party seller) 사업도 제공한다.[10] 아마존은 AWS 클라우드 컴퓨팅 플랫폼을 통해 개인·기업·정부에 계산 능력, 저장 공간, 데이터베이스 등을, 그리고 아마존 프라임을 통해 빠른 배송, 스트리밍 서비스 등 구독 서비스를 제공한다. 또한 아마존 프라임 비디오와 아마존 스튜디오를 통해 콘텐츠 제작에 투자한다. 매출 기준으로 살펴보면 온라인 쇼핑 매출이 전체 매출의 43%를 점하고, 제3판매자와 오프라인 매출까지 합하면 전체 매출의 71%에 달한다.[11] 명실상부한 상거래 회사라고 할 수 있다. 그러나 온라인 매출이 둔화하는 반면에 클라우드 서비스와 광고 매출은 급성장하고 있고, 검색 서비스의 경우도 물건 구매에 관심 있는 사람들은 구글에서 아마존으로 이동 중이다. 특히 클라우드 서비스에서는 AWS가 2022년도 4분기 기준으로 시장 점유율이 1위인 점을 주목하면, 아마존의 장래 사업은 크게 변하리라 전망된다.[12]

애플이 아이폰과 앱스토어의 출시로 ICT 빅뱅을 일으키며 정보통신의

10 아마존 '마켓플레이스'에서는 아마존이 자체 생산한 제품과 타사(제3판매자)가 생산한 제품을 동시에 판매한다. 타사는 아마존의 플랫폼을 이용해 아마존의 고객들을 대상으로 제품을 판매할 수 있고, 아마존은 타사와의 경쟁을 통해 자체 생산 제품의 품질을 향상시킬 수 있다.

11 2023년 아마존의 매출은 5,540억 달러로, 온라인 매출 2,319억 달러, 제3판매자 서비스 매출 1,400억 달러, AWS 매출 908억 달러, 광고 매출 469억 달러, 구독 서비스 매출 402억 달러, 오프라인 점포 매출 200억 달러 등이다. 상품 거래 매출이 온라인, 제3판매자, 오프라인 점포를 모두 합해 3,919억 달러로, 상거래 매출이 전체 매출의 71%이다(출처: FourWeekMBA).

12 2023년 3분기 기준 클라우드 서비스 시장 점유율은 아마존 32%, 마이크로소프트 23%, 구글 11% 등이다.

혁신에 기여했고 구글이 구글 검색 엔진을 통해 지식의 대중화에 기여한 것에 비하면, 아마존의 창업 스토리와 성공 비결은 성격이 다르다. 아마존은 온라인 서점으로 창업했고, 온라인 소매시장으로 옮겨 가면서 '세계에서 가장 고객 중심의 회사를 만들겠다'는 비전을 세웠다. 그리고 그 비전이 아마존의 전략적 의사결정과 운영에 대한 기본 원칙이 되어 아마존을 성공으로 이끌었다. 아마존은 고객 만족도를 높이고 강력한 인프라를 갖춰 다양한 제품을 구비해 빠르고 안정적인 배송을 보장함으로써 충성 고객층을 형성했고, 경쟁을 촉진해 서비스 개선과 가격 인하를 이끌었다. 또한 아마존은 전자상거래, 스마트 디바이스, 클라우드 컴퓨팅 서비스 등을 개척해 혁신적인 제품과 서비스로 시장을 개척하고 산업을 혁신하는 데 앞장섰다. 셀프 퍼블리싱과 킨들 디렉트 퍼블리싱 등을 통해 작가들에게 창작 활동과 출판 기회도 제공했고, 마켓플레이스를 통해 중소기업(제3판매자)이 전 세계 고객을 대상으로 제품을 판매할 수 있도록 했으며, 기술 전문가에서 창고 노동자에 이르기까지 전 세계적으로 150만 개의 일자리를 창출했다.

그와 같은 많은 기여를 했음에도 불구하고 아마존은 여러 측면에서 우려의 대상이 되고 있다.[13] 문제의 중심에는 아마존의 핵심 사업인 온라인 소매업이 있다. 애플과 구글이 새로운 기술과 제품을 출시해 새로운 시장을 개척했다면, 아마존은 고객 중심이라는 특유의 비전으로 기존의 소매업 시장을 잠식하며 성공했기 때문이다. 즉, 아마존의 성공은 제로섬 게임에서 기존 사업자들로부터 고객을 유인해 낸 것과 같다. 아마존은 온라인 소매시장의 37.6%를 점유하고 있는데 이것은 월마트 등 여타 기업의 추종을 불허하는 점유율이다.[14] 온라인 소매시장에서 지배적인 위치를 점하면서 아마존은 독점 행위에 대한 우려를 면치 못하는 것이다. 더불어

13 스콧 갤러웨이, 『플랫폼 제국의 미래』, 이경식 옮김, 비즈니스북스, 2018 참조.

14 2023년 기준 미국의 온라인 소매시장의 시장점유율은 아마존 37.6%, 월마트 6.4%, 애플 3.6%, 이베이 3.0%, 타깃 1.9% 순이다.

아마존이 압도적으로 시장을 지배하면서 소비자들의 선택권이 제한될 수 있고, 시장 지배력을 이용해 '지대(地代, rent)'를 임의로 올릴 수 있다는 염려도 나온다.[15]

또한 아마존은 막대한 자금력을 동원해 공격적인 인수합병을 지속하면서 사업 영역을 대대적으로 확장했고, 그것들을 유기적으로 연결해 시장 지배력을 광범위하게 강화하고 있는데, 이 역시 '아마존 제국' 건설이 아니냐는 걱정을 낳는다. 게다가 대형 고용주인 아마존은 창고 일터의 근로 조건과 그곳 노동자 대우에 대해 비판받을 뿐 아니라 빠른 로봇 채용으로 고용을 감소시킨다는 비판도 면치 못하고 있다. 각종 온라인 사업을 위해서 방대한 양의 사용자 정보를 수집하는 점도 개인정보 보안에 대한 우려를 낳는다.

(4) 메타(페이스북)

그림 3.5 메타 로고

메타는 2004년 마크 주커버그(Mark Zuckerberg)를 중심으로 설립된 회사로, 대학생을 위한 소셜네트워크 '페이스북'으로 시작했으나, 이후 여러 회사를 인수 합병해 소셜미디어 기업으로 성장하다가 2021년 회사명을 메타 플랫폼즈(Meta Platforms)로 변경했다.

메타는 사진 및 비디오 공유 플랫폼인 인스타그램을 인수해 사업 영역을 시각적인 콘텐츠 공유 플랫폼으로 넓혔으며, 왓츠앱을 인수해 메시지 전송 및 음성통화 서비스로 확대했다. 또한 AR/VR 기기를 생산하는 오큘러스를 인수하고 사업 중심축을 메타 플랫폼으로 확장해 가상 세계와 메타버스를 구축하는 사업을 적극적으로 전개하면서 VR 헤드셋인 '오큘러스 퀘스

15 예를 들어, 제3판매자는 아마존에게 추천 수수료(referral fees), 이행 수수료(fulfillment fees), 구독 수수료(subscription fees), 광고 수수료(advertising fees), 그리고 장기 보관 수수료, 제품 제거 수수료 등 여러 종류의 수수료를 지불한다.

트'를 출시했다. 그러나 오큘러스 사업은 매출이 투자를 따라가지 못했으며, 메타의 매출은 대부분 소셜미디어 플랫폼의 광고에서 나왔다.[16]

메타는 페이스북, 인스타그램, 왓츠앱 등 여러 플랫폼을 보유하고 있고 그 사용자가 수억 명에 달하기에, 이를 기반으로 다양한 사용자 요구를 충족시키면서 플랫폼을 확장할 수 있다. 메타가 보유한 여러 플랫폼은 사용자들 간에 연결성을 높일 뿐 아니라 각종 사회적 네트워크를 구축해준다. 또한 사용자 정보를 기반으로 한 맞춤형 광고 플랫폼은 광고주에게 다양한 타깃 마케팅의 기회를 제공한다. 이와 같이 사람들 간의 연결과 소통을 원활하게 해주고 사회적 네트워크를 형성해 준 점은 메타가 사회적으로 기여한 부분으로 인정받는다. 장래에는 메타가 메타버스와 가상세계를 중심으로 적극적인 개발과 혁신을 추구해 새로운 가상 환경을 구축하고 소셜 상호작용 기능을 확대하리라 전망한다.

그러나 메타와 같은 시장 지배력이 높은 소셜미디어 플랫폼에 대해서는 잠재적 위험성과 부정적 영향에 대한 걱정이 크다. 우선 개인정보 보호와 관련된 문제이다. 메타가 여러 플랫폼을 통해 방대한 양의 개인정보를 수집하고 이를 타깃 광고에 이용하면서 개인정보 보호, 데이터 보안, 데이터 누출 가능성에 대한 우려가 제기된다. 또한 메타의 소셜미디어 플랫폼은 거짓 정보와 가짜 뉴스를 퍼뜨리는 데 사용될 수 있고, 허위 정보, 선동, 의견 분열 등의 문제를 일으킬 수 있으며, 정보 조작과 왜곡으로 선거와 정치에 영향을 미칠 수 있다. 나아가 소셜미디어의 과도한 사용은 중독을 유발하고, 정신 건강에 부정적인 영향을 끼칠 수 있으며, 온라인 사이버 괴롭힘과 같은 심각한 사회 문제를 유발할 수 있다. 특히 어린 사용자는 소셜미디어의 부정적인 영향에 민감할 수 있어 적절한 규제를 요구하는 목소리가 높다.[17] 한편 메타는 소셜미디어 시장에서 독점적 지위

16 2023년 메타플랫폼즈의 매출은 1,340달러로, 그중 1,319억 달러, 즉 98%가 광고 매출이다.

17 2023년 10월 26일 『조선일보』 보도에 의하면, 메타가 미국 41개 주(州) 정부에 집단 소송을 당했는데, 그 이유는 이용자들을 소셜미디어에 장기간 붙잡아 놓기 위해 의도적으로 중독성이 강

에 있기에 경쟁 문제와 독점 행위에 대한 의심에 직면하고 있다.

3.4 디지털 플랫폼의 성질

다른 시각에서 보면, 앞서 살펴봤던 기차역 플랫폼 사례는 철도 서비스 업체(서비스 제공자)와 승객(서비스 사용자)이 만나는 현실공간으로, 기차라는 수단을 이용해 운송 서비스를 제공한다고 볼 수 있다. 마찬가지로 디지털 플랫폼은 개발자, 제공자, 사용자가 만나서 디지털 콘텐츠, 애플리케이션, 서비스 등의 디지털 자원을 생성·분배·소비하는 디지털 생태계 공간이다. 디지털 플랫폼 중에서 콘텐츠 플랫폼은 OS를 기반으로 생태계를 형성해 응용 플랫폼을 받쳐 주고, 응용 플랫폼은 애플리케이션을 기반으로 생태계를 형성해 각종 서비스와 콘텐츠를 제공한다. 앱스토어가 등장하기 이전에는 애플리케이션 장터가 통신 사업자들을 벽으로 잘게 나누었으나, 앱스토어 출현 이후에 격동의 경쟁 기간을 거쳐 세계적으로 통합된 장터 두 개를 형성했다. 그 결과 디지털 플랫폼은 세계 각국에 있는 각종 제품의 판매자와 소비자가 만나서 거래하는 지구촌 규모의 시장으로 확대되었다. 응용 플랫폼이 성장하고 전 세계적으로 정보와 제품을 교환하는 중심 허브로 자리 잡으면서, 디지털 플랫폼의 성질을 드러내는 새로운 현상들이 나타나기 시작했다.

한 시스템을 설계해 어린이와 청소년 이용자들의 정신 건강에 돌이킬 수 없는 해악을 끼쳤기 때문이라는 것이다. 이 소송은 지난 2021년에 전 메타 수석 제품 매니저였던 프랜시스 하우건이 내부 문건을 촬영한 사진 수백 장을 공개하며 "메타는 10대 청소년들의 정신·신체 건강에 소셜 미디어가 악영향을 미친다는 사실을 알게 됐음에도 아무런 조치를 취하지 않았고, 오히려 중독성을 강화하고 있다."라고 폭로했던 것에서 비롯되었다.

(1) 양면 시장

시장으로서 디지털 플랫폼은 양면 시장(兩面市場, two-sided market)의 성격을 띤다는 점이 특징이다.[18] 한쪽에 제공자(생산자, 판매자)가 있고, 다른 한쪽에 사용자(소비자)가 있으며, 그 양쪽을 플랫폼이 연결해 주는 방식이다. 이때 제공자와 사용자가 거래할 수 있는 장터를 제공하는 것이 디지털 플랫폼이다. 예를 들어 콘텐츠 플랫폼의 경우, 애플 앱스토어나 구글의 플레이스토어 플랫폼이 장터가 되어 한쪽에 있는 애플리케이션 제공자와 다른 한쪽에 있는 애플리케이션 사용자를 연결해 주며, 응용 플랫폼의 경우, 구글 검색이나 아마존 상품 검색 플랫폼이 한쪽 사용자를 다른 쪽 웹사이트에 연결해 준다. 또한 에어비앤비나 부킹닷컴 같은 응용 플랫폼은 한쪽에 숙소가 필요한 소비자가 있고 다른 쪽에 숙소를 빌려주려는 숙박 시설이 있어, 이들을 서로 연결해 준다.

(2) 네트워크 외부 효과

디지털 플랫폼 양면 시장은 '네트워크 외부 효과(network externality)'를 활용한다.[19] 즉, 사용자가 많을수록 시스템이 더 잘 작동한다. 예를 들어 검색 엔진은 네트워크 외부 효과로 검색 성능을 개선해 검색 서비스를 향상시킬 수 있다. 즉, 검색 엔진을 사용하는 사람이 많아질수록 검색 서비스 제공자는 사용자 쿼리 및 상호작용에 대한 데이터 집합이 커지고, 그것을 통해 검색 알고리듬을 지속적으로 개선하며 더 정확하고 관련성 높은 검색 결과를 제공할 수 있게 된다. 또 다른 사례로 내비게이터도 사

---

18 양면 시장에 관해서는 장 티롤이 2003년에 다각적으로 연구한 바 있다. J-C. Rochet and J. Tirole, "Platform competition in two-sided markets," *Journal of the European Economic Association 1*, 2003, pp. 990-1029 참조.

19 네트워크 외부 효과란 사용하는 사람이 많을수록 사용 효과가 커지는 것을 말한다. 즉 제품과 서비스의 가치나 효용성이 사용자 수가 늘수록 커지는 현상을 일컫는다. 네트워크 외부 효과를 단적으로 보여 주는 사례가 전통적인 전화 서비스이다. 전화 가입자가 많을수록 통화할 대상이 늘어나서 전화의 효용성이 높아진다.

용자가 많을수록 더 많은 정보가 모여서 더 빠른 길을 안내받을 수 있다. 즉, 내비게이터를 사용하는 사람이 많을수록 서비스 제공자가 사용자의 행동 패턴과 도로 상황에 대한 데이터를 더 많이 수집할 수 있고, 그 데이터를 이용해 실시간으로 업데이트함으로써 내비게이터의 정확도를 높이고 더 효율적인 경로를 찾아 줄 수 있다.

(3) 경비 지불, 광고

디지털 플랫폼 양면 시장에서는 경비를 지불하는 방식이 전통적인 시장과 다르다. 오프라인 상거래에서는 제품에 대한 경비를 구매자가 판매자에게 직접 지불하고, 판매자는 매장 사용료를 건물주에게 지불한다. 그런데 온라인 상거래의 경우 제품 구매 경비를 구매자가 플랫폼 제공자에게 지불하고 플랫폼 제공자는 거기서 플랫폼 사용 경비를 공제한 잔여 금액을 판매자에게 전달한다. 정보를 취급하는 디지털 플랫폼 양면 시장의 경우에는 정보 사용에 대한 경비를 사용자(구매자)와 서비스 제공자(판매자)가 부담할 수도 있고, 제3자인 광고주가 부담할 수도 있다. 현실적으로는 판매자나 제3자가 부담하는 경우가 대부분이다. 예를 들어, 에어비앤비와 부킹닷컴을 이용해 숙소를 예약할 경우, 이용자는 숙박료만 내면 되지만, 집을 빌려준 사람은 숙박비의 상당 부분을 플랫폼 제공자에게 지불한다. 또한 구글 플랫폼에서 검색 엔진, 유튜브, 메일 등 서비스를 제공받는 경우 구글은 이 모든 것을 사용자에게 무료로 제공하지만, 광고주로부터는 경비 이상을 받아 낸다. 광고 수입을 확보하기 위해서 플랫폼은 서비스 중간중간에 광고를 노출한다.

(4) 주목 경제

이와 같이 정보를 제공하는 양면 시장에는 고객의 관심과 시간을 끄는 것이 중요한, 소위 '주목 경제(注目經濟, attention economy)'가 새로운 개념으로 부각된다.[20] 정보제공 양면 시장에서 플랫폼의 역할은 기본적으로 사용자의 정보 문제를 해결해 주는 것이다. 예를 들어, 에어비앤비와 부킹닷컴은 사용자에게 조건에 맞는 숙소를 알려 주고, 구글은 검색 엔진을 통해 사용자에게 관심 있는 웹사이트를 알려 준다. 그런데 플랫폼 제공자는 정보를 제공해 주면서 그 경비를 사용자가 아닌 서비스 제공자나 제3자인 광고주에게 부과한다. 특히 광고주에게 경비를 부담시켜 사용자의 부담을 면해 주는 것은 더 많은 사용자를 끌어들이는 유인책으로서 매우 효과적이다. 이때 플랫폼 제공자는 소요 경비보다 훨씬 많은 금액을 광고료로 받으며, 그것이 구글이나 메타 같은 플랫폼 사업자에게는 주요 수입원이다. 그렇다고 사용자가 아무것도 주지 않고 완전히 무료로 서비스를 제공받는 것은 아니다. 그 대가로 광고를 봐야 한다. 광고를 직접 보지 않더라도 광고에 노출되는 환경을 허용해야 한다. 따라서 플랫폼 제공자는 사용자를 최대한 오랫동안 플랫폼에 머물게 하면서 사용자의 이목을 끌고 광고를 노출한다. 그 체류 시간 동안 사용자는 여러 정보를 탐색하면서 자신의 관심사를 노출하게 되며, 그것을 플랫폼 사업자가 포착 및 수집해 소중한 정보자산으로 삼는다.

(5) 규제 기능

디지털 플랫폼 양면 시장에는 기본적으로 플랫폼 사업자들이 스스로 규제 기능을 작동하게 하는 특이한 메커니즘이 있다. 플랫폼 제공자가 직접 나서서 입점 판매자들 간에 경쟁 관계가 유지되도록 역할을 하는 것이다. 플랫폼 제공자는 판매 가격에 제약을 가할 수도 있다. 특히 판매자가 소비자에게 경비를 전가하지 못하도록 감독한다. 플랫폼에 입고하는 제품의 품질을 검수할 수도 있고, 분쟁이 발생하면 중재 장치도 마련한다. 이와 같은 규제 기능을 통해서 플랫폼 사업자가 시장 질서를 유지하

---

20 주목 경제란 고객들에게 맞춤형 제품이나 서비스를 제공해 이목을 끄는 경제활동으로, 이를 통해 고객의 관심과 시간을 오래 붙잡아 둠으로써 매출을 올린다.

고 소비자를 보호하는 것이다. 그 이유는 무엇일까? 플랫폼이 양면 시장이기 때문이다. 시장 질서를 유지해 소비자의 이익을 보호할 때 더 많은 소비자를 플랫폼에 끌어들일 수 있고, 그것이 곧 판매자를 많이 끌어들이는 비결로 플랫폼 사업자에게도 이익이 되기 때문이다.

3.5 디지털 플랫폼의 역기능

디지털 플랫폼은 산업사회에서는 불가능했던 여러 기능을 가능하게 해주었다. 그 기능들은 과거에는 존재하지 않았던 새로운 서비스들을 창출했고, 비효율적이었던 일들을 효율적으로 만들었으며, 인류의 삶에 다양한 편익을 가져다주었다. 인류가 수천 년간 누적해 온 지식을 인터넷 검색을 이용해서 즉석에서 찾아보고, 내비게이터를 차에 달고 지구촌 방방곡곡을 찾아갈 수 있게 되었다. 메신저 서비스를 이용해 언제 어디서든 누구와 소통할 수 있게 되었으며, 소셜미디어 서비스를 통해서 집단을 형성하고 소통할 수 있게 되었다. 전자상거래 서비스를 통해 세계 각국에서 생산되는 물품들을 클릭 몇 번으로 구매할 수 있고, 세계 각처에서 나오는 영화, 공연, 스포츠, 오락을 집안에서 즐길 수 있다. 디지털 문명이 가져다준 이 모든 혜택은 디지털 플랫폼을 통해 제공된다.

그러나 디지털 플랫폼이 순기능만 있는 것은 아니다. 위와 같은 새로운 플랫폼 기능은 예상치 못했던 역기능을 동반했다. 인터넷 검색 서비스는 개인정보의 수집과 타깃 광고 이용에서 비롯된 개인정보 보호 문제를 수반했고, 소셜미디어 서비스는 거짓 정보와 가짜 뉴스의 배포나 사이버 괴롭힘 같은 문제를 수반했다. 전자상거래 플랫폼은 제공자의 시장 지배력이 강해지면서 판매자의 지대를 임의로 올리고 사용자 선택의 폭을 축소하는 폐해를 가져왔다. 이와 같은 문제들은 산업사회에서는 존재하지 않았던, 혹 존재했더라도 폐해의 폭이 크지 않았던 문제들이다. 또 온라인 전자상거래 이전에 존재하던 오프라인 상거래에서는 시장이 국가나 지역으로 한정되어 있어서 시장 지배력이 강한 회사더라도 해당 국가에 규제를 받았기에 독점 문제가 심각하게 부상하지 않았다.

(1) 검색 엔진

검색 서비스의 첫 번째 역기능은 수집된 정보가 차후 검색에 제약을 주어 검색 결과가 과거의 관심 영역으로 제한될 수 있다는 점이다. 예를 들어, 과거에 모로코 여행에 관해 검색한 적이 있다면 차후에 모로코를 검색할 때 주로 모로코 여행이나 관광에 관련된 내용이 앞에 배열되고 역사나 정치제도 등에 관한 내용은 배제되거나 아주 뒤쪽에 배열되는 식이다. 인터넷 검색 엔진 알고리듬은 검색자 개인에게 맞춤한 서비스를 빠르게 제공하기 위해 과거에 검색했던 내용을 기억해 두었다가 그것과 유사한 범위에서 검색어를 찾아 제공하도록 설계되었기 때문이다. 그래서 검색자는 자신도 모르는 가운데 과거에 했던 검색 이력의 범주로 정보를 여과(濾過, filter)당하는데, 이것을 '필터 버블(filter bubble)'이라고 한다. 필터 버블은 인터넷 검색으로 접근할 수 있는 정보를 제한하기 때문에 사용자의 시야를 가리고 사용자의 이해를 왜곡시키는 역기능이 있다. 이러한 현상이 반복되면 사용자가 다양한 관점에서 사물을 보지 못하고 검색 엔진이 제공한 정보에만 의존해 편견과 자기 확신에 빠질 수 있다.

검색 엔진이 채택한 알고리듬 자체의 문제점도 작지 않다. 검색 알고리듬은 일반적으로 엄격하게 비밀로 유지되기 때문에 검색 결과의 순위가 어떻게 매겨지는지가 불분명하다. 그래서 검색 서비스 사용자와 콘텐츠 제작자는 특정 내용이 검색 결과에서 우선순위가 높거나 낮게 배열되는 이유를 이해하기 어렵고, 이에 검색 결과가 편향될 수 있다고 의심하게 된다. 일반적으로 검색 엔진은 잘 알려진 웹사이트와 방문 빈도가 높은 웹사이트를 검색 결과로 우선 배열하기 때문에 상대적으로 덜 알려지거나 규모가 작은 기업과 콘텐츠 제작자는 검색 결과에 노출되기 어렵다.

구글이 검색 시장에 대한 독점력을 이용해 웹사이트에 대한 트래픽을 통제하며 온라인 사업의 지속 가능성에 큰 영향을 준다고 의심하게 되는 것이다. 또한 자사 제품과 서비스를 우선 배열하면서 경쟁 업체가 잘 보이지 않도록 조치한다는 의혹도 존재한다. 실제로 구글은 경쟁을 제한하는 사업 행위를 시도했다고 추정되어 여러 나라에서 반독점 정밀 조사를 받았다. 게다가 검색 알고리듬이 거짓이나 오도된 정보를 조장하도록 조작될 가능성뿐만 아니라 그것이 선전, 정보 왜곡 캠페인, 가짜 뉴스 확산 등에 이용될 위험성도 있다. 악의를 가진 사람이 검색 엔진 최적화 기술을 사용해 검색 결과에 오류 정보가 잘 보이도록 조작할 가능성도 존재한다.

검색 엔진은 메신저 서비스, 소셜미디어 서비스, 온라인 상거래 등과 마찬가지로, 사용자에 관한 많은 정보를 수집하기에 이 정보를 이용해 상세한 프로필을 작성할 수 있다. 명목상의 이유는 정보를 이용해 빠른 검색 서비스나 개인에 특화된 서비스를 제공한다는 것이지만, 실상 플랫폼 제공자가 수집하는 개인정보는 서비스 개선을 위해서 필요한 것보다 훨씬 더 많다. 그런데 일단 정보를 수집하기 시작하면 온갖 문제가 발생하기 시작한다. 그 정보를 타깃 광고에 이용하면 사용자는 요청하지 않은 광고를 받아 번거로워지거나 상품 구매의 유혹에 시달리게 된다. 또한 수집한 개인정보를 엄격하게 관리하지 않으면 해킹이나 사이버 공격으로 탈취되어 엄청난 피해가 생길 수 있다. 그 때문에 플랫폼 사업자는 사용자 개인정보 보호를 위한 보안 조치를 최우선시해야 하지만 그것이 제대로 이행되는지 알 수 없어서 개인정보 문제는 폭발성 높은 역기능으로 남게 된다.

(2) 소셜미디어

먼저 소셜미디어는 검색 엔진 서비스와 마찬가지로 개인정보를 수집하기 때문에 그에 따른 정보 누출의 문제가 기본적인 역기능으로 나타난다. 그러나 그것보다 더 중요하면서 음성적으로 작용해 잘 포착되지 않는 역기능이 '반향실 효과(echo-chamber effect)'이다. 참여자들이 활발하게 의사소통하더라도 반향실 안에서는 어떤 소리를 내든 똑같은 소리가 되돌아오는 것처럼, 동질적인 신념이 증폭되거나 강화되는 현상이다. 소셜미디어로 대화방을 설정해 의사소통하게 되면 정보의 반향 작용으로 참여자들 간에 신념 동질성이 생겨 정보 왜곡과 편향을 가져와 사용자를 진실에서 멀어지게 하고, 나아가 분파적 집단을 형성할 수 있다. 반향실에 들어간 사람은 처음에는 확고한 신념이 없었더라도 성향이 비슷한 사람들의 말을 듣고 행동을 보면서 신념을 점점 더 확신하며 과감하게 행동하게 된다. 필터 버블이 수집 정보에 편향을 일으킨다면, 반향실 효과는 선택 정보의 중첩으로 편향을 일으킨다. 즉, 정보를 자기 중심적으로 왜곡하는 확증편향(確證偏向)이 생긴다. 반향실 효과는 소셜미디어 이용자들이 성향이 비슷한 집단으로 결집하게 하고 그렇게 형성된 집단은 맹목적으로 집단을 옹호하고 추종하게 된다.[21]

오늘날 인터넷을 매개로 한 집단행동이 사회적 문제로 부각하는데, 이것은 소셜미디어가 정치·사회적 환경에 가져온 치명적인 역기능이다. 각종 SNS와 유튜브를 통한 인터넷 개인방송이 집단행동을 가능하게 해주었다. 이러한 소셜미디어를 잘 이용하면, 시간 부족이나 지리적 제약으로 인한 소통 부족을 극복해 인간관계를 형성·유지할 수 있다. 그러나 소셜미디어가 음성적 집단을 형성하고 집단행동을 감행하고 사이버 폭력을 행사하는 등 사회적 소요를 일으키는 데 이용되면, 그것은 곧 소셜미디어의 역기능이 된다. 특히 인터넷 개인방송은 전통적인 방송 매체와 달리 규제를 받지 않기 때문에, 책임감이나 자정 능력 없이 흥미 본위로 정보를 생산하거나 근거 없는 주장을 펴는 데 사용될 수 있다. 그러한 경우 미디어 생태계를 크게 오염시킬 뿐 아니라 집단행동이나 폭력 행사를 선동하고 매개하는 수단으로 전락할 수 있다. 또한 소셜미디어가 거짓 정보

21 이병기, 「제4장 민주주의와 과학기술」, 이한구 외 6인, 『민주주의란 무엇인가』, 학지사, 2022 참조.

와 가짜 뉴스 등을 유통하고, 정보 조작, 대중선동 등을 매개하는 수단으로 악용될 경우 선거와 정치에 심각한 영향을 줄 수 있다.

소셜미디어를 잘못 사용하면 인간관계를 악화시키고 사생활이나 인격에 타격을 입는 결과를 초래할 수 있다. 이것은 우선 소셜미디어 자체의 남용에서 비롯되는 역기능이다. 소셜미디어 플랫폼은 중독성이 있어서 소셜미디어에 과도한 시간을 보내다가 현실 생활의 책임과 관계를 방치할 수 있다. 또한 소셜미디어를 과도하게 사용하면 자신을 다른 사람들과 비교해 우울증, 불안, 외로움과 같은 정신건강 문제도 일으킬 수도 있고, 무기력해지거나 자아 존중감에 부정적인 영향을 끼칠 수 있으며, 포모(Fear of Missing Out, FOMO)증후군을 겪을 수도 있다.[22] 다른 한편으로는 소셜미디어를 사용하는 사람들의 분별력 없는 행동이 초래하는 역기능이 있다. 소셜네트워크에서는 사이버 괴롭힘이 흔히 발생하고, 사용자가 모욕적인 댓글, 협박, 사이버 학대 등을 당해 심리적·정서적인 타격을 받을 수 있다. 악의적인 사람은 소셜미디어를 악용해 피싱 공격, 신분 도용, 사이버 범죄 등을 저질러 사회적 혼란을 일으킬 수 있다. 이러한 것들은 소셜미디어 자체의 역기능이라기보다 소셜미디어 사용자들의 오용으로 인한 역기능이라 할 수 있다.

한편, 소셜미디어를 사용하면 그 사용 흔적이 지워지지 않고 오래도록 살아남는데, 그것 또한 소셜미디어의 역기능이라고 할 수 있다.[23] 과거의 행적이 과거로 묻히지 않고 살아남아 오늘에 영향을 미치는 것이다. 과거의 사적인 실언이나 실수가 소셜미디어 어딘엔가 저장되어 있다가 언제라도 튀어나올 수 있고, 과거의 행적을 기억하는 누군가가 어떠한 계기로 소셜미디어를 통해 그것을 유포할 수 있다. 그래서 과거의 과오나 실수를

---

22 포모증후군은 놓치거나 제외되는 것에 대한 두려움, 또는 자신이 해보지 못한 가치 있는 경험을 다른 사람이 실제로 하고 있어 보이는 상황에 대한 막연한 불안감을 묘사할 때 주로 쓰이는 용어이다.

23 이한구 외 6인, 앞의 책 참조.

소셜미디어를 통해 현재의 '여론 재판'에 올려 지금 기준으로 과거를 치죄(治罪)하는 결과를 초래한다. 자신의 행위에 대해 평생 책임져야 한다는 경종을 울리는 점은 긍정적이지만, 그것이 법에 의한 치죄가 아닌 여론 재판이라는 점에서는 공정하지 못하다. 그리고 그 자체가 공개적인 '인격 처형(處刑)'이라는 점에서도 비인간적이다. 이에 '잊힐 권리'를 법제화하려는 시도가 있었으나 '알 권리'가 중요하다는 주장에 부딪쳐 관철되지 못했다. 설사 '디지털 장의사'[24]에 의뢰해 과거 기록을 모두 삭제하려 시도해도 소셜미디어와 각종 디지털 장치의 구석구석에 저장된 모든 파일을 완전히 색출하는 것은 어려운 일이다. 사람은 누구든 실수하고 실패할 수 있는 불완전한 존재이고, 성장 과정에서는 더욱 그러할 수 있다. 그런데 그것을 반성하고 재기할 수 있도록 사회가 포용하는 것을 소셜미디어가 방해하는 셈이다.

(3) 개인정보

개인 차원에서는, 검색 엔진이나 소셜미디어의 구조적인 역기능보다 훨씬 더 중요한 것이 개인정보의 수집, 유출, 악용에 따른 역기능이다. 검색 서비스, 소셜미디어 서비스, 메신저 서비스, 온라인 상거래 서비스를 제공하는 플랫폼들은 모두 사용자의 정보를 수집한다. 그 정보는 사용자가 원하는 서비스를 더 잘 제공하는 데 사용될 수 있고, 사용자에게 더 잘 맞는 판매자를 선택하는 데 도움을 줄 수 있다. 그러나 개인정보는 잘못 취급하면 유출되어 악용될 가능성이 있으며 개인에게 치명적인 타격을 줄 수 있다. 따라서 개인정보는 수집하는 순간부터 문제를 배태하게 된다.

플랫폼은 사용자의 검색쿼리뿐만 아니라 각종 소셜미디어 활동을 통해서 개인정보를 수집한다. 사용자는 각종 플랫폼 서비스를 사용하면서

---

24 디지털 장의사는 디지털 기록을 삭제해 주는 직업이다. 개인 기록 외에도 근거 없는 비방 게시물이나 허위 사실을 지우는 일도 수행한다. 우리나라는 일정 요건이 충족될 경우 개인정보의 삭제를 요청할 수 있는 권리를 법으로 보장한다.

직간접적으로 개인정보를 제공하고 여러 이유로 그 정보를 사용하는 것에 동의한다. 그 결과, 플랫폼이 수집한 사용자 정보는 짐작보다 훨씬 더 방대하고 상세하다. 그런데 일단 플랫폼이 개인정보를 수집하게 되면, 수집된 정보는 플랫폼 기업의 소유가 되어 개개인이 통제할 수 없다. 또 수집된 개인정보가 언제 어디에서 어떻게 사용되고 얼마나 멀리 확산될지 알 수가 없다. 그래서 플랫폼 기업이 개인정보를 철저한 보안 속에 최우선으로 관리해 주리라 믿을 수밖에 없는데, 일반적으로 기업은 사용자 기대만큼 보안에 충분히 투자하지 않는다.

플랫폼 사업자는 사용자에 대한 데이터가 기업의 자산이라고 인식하기 때문에 모든 수단을 동원해서 적극적으로 사용자 정보를 수집한다. 검색창을 두드리는 쿼리 메시지, 메신저로 주고받는 개인 메시지, 소셜네트워크에 올리는 각종 여행 사진, 인스타그램에 올리는 스토리와 그것에 대한 '좋아요' 반응, 웨어러블 건강 체크 앱을 통해 내보내는 각종 신체 정보 등 사용자가 표출하거나 행동한 흔적을 모두 수집해 개인별로 분류한다. 그 데이터를 분석하면 사용자의 행동(위치, 이동 궤적, 관심사, 인적 네트워크, 소셜 그래프, 소비 습관, 인터넷 검색 패턴 등)을 파악할 수 있다. 이렇듯 사용자 데이터와 행동 간에는 불가분의 관계가 성립하며, 사용자 데이터를 분석하면 사용자의 행동을 파악할 수 있다. 즉, 플랫폼 기업은 서비스 향상에 필요한 것보다 훨씬 더 많은 사용자 데이터를 수집하며, 그 데이터를 통해 사용자의 행동을 파악해 타깃 광고를 제공하는 등 사업에 사용한다.

만일 플랫폼 기업이 개인정보를 이용해 가격 차별을 시도한다면 사용자는 가격 불공정을 겪을 수 있다. 사용자가 어떤 제품을 주문할 때 플랫폼이 사용자의 호불호에 관한 정보가 없다면 정가나 낮은 가격을 제시하겠지만, 사용자가 그 제품을 꼭 필요로 한다는 정보를 갖고 있으면 비싸게 부를 수 있다. 그러한 가격 차별화로 플랫폼 기업은 더 많은 이익을 취하게 된다. 가격 차별이 의료보험에 적용된다면, 자칫 보험제도에 위기를 초래할 수 있다. 개인의 건강 정보를 이용해서 건강할 때는 보험료를 낮게 책정하고 건강이 나빠지면 보험료를 높게 책정하는 방식으로 차별한다면, 의료보험에서 배제되는 사람이 생기고 결국 보험제도가 위태로워진다.

무엇보다 개인정보가 다른 사람에게 공개되면 당사자는 사회생활을 구속받게 되며, 최악의 경우 그로 인해 불행해질 수 있다. 개인정보가 공개된다는 것은 개인의 삶에 사생활 공간이 좁아지고 공적 공간이 넓어진다는 뜻이다. 사람이 사적인 공간에서는 편안하게 생활할 수 있어도 공적인 공간에서는 매사 타인의 시선을 의식할 수밖에 없다. 그래서 개인정보가 공개된다는 것은 기존에 사적 영역이었던 많은 부분이 공적 영역으로 바뀐다는 뜻이며, 그것은 곧 사회적으로 개인의 행동을 구속하게 된다는 뜻이다. 이것은 특히 갈등 상황에서 불리하게 작용할 수 있고, 예상치 못한 결과를 초래할 수 있다. 그러한 구속과 제약에서 벗어나기 위해서 사람들은 평소와 다르게 행동하게 된다. 또 의견을 자유롭게 개진하지 못하고 어려움을 겪어도 남에게 도움을 청하지 않게 된다. 칩거 상태를 견디기 어려우면 안전한 공간을 찾아서 숨을 수도 있다. 그곳은 교회나 절 같은 물리적인 공간일 수도 있고, 소셜네트워크 같은 가상공간일 수도 있다. 그런데 소셜네트워크의 경우 동질성 있는 집단에 가입하게 되면 처음에는 안전하게 보호·위로받는다고 느낄 수 있으나, 시간이 지나 구성원들 간에 의견이 엇갈리면 차츰 편을 가르게 되고 결국 서로 반대편을 해코지하는 결과에 이를 수 있다. 이는 심각성 정도에는 차이가 날 수는 있으나 종교 집단과 정치 집단에서도 일어날 수 있다.

이와 같이 디지털 플랫폼으로 인한 개인정보 유출은 개인 차원에서 가장 치명적인 역기능이라고 할 수 있다. 개인정보는 최대한 유출을 막는 것이 최선책이다. 이를 위해서는 일차적으로 각 개인이 자신의 개인정보를 유출하지 않아야 하고, 이차적으로는 플랫폼이 개인정보를 유출하지 않도록 최선의 조치를 다해야 한다. 개인정보 유출은 각 개인이 분별 있게 행동함으로써 최소화할 수 있다면, 플랫폼 사업자에 의한 유출은 개인정보 보호법을 엄격하게 제정해 철저하게 집행함으로써 최소화할 수 있다. 나아가, 개인정보를 수집하는 내용과 범위에 제한을 두거나 수집된 정보를 일정 기간 이상 보관하지 못하도록 법제화하는 등 더욱 적극적인 조치도 고려할 필요가 있다.

(4) 최저가 보장

디지털 플랫폼을 이용해 각종 서비스를 제공할 때, 플랫폼 제공자는 사용자가 짐작도 할 수 없는 다량의 개인정보와 사용자가 상상도 할 수 없는 고도의 상술로 사용자를 기만할 수 있다는 것이 디지털 플랫폼의 또 다른 역기능이다. 이를테면, 구글 쇼핑이나 아마존 마켓플레이스가 사용자에게 추천하는 제품은 구글에게 많은 수수료를 지불하는 특정 제품이거나 아마존의 자사 제품일 가능성이 높다. 디지털 플랫폼이 추천하는 제품이 사용자에게 좋은 제품이라기보다 플랫폼 사업자에게 많은 이익을 가져다주는 제품일 수 있다는 뜻이다. 플랫폼 사업자가 다량의 사용자 개인정보를 이용해서 사용자의 관심을 끌 만한 품목들을 노출하고 마치 그것들이 사용자에게 최적인 것처럼 소개하더라도, 그것은 결국 사용자에게 도움을 주려는 것이라기보다 사업자가 돈을 벌기 위함이다. 이러한 이중적 사업 행위는 정보의 투명성과 플랫폼 사업자의 중립성에 관한 문제를 일으킨다.

온라인 상거래와 여행 중개업 등 중개 서비스 플랫폼의 경우에는 소위 '최저가 보장'이라는 상술이 있는데, 여기에도 사용자를 유혹해 상거래 질서를 문란하게 만드는 역기능이 존재한다. 예를 들어, 호텔 예약 플랫폼 A가 호텔을 주선하면서 최저가를 보장한다고 광고하는 경우, 플랫폼 A는 어떻게 사용자에게 최저가를 보장해 주면서 그 부족분을 충당할 수 있을까? 만일 플랫폼 A가 사용하기 편리하고 다양한 호텔과 연결된 유명 플랫폼에 최저가까지 보장하는 경우, 누구나 이 플랫폼을 사용하고 싶을 것이다. 그래서 결국 사용자들이 모두 플랫폼 A에 쏠리고, 다른 플랫폼을 사용하지 않는다면 어떠한 일이 벌어질까? 플랫폼 A는 최저가 보장으로 인한 손실을 호텔에게 전가해 추가 수수료를 요구할 수 있고, 호텔은 플랫폼 A가 아니면 사용자들과 연결된 방법이 없기 때문에 그 요구에 응할 수밖에 없을 것이다. 그렇게 되면 추가 수수료를 지불한 호텔은 그 손실을 만회할 방법을 모색하다가 다른 고객이나 플랫폼에 부과할 수 있다. 이를테면, 플랫폼 A를 통해 예약한 고객을 제외한 다른 고객들, 그리고 플랫폼 B와 같은 다른 여행 플랫폼을 통해서 예약한 고객들에게 요금을 인상해 받아 그 손실을 벌충할 것이다. 결국 한 플랫폼의 최저가 보장으로 인한 손실을 다른 플랫폼을 이용하는 다른 이용자들에게 추가 요금으로 벌충하는 것이다. 이것은 모든 디지털 플랫폼, 특히 중개 상거래 플랫폼이 지닌 문제로, 건강한 온라인 상거래 질서를 무너뜨리는 결과를 초래한다.

시장 질서에 대한 폐해 때문에 독일, 프랑스 등의 유럽 국가에서는 최저가 보장을 금지하거나 규제한다. 규제는 주로 온라인 상거래 플랫폼과 호텔 예약 플랫폼들이 최저가 보장을 통해 가격을 조정하거나 경쟁을 제한하는 것을 방지하는 방향을 취한다. 독일은 특히 디지털 시장에서의 최혜국약관(most-favored nation, MFN)[25]에 주목해 이러한 약관을 사용하는 기업을 조사하고 공정한 경쟁을 방해한다고 판단되면 제한하거나 금지한다. 프랑스는 최저가 보장 조항과 관련해 조사해서 이러한 조항이 경쟁을 제한하거나 소비자에게 불리한 영향을 미칠 경우, 제한하거나 시정 조치를 요구한다.

(5) 자연 독점

디지털 플랫폼은 구조적인 역기능이 있는데, 그것은 네트워크 외부 효과 때문에 자연 독점이 일어날 확률이 높다는 점이다. 앞서 보았듯이, 검색 엔진은 사용자가 많을수록 더 많은 데이터를 수집해 검색 알고리듬을 개

25 최저가 보장에 관한 조항을 가격 동등성(price parity) 또는 최혜국약관이라고 부른다.

선하고 더 나은 검색 결과를 제공할 수 있다. 내비게이터도 사용자가 많을수록 사용자의 행동 패턴과 도로 상황에 대한 데이터를 더 많이 수집해 정확도를 높이고 더 효율적인 경로를 찾아 줄 수 있다. 그 때문에 사용자는 자연스레 사용자가 많은 플랫폼을 선택하게 되는데, 이것이 네트워크 외부 효과로 작용해 해당 플랫폼의 서비스 품질을 향상하는 데 기여한다. 이렇듯 네트워크 외부 효과는 플랫폼에 부익부 현상을 일으키며, 자연스럽게 플랫폼을 독점화한다.

먼저 애플의 경우를 살펴보면, 콘텐츠 플랫폼이 iOS와 안드로이드의 두 진영으로 양분된 상황에서 안드로이드는 여러 단말기 제조사들이 공동으로 사용하지만 iOS는 애플이 독점하고 있어서 애플 플랫폼의 시장 지배력이 높아 그로 인한 폐해가 크다.[26] 이것은 하드웨어, 소프트웨어 및 애플리케이션에서 애플이 엄격하게 통제할 수 있음을 의미하기에 사용자와 개발자는 애플의 지침과 정책을 준수해야 하는 등 제한이 생긴다. iOS 애플리케이션 전용 플랫폼인 애플 앱스토어도 애플이 통제하며, 그로 인해 개발자는 경쟁에 제한이 있거나 앱스토어 입점을 거부당하거나 높은 입점 수수료를 내야 할 수 있다. 또한 iOS 앱을 개발하려면 애플의 독점적인 개발 도구와 프로그래밍 언어를 사용해야 하는데, 이는 오픈소스 개발이나 크로스 플랫폼 개발을 선호하는 개발자들에게 제약이 된다. 애플의 단말기가 다른 경쟁 제품에 비해 가격이 높은 점은 소비자의 접근을 제한하고, 다른 제조사의 단말기와 호환성이 없는 점 역시 사용자가 플랫폼을 전환하거나 데이터를 공유할 수 없도록 제약한다.

구글의 경우, 세계 검색 시장의 압도적인 1위로 그 점유율이 91%에 달

26 2024년 4월 현재 OS 시장 점유율은 세계적으로는 안드로이드 70.9%, iOS 28.4%이지만, 북미 지역과 오세아니아 지역에서는 iOS가 각각 55%와 54%를 점유한다. 안드로이드는 삼성, 화웨이, 샤오미 등 대부분 회사의 스마트폰에서 사용되지만, iOS는 애플 제품인 아이폰, 아이패드, 아이팟 터치 등 폐쇄된 생태계에서만 사용된다.

하며, 디지털 광고에서도 시장 점유율이 1위이다.[27] 이와 같은 높은 점유율은 여러 독점 폐해를 낳는다. 먼저 검색 시장의 독보적인 지배력은 경쟁과 혁신을 억제해 사용자가 구글 이외의 대안을 찾기 어렵게 하고, 디지털 생태계의 다양성이 줄어 신규 업체들이 진출하는 것을 어렵게 한다. 또한 검색 엔진은 편향성 없는 최상의 검색 결과를 제공하는 대신, 수익 중심의 검색 알고리듬으로 변질돼 검색 정보의 질과 다양성에 영향을 미칠 수 있다. 디지털 광고에서도 가격 조작 가능성이 제기된다. 그 때문에 광고주에게는 선택의 폭이 제한되고, 그것이 광고 가격 상승으로 이어져 결국 소비자에게 초과 비용이 전가될 수 있다. 또한 구글은 압도적인 광고 지배력으로 콘텐츠 게시자들의 수익 흐름을 통제하는 데 상당한 영향을 미칠 수 있다. 그로 인해 수익 공유에 대한 분쟁과 고품질 저널리즘의 지속 가능성이 우려된다. 검색과 마찬가지로 광고에서도 작은 경쟁 업체들이 구글의 거대한 자원에 맞서 경쟁하기 어려워져 결국 혁신을 억제하고 새로운 서비스의 도입을 제한할 수 있으며, 이는 소비자에게 불리하게 작용할 수 있다.

아마존의 경우, 세계 온라인 소매시장의 점유율이 37.6%로 점유율이 6.3%에 불과한 2위 월마트를 압도한다. 이와 같은 압도적인 점유율은 강한 시장 지배력으로 작동해 다른 사업자들에게 도전적인 경쟁을 일으키고, 아마존 플랫폼 입점 판매자들에게 임의로 지대를 부과하고, 소비자에게는 선택권을 제한하는 문제로 나타난다. 아마존은 방대한 배송 네트워크와 물류 창고를 운영해 경쟁 사업자들을 압박하고, 팬데믹 기간 당시 다른 경쟁자들이 모두 수세적인 상황에서 고용과 지출을 늘리는 등 공격적인 투자를 했다. 수많은 제3판매자들이 아마존의 마켓플레이스에 의존해 고객에 접근하는데, 아마존은 각종 수수료와 고객 데이터 접근 등 중

27 2024년 4월 현재 세계 검색 엔진 점유율은 구글 90.9%, 빙 3.6%, 얀덱스 1.6%, 야후 1.1% 등이다(Statcounter 자료).

요한 요소들을 두고 그들을 통제한다. 특히 제3판매자에 대한 수수료에는 추천 수수료, 이행 수수료, 구독 수수료, 창고 수수료, 장기 보관 수수료, 제품 제거 수수료 등 종류가 다양한데, 판매자들은 아마존이 부과하는 대로 수용할 수밖에 없어 불안과 불평이 나오고 있다.

메타의 경우, 소셜미디어와 메신저 서비스에 있어서 독보적인 위치를 점한다. 소셜미디어 부문에서는 페이스북과 인스타그램이, 메신저 서비스 부문에서는 왓츠앱과 페이스북 메신저가 최상위를 차지한다.[28] 메타의 소셜미디어 시장 지배력이 매우 높기에 독점 행위의 폐해가 우려되는 가운데, 미국의 연방거래위원회(FTC)가 인스타그램과 왓츠앱을 구매한 것이 반독점법 위반이라며 메타를 제소했다. 이와 같은 독점적 시장 지배력은 다른 업체들이 시장에 진입하는 것을 막고 사용자의 선택권을 제한한다. 만일 독점으로 인해 경쟁이 사라지면 기업은 사용자가 원하지 않는 일을 자유롭게 할 수 있고 제품을 개선할 압박을 덜 느끼는데, 그것은 결국 사용자에게 불이익으로 돌아간다.

3.6 디지털 플랫폼 기업의 규제

디지털 플랫폼의 역기능을 해결하는 방법은 규제이다. 하지만 기업활동에 대한 규제는 항상 긍정적인 결과와 부정적인 결과를 동시에 수반할 수 있다. 규제를 통해 기업활동이 사회에 낳는 부작용을 줄일 수 있다는 점에서 긍정적이지만, 규제가 기업활동을 위축시키고 창조와 혁신을 억제할 수 있다는 점에서 부정적이다. 너무 일찍 규제를 시행하면 기술과 서비스가 제대로 발전하지 않고, 기업이 충분히 성장하지 못한 채 조기

28 2024년 4월 기준으로, 메타의 플랫폼인 페이스북이 31억 명, 인스타그램이 20억 명, 왓츠앱이 20억 명, 페이스북 메신저가 10억 명 등 통산 81억 명으로, 유튜브 25억 명, 틱톡 16억 명, 위챗 13억 명, 텔레그램 9억 명을 절대적으로 압도한다.

에 위축될 수 있다. 따라서 기술과 서비스, 그리고 기업의 성숙도를 충분히 살핀 후에 규제에 나서야 창조와 혁신을 위축시키지 않으면서 역기능을 바로잡을 수 있다.

이와 같은 기준에서 현재의 플랫폼 기업 성숙도를 점검해 본다면, 애플, 구글, 아마존, 메타 등 플랫폼 기업이 네 곳 모두 시가총액 세계 10대 기업에 들어가 있을 정도로 성숙했기 때문에, 규제로 역기능을 바로잡을 때가 되었다고 볼 수 있다. 이들 디지털 플랫폼 기업에 대한 핵심 규제 대상은 시장 지배력에 의한 독점이다. 디지털 플랫폼은 네트워크 외부 효과 때문에 자연 독점이 일어나 독점 기업으로 성장할 가능성이 크기 때문이다. 실제로 애플, 구글, 아마존, 메타가 비교적 짧은 기간에 시가총액 10대 기업에 들어갔다는 사실 자체가 디지털 플랫폼 기업의 자연 독점 현상을 방증한다. 또한 미국이 여태껏 플랫폼 기업들이 혁신하며 성장할 수 있도록 자유로운 환경을 제공해 준 것도 고속 성장에 일익을 담당했다. 그러나 이제 미국은 반독점법 위반으로 메타,[29] 구글,[30] 아마존,[31] 애

---

29 2020년 12월에 FTC가 페이스북(메타)이 인스타그램과 왓츠앱을 구입함으로써 경쟁을 해쳤다며 반경쟁적 행위에 대한 소송을 제기했다. 2021년 6월에 첫 번째 소송이 기각되었지만, FTC는 수정된 소송을 제기했고, 2024년에 재판이 열릴 것으로 예상된다. FTC는 페이스북의 인스타그램과 왓츠앱 인수 이후에 가격이 인상되지는 않았지만, 열악한 서비스와 소비자 선택권 제약이라는 결과를 낳았다고 주장한다.

30 2023년 1월에 미국 법무부가 구글이 디지털 광고 시장에서 독점력을 남용해 공정한 경쟁을 해치는 등 반독점법을 위반했다며 소송을 제기했다. 구글이 경쟁자를 차단하기 위해 기본 독점권을 요구했다는 것이다. 구체적으로, 구글이 웹브라우저를 기본 검색 엔진으로 설정하는 내용의 수익 공유 계약을 전자기기 제조사, 무선통신 사업자 등과 맺으며 경쟁사를 배제했다는 것이다. 2024년 8월 5일, 미국 워싱턴DC 연방법원은 미국 법무부가 구글을 반독점법 위반으로 제기한 소송에서 "구글은 독점기업(monopolist)이다. 독점기업처럼 행동하며 지배력을 유지하려 했다."라고 판결했다.

31 2023년 9월 26일, FTC가 아마존이 전자상거래 시장에서 독점적 지위를 이용해 경쟁 업체에 해를 끼쳤다며 소송을 제기했다. FTC는 아마존이 자사 플랫폼에 입점한 판매자들이 아마존의 경쟁 업체에서 더 낮은 가격으로 제품을 팔면 불이익을 주었고, 판매자들에게 비용이 많이 드는 자사 물류 네트워크 사용을 강요해 경쟁 업체들이 피해를 보았고 소비자들은 비싼 가격을 주고 물건을 사게 되었다고 주장했다.

플[32]을 제소하는 등 디지털 플랫폼 기업들에 대한 규제를 가하기 시작했고, 유럽 또한 디지털 플랫폼 기업에 대한 규제를 본격적으로 법제화하기 시작했다.[33]

(1) 규제 방법

디지털 플랫폼에 대한 규제는 더 이상 미룰 수 없는 시대적 과제이다. 디지털 플랫폼을 효과적으로 규제함으로써 특정 사업자가 독점하는 데서 비롯되는 사회적 폐해를 줄여야 한다. 그러기 위해서는 디지털 플랫폼의 속성을 잘 규명하고 그에 적합한 규제 방법을 찾아야 한다. 그 방법은 디지털 플랫폼 서비스의 장점과 혁신발전은 잘 살리면서 그 역기능과 부작용을 막는 것이어야 한다. 그리고 디지털 플랫폼 양면 시장에 새로운 경쟁 사업자가 진입할 수 있도록 문을 열어 주고, 디지털 플랫폼을 이용하는 모든 참여자에게 각자 기여한 만큼 공정하게 보상해 주는 것이 바람직하다.

그런데 문제는 디지털 플랫폼이 과거 산업사회에서는 경험해 보지 못한 사례이기에 어떻게 규제하는 게 효과적인지 알지 못한다는 점이다. 과거에도 통신, 전기, 철도 등 전통산업에 대한 진입 장벽이 높아서 독점 가능성이 높아 그것을 방지하기 위해 규제를 가했다. 그때 독점 기업을 규제하기 위해 사용한 방법은 기업을 분할하고 경쟁을 도입하는 것이었다. 기업을 필수 설비와 관련된 핵심 사업과 보완 사업으로 분리하고 보완 사업을 경쟁에 부치는 방법이었다. 예를 들어, 통신 사업의 경우 단거리

---

32 2024년 3월 21일, 미국 법무부는 애플이 시장에서의 독점적 지위를 활용해 소비자들에게 피해를 주고 있다며 16개 주와 함께 반독점 소송을 제기했다. 소송의 주요 이슈는 '슈퍼 앱', 메시징 앱의 버블 색 구분, 클라우드 스트리밍 게임 앱에 대한 제한, 디지털 지갑과 스마트워치의 크로스 플랫폼 호환성 제한 등이 소비자들의 선택권을 제한하고, 경쟁을 방해한다는 것이다.

33 EU는 디지털 플랫폼의 독점을 규제하기 위해 2022년 7월에 디지털 시장법을 제정했고, 동시에 디지털 플랫폼의 서비스 독점을 규제하기 위해 디지털 서비스법도 제정했다. 구체적인 내용은 아래 (2), (3)절 참조.

지역통신 사업을 국선 필수 설비가 필요한 핵심 사업으로 보고 그것에서 보완 사업인 장거리 통신 사업을 분리해 경쟁시킨 것이다. 마찬가지로 철도사업의 경우에도 기차역과 철도망을 필수 설비로 보고 보완 사업인 운송 부문을 분리해 경쟁시켰다.

그런데 이를 오늘날의 디지털 플랫폼 사업에 적용해 핵심 사업과 경쟁 영역으로 분할하는 것은 적절하지 않다. 양자는 진입 장벽이 높은 이유와 독점이 일어나는 원인이 서로 다르기 때문이다. 전통산업이 진입 장벽이 높았던 이유는 막대한 설비 투자가 필요했기 때문으로 그로 인해 자연스럽게 독점 구조가 형성되었다. 오늘날의 디지털 플랫폼에서 신규 사업자가 진입하기 어려운 이유는 막대한 설비 투자 때문이 아니라, 네트워크 외부 효과로 인해 특정 사업자에게 사용자가 집중되기 때문이다. 따라서 전통산업에 적용했던 규제 방법을 디지털 플랫폼 사업에 적용하는 것은 효과적인 방법이라 할 수 없다. 또한 전통산업은 한 나라 안에 국한된 것이어서 해당 정부가 규제할 수 있었으나, 디지털 플랫폼 사업은 세계적으로 펼쳐져 있기 때문에 그러한 규제 방법이 적용되지 않는 점도 있다.[34]

그러므로 디지털 플랫폼 규제는 전통적인 규제가 아닌 새로운 방법을 개발해서 적용할 필요가 있다. 즉, 디지털 플랫폼의 성격에 맞춰 자연 독점을 규제할 수 있는 새로운 경쟁법을 만들 필요가 있다. 이를테면, 전통적인 독점 기업의 경우 설비로 인한 진입 장벽이 높았기 때문에 필수 설비가 관련된 핵심 사업이 아닌 보완 사업에서 경쟁에 부쳐 규제했다면, 디지털 플랫폼의 경우는 진입 장벽이 필수 설비가 아닌 사용자의 집중 때문에 생기므로 보완 사업보다는 핵심 사업을 직접 겨냥하는 것이 타당

34 노벨경제학상 수상자인 장 티롤은 전통적인 규제와 반독점 규칙은 디지털 플랫폼에서 발생하는 지배력 강화 문제에 대응하는 데 비효과적이며, 디지털 플랫폼 시장에서의 경쟁을 보장할 수 있는 새로운 규칙이 필요하다고 보았다. 그리고 그 규칙에는 플랫폼 시장의 경쟁 가능성과 플랫폼 사용자의 기여에 대한 공정한 분배가 포함되어야 한다고 주장했다. "The Future of Platform Regulation" NBER 학술회의 강연, 2022.4.22. 녹음 참조.

할 수 있다. 이를테면, 사용자 집중 현상이 일어나는 것이 핵심 사업 부문임을 감안해 경쟁 사업자들이 플랫폼 사업자와 차별 없이 핵심 사업에 접근할 수 있도록 개방한다면 사용자 집중 현상으로 인한 문제를 해소할 수 있을 것이다. 즉 디지털 플랫폼과 같은 양면 시장이 독점 없이 균형 있게 작동하기 위해서는 사용자와 제공자가 여러 플랫폼에 동시에 참여할 수 있는 '멀티호밍(multi-homing)' 제도가 필요하다고 할 수 있다.[35] 미국의 택시 사업자인 우버와 리프트의 경우 사용자와 운전기사가 두 회사를 자유롭게 이용할 수 있도록 개방한 것이 멀티호밍의 사례로, 이와 같은 멀티호밍 제도를 디지털 플랫폼 사업에 적용하면 특정 플랫폼이 시장을 독점하는 것을 방지할 수 있다.[36]

(2) EU의 디지털 시장법

디지털 플랫폼 기업에 대한 규제를 제일 먼저 법제화한 것은 유럽연합(EU)이다. EU는 디지털 플랫폼의 독점을 규제하기 위해서 2022년 7월에 디지털 시장법(Digital Market Act, DMA)이라는 경쟁법을 제정했다.[37] 이것은 디지털 플랫폼 시장에서의 공정성과 경쟁 가능성을 높이기 위해서 제정한 법으로, '게이트키퍼(gatekeeper)'를 식별하는 명확한 판단 기준과 게이트키퍼가 준수해야 하는 의무와 금지사항을 규정한다. 게이트키퍼란 온라인 검색 엔진, 앱스토어, 메신저 서비스와 같은 핵심 플랫폼 서비스를 제공하는 대형 디지털 플랫폼을 일컫는다. 구체적으로 설명하면 게이

35 멀티호밍은 정보통신에서 사용하는 용어로, 일반적으로 이용자를 네트워크 하나에 연결해 서비스하는 것과 달리 이용자를 여러 네트워크와 연결해 서비스함으로써 통신의 신뢰도와 성능을 높이는 것이다.

36 우버와 리프트의 경우 만일 운전기사가 둘 중 한 군데서만 일할 수 있도록 제한한다면 운전기사들은 고객이 많은 우버로 몰릴 것이고, 그러면 리프트는 운전기사를 구하지 못해서 쇠락하게 되고, 결국 우버가 택시 시장을 독점하게 될 것이다.

37 EU에서 DMA는 2020년 12월에 처음 제안되었고, 2022년 7월에 유럽 의회에서 채택되었다. 2022년 10월에 공식 저널에 발표되었으며, 2022년 11월에 발효되어 2023년 5월부터 적용되었다.

트키퍼는 첫째, 강한 경제적 지위를 갖고 내국 시장에 강력한 영향력이 있으며 EU의 여러 나라에서 활동하고 있고, 둘째, 강력한 중개자의 입지에서 많은 사용자 기반과 사업에 연결하며, 셋째, 최근 3회계연도 중 2회계연도 동안 위의 두 가지 기준을 만족할 정도로 시장에서 견고하고 내구성 있는 입지를 가지고 있는 디지털 플랫폼을 말한다.

DMA가 게이트키퍼에게 준수하도록 요구하는 의무사항은 다음과 같다. 어떤 특정 상황에서 다른 회사가 게이트키퍼의 자체 서비스와 상호운용할 수 있도록 허용해야 한다. 게이트키퍼의 비즈니스 사용자가 게이트키퍼의 플랫폼을 사용하는 과정에서 생성한 데이터에 접근할 수 있도록 해야 한다. 게이트키퍼의 플랫폼에 광고를 게시하는 회사에 광고주 및 게시자가 광고의 독립적인 검증을 수행하는 데 필요한 도구와 정보를 제공해야 한다. 게이트키퍼의 비즈니스 사용자가 자신의 고객에게 홍보하고 계약을 체결하는 것을 게이트키퍼 플랫폼 외부에서 할 수 있도록 허용해야 한다.

DMA가 게이트키퍼에게 준수하도록 요구하는 금지사항은 다음과 같다. 게이트키퍼 자체로 제공하는 서비스나 제품을 플랫폼의 제3자가 제공하는 유사한 서비스나 제품보다 우대해 순위를 매겨서는 안 된다. 소비자가 플랫폼 외부의 비즈니스와 연결하는 것을 방해하면 안 된다. 사용자가 미리 설치된 소프트웨어나 앱을 제거하길 원할 경우 막으면 안 된다. 사용자에게 유효한 동의를 얻지 않았다면 게이트키퍼의 핵심 플랫폼 서비스의 외부에서 타깃 광고를 목적으로 사용자를 추적하면 안 된다.

이와 같은 의무사항과 금지사항을 준수하지 않을 경우, 해당 기업의 연간 총 세계 매출의 최대 10%를 벌금으로 부과하고, 만일 반복적으로 위반할 경우에는 최대 20%의 벌금을 부과할 수 있다. 게이트키퍼가 DMA 의무를 조직적으로 위반할 때는 그 내용을 조사한 후에 추가 조치를 할 수 있다. 최후의 수단으로 벌금 이외의 조치를 가할 수 있는데 그 조치에는 사업의 일부를 매각하는 것도 포함할 수 있다.

표 3.3 DMA 지정 게이트키퍼와 핵심 플랫폼 서비스

	소셜 네트워크	중개 서비스	메신저 서비스	디지털 광고	비디오 공유	검색	브라우저	운영체제
알파벳 (구글)		구글맵, 플레이 스토어, 구글쇼핑		구글 광고	유튜브	구글 검색	크롬	안드로이드
아마존		마켓 플레이스		아마존 광고				
애플		앱스토어					사파리	iOS
바이트 댄스	틱톡							
메타	페이스북, 인스타 그램	마켓 플레이스	왓츠앱, 메신저	메타 광고				
마이크로 소프트	링크드인							윈도우

유럽위원회는 2022년 11월에 DMA를 시행한 후 각 디지털 플랫폼 기업으로부터 사용자 수에 관한 정보를 입력받아서 2023년 9월에 DMA의 게이트키퍼를 지정했다. 이때 지정된 게이트키퍼는 알파벳(구글), 아마존, 애플, 바이트댄스, 메타, 마이크로소프트 등 여섯 곳이다. 이 여섯 게이트키퍼는 지정한 핵심 플랫폼 서비스가 총 22개로 그 목록은 표 3.3과 같다.

DMA의 주요 정신은 공정성(公正性)과 경합성(競合性)이다. 공정성이란 실질적 서비스 제공자가 디지털 플랫폼에서 생긴 부가가치의 일부를 대가로 받을 수 있도록 하는 것이다. 서비스 제공자가 디지털 플랫폼을 통해 서비스를 제공함으로써 플랫폼 사업에 기여한 바가 있기 때문에 그에 대한 공정한 대가를 받는 것이다. 경합성은 기존 플랫폼에 대항할 만한 새로운 플랫폼이 있다면 기존 플랫폼과 핵심 사업을 두고 경쟁할 수 있도록 여건을 마련해 주는 것이다. 만약 새로운 기능을 갖춘 차세대 검색 엔

진이 있다면 구글 검색 엔진과 경쟁해서 시장에 진입할 수 있도록 해주고, 새로운 소셜네트워크 플랫폼이 페이스북이나 인스타그램보다 더 매력적이라면 그들도 시장에 진입할 수 있도록 해주는 것이다.

디지털 플랫폼 사업자의 독점을 방지하기 위해서는 사용자가 새로운 플랫폼을 시도할 수 있는 여건을 만들어 주는 것이 중요하다. 예를 들어, 페이스북과 경쟁할 만한 새로운 기능의 소셜네트워크 플랫폼이 나타난 경우를 가정해 보자. 사용자가 페이스북을 떠나 새로운 플랫폼으로 옮기고 싶어도 그러지 못하는 이유는 이미 많은 게시물이 페이스북에 올라가 있는 데다 친구들이 새 플랫폼으로 이동해 줄지 확신할 수 없기 때문이다. 이때 만일 페이스북에 사진을 올렸을 때 그 사진이 새 플랫폼에도 동시에 올라가도록 만든다면, 문제가 해결될 것이다. 이것이 곧 멀티호밍이다. 멀티호밍을 통해서 디지털 플랫폼 사용자가 새로운 플랫폼에도 동시에 참여할 수 있는 여건을 만들어 주면 기존 사업자의 독점 문제를 방지할 수 있다. DMA는 멀티호밍에 필요한 상호운용과 데이터 접근을 의무사항으로 규정하고 있다. 물론 상호운용성을 뒷받침하기 위해서는 인터페이스의 개방이나 표준화가 필요하다.

그러므로 DMA로 인한 혜택을 다음과 같이 요약할 수 있다. 게이트키퍼에 의존해 서비스를 제공하는 사업자들은 좀 더 공정한 사업환경을 누릴 수 있다. 혁신가와 창업자들은 부당한 조건과 제약 없이 온라인 플랫폼 환경에서 경쟁하고 혁신할 수 있는 새로운 기회를 얻는다. 사용자들은 더 다양하고 좋은 서비스를 선택할 기회를 얻으며, 원할 때 서비스 제공자를 변경할 수 있고, 공정한 가격을 선택할 수 있다. 게이트키퍼들은 개방적이고 경쟁적인 환경 속에서 혁신하고 새로운 서비스를 제공하는 기회를 얻을 수 있다. 다만, 부당한 이득을 취하기 위해 서비스 제공자와 사용자에게 불공정한 행위를 하는 것은 허용되지 않는다.[38]

---

38 애플은 2024년 3월부터 유럽 지역에서 아이폰용 앱을 자사 앱 장터인 앱스토어가 아닌 다른 앱

(3) EU의 디지털 서비스법

EU는 디지털 플랫폼의 서비스 독점을 규제하기 위해 2022년 7월에 디지털 서비스법(Digital Services Act, DSA)을 DMA와 동시에 제정했다.[39] 그래서 DSA는 DMA와 밀접하게 연계되어 작동한다. 이들은 사용자의 기본 권리를 보호하고 기업 간 공정한 경쟁 기반을 확립해 더 안전한 디지털 공간을 조성하는 것, 그리고 유럽 단일 시장과 전 세계 시장에서 혁신과 성장과 경쟁을 촉진하기 위한 공정한 경쟁 기반을 확립하는 것을 목적으로 한다. DSA가 관심 대상으로 하는 디지털 서비스에는 단순한 웹사이트에서부터 인터넷 인프라 서비스, 그리고 온라인 플랫폼에 이르는 다양한 디지털 플랫폼 서비스가 포함된다. DSA에서 규정한 규칙은 온라인 상거래, 소셜네트워크, 콘텐츠 공유 플랫폼, 앱스토어, 온라인 여행 및 숙박 플랫폼 등 주로 온라인 중개 플랫폼 사업과 관련된다.

EU가 DSA를 제정하게 된 동기는 다음과 같다. 디지털 서비스는 통신, 정보검색, 쇼핑, 오락, 음식 주문, 영화 감상 등 다양한 방식으로 인류의 삶에 편익을 가져다주었고, 국경을 넘어 상거래를 하고 새로운 시장에 접근하는 등 기업활동을 용이하게 해주었다. 그러나 동시에 많은 문제점도 수반했는데, 그중 대표적인 것이 온라인에서의 불법 상품, 서비스 및 콘텐츠의 거래, 그리고 조작적인 알고리듬으로 만든 거짓 정보의 확산과 악용을 매개하는 작용이다. 나아가, 일부 대형 플랫폼은 디지털 경제 생태계를 제어하며 디지털 시장을 좌우하는 게이트키퍼로 역할하면서 자체적인 규칙을 만들어 사업자들에게 불공정한 조건을 제시하고 사용자들의 선택권을 제한했다. 그래서 EU 사용자의 온라인 안전을 보장하고 사

장터에서도 다운로드받을 수 있도록 했다. 앱 내부 결제 수단도 애플이 아닌 제3의 시스템을 적용할 수 있게 했다. 유럽의 강력한 빅테크 반독점 규제법인 DMA가 시행되면서 애플이 더 이상 폐쇄적인 생태계를 유지할 수 없게 된 것이다. 『조선일보』, 2024년 1월 26일 자 보도 참조.

39 EU에서 DSA는 DMA와 함께 2020년 12월에 제안되었고, 2022년 7월에 유럽의회에서 채택되었다. 2022년 10월에 공식 저널에 발표, 2022년 11월에 발효되어 2023년 8월부터 시행되었다.

표 3.4 DSA 지정 VLOP와 VLOSE

	소셜네트워크 메신저 서비스	중개 서비스	비디오 공유	검색	사전
알파벳(구글)		구글맵, 플레이스토어, 구글쇼핑	유튜브	구글 검색	
아마존		아마존스토어			
애플		앱스토어			
바이트댄스	틱톡				
메타	페이스북, 인스타그램				
마이크로소프트	링크드인			빙	
알리바바		알리익스프레스			
부킹홀딩스		부킹닷컴			
핀터레스트	핀터레스트				
스냅챗	스냅챗				
X기업	X(트위터)				
위키미디어					위키피디아
잘란도		잘란도			

업자의 기본 권리를 보호하며 공정하고 개방적인 온라인 플랫폼 환경을 유지하기 위해 현대적인 법적 프레임워크을 제정한 것이 DSA이다.

유럽위원회는 2022년 11월에 DSA를 시행하기 시작한 후, 2023년 4월에 당해 연도 2월 기준 EU 내 활성 사용자 수가 4,500만 명(유럽 인구의 10%) 이상인 디지털 플랫폼들을 거대 온라인 플랫폼(Very Large Online Platform, VLOP)과 거대 온라인 검색 엔진(Very Large Online Search Engine, VLOSE)으로 지정했다. 이때 지정된 VLOP는 알리익스프레스, 아마존 스토어, 앱스토어 등 17개이고, VLOSE는 빙과 구글 검색 등 2개로 그 목록은 표

3.4와 같다.

DSA는 온라인 플랫폼, 특히 VLOP와 VLOSE에 대한 규칙과 책임을 설정한다. DSA가 VLOP와 VLOSE들이 준수하도록 요구하는 의무사항을 예시하면 다음과 같다. 불법 콘텐츠와 허위 정보에 대응하기 위해 어떤 노력을 기울이는지 기술하는 콘텐츠 조정 활동에 대한 보고서를 게시한다. 불법 콘텐츠, 혐오 발언, 그리고 유해한 허위 정보의 전파를 방지하기 위한 견고한 콘텐츠 조정 시스템과 메커니즘을 구현한다. 콘텐츠를 제거 또는 제한하는 조치에 대한 정보를 해당 사용자에게 제공하고 그 조치에 항소할 수 있는 기회를 제공한다. 플랫폼은 콘텐츠의 불법 활동에 대응하기 위해 규제 당국 및 수사 기관과 협력한다.

DSA는 온라인 상거래, 소셜네트워크 등 온라인 플랫폼에 대해서는 다음과 같은 추가 의무를 부과한다. 화면에 표시되는 각 광고에 대한 명확한 정보를 제공하고 민감한 데이터나 어린이 데이터의 프로파일링을 기반에 둔 맞춤형 광고를 중단한다. 사용자 행동을 특정 방식으로 조작하려는 온라인 인터페이스 디자인을 삼가고, 사용자에게 특정 정보를 추천하기 위해 완전히 또는 일부 자동화된 시스템 사용에 대한 정보를 약관 및 조건(T&C)에 공개한다. 사용자가 불법 콘텐츠를 신고할 수 있는 통지 메커니즘을 제공하고, 그것에 영향을 받은 사용자들에게 그들의 콘텐츠에 취해진 조치를 통보한다. 콘텐츠나 계정과 관련된 결정에 영향을 받는 사용자를 위한 효과적인 내부 불만 처리 시스템을 제공한다.

DSA가 VLOP와 VLOSE들이 준수하도록 요구하는 금지사항을 예시하면 다음과 같다. 혐오 발언, 아동 학대, 그리고 허가 없는 저작권 소유물을 비롯한 불법 콘텐츠를 관리하거나 전파하는 것을 금지한다. 소비자, 다른 사업자, 또는 혁신을 손상하는 불공정한 경쟁 행위를 금지한다. 성별, 인종, 종교 등 개인적 특성을 기반으로 차별해서는 안 된다. 콘텐츠나 서비스의 표현을 왜곡하는 조작 행위를 하면 안 된다.

특기할 사항은 VLOP와 VLOSE에 대한 의무 및 금지사항 중에 개인의 종교, 인종, 성적 지향, 정치 성향 등을 기반으로 한 맞춤형 광고가 포함되며, 어린이와 청소년 대상으로는 어떤 종류의 맞춤형 광고도 할 수 없다는 점이다. 만일 제품이 아닌 특정 종교적·민족적·정치적 메시지를 담은 광고가 맞춤형으로 제공되면, 이용자의 편향성이 고착화하는 부작용이 생길 수 있기 때문이다. 예를 들어, 유색인종 혐오 콘텐츠를 즐기는 이용자에게 이런 성향을 기반으로 백인 우월주의 메시지를 담은 자극적인 콘텐츠가 추천되는 것을 막는 것이다. 또한 차별·편파 발언, 테러, 아동성 학대 등이 포함된 유해 콘텐츠가 유통됐을 때 신속하게 제거해야 하며, 허위 정보 확산을 막기 위한 자체 대책도 마련해야 한다. 아울러, 이용자들이 개인정보 수집 중단 및 추천 알고리듬의 비활성화를 선택할 수 있는 기능을 제공해야 한다. 즉, 추천 없이 게시물을 단순히 시간순으로 볼 수 있도록 하라는 뜻이다.

VLOP와 VLOSE는 EU가 직접 규제한다. 이를 위해 EU의 규제 당국은 VLOP와 VLOSE가 보유한 데이터 및 정보에 접근할 권한을 가지며, 접근을 거부하거나 방해할 경우, 법적 조치를 받을 수 있다. 당국은 DSA 규정을 위반하는 특정 콘텐츠의 제거 또는 제한을 명령할 권한을 가지며, 명령을 준수하지 않으면 처벌할 수 있다. DSA를 위반한 거대 플랫폼 기업은 세계 매출의 최고 6%에 달하는 벌금을 부과받으며, 위반이 심각하거나 반복될 경우, 플랫폼의 서비스를 일시적으로 중지하거나 유럽 시장에서 영구히 퇴출할 수 있다. 또한 DSA 규정을 준수하지 않는 기업은 규제 당국, 사용자 또는 기타 영향을 받는 당사자로부터 법적 소송을 제기당할 수 있다.

DSA와 더불어 디지털 플랫폼 기업들의 규제 없는 자유 성장 시대는 종식되었다. EU의 디지털 시장과 디지털 서비스에 관한 규제가 세계 각국으로 확산될 가능성이 있고, 따라서 디지털 플랫폼 기업들은 앞으로 엄격한 규제하에서 사업을 할 수밖에 없다. 이제는 플랫폼 기업들이 민감한 개인정보를 이용해 맞춤형 광고를 하거나 게시물을 노출하는 행위는 더 이상 방임되지 않는다. 핵심 경쟁력이라고 할 수 있는 콘텐츠 추천 알고리듬도 규제에 맞게 전면 수정해야 한다. 매출의 80%가량을 광고에 의존하는 구글이나 90% 이상을 의존하는 메타의 경우, DSA가 사업을 뿌리채 흔드는 대지진이 될 수 있다.[40]

40 플랫폼 기업들은 DSA 규제 환경에 대응하기 위해 무료 서비스를 유료화해 맞춤형 광고의 손실을 보전하는 방안을 강구 중이다. 예를 들어, 메타는 2023년 11월부터 유럽에서 페이스북과 인스타그램에 광고 없는 유료 구독 서비스를 제공하기 시작했다.

04 디지털 기술

디지털 전환을 한마디로 정의하면, 디지털 시대의 패러다임으로 전환하는 것이다. 디지털 시대의 디지털 기술과 디지털 기술이 수반하는 새로운 방식과 개념을 적용해 기업, 사회 및 각 개인이 모든 운영, 활동 및 생활 방식에 혁신을 이루고 효율성을 개선하며 새로운 가치를 창출하는 등 새로운 차원으로 변화하는 것을 의미한다. 따라서 디지털 전환이 성공하려면 디지털 기술을 채택하고, 그것이 수반하는 방식과 개념에 부합하도록 전면적인 변화를 추구할 필요가 있다. 디지털 전환을 위한 첫 출발점은 디지털 기술을 심층 이해하고 활용하는 데 있다고 할 수 있다.

디지털 전환을 구동하는 디지털 기술들은 매우 다양한데, 모두 통신기술과 컴퓨터기술이 결합된 ICT이다. 여기에는 통신에 직접 관련된 제5세대/제6세대(5G/6G) 이동통신, IoT, 통신과 컴퓨터에 관련된 클라우드 컴퓨팅과 에지 컴퓨팅, AR, VR, 메타버스, 자율주행, 블록체인, 컴퓨터에 관련된 AI, 양자 컴퓨터, 데이터 처리에 관련된 빅데이터 분석, 바이오정보학, 디지털 트윈, 사이버 보안 솔루션 등이 있다. 그리고 ICT에 기계 및 재료 기술이 가미된 로봇 기술, 3D/4D 프린팅 등이 있다.[1]

1 버나드 마르(Bernard Marr)는 저서 *Tech Trends in Practice: The 25 Technologies that are Driving the 4th Industrial Revolution*(Wiley, 2020)에서 4차 산업혁명을 구동하는 25가지 기술을 소개하면서 바이오 기술, 유전체학, 나노 기술, 재생에너지 등을 추가로 포함했다. 황규영

4.1 5G/6G 이동통신

5G는 셀룰러 네트워크(cellular network)를 통해서 무선 이동 방식으로 통신 서비스를 제공한다. 즉, 서비스 지역을 '셀(cell)'이라는 작은 지리적 영역으로 나눈 후, 각 셀의 중심에 기지국을 설치하고, 기지국들을 유선망으로 서로 연결한다. 사용자는 휴대전화로 해당 지역의 기지국과 무선으로 연결해 통신하고, 만일 사용자가 이동해 다른 기지국 영역으로 들어가면 그 기지국과 통신할 수 있도록 이전 기지국이 통신 신호를 핸드오버(handover) 해준다. 그렇게 해서 이동 중에도 끊김 없는 통신을 할 수 있다.

5G에서 사용하는 무선주파수 대역은 6GHz 이하의 대역(FR1)과 24~54GHz 대역(FR2)으로 구분된다. 최대 채널 대역폭은 FR1의 경우가 100MHz이고 FR2의 경우에는 400MHz이다. FR1은 파장이 상대적으로 길어 신호가 멀리까지 전파된다. 그래서 기지국의 간격이 수 km에 달한다. 반면 FR2는 밀리미터파(mmWave) 대역에 속하며, 감쇄가 심하고 신호의 전파 거리가 짧아 기지국의 간격이 수십에서 수백 미터에 불과하다. 따라서 FR2 대역은 FR1 대역보다 데이터 전송량이 많지만, 핸드오버를 자주 해야 한다.

이동통신에서는 주파수 대역에 사용자 신호를 실어서 보내는데, 이를 다원접속(multiple access)이라고 부른다. 이동통신은 세대마다 서로 다른 다원접속 방식을 사용해 왔는데(표 2.1 참조), 5G는 4G와 마찬가지로 OFDMA 기술을 상향 및 하향 링크에 사용한다.[2] 그러나 추가로 대규모

은 이 디지털 기술 중에서 IoT, 빅데이터, AI, 보안을 4차 산업혁명을 위한 핵심 기술로 꼽았다. Kyu-Young Whang, Jae-Gil Lee, Hyo-Sang Lim, and Inju Na, "A Bird's Eye View of the 4th Industrial Revolution Technologies," *Bulletin of the Technical Committee on Data Engineering*, IEEE Computer Society, vol. 45 no. 3, pp. 4-16, September 2022 참조.

2 직교주파수분할다원접속(Orthogonal Frequency Division Multiple Access, OFDMA)은 OFDM 변조 방식의 다원접속 버전으로, 개별 사용자에게 부반송파(subcarrier)를 할당해 다수의 사용자가 동시에 접속할 수 있도록 해준다.

MIMO(Massive MIMO)[3] 기술을 채택해 다수의 동시 연결을 가능하게 함으로써, 데이터 속도와 네트워크 용량을 모두 증가시켰다. 또한 빔포밍(beam-forming)[4] 기술을 채택해 신호 강도를 높이고 간섭을 줄임으로써, 신호 전송과 수신의 효율성을 향상했다. 5G는 이와 같은 여러 신기술을 통해 성능이 현저하게 좋아진 것이다.

5G의 데이터 전송 속도는 4G보다 10~100배 빨라서 대용량 파일을 내려받거나 고정밀 비디오를 스트리밍할 수 있다. 5G는 지연 시간이 4G의 10분의 1가량이어서 원격 수술, 자율주행, 지능형 교통 시스템(Intelligent Traffic System, ITS),[5] AR과 같이 즉각적인 응답이 필요한 응용 분야에서 유용하다. 또한 5G는 4G에 비해 네트워크 용량이 크고 동시 연결 기기 수가 훨씬 많아서 IoT, 스마트시티, 산업 자동화 등의 응용에서 대량 기기를 동시에 수용해 서비스할 수 있다.

예를 들어 5G 기술이 ITS 서비스에 어떻게 필수 요소가 되는지 살펴보면 다음과 같다. 첫째, 초고속의 데이터 전송은 실시간으로 대량의 데이터를 송수신하는 데 필수적이며 ITS의 교통 흐름을 관리하고 최적화하는 데 필요하다. 둘째, 낮은 지연 시간은 ITS에서 필수적인 차량, 인프라, 중앙 제어 시스템 간의 실시간 통신을 가능하게 해준다. 셋째, 대규모 기기

---

3 MIMO(Multi-Input Multi-Output, 다중입력 다중출력)는 기지국과 단말기가 각각 여러 개의 안테나를 장착해 신호를 송수신하는 기술이다. MIMO는 복수 사용자의 신호를 동시에 송수신해 공간 다중화(spatial multiplexing) 효과로 처리량을 높이거나, 동일한 사용자의 신호를 다중 안테나를 통해 전송하고 수신기에서 결합해 빔포밍(beam-forming) 효과로 수신 성능을 높이는 데 이용된다. 4G에서는 MIMO 안테나 수가 2~4개에 불과했으나, 5G에서는 수백 개의 안테나를 사용해서 수십 개 채널의 신호를 동시에 전송하고 빔포밍 기술을 뒷받침하는데, 이를 대규모 MIMO라고 부른다.

4 빔포밍은 송신자의 신호를 여러 개의 안테나로 동시에 내보내서 특정 위치에 있는 수신자에게 신호를 집중시키는 기술로, 송출 전력을 증폭하지 않으면서도 수신기에서 무선 신호를 효율적으로 수신할 수 있도록 해준다. 5G에서는 대규모 MIMO가 빔포밍을 뒷받침해 준다.

5 지능형 교통 시스템은 ICT를 도로 교통 분야에 적용해 도로 인프라, 차량 및 사용자, 교통 관리 및 이동 관리, 그리고 다른 교통수단과의 인터페이스를 체계화함으로써 교통 효율성과 안전성을 향상하고, 도로의 수용량을 늘려 주며, 이동 시간을 줄여 주는 시스템이다.

의 동시 연결은 ITS에서 센서, 카메라, 신호등, 차량 등 다양한 기기를 동시에 연결하고 서로 통신할 수 있도록 해준다. 넷째, 빔포밍 기술은 차량 간(vehicle to vehicle, V2V) 통신과 차량-인프라 간(vehicle to infrastructure, V2I) 통신 및 충돌 방지 등에 필요한 위치 서비스의 정확성을 높여 준다.

5G 기술은 4G 기술과 비교했을 때 데이터 전송 속도, 지연 시간, 동시 연결 기기 수, 주파수 효율성 등의 측면에서 성능이 탁월해서 장차 새롭게 제공될 미래형 서비스에 응용될 잠재력이 크다. 이를테면, IoT, 스마트시티, 원격교육 등의 분야에 적용되어 혁신과 효율 향상을 가져올 수 있다. 그러나 원격 의료, 산업 자동화와 같은 무인 원격 서비스나 자율주행, ITS와 같은 고위험 서비스를 완전히 지원하기에는 기술적으로 한계가 있다고 평가된다.

그래서 5G 기술의 한계를 극복해 스마트팩토리, 스마트팜, 원격 의료, 자율주행, ITS 등 최첨단 산업 전반의 요구를 충족시킬 수 있는 6G에 관한 연구가 세계적으로 활발하게 진행 중이다. 6G 기술 연구는 컴퓨팅, 센싱, 통신, AI 기술 등 최첨단 기술을 융합해 제조, 유통, 판매, 운송 등 모든 산업에서 요구되는 까다로운 점들을 모두 만족시켜서 근본적 산업 혁신을 꾀할 수 있도록 지원한다는 비전을 갖고 진행된다.

4G는 광대역 채널을 확보해 데이터 전송량을 대폭 늘리는 것이 가장 큰 관심사였고, 5G는 광대역 채널을 넓혀 네트워크 용량을 확대하고, 동시 연결 기기 수를 대규모로 증가시키고, 전송 지연 시간을 대폭 축소하는 것이 기술 개발의 목표였다. 그런데 6G에서는 5G의 광대역, 대(大)연결, 저(低)지연 목표를 더욱 발전시켜 초(超)광대역(최대 1,000Gbps), 초대연결(평방미터당 100개 장치), 초저지연(1,000km 범위에서 6ms 지연) 달성을 기술 개발의 목표로 삼는다. 나아가 통신 영역을 공간까지 확장하는 초공간, 에너지를 절감하는 초절감, 측위(測位)를 초정밀하게 측정하는 것까지 목표이다. 만일 이와 같은 목표를 성공적으로 달성해 2030년경에 6G 서비스를 제공할 수 있게 되면, 비행기나 하이퍼루프를 타고 초음속으로 이동

하면서도 끊김 없는 서비스를 받을 수 있고, 사막이나 바다 또는 오지에서도 초고속 인터넷 서비스를 받을 수 있다. 또한 무인 자율주행 차량, 로봇, 자율 드론 등을 활용한 대규모 무인 농업, 운송 및 유통 등이 완전하고 안전하게 실용화하는 게 가능하리라 기대된다.

4.2 사물인터넷

사물인터넷(Internet of Things, IoT)은 사람이 사용하는 인터넷을 사물(事物, things)까지 확장시킨 것이다. 즉, 우리 주변의 사물들을 인터넷으로 연결해 상호 통신하고 데이터를 공유하며 지능적으로 작동할 수 있도록 만든 네트워크이다. 이를 통해 물리적 세계를 디지털 세계와 연결해 데이터를 기반으로 한 결정과 자동화가 가능하게 한다. 구체적으로 말해 각종 물리적 장치, 차량, 건물과 물체에 센서와 소프트웨어를 장착하고 네트워크로 연결해 데이터를 수집·교환·공유할 수 있도록 만든 네트워크이다. 대상이 되는 사물이 늘어날 것에 대비해, IoT를 위한 프로토콜을 주소 필드가 32비트인 IPv4에서 주소 필드가 128비트인 IPv6로 확장했다.[6]

기술적으로 IoT는 센서(sensor), 액추에이터(actuator)와 통신 장치로 구성된다. 센서는 주변 환경에서 데이터를 감지하고 수집하는 장치로 온도 센서, 습도 센서 등 다양한 종류가 있다. 액추에이터는 환경에 영향을 주는 명령을 집행하는 장치로 예를 들어 스마트 조명 시스템에서 조명을 켜거나 끄는 명령을 집행한다. 통신 장치는 센서에서 수집된 데이터

---

6 인터넷은 원래 주소 공간이 32비트인 IPv4(Internet Protocol version 4) 프로토콜로 구축되었으나 국가별로 할당된 주소가 거의 소진되었고 장차 IoT를 도입하면 매우 큰 주소 공간이 필요할 것으로 예상되어 IPv4에 대한 대안으로 IPv6(Internet Protocol version 6)가 표준화되었다. IPv6의 주소 공간은 128비트이다. 주소 공간이 32비트면 2^{32}(약 4.3×10^{9})개의 주소를 표현할 수 있고, 128비트면 2^{128}(약 3.4×10^{38})개의 주소를 표현할 수 있다.

나 액추에이터로 전달되는 명령 데이터를 전달하는 와이파이, 블루투스(Bluetooth),[7] 무선 및 이동통신 장치이다.

수많은 IoT 장치가 생성하는 데이터는 망의 테두리에서 에지 컴퓨팅으로 처리하거나 망의 중앙으로 보내 클라우드 컴퓨팅으로 처리할 수 있다. 이때 에지 컴퓨팅은 IoT 장치로부터 받은 많은 양의 데이터를 클라우드 서버로 보내는 대신 에지에서 직접 처리함으로써 지연 시간을 줄일 수 있으며, 설혹 클라우드 서버에 보내더라도 전송 용량을 줄여서 보내줄 수 있다. 에지 컴퓨팅은 실시간 응답이 필요한 응용 분야에서 특히 중요하다. 이와 같은 과정을 통해서 IoT는 데이터에 기반한 지능적인 의사결정을 내리고, 환경 변화에 따라 대응 방법을 조정하고, 예상되는 문제를 예방할 수 있다.

IoT의 응용 분야는 다양하다. 스마트홈 시스템에서는 조명, 열 관리, 보안 등을 자동화 및 원격 제어할 수 있고, 스마트시티 시스템에서는 교통, 에너지 효율, 공공 안전을 고려해 인프라와 서비스를 최적화할 수 있다. 제조업에서는 생산라인을 최적화하고 자동화할 수 있으며, 농업에서는 작물의 상태를 감시하고 관수(灌水)를 조절해 생산 효율을 높일 수 있다. 또한 건강관리에서는 몸에 부착한 각종 센서와 전문의료기관을 연결해 건강 상태를 관리하고 위기에 대처할 수 있다. 이와 같이 IoT를 사용하면 자동화와 효율성을 향상할 수 있고, 실시간으로 상황을 파악하고 조처할 수 있으며, 자원을 관리하고 에너지 절감 효과를 꾀할 수 있다. 이를 통해 연결성·자동화·효율성 및 혁신을 제공함으로써 기업과 공공 및 개인 부문에서 디지털 전환을 촉진해 준다.

IoT의 여러 응용 분야 중 스마트시티에 대해 좀 더 살펴보자. 스마트시티는 시민에게 편익을 주고 시민의 삶의 질을 향상하기 위해 도시를 효율

7 블루투스는 2.4GHz의 주파수 대역을 이용해 가까운 거리에 있는 전자기기 간의 데이터통신을 지원하는 근거리무선통신 산업표준이다.

적이고 지속 가능하게 운영하는 종합적인 시스템이다. 스마트시티는 교통 시스템, 에너지 관리, 폐기물 관리, 수자원 관리, 정보통신 연결, 의료 서비스, 공공 안전 및 보안, 환경 모니터링 등을 종합적으로 관리·유지한다. IoT는 스마트시티 시스템에서 각종 센서와 관리 시스템을 연결해 자산과 자원을 효율적으로 관리하는 데 중심 역할을 한다. 예를 들어, 스마트 신호등에는 기상 감시 센서가 부착되어 있어서 기상 상태에 따라 밝기를 조절할 수 있다. 또한 교통량을 수집하는 센서가 부착되어 있어서 그 데이터를 교통 관리 부서에 보내 교통 체증을 미리 막을 수 있다. 스마트 주차의 경우 주차장의 각 공간마다 센서를 부착해 빈자리 여부를 사전에 수집해 자동차가 진입하면 바로 빈자리에 갈 수 있도록 입구에 표시해 준다. 또한 도로의 각 요소에 센서를 부착해 사고가 발생하는 경우 즉시 교통 관리 부서에 보고해서 응급차를 보내도록 자동 조처할 수 있다.

각종 센서를 사용자의 몸에 부착해 심박수, 걸음 수, 수면 질, 체온 등 다양한 건강 지표를 측정하는 웨어러블 기술도 IoT의 연장선상에 있다. 이러한 건강 웨어러블은 주로 신체와 건강의 상태를 측정하는 특화된 센서들을 사용한다는 점이 특징이다. 이를테면, 당뇨용의 경우 글루코스 모니터와 같은 특수 장치들이 센서로 사용된다. 측정된 데이터는 블루투스, 와이파이, 이동통신 등을 통해 다른 장치나 의료기관, 또는 클라우드 컴퓨터에 전달된다. 개인의 신체와 건강에 관련된 예민한 정보를 다루기 때문에 정보 보안이 매우 중요하다. 건강 웨어러블 기술은 센서의 정확성, UI, 배터리 수명, 센서 장치의 미학 등을 개선하는 방향으로 빠르게 발전 중이다.

4.3 클라우드 컴퓨팅, 에지 컴퓨팅

클라우드 컴퓨팅(cloud computing)은 사용자가 원격 데이터 센터에서 제공되는 데이터 저장 장치와 컴퓨팅 능력을 인터넷을 통해 접근해 저장 및 사용할 수 있게 하는 기술이다. 클라우드 서비스는 사용자들이 공통으로 필요한 저장 및 컴퓨팅 자원을 사업자가 네트워크의 중심에 일괄 설치하고 그것을 많은 사용자가 사용할 수 있도록 제공함으로써 각 사용자가 경비를 절감할 수 있도록 해주는 서비스이다.

클라우드 컴퓨팅은 여러 장점이 있다. 통신망을 통해 클라우드 서비스 사업자의 메모리 저장 장치, 컴퓨터 처리 능력, 데이터베이스, 네트워킹 및 소프트웨어와 같은 컴퓨팅 서비스를 제공받기 때문에, 사용자는 컴퓨팅 자원을 개별적으로 갖출 필요가 없다. 사용자 개인이나 기업이 물리적 하드웨어와 인프라를 소유하고 관리하는 대신에 클라우드 서비스 사업자가 보유한 클라우드 서버 내 저장 장치, 컴퓨터, 응용소프트웨어를 사용해 데이터를 저장하고 처리할 수 있다. 사용자는 인터넷을 통해 통신사업자의 클라우드 서버에 연결해서 주문형(on-demand) 방식으로 클라우드 컴퓨팅 서비스를 제공받을 수도 있고, 사용자가 원하는 만큼 선택해서 받을 수도 있다. 이를테면, 하드웨어 자원만을 빌릴 수 있고, 하드웨어에 추가해 운용소프트웨어까지 빌릴 수도 있으며, 거기에 추가해 응용소프트웨어까지 빌릴 수도 있다.[8]

클라우드 컴퓨팅이 주는 효과는 다양하다. 첫째, 클라우드 스토리지 서비스는 데이터 저장과 백업을 위한 경제적이고 확장 가능한 해결책을 제공한다. 둘째, 개인과 기업은 전용 서버를 설치할 필요가 없고 응용 프로

8 하드웨어 자원을 빌려 주는 것을 '인프라 서비스(Infrastructure as a Service, IaaS)'라 하고, 하드웨어에 추가해 운용소프트웨어 자원을 빌려 주는 것을 '플랫폼 서비스(Platform as a Service, PaaS)'라고 하며, 하드웨어와 운용소프트웨어에 더해 응용소프트웨어까지 빌려 주는 것을 '소프트웨어 서비스(Software as a Service, SaaS)'라고 한다.

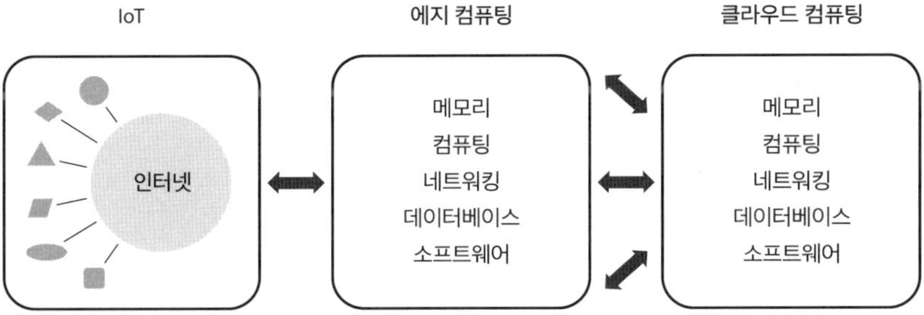

그림 4.1 IoT, 에지 컴퓨팅, 클라우드 컴퓨팅의 관계

그래도 다운로드받아서 사용할 수 있어 설비 투자비가 적고 경비는 사용한 자원에 대해서만 지불하면 된다. 셋째, 클라우드 자원은 필요에 따라 빠르게 확장 또는 축소해서 사용할 수 있으며, 필요 시 대용량 데이터를 처리하고 분석하는 도구와 서비스를 제공받을 수도 있다. 넷째, 클라우드 기반 도구를 이용하면 원격으로 협업하고 문서를 공유하는 것이 가능하다. 다섯째, 사용자는 장소에 구애받지 않고 세계 어느 곳에서든 인터넷 연결만 가능하면 클라우드 서버에 접근해 서비스를 받을 수 있다.

에지 컴퓨팅(edge computing)은 데이터를 중앙 데이터 센터로 보내는 대신 이용자의 장치나 센서와 가까운 곳에서 데이터를 처리·분석하는 기술이다. 즉, 센서, IoT 장치, 스마트폰, 산업 기계 등의 데이터 생성 자원과 근접한 위치, 즉 에지(edge)에서 데이터를 처리한다. 이 기술은 센서와 IoT 장치가 증가하면서 그 중요성도 커지고 있다. 에지 컴퓨팅은 가능한 한 컴퓨팅 서비스를 에지에서 제공하고, 클라우드 컴퓨팅으로 넘겨 줄 경우 전송 데이터양을 축소함으로써 클라우드 컴퓨팅의 작업 부담을 줄여 준다(그림 4.1 참조).

에지 컴퓨팅에는 다음과 같은 장점이 있다. 첫째, 에지에서 데이터를 처리하면 데이터를 중앙 클라우드 서버로 전송하고 응답받는 데 걸리는 시간을 줄일 수 있다. 따라서 실시간 또는 실시간과 가까운 빠른 응답이 필요한 응용 프로그램에 적합하다. 둘째, 대부분의 데이터는 에지에서 처리하고 꼭 필요한 데이터만 클라우드로 전송하므로 통신 대역폭 사용이 줄어든다. 또한 네트워크 인프라에 대한 부하가 적고, 전송 도중에 생길 위험에 대한 보안이 강화된다. 셋째, 에지 컴퓨팅 장치는 독자적으로 작동하므로 클라우드와 연결이 끊겨도 데이터 처리를 계속할 수 있다. 넷째, 클라우드의 결정을 기다리지 않고 에지에서 실시간으로 결정할 수 있다. 따라서 에지 컴퓨팅을 스마트시티에 적용하면 실시간으로 교통을 관리 및 제어할 수 있고, 자율주행에 적용하면 차량이 센서 데이터를 통해 즉각적인 결정을 내릴 수 있다.

클라우드 컴퓨팅과 에지 컴퓨팅을 비교하면, 클라우드 컴퓨팅은 확장성, 접근성, 중앙화된 관리 등이 장점이고, 에지 컴퓨팅은 짧은 지연 시간, 실시간 처리, 통신 대역폭 감소 등이 장점이다. 에지 컴퓨팅은 클라우드 컴퓨팅과 연계해 사용되기에 클라우드 컴퓨팅의 대체 기술이 아닌 데이터 처리의 최적화를 위한 클라우드 컴퓨팅의 연장이라고 보는 것이 타당하다.

4.4 디지털 가상공간

디지털 환경에서 사용자에게 몰입형 경험을 제공하는 기술에는 AR, VR, 메타버스가 있다.[9] 이들은 고급 컴퓨팅 기술과 UI뿐 아니라 3D 그래픽, 실시간 렌더링(rendering),[10] AI 등을 사용해 상호작용적인 경험을 제공

---

9 최근 VR 기술이 널리 활용되면서 혼합현실(mixed reality, MR), 확장현실(extended reality, XR)과 같은 개념이 대두되었다. MR은 AR과 VR을 혼합한 용어이고, XR은 AR, VR, MR을 모두 포괄하는 용어이다. 예를 들어, 메타의 오큘러스 퀘스트3 헤드셋이나 애플의 비전프로 헤드셋은 혼합현실 기기이다.

10 렌더링은 컴퓨터 그래픽에서 필수적인 과정으로, 2차원 또는 3차원 장면(scene) 파일에 추가 정보를 이용해 사실감 있는 사진이나 영상을 만드는 과정을 말하며, '이미지 합성'이라고도 부른다.

한다. 그러나 이들 간에는 서로 다른 점이 많다. 대표적으로, AR은 스마트폰이나 AR 안경을 사용해 디지털 정보를 현실 세계에 겹쳐 표시하고, VR은 현실 세계를 차단하고 완전히 몰입할 수 있는 가상 세계를 만들며, 메타버스는 물리적 현실과 디지털 현실을 융합한 가상 공유 공간을 만든다.

(1) 증강현실

증강현실(增强現實, augmented reality, AR)은 화면에 보이는 현실 세계 위에 디지털 정보를 덮어씌워 사용자가 현실을 더 잘 인식할 수 있도록 돕는 기술이다. 사용자의 현실적 환경에 이미지, 비디오, 입체 모델과 같은 디지털 정보를 실시간으로 보여 준다. AR은 VR과 달리 가상 세계에 몰입하지 않고 가상 세계와 현실 세계를 조합해 보여 준다. AR이 제대로 기능하려면 다음 세 가지 조건을 만족해야 한다. 첫째, 물리적인 현실 세계와 가상 세계를 결합할 수 있어야 한다. 둘째, 현실 세계와 가상 세계 간 상호작용이 실시간으로 이루어져야 한다. 셋째, 현실 세계와 가상 세계가 3차원적으로 정확히 식별되어야 한다.

AR을 이용할 때는 주로 스마트폰, 태블릿, 스마트안경, 헤드셋 등과 같은 장치를 사용한다. AR 서비스를 위해 필요한 요소는 다섯 가지로, AI, AR 소프트웨어, AR 정보 처리, 렌즈, 센서 등이다. 첫째, AI는 센서와 카메라가 수집한 데이터를 해석하고 처리해 패턴 인식, 공간 관계 이해, 사용자 상호작용 등을 촉진할 수 있게 해준다. 둘째, AR 소프트웨어는 디지털 이미지를 렌더링하고, 사용자 입력을 처리하며, 가상 세계와 물리적 세계 사이의 상호작용을 관리해 준다. 셋째, AR 정보 처리는 센서를 통해 포착된 신호를 처리하고, AI 알고리듬을 실행하며 AR 콘텐츠를 실시간으로 렌더링하는 정보 처리이다. 넷째, 렌즈는 주로 현실 세계 위에 디지털 이미지나 정보를 표시하는 데 사용된다. 스마트폰과 태블릿의 경우에는 카메라 렌즈를 사용해 실제 환경을 캡처하고 AR 소프트웨어가 그 캡

처된 장면에 디지털 정보를 겹쳐서 표시한다. AR 안경이나 헤드셋의 경우에는 특수 렌즈로 사용자의 시야에 디지털 콘텐츠를 투사해 현실 세계와 자연스럽게 겹쳐 보이게 한다. 다섯째, 센서는 사용자의 환경과 그 환경 내 상호작용에 대한 정보를 수집하는 데 사용된다. 일반적으로 사용되는 센서 유형에는 동작 센서(가속도계, 자이로스코프 등), 환경 센서(깊이, 조도 등), 입력 센서(터치스크린, 음성인식 마이크, 눈 추적 센서 등)가 있다.

AR의 응용 분야는 모바일 앱, 물품 구매, 내비게이션, 게임, 교육 등 다양하다. 사용자가 모바일 앱에서 장치의 카메라를 물리적 객체나 위치에 맞추면 그것에 대한 추가 정보가 제공되거나 시각적으로 향상된 효과를 체험할 수 있다. AR을 이용하면 옷을 사기 전에 입어 보거나 가구를 구매하기 전에 집 안에 배치해 보는 것과 같은 체험을 할 수 있다. AR 내비게이션 앱을 이용하면 카메라로 볼 수 있는 현실 세계 위에 도로 정보가 중첩해 나타나 낯선 지역을 탐사하는 데 수월해진다. AR 게임은 가상 요소를 사용자의 물리적 환경에 통합해 게임 중에 가상 개체를 잡는 것과 같은 행동이 가능하도록 해준다. AR은 대화형 시각화 및 시뮬레이션 기능을 통해 학습 경험을 향상시켜 줄 수 있다. 예를 들어, 복잡한 분자 구조나 역사 유물에 대한 입체 모델을 보여 줄 수 있다.

(2) 가상현실

가상현실(假想現實, virtual reality, VR)은 현실 세계와 별개인 가상 세계에 이용자가 물리적으로 존재하는 것처럼 체험하고 행동할 수 있게 해주는 몰입형 디지털 환경 기술이다. 일반적으로 사용자의 시야를 완전히 덮는 헤드셋이나 고글을 착용해 가상 세계에 완전히 들어가서 활동하며, 이때 물리적인 환경은 차단된다. 사용자는 VR 세계에 몰입하게 될 뿐만 아니라, 손 컨트롤러나 동작 센서로 작동하고 명령을 실행해 VR 세계와 상호작용할 수 있다. 그 가운데 사용자에게 경험을 선사한다는 점에서 VR은 시뮬레이션과 구분된다.

VR을 이용하려면 VR 헤드셋, 고성능 PC 또는 게임 콘솔, 동작 추적 센서, 컨트롤러, 오디오 출력 등이 필요하다. VR로 몰입감 있는 상호작용적 경험을 하려면, 3차원 몰입 환경, 상호작용성, 시청각 동기화 등 여러 요소가 필요하다. 3차원 몰입 환경은 사용자가 실재하는 물리 공간에서 경험하는 상호작용과 아주 유사한 경험을 제공한다. 상호작용성은 사용자가 가상 환경 및 그 안의 객체들과 실시간으로 상호작용할 수 있게 해준다. VR의 시각 요소와 청각 요소가 정확하게 동기화되면, 입체 음향과 고품질 그래픽이 실감 나는 환경을 연출할 수 있다. VR의 UI는 가상 환경에 직관적이고 유연하게 통합되어야 한다. VR 콘텐츠가 사용자의 행동과 움직임에 즉시 반응할 수 있으려면 실시간 렌더링이 필요하다. 사용자가 특수 장갑이나 컨트롤러로 가상 환경이나 객체를 느낄 수 있도록 진동이나 물리적 감각을 추가하면 몰입도를 한층 더 높일 수 있다.

VR은 게임, 훈련 시뮬레이션, 교육, 치료 및 재활, 건축 시각화 등 다양한 분야에 응용된다. VR 게임은 플레이어가 게임 세계로 들어가서 몰입형으로 경험하고, 게임 환경 속 캐릭터와 자연스러운 방식으로 상호작용할 수 있도록 해준다. VR은 항공, 의료 및 군사 분야에 대한 훈련 시뮬레이션을 제공해 실제적인 위험 없이 현실에서 훈련받는 것과 같은 효과를 낼 수 있다. VR은 몰입형 교육 경험을 제공해 학생들이 역사 사건, 과학 개념 및 가상 현장을 탐험할 수 있도록 해준다. VR은 통증 관리, 신체 재활 등의 치료에서 환자를 가상 환경에 몰입하게 하거나 능동적으로 참여하게 함으로써 치료 효과를 높일 수 있다. VR은 건축가가 건축물 디자인을 시각화해 건축주가 건물을 짓기 전에 건물과 주변 공간을 몰입형으로 체험할 수 있게 해준다.

(3) 메타버스

메타버스는 초월 또는 가공을 뜻하는 메타(meta)와 세계 또는 우주를 뜻하는 유니버스(universe)의 합성어로, 가상 세계와 현실 세계가 융합하는 디지털 플랫폼을 일컫는다. 즉, 다양한 가상 세계와 현실적 환경이 상호 연결되어 있어서 사용자가 가상공간에서 사회활동을 하고, 업무를 처리하고, 학습하고, 오락을 즐기고, 경제활동을 할 수 있는 디지털 플랫폼이다. 메타버스는 현실 세계와 디지털 가상 세계의 경계를 허물고, 사용자들이 가상 세계에서 상호작용하고 활동하는 공간을 제공한다. AR과 VR의 요소를 포함하는 더 큰 개념으로, 사용자의 사회적 교제, 업무 처리, 경제활동, 오락 등의 목적을 위해 가상 세계에서 상호 연결된 공간을 제공한다. 메타버스는 스마트폰과 스마트안경 같은 AR 장치와 몰입형 경험을 주는 VR 헤드셋을 통해서 접속하고 상호작용할 수 있다.

메타버스는 여러 가상 세계와 환경이 하나로 연결된 공간에서 다양한 목적의 활동을 수행할 수 있도록 설계된다. 메타버스에서 사용자들은 가상 아바타를 통해서 자신의 디지털 신원을 드러내고, 아바타를 통해서 표현하고 활동한다. 사용자들은 메타버스 내에서 다른 사용자들과 사회활동을 할 수 있다. 현실 세계에서와 유사한 방식으로 대화·협력·교류할 수 있을 뿐 아니라 이를 통해서 사회적 경험도 가능하다. 또한 메타버스는 가상 부동산, 디지털 상품 및 서비스 거래, 가상 통화(通貨) 등 자체적인 경제 생태계를 구축할 수 있다. 메타버스는 오락, 교육, 훈련, 예술, 의료, 상거래 등 다양한 분야에 응용되며, 사용자는 가상 세계에서 새로운 경험을 하거나 일하고 협업할 수 있다.

이와 같이 메타버스는 AR과 VR을 통합하는, 상호 연결성을 지닌 지속적인 가상공간으로, 그 안에서 경제 및 사회활동의 기회가 있다는 특징 때문에 장래에 크게 발전할 것으로 주목받는다. 그러나 메타버스가 지속적으로 발전하려면 해결해야 할 과제가 많다. 개인정보 및 데이터 보안, 사용자 안전 및 콘텐츠 관리, 하드웨어 및 사용자 비용, 법적·윤리적 문제, 경제 모델 및 수익 창출, 기술 확장성, 사회적·심리적 영향 등이다.

우선 사용자들이 많은 시간을 메타버스에서 보내게 되면서 개인정보 유출 및 보안에 대한 우려가 크다. 또한 생체 데이터와 같은 개인 데이터를 수집하고 사용하는 등 개인정보를 침해할 가능성이 있다. 여러 사람이 다양한 방식으로 상호작용하는 환경이므로 사용자를 괴롭힘, 사이버 따돌림, 부적절한 콘텐츠로부터 안전하게 보호하는 것도 중요한 과제이다. 메타버스에 고급 하드웨어가 사용되기에 가격이 높아져 진입 장벽이 생길 수 있는 점도 과제이다. 메타버스가 새로운 영역이기 때문에 지적재산권, 가상 행위의 적법성, 상호 교류의 윤리성과 같은 법적·윤리적 과제에도 직면하게 된다. 메타버스가 지속 가능한 경제 모델이 되려면 창작자에 대한 보상, 가상 상품 및 서비스에 대한 세금, 금융 거래의 보안 방법, 암호화폐의 교환 등 경제적 도전 과제들이 있다. 또한 사용자가 늘어나면서 메타버스의 기반 기술을 확장하고 성능을 보장하는 것도 과제가 될 것이다. 한편, 가상 환경에 장기간 노출되는 개인에게 어떠한 사회적·심리적 영향이 나타날지 현실과 가상현실에 대한 심층 연구도 필요하다.

메타버스는 생성형 AI의 도움으로 새롭게 진화 중이다. 다양한 생성 AI 도구를 이용해 사용자가 자신이 원하는 메타버스를 스스로 만들고, 3D 이미지를 생성하거나 2D 이미지를 3D로 변환하는 도구를 이용해 제작할 수 있다. 또한 생성 AI를 활용해 현실과 가상공간 사이에 자연스러운 상호작용을 시도할 수 있다. 나아가 생성 AI를 이용해 아바타와 지적재산권에 새로운 가능성을 만들어 주는 혁신적인 사업 모델 출현도 기대할 수 있다.

4.5 디지털 트윈

디지털 트윈(digital twin)은 현실 속 사물의 쌍둥이를 컴퓨터를 이용해 디지털 방식으로 만들고, 현실에서 발생할 수 있는 상황을 컴퓨터로 시뮬레이션함으로써 결과를 예측해 문제에 대한 해결책을 찾는 기술이다. 현실 속 물리적 시스템의 구조, 맥락, 작동 등을 나타내는 데이터와 정보를 디지털 트윈에 입력하고 시뮬레이션으로 돌려서 과거와 현재의 운용 상태를 파악하고 미래를 예측할 수 있다. 디지털 트윈은 물리적 세계를 최적화하기 위해 사용될 수 있는 강력한 디지털 객체로서, 디지털 트윈을 이용하면 현실 속 사물의 운용 성능과 사업 프로세스를 대폭 개선할 수 있다.[11]

디지털 트윈을 구성하는 핵심 기술은 데이터 분석, IoT, 시뮬레이션, AI, 클라우드 컴퓨팅 등이다. 디지털 트윈은 현실 속 물리적 대응물에서 수집된 실시간 데이터를 입력받아서 분석해 결과를 예측하고 문제의 해결책을 찾는다. 실시간 데이터를 수집하기 위해 물리적 대응물에 센서 및 IoT 장치를 부착해 연속적인 데이터 스트림을 제공받는다. 물리적 대응물의 특성과 행동을 디지털 영역에서 재현하기 위해서는 고급 시뮬레이션 및 모델링 기술을 사용한다. 디지털 트윈에서 데이터를 처리해 패턴과 이상(異常) 현상을 식별하고, AI 알고리듬을 사용해 행동을 예측한다. 디지털 트윈은 필요 시 클라우드 인프라를 활용해서 디지털 대응물의 저장, 처리 능력 및 접근성을 확보할 수 있다.

디지털 트윈은 다음과 같은 단계를 통해서 구축된다. 첫째, 센서, IoT 장치, 과거 기록, 측정값 등 다양한 출처를 통해 복제 대상이 되는 물리적 개체와 관련된 데이터를 수집한다. 둘째, 수집한 데이터를 통합해 물리적 개체의 행동, 특성 및 상태를 나타내는 포괄적인 데이터셋을 생성한다. 셋째, 물리적 객체의 행동과 속성을 시뮬레이션하는 계산 모델을 만든다. 넷째, 사용자가 디지털 트윈과 상호작용하고 시각화할 수 있는 사용자 친화적 인터페이스를 생성한다. 다섯째, 디지털 트윈과 실시간 데이터 신호

11 '디지털 트윈'은 1960년대부터 미국항공우주국(NASA)에서 원격으로 시스템을 운영 및 유지하는 데 사용했다. 이후 2003년에 마이클 그리브스가 산업환경에서 제품의 전체 수명 주기 관리를 최적화하기 위한 도구로 사용했다. 물리적 사물이나 공정을 디지털로 가상화하기 위해서는 방대한 데이터를 저장·연산·처리하는 장치가 필요하기 때문에 당시 기술로는 디지털 트윈을 완전하게 구현할 수 없었으나, 20년가량 기술이 발전하면서 오늘날에는 여러 산업에서 널리 실용화되고 있다.

원 간에 연결을 설정한다. 여섯째, 실시간 데이터를 분석하고 통찰할 수 있게 해주는 분석 및 모니터링 기능을 구현한다. 일곱째, 디지털 트윈에서 얻은 통찰력을 활용해 의사결정을 내리고 운영을 최적화하며 물리적 개체의 성능을 향상시킨다.

디지털 트윈 기술은 제조업, 의료, 스마트시티, 에너지 관리, 항공우주 등 여러 분야에 응용된다. 제조업에서 디지털 트윈은 제조 과정을 최적화하고 장비 상태를 모니터링하며 생산 시나리오를 시뮬레이션하는 데 적용된다. 의료 분야에서는 환자의 디지털 트윈을 생성해 건강 상태를 모니터링하고 잠재적인 문제를 예측할 수 있다. 디지털 트윈은 스마트시티의 도시 환경을 시뮬레이션해 도시 계획, 자원 관리, 인프라 개발 등을 지원할 수 있다. 에너지 시스템에 디지털 트윈을 적용하면 에너지 소비를 최적화하고 수요를 예측하며 분배 네트워크를 관리하는 데 도움이 된다. 항공우주 분야에서 항공기 엔진과 구성 요소에 대한 디지털 트윈을 만들면 실시간 모니터링, 유지 보수 및 성능 최적화를 꾀할 수 있다. 그 밖에도 디지털 트윈 기술은 농업 및 식품 산업, 건설 및 부동산, 환경 및 자원 관리, 제품 개발 및 디자인, 교육 및 훈련 등 다양한 분야에 응용된다.

디지털 트윈 기술을 제품 생산에 적용하는 경우, 다음과 같은 과정으로 제품의 품질을 향상할 수 있다. 생산 공정에 해당하는 프로세스를 디지털 트윈으로 만든 후 공정 관리자의 단말장치에 제어 프로그램을 장착하고, 생산과 소비의 전 과정에 센서를 설치한다. 센서에서 발생하는 신호가 관리자 단말장치 속 디지털 트윈에 실시간으로 입력되도록 연결한다. 만일 생산과 소비의 전 과정 중에 문제가 발생하면 그것은 실시간으로 디지털 트윈 프로그램 담당자에게 전달된다. 담당자는 디지털 트윈 시스템을 돌려서 문제에 대한 최적의 해결책을 찾아내 생산 현장에 전달하면 생산 현장은 그 해결책을 제품 생산 공정에 반영한다. 이러한 방식으로 제품을 생산 및 관리하게 되면 생산 공정 오류로 인한 비용 손실을 줄이고 제품 품질을 향상시켜 소비자의 요구를 잘 충족할 수 있다.

디지털 트윈 기술에도 풀어야 할 여러 과제가 있다. 데이터 수집 및 관리, 통합 및 호환성, 실시간 분석 및 업데이트 등에 관한 문제이다. 복잡한 시스템의 경우, 정확한 디지털 트윈을 생성하기 위해 포괄적인 데이터를 수집하는 일이 쉽지 않다. 특히 여러 신호원에서 발생하는 대량의 데이터를 실시간으로 저장, 처리 및 관리하는 것은 상당히 도전적인 일이다. 기존 IT 인프라 및 운영 기술 시스템과 디지털 트윈을 통합하는 것도 복잡한 일이며, 더욱이 오래된 구형 시스템일 경우 디지털 트윈과의 호환성을 보장하기가 어렵다. 디지털 트윈은 종종 중요한 데이터를 포함하기 때문에 사이버 공격의 대상이 될 수 있고, 건강 관리와 같은 분야에서는 개인정보 보호 및 데이터 보호에 대한 우려가 제기될 수 있다. 역동적인 환경에서 디지털 트윈에 물리적 대응물을 정확히 반영하려면 지속적인 데이터 업데이트가 필요하다. 또한 적시에 분석하고 의사결정을 내리려면 대량의 데이터를 실시간으로 처리해야 한다. 디지털 트윈은 기술을 개발하고 구현하는 데 초기에 상당한 투자가 필요하고, 디지털 트윈을 지속적으로 유지하고 운영하는 데도 많은 자원이 소요된다. 소규모 디지털 트윈 프로토타입을 만드는 것과 이를 조직 전체에 대한 디지털 트윈 기술로 확장하는 것은 별개의 과제이다. 디지털 트윈에서 나오는 데이터를 관리하고 해석하는 데에는 데이터 분석, 모델링 및 시뮬레이션에 대한 상당한 전문 기술이 필요하므로, 디지털 트윈 기술 전문가뿐 아니라 전담팀의 교육과 훈련이 필요하다.

4.6 빅데이터

인터넷과 모바일 기술이 발달하고 각종 디지털 플랫폼이 확산해 세계적인 초연결망을 형성하면서 인류는 과거에 상상하지 못했던 엄청난 양의 데이터를 생산하게 되었다. 우선 인터넷과 이동통신만으로도 세계적으로 수십억 명의 사람들이 서로 연결되면서 막대한 양의 데이터가 생산된다. 페이스북, 트위터, 인스타그램 등 소셜미디어 플랫폼이 부상해 세계적으로 사용자들을 끌어모으고, 사용자들이 메시지를 주고받고 갖가지 게시물과 미디어를 업로드하는 가운데 매일같이 방대한 양의 데이터가 축적된다. 각종 스마트홈 기기, 웨어러블 디바이스, 다양한 산업 센서 등 IoT 기기가 널리 확산하면서 막대한 양의 데이터를 생성한다. 온라인 쇼핑 플랫폼은 전자상거래를 통해 소비자 행동, 선호도, 구매 이력에 대한 광범위한 데이터를 생산하고, 디지털 뱅킹 및 온라인 거래 또한 상당한 양의 데이터를 생산한다. 넷플릭스, 유튜브와 같은 스트리밍 플랫폼을 통해 유통되는 데이터도 엄청나게 많고, 사용자가 스스로 생성해 공유하고 유통하는 데이터도 홍수를 이룬다. 인간 게놈(genome) 연구와 생명과학의 연구는 엄청난 양의 데이터를 생성하고, 건강 기록의 디지털화도 의료 분야의 데이터 풀을 크게 증가시킨다. 이와 같이 전례 없이 늘어나는 데이터는 디지털 전환기에 맞게 된 인류사 초유의 상황으로 그것에 대한 대응으로 빅데이터라는 용어와 함께 빅데이터 분석학이라는 분야가 태동하게 되었다.

(1) 빅데이터 분석

빅데이터는 대용량 데이터를 뜻하지만, 빅데이터에 대한 실질적인 관심사는 어떻게 하면 대용량의 데이터를 수집, 저장, 처리, 분석해 의미 있는 패턴, 상관관계, 추세, 통찰, 지식 등을 추출하느냐에 있다. 또한 이를 활용해 제반 현상을 심도 있게 이해하고 데이터에 기반한 의사결정, 업무처리의 최적화 등을 이루려고 한다. 따라서 통상 '빅데이터'로 부르지만, 그 핵심에는 '빅데이터 분석학(big data analytics)'이 자리한다. 즉, 방대한 양의 데이터(빅데이터) 속에 숨겨져 있어 파악하기 어려웠던 진수(眞髓)를 분석하는 것(빅데이터 분석)이다. 빅데이터 분석은 데이터 과학, 통계, 컴퓨터과학, 정보기술 및 관련 영역에 관한 전문 지식이 필요한 다학제적 분야이며, AI와 기계 학습, 그리고 클라우드 컴퓨팅의 발전과 궤를 같이해 발전한다.

빅데이터 분석에는 데이터 전처리, 데이터 통합, 데이터 저장, 데이터 분석, 시각화, 해석 등과 같은 다양한 과정이 포함된다. 빅데이터 분석 시스템은 이와 같은 다단계 처리 과정에 걸쳐서 데이터의 용량, 생성 속도, 다양성, 신뢰성, 변동성, 확장성 등 여러 변수에 적절히 대응할 수 있는 능력을 갖춰야 한다. 첫째, 생성된 데이터의 양이 매우 방대할 수 있기 때문에, 대량의 데이터를 저장, 처리, 분석할 수 있는 확장 가능하고 효율적인 인프라가 필요하다. 둘째, 데이터 생성 속도가 빠를수록 그에 상응하는 실시간 데이터 처리 능력이 필요하다. 셋째, 생성 데이터가 형식과 유형 면에서 다양하고, 구조화-반(半)구조화-비(非)구조화된 데이터를 포함할 수 있어서 그에 부합하는 복잡한 통합 및 분석 능력이 필요하다. 넷째, 다양한 출처에서 생성된 데이터가 불완전하거나 일관성이 없거나 오류를 포함할 수 있기에 변동성에 대처하는 능력이 필요하다. 또한 그러한 상황에서도 신뢰성 있고 가치 있는 통찰을 추출할 수 있는 고급 분석 능력이 필요하다. 다섯째, 생성 데이터의 양이 변하거나 급증하는 것에 대처해 부하(負荷)가 커지면 처리 능력을 확장할 수 있는 유연한 인프라가 필요하다.

빅데이터 분석 시스템은 위에서 언급한 여러 데이터 성질에 대처할 수 있는 능력을 갖춰야 하고, 나아가 개인정보 보호 및 보안, 그리고 윤리적 요소를 적법하게 처리할 수 있어야 한다. 민감한 데이터를 대량으로 저장 및 처리하는 과정에 개인정보 보호와 보안을 침해할 우려가 있기 때문이다. 특히 개인정보를 취급하거나 일반 데이터를 분석할 때 윤리적 문제나 편견에 빠지지 않도록 유의해야 한다. 즉 데이터 보호 및 윤리와 관련된 규정을 철저히 준수하도록 시스템을 설계해야 한다.

빅데이터 분석에는 여러 가지 고려해야 할 사항들이 있다. 일반적으로 빅데이터는 출처가 다양하기에 수집 데이터에 대한 일관성과 정확성을 보장할 수 없다. 이러한 데이터를 분석 가능한 상태로 다듬질하고 관리하는 데에는 상당한 시간과 자원이 필요할 수 있다. 또한 대용량의 빅데이터를 저장하고 처리하기 위해서는 대형 저장 시스템과 강력한 컴퓨팅 능력이 요구되며, 이를 설치 및 유지·보수하는 데 상당한 투자가 필요하다. 데이터를 실시간으로 처리하고 분석하는 능력에 대한 수요는 증가하는데 이를 기술적으로 구현하는 방법에는 한계가 있다. 대규모의 복잡한 데이터셋을 분석해 의미 있는 진수를 추출하는 일은 매우 어려운 업무로, 다학제적 지식과 종합적 통찰력이 뒤따라야 한다.

빅데이터 분석을 사업에 성공적으로 이용한 사례로 넷플릭스를 들 수 있다. 넷플릭스는 빅데이터로 시청자의 행동, 선호도, 시청 패턴 등을 분석해 사용자에게 맞춤형으로 콘텐츠를 추천하고, 새로운 콘텐츠를 제작하거나 확보하며, 사용자가 즐길 만한 콘텐츠를 쉽게 찾을 수 있도록 했다. 글로벌 시장으로 확장할 때도 빅데이터 분석을 활용해 지역별 선호도와 콘텐츠 소비 패턴을 파악했고, 그것을 각 지역에서의 콘텐츠 라이브러리와 마케팅 전략에 사용했다. 넷플릭스는 빅데이터 분석을 활용해 가입자를 유치 및 유지했을 뿐 아니라 시청자가 공감하는 오리지널 콘텐츠를 제작하고 글로벌 시장으로 넓혔다. 넷플릭스의 데이터 기반 의사결정과 콘텐츠 추천, 그리고 콘텐츠 제작 방식은 빅데이터 분석을 어떻게 활용하면 엔터테인먼트 산업을 성공으로 이끌 수 있는지 보여 주는 대표적인 사례로 꼽힌다.

(2) 바이오정보학

바이오정보학(bioinformatics)은 생물학, 컴퓨터과학, 수학, 통계학, 의학 등을 접목해 생물 데이터를 분석 및 해석하는 학제적 분야이다. 현대 생물학 연구 중 핵심으로, 계산 기술을 활용해 유전자 서열, 단백질 구조 등과 관련된 방대한 양의 생물 정보를 처리, 조작 및 분석한다. 바이오정보학은 생물 데이터로부터 의미 있는 통찰과 지식을 추출해 유전학, 게놈

학, 의학 및 생명공학이 발전하는 데 이바지해 왔다.

바이오정보학은 바이오 데이터 분석, 게놈 서열 분석 등과 관련이 있다. 이를 구체적으로 살펴보면 다음과 같다. 첫째, 컴퓨터 도구와 기법을 활용해 DNA 서열의 패턴 식별, 단백질 구조 예측, 유전자 발현 프로필 분석 등 각종 바이오 데이터를 분석할 수 있다. 둘째, 대규모 게놈 서열 분석 데이터를 처리 및 해석하고, 이를 통해 게놈 내부의 유전자, 조절 요소, 기능 등을 식별할 수 있다. 셋째, 단백질체학에 적용해 단백질 구조를 예측하고, 단백질 간의 상호작용을 연구하고, 단백질 생합성 후 변형으로 인한 변화를 분석할 수 있다. 넷째, 약물 발견에 적용해 분자 구조를 분석하고 잠재적인 약물 후보를 예측할 수 있다. 다섯째, 생물체의 맥락에서 유전자의 기능을 이해하고 서로 다른 종 간의 게놈 서열을 비교해 진화 관계를 밝히는 데 도움을 줄 수 있다.

바이오정보학 덕분에 가능해진 가장 주목할 만한 성공 사례는 인간 게놈 프로젝트라고 할 수 있다. 인간 게놈 프로젝트는 인간의 유전체 전체(인간의 유전 정보를 부호화하는 완전한 DNA 세트)에 대한 지도 제작과 서열 분석을 목표로 1990년부터 2003년까지 진행했던 대형 프로젝트이다. 바이오정보학은 이 기간 동안 생성된 대규모 DNA 서열 데이터를 처리하고 분석하는 데 핵심 역할을 했다. 또한 게놈 서열 분석 과정에서 생성된 방대한 데이터를 조직화 및 관리하는 데 큰 역할을 했다. 나아가 인간 게놈을 다른 종의 게놈과 비교해 진화 관계를 밝히고 유전자와 영역을 식별하고, 식별된 유전자의 기능과 잠재적 역할을 예측하는 데 도움을 주었다. 인간 게놈 프로젝트를 성공적으로 마친 일은 생물학과 의학에서 매우 중요한 성과로 이것이 가능하도록 뒷받침한 것이 바로 바이오정보학이었다.

코로나 팬데믹 당시 화이자-바이오엔텍이 아주 짧은 기간에 백신을 개발한 것은 분자생물학, 바이러스학, 면역학, 백신 개발 등 여러 과학 분야 간에 협력한 덕분으로 과거 백신 연구에서 축적된 지식 등과 더불어 바이오정보학도 중요한 역할을 했다. 바이오정보학은 코로나바이러스의 유전 서열을 분석하고, 바이러스의 항원 부분을 설계하고, 대규모 임상시험 데이터를 분석하고, 바이러스 돌연변이를 추적하는 등 여러 역할을 했다. 이후, 바이오정보학은 약물 발견, 유전자 발현 패턴 이해, 맞춤형 의학 등에 더 널리 사용되는 중이며, 기계 학습과 AI 기법도 점점 더 많이 활용되는 추세이다.

4.7 사이버 보안 솔루션

디지털 전환이 전개되면서 그 중요성이 크게 부각된 것이 사이버 보안이다. 디지털 변환 후에는 모든 정보가 디지털 형태로 처리 및 저장되므로 디지털 자산과 민감한 데이터를 보호하고 디지털 서비스의 무결성(無缺性)을 보장하는 것이 매우 중요하다. 방화벽, 침입 탐지 및 방지, 암호화, 인증 및 접근 제어 등 여러 사이버 보안기술을 이용하면 데이터와 시스템을 안전하게 보호할 수 있고, 디지털 환경에서 기업을 안전하게 운영하는 데 도움을 줄 수 있다.

사이버 보안의 중요성을 인식시켜 준 사례가 2017년 미국의 신용평가기관 에퀴팩스(Equifax)에 발생했던 데이터 침해 사건이다. 이 사건은 사이버 보안 솔루션의 부재로 발생한 실패 중 가장 대표적인 사례로 꼽힌다. 당시 약 1억 5,000만 명의 미국, 영국, 캐나다 시민의 개인정보 및 금융정보가 노출되었는데, 신원 도용에 관련된 최대 규모의 사이버 범죄이자 중대한 사이버 보안 사건으로 알려져 있다. 무엇보다 이 사건은 에퀴팩스가 보안상 취약점을 신속하게 보완하지 않아서 발생한 것이다. 웹 애플리케이션에 취약점이 있음을 알았고 그에 대한 보안 패치(patch)[12]가 존

12 패치는 사용 중인 소프트웨어에서 발견된 사소한 실수 또는 오류를 수정하거나 기능을 개선하기 위해 소프트웨어 개발자가 내놓은 업데이트 프로그램이다.

재했음에도 불구하고 적시에 조처하지 않은 것이 원인이었다. 그 취약점을 타고 해커들이 침입해 고객들의 개인정보와 신용카드 번호 등 민감한 데이터에 무단 접근할 수 있었다. 사이버 보안, 보안 취약점 관리, 보안 적시 업데이트가 얼마나 중요한지 경종을 울린 사례라고 할 수 있다.

프로그래밍이 가능한 디지털 장치, 서비스, 또는 네트워크를 직접 해치거나 이들을 이용해 다른 위해를 가하도록 설계된 모든 유형의 악성 소프트웨어를 통칭해 '맬웨어(malware)'라고 부른다. 맬웨어는 바이러스(virus), 웜(warm), 스파이웨어(spyware), 애드웨어(adware), 랜섬웨어(ransomware), 트로이목마(Trojans), 루트킷(rootkits) 등 다양하며, 이들이 작동하는 방식은 다음과 같다. 첫째, 바이러스는 깨끗한 파일에 부착해 다른 깨끗한 파일을 감염시키고, 시스템의 핵심 기능을 손상하고, 파일을 삭제하거나 망가뜨릴 수 있다. 둘째, 웜은 독립적으로 작동하며 네트워크를 통해 다른 컴퓨터로 자신을 복제해 전파할 수 있다. 시스템 메모리나 네트워크 대역폭을 많이 소비해 웹 서버, 네트워크, 개별 컴퓨터가 응답하지 않도록 할 수 있다. 셋째, 스파이웨어는 사용자의 활동을 사용자가 알지 못하도록 감시하기 위해 설계되었으며, 개인정보와 인터넷 사용 데이터 및 기타 민감한 정보를 수집한다. 넷째, 애드웨어는 종종 무료 소프트웨어와 함께 제공되어 브라우징 행동을 추적하고 원치 않는 광고를 보여 준다. 다섯째, 랜섬웨어는 사용자의 데이터를 암호화하고 복호화 키를 요청할 때 몸값 지불을 요구한다. 개인 사용자나 기업 모두에게 중대한 위협이 되며, 데이터 손실과 재정적 피해를 준다. 여섯째, 트로이목마는 합법적인 소프트웨어로 위장해 사용자가 자신의 시스템에 장착해 실행하도록 속이고, 사용자가 이를 활성화하면 도난, 손상, 데이터 방해 등 미리 설계된 작업을 수행하도록 한다. 일곱째, 루트킷은 탐지되지 않고 컴퓨터의 최고 레벨(root level)에 무단 접근할 수 있도록 설계되며, OS를 전면적으로 접근하면서 다른 맬웨어의 존재를 숨기는 데 종종 사용된다.

맬웨어를 방어하기 위한 사이버 보안의 기술에는 방화벽, 침입 탐지 및 방지 시스템, 암호화, 인증 및 접근 제어 등이 있다. 먼저 방화벽은 신뢰할 수 있는 내부 네트워크와 신뢰할 수 없는 외부 네트워크 사이에 쳐주는 장벽 역할을 하며, 들어오고 나가는 네트워크 트래픽을 제어한다. 침입 탐지 및 방지 시스템(Intrusion Detection/Prevention System, IDS/IPS)은 네트워크 트래픽에 의심스러운 활동이 있는지 모니터링하고, 잠재적인 위협이 나타나면 차단하거나 예방한다. 암호화는 민감한 데이터를 코드로 변환해 해당 복호화 키로만 해독할 수 있도록 한다. 인증 및 접근 제어는 사용자가 여러 형태의 식별 정보를 바르게 제공해야 시스템에 접근할 수 있도록 제어함으로써 접근 권한이 있는 사람에게만 접근을 허용하는 절차이다. 그 밖에도 취약성 평가, 침투 테스트, 종단점(end point) 보안, 보안 정보 관리 등의 보안기술이 있다.

사이버 보안 솔루션을 사용해 보호할 대상은 네트워크, 데이터, 클라우드, IoT, 모바일 등 매우 다양하며, 그 기능은 다음과 같다. 첫째, 방화벽, IDS/IPS, 암호화 기술 등을 활용하면 무단 접근, 데이터 누출 및 사이버 공격으로부터 네트워크를 보호할 수 있다. 둘째, 암호화와 접근 제어를 적용하고 안전한 저장 습관을 들이면, 민감한 데이터의 기밀성·무결성·가용성을 보장할 수 있다. 셋째, 암호화와 접근 제어를 적용하고 지속적인 모니터링을 실행하면 클라우드 환경에서 서비스되는 데이터와 애플리케이션을 보호할 수 있다. 넷째, 방화벽, IDS/IPS, 암호화, 접근 제어 등을 활용하면 핵심 인프라와 개인정보에 심각한 영향을 미칠 수 있는 해킹 및 무단 접근으로부터 IoT 장치를 보호할 수 있다. 다섯째, 암호화, 안전한 인증 방법, 앱 보안 조치 등을 취하면 모바일 장치와 전송 데이터의 보안을 보장할 수 있다. 여섯째, 소프트웨어 애플리케이션의 코드 내 취약성을 식별해서 적절한 패치를 붙이면 해커의 공격으로부터 방어할 수 있다. 그 밖에도 보안정보 관리, 기계 학습, AI를 사용하면 사이버 보안 능력을 강화하고 실시간으로 탐지 및 대응할 수 있다.

가장 현실적인 문제로, 사이버 위협으로부터 보호할 첫 번째 대상은

PC이며, 이를 위해서는 다음 열 가지 주의사항을 준수할 필요가 있다. 첫째, 안티바이러스 및 안티맬웨어 소프트웨어를 사용하고 정기적으로 업데이트한다. 위협이 발생할 때 감지하고 차단할 수 있도록 실시간 검사를 활성화한다. 둘째, 보안 취약점을 해결하기 위해 OS 및 모든 소프트웨어를 정기적으로 업데이트하고, 중요 소프트웨어 및 OS에 자동 업데이트 기능을 설정해 둔다. 셋째, 문자, 숫자, 특수 문자가 혼합된 강력한 비밀번호를 사용하고, 동일한 비밀번호를 여러 계정에 중복해서 사용하지 않는다. 비밀번호를 안전하게 저장하고 관리하기 위해 비밀번호 관리자(password manager)[13]를 설정할 수 있다. 넷째, OS의 내장 방화벽 또는 타사 방화벽을 사용해 들어오고 나가는 네트워크 트래픽을 모니터링하고 제어한다. 다섯째, 출처를 알 수 없는 이메일, 특히 개인정보를 요청하거나 링크를 클릭하도록 유도하는 이메일에 주의한다. 아울러 다양한 형태의 피싱(phishing) 사기 기술에 관해서 알아 둔다. 여섯째, 와이파이 네트워크에 WPA3(Wi-Fi Protected Access 3) 또는 최소한 WPA2(Wi-Fi Protected Access 2) 암호화를 사용하고,[14] 와이파이 네트워크에 강력한 비밀번호를 설정한다. 일곱째, 이메일, 은행, 소셜미디어와 같은 민감한 서비스를 이용할 경우 해당 온라인 계정에 이중 인증(two-factor authentication, 2FA)[15] 사용을 활

13 비밀번호 관리자는 비밀번호를 저장하고 정리하도록 설계된 소프트웨어 응용 프로그램이다. 일반적으로 마스터 비밀번호로 비밀번호 데이터베이스를 암호화하며, 차후에는 마스터 비밀번호만 기억해 두면 된다. 비밀번호 관리자는 비밀번호를 암호화된 형태로 안전하게 저장하기 때문에 해킹 및 도난에 덜 취약하다.

14 WPA2는 원래 있던 WPA 표준을 2004년에 개선한 것으로 Wi-Fi 네트워크에 대한 사실상 보안 표준이 되었다. 개인과 기업의 Wi-Fi 네트워크에서 널리 사용되고 있다. WPA3은 2018년에 출시된 최신 버전의 Wi-Fi 보안 프로토콜로, WPA2보다 더 강력한 보안 기능을 제공하는데 아직은 채택 과정에 있다.

15 이중 인증은 사용자가 자신을 확인하기 위해 두 가지 서로 다른 인증 요소를 제공하는 보안 방법이다. 사용자가 단일 요소(예: 일반적으로 비밀번호)만 제공하는 전통적인 단일 인증 방법에 추가적인 보안 계층(예: 문자메시지, 생체 인식 요소 등)을 추가해 공격자가 접근하기 더 어렵게 하는 것이다. 예를 들어, 사용자가 평소처럼 사용자 이름과 비밀번호를 입력하고, 뒤이어 사용자 전화로 전송된 코드를 입력하거나 지문을 스캔하는 방식으로 두 번째 인증 요소를 제공한다.

성화한다. 여덟째, 중요한 데이터는 정기적으로 외장 드라이브 또는 클라우드 저장소에 백업하고, 자동 정기 백업을 설정한다. 아홉째, 출처를 신뢰할 수 없는 경우 소프트웨어를 다운로드하거나 첨부 파일을 열지 않는다. 만일 열어야 한다면 다운로드된 파일과 이메일 첨부 파일을 열기 전에 안티바이러스 소프트웨어로 미리 검사한다. 열 번째, 컴퓨터를 사용하지 않을 때는 잠가 놓고 민감한 데이터에 대해서는 암호를 설정해 둔다. 신뢰할 수 있는 사람 이외에는 컴퓨터에 대한 물리적 접근을 제한한다.

4.8 로봇, 자율주행

로봇은 자율적 또는 비자율적으로 작업을 수행하기 위해 설계된 물리적 또는 가상의 기계를 말한다. 로봇은 제조업에서 사용되는 산업용 로봇으로부터 자율주행 차량, 자율 드론, 컴퓨터에서 작업을 자동화하는 소프트웨어 프로그램에 이르기까지 다양하다. 로봇은 물리적 기계와 자동으로 작업을 수행하는 소프트웨어 프로그램 모두를 통칭하는데, 그중 자동화된 특정 작업을 수행하거나 온라인에서 사용자와 상호작용하는 소프트웨어 프로그램을 '봇(bot)'이라고 부른다. 로봇은 주변 환경과 상호작용할 수 있고, 프로그래밍과 수신한 데이터에 기반해 복잡한 동작을 수행할 수 있다.

(1) 로봇

로봇은 물리적인 형태를 가진 기계나 장치로, 사람의 동작을 모방하거나 자동화된 작업을 수행한다. 로봇은 센서, 액추에이터, 컴퓨팅 시스템 등으로 구성되며, 사전에 프로그래밍된 명령에 따라 환경과 상호작용하며 작업을 수행한다. 로봇은 프로그래밍에 따라 독자적으로 다양한 작업을 수행할 수 있고, 센서를 통해 주변 환경을 인식할 수 있으며, 바퀴로 굴

러가거나 다리로 걷거나 날거나 수영해 이동할 수 있고, 팔과 손 또는 전문화된 도구를 사용해 물체를 조작할 수 있다. 로봇은 제조업에서는 제품 조립 및 가공에 활용되고 의료 분야에서는 수술 보조 등에 활용되는 등, 다양한 분야의 다양한 업무에 사용된다. 로봇의 개발, 디자인, 제조, 운용 및 사용을 다루는 학문 분야를 '로보틱스(robotics)'라고 부르는데, 여기서는 로봇의 하드웨어와 소프트웨어 개발은 물론, 로봇 환경과의 상호작용과 다양한 분야에 적용하는 방법과 원리를 다룬다.

로봇에는 공장에 설치된 고정형 로봇 이외에도 이동 로봇(mobile robots), 지능형 이동 로봇(intelligent mobile robots), 인간형 로봇(humanoid robots) 등 여러 유형이 있다. 이동 로봇은 주변 환경에서 움직일 수 있도록 설계된 로봇으로 바퀴, 트랙, 다리 등을 이용하거나 드론과 같이 날아서 이동할 수 있다. 이동 로봇은 주변 환경을 탐색, 탐사, 감시, 배송, 수색과 구조(救助) 등을 하는 데 사용된다. 지능형 이동 로봇은 고성능 감지, 지각 및 의사결정 능력을 갖춘 로봇으로, 주변 환경에서 감지한 데이터를 처리하고 의사결정을 내리며, 변화하는 상황에 대처할 수 있다. 자율주행 차량과 자율 드론이 지능형 이동 로봇의 대표 사례이다.

로봇은 용도에 따라 산업 로봇, 서비스 로봇, 탐사 로봇, 드론 등으로 분류하기도 한다. 산업 로봇은 제조 환경에 설치해 용접, 도장, 조립, 물체 집기 및 놓기와 같은 작업을 수행한다. 서비스 로봇은 진공 청소, 잔디 깎기, 건강관리 보조 등을 수행한다. 탐사 로봇은 심해 탐사, 우주 임무, 유해 폐기물 처리 등 사람이 작업하기 어려운 환경에서 작업한다. 장차 로봇은 수술, 재활, 환자 관리 등 의료 및 건강 관리 분야, 농작물 식재, 시비, 농약 살포, 수확 등 농업 분야, 인간이 접근하기 어려운 환경에 대한 연구 분야 등 다양한 방면으로 확대 이용될 전망이다.

인간형 로봇은 기존 로봇과 달리 다양한 작업 환경에 적응해 돌발 상황에서도 유연하게 대처할 수 있다. 휴머노이드는 대개 몸통, 머리, 두 팔, 두 다리를 갖춘 인간의 몸을 닮은 형태로 디자인될 뿐 아니라, 인간적인 방식으로 인간 및 환경과 상호작용할 수 있도록 제작된다. 대부분의 휴머노이드 로봇은 인간과 같이 다리가 있어서 양족(兩足) 보행으로 활동한다. 발로는 걷고, 회전하고, 계단을 오르내리고, 불규칙한 지형을 다니는 것까지 가능하며, 고급 모델의 경우에는 달리거나 복잡한 동작까지도 취할 수 있다. 또한 손으로는 물체를 조작하고, 섬세한 작업을 할 수 있다. 휴머노이드 로봇 중에는 기본적인 얼굴 표정을 지을 수 있는 것이 있는데, 이 경우 인간과 로봇 간의 자연스러운 상호작용이 가능하다. 휴머노이드 로봇의 성능을 향상하기 위해 환경을 인식하는 다양한 센서, 시각인식 카메라, 균형 감각 자이로스코프, 촉각 센서 등이 연구 중이다. 또한 언어로 인간-로봇의 상호작용을 하기 위해 음성인식 및 합성 능력, 구두 명령과 응답 능력 등이 개발 중이다. 나아가 휴머노이드 로봇에 AI를 적용해 스스로 배우고 적응하며 인식하고 결정을 내리는 능력을 부여하는 연구도 진행 중이다.[16]

(2) 로봇 프로세스 자동화

로봇 프로세스 자동화(robot process automation, RPA)는 소프트웨어 로봇(즉, 봇)을 사용해 사업 프로세스를 자동화하는 기술을 말한다. 이는 규칙 기반 작업을 자동화해 인간의 작업을 대체하거나 보조하는 것을 목표로 삼는다. RPA 기술은 규칙 기반 자동화와 반복적 작업 자동화를 통해서 프로세스의 효율성을 높이고 오류를 줄이는 데 중요한 역할을 한다. RPA는 사전에 정해진 규칙을 따라 작업을 수행하고, 미리 설정된 로직을 기반으로 작업을 자동화한다. 이러한 작업은 인간이 개입하지 않아도 봇이

---

16 최근 들어 휴머노이드 로봇 기술이 AI를 탑재해 비약적으로 발달하고 있다. 테슬라는 2021년에 키 173cm, 몸무게 73kg의 휴머노이드 로봇 '옵티머스'를 공개했고, 2023년 12월에는 옵티머스 2세대인 '범블비'를 공개했으며, 이번에는 AI도 장착된다고 했다. 2024년 1월 CES에서도 각종 AI 로봇이 전시되었다. 미국의 투자은행 골드만삭스는 휴머노이드 로봇 시장이 2035년까지 1,540억 달러(약 214조 원) 규모가 될 것으로 추정했으며, 제조업과 서비스업의 노동력 부족을 휴머노이드가 채워 줄 것으로 전망했다.

처리할 수 있다. 이와 같이 규칙적·반복적인 업무들을 봇에게 맡기면, 업무 프로세스의 자동화와 최적화를 꾀할 수 있다. 그 대신 사람은 더 중요한 업무를 수행할 수 있기에 조직의 경쟁력 향상에 기여하게 된다.

RPA를 사용하면 시간 절약, 오류 감소, 시스템 통합, 프로세스 개선 등 여러 가지 이득을 얻을 수 있다. 빠르게 작업을 처리하고 일관된 방식으로 수행할 수 있기 때문에 사람에 의한 오류 가능성이 줄고 작업 효율성이 높아진다. RPA는 다양한 시스템과 애플리케이션 사이의 데이터 및 작업 흐름을 자동화함으로써 시스템 간 통합을 용이하게 해준다. 업무 프로세스의 자동화를 통해 업무 효율성을 향상하고 비용을 절감할 수 있는 것이다. RPA를 적용할 수 있는 분야는 금융 업무 처리, 회계 작업, 데이터 입력, 고객 지원 작업, 인사 관리, 유지 보수 작업 등 다양하다.

실제로 RPA는 자동화, 운영 효율성 향상, 비용 절감 등 이점이 많아서 널리 적용 중이다. 그러나 그 잠재력을 완전히, 그리고 지속 가능하게 활용하기 위해서는 해결해야 할 여러 과제가 있다. 먼저 RPA는 규칙 기반의 구조화된 작업에는 효과적이지만, 판단과 창의성, 그리고 인간과 상호작용이 필요한 복잡한 작업에는 어려움이 있다. 또한 RPA는 소규모 작업에서는 구현이 비교적 간단하지만, 이를 조직 전체 프로세스로 확장하는 일은 간단하지 않다. 비즈니스 프로세스나 IT 인프라의 변화에 맞춰서 RPA 봇을 늘려 최적화하는 일도 마찬가지이다.

더불어 데이터 보안, 개인정보 보호, 산업 규정 준수 등과 관련해서 유의할 점들이 있다. 민감한 데이터에 대해서는 RPA 봇에 적절한 수준까지는 접근을 허용하되 무단 접근은 방지하는 것이 바람직하다. 또한 금융 및 건강 관리와 같은 분야에서는 RPA 솔루션이 산업 규정을 준수하도록 유의해야 한다. RPA 설정이나 프로세스 설계에서 오류가 생기면 자동화된 작업 전체가 오류로 나타날 수 있는 점도 유의하며, 지속적인 모니터링과 품질 관리가 필요하다.

한편, 기업이 RPA를 통한 단기 비용 절감에만 초점을 맞출 경우 다른 중요한 점을 간과할 수 있다. 이를테면, RPA가 증가할수록 해당 부문의 일자리가 줄어들기에 직원의 저항이 생길 수 있을 뿐 아니라 디지털 전환을 위한 장기적 전략 계획을 간과할 수 있다.

(3) 자율주행 차량

자율주행은 운전자 없이 센서, 카메라, 레이더(radio detection and ranging, RADAR), 라이다(light imaging, detection and ranging, LIDAR),[17] GPS 등을 사용해 주변 환경을 인식하며 자율적으로 운행하는 기술이다. 각종 센서가 주변 환경에 대한 데이터를 수집하면 내부의 컴퓨터가 상세 지도를 만들고 복잡한 알고리듬을 가동해 실시간으로 결정을 내리면서 이동체를 운행한다. 자율주행 기술의 대표적인 적용 사례가 자율주행 차량(autonomous vehicle, AV)과 자율 드론(autonomous drone, AD)이다.

자율주행 차량에서는 센서와 카메라가 차선, 신호등, 다른 차량, 보행자 및 다양한 도로 장애물을 인식하고, 레이더 시스템이 무선전파를 이용해 물체를 감지하고 속도와 거리를 측정하며, 라이다가 레이저 펄스를 이용해 차량 주변 환경의 고해상도 3D 지도를 생성한다. GPS 및 내비게이션 시스템은 위치를 파악하고 경로를 계획하는 데 도움을 주며, 차량 내부의 컴퓨터 시스템은 모든 데이터를 처리해 가속, 제동, 조향과 같은 운행 결정을 내린다. AI와 기계 학습 기술을 사용하면 경험이 쌓일수록 의사결정을 개선해 나갈 수 있다. 자율주행 차량은 V2X(vehicle to everything, 차량 대 모든 것) 통신기술을 갖추고 있어서 인프라, 그리고 보행자와도 소통하며 안전하게 운행할 수 있다.

자율주행 차량은 여러 장점이 있다. 사람의 실수로 인한 오류를 방지해

---

17 레이더는 전파를 사용해 탐지하고 측정하는 도구로, 목표물을 향해 전파를 쏘아 목표물에서 반사된 전파를 받아서 분석해 목표물의 거리, 방향, 각도 및 속도를 측정한다. 라이다는 광(光)을 사용해 탐지하고 측정하는 도구로, 광 펄스를 쏘아 반사되어 돌아오는 빛을 분석해 반사체의 위치, 이동 방향, 속도 등을 측정한다.

교통사고를 줄일 수 있기에 주행 시간이 긴 장거리 운송 트럭이나 택시 서비스에서 먼저 도입되고 있다. 또한 노약자나 장애인과 같이 운전할 수 없는 사람에게 이동성을 제공할 수 있고, 경로, 속도, 연료 소비의 측면에서 운전을 최적화할 수도 있다. 그동안 자율주행 기술은 센서, AI 알고리듬, 기계 학습 등 여러 측면에서 크게 발전했고, 세계 각국의 도시에서 시범 운행이 진행되고 있다. 이에 따라 각 정부는 자율주행을 뒷받침하는 규제를 마련 중이다.

자율주행 차량은 꾸준히 발전해 왔지만, 보편적으로 실용화되기 위해서는 아직 극복해야 할 과제들이 남아 있다. 무엇보다 안전성과 신뢰성이 치명적인 문제이다. 날씨가 나빠지거나 도로 상태가 예기치 못하게 변할 때, 그리고 예상치 못한 물체가 튀어나오거나 다른 운전자가 변덕스럽게 운전할 때는 자율주행의 안전성을 보장하기 어렵다. 다양한 상황 속에서 자율주행 시스템의 안전성과 신뢰성을 검증할 수 있도록 종합적인 테스트 체계를 개발할 필요가 있다.

기존의 교통 시스템에 자율주행을 통합하고 V2X를 구현할 수 있도록 교통 시스템 인프라를 확장해 구축하는 것도 과제이다. 사고가 불가피한 상황일 때 자율주행 차량이 어떠한 윤리적 결정을 내리도록 프로그래밍해야 할지, 사고가 났을 때 책임 소재를 어떻게 할지 등도 풀어야 할 과제이다. 이를 위해서는 전문 개발자, 규제 기관, 대중 간의 협력이 필요하다. 여기서 초점은 안전성, 신뢰성, 윤리적 고려사항, 그리고 기존 교통 생태계와의 원활한 통합에 있다.

(4) 자율 드론

자율 드론은 다양한 센서, 카메라, GPS와 AI 기반 시스템을 사용해 환경을 탐지하면서 사전에 프로그래밍된 경로를 따라 독립적으로 비행할 수 있는 무인 항공기이다. 센서와 카메라가 주변의 물체와 장애물을 감지하고 식별하며, GPS 및 내비게이션 시스템이 드론의 위치를 파악하고 정해진 경로로 비행할 수 있게 해준다. 내부 컴퓨터는 드론의 비행 경로, 속도, 고도 등을 조절해 주고, AI와 기계 학습 기술을 이용하면 비행 중 예기치 못한 상황에 대처할 수 있다.

그동안 여러 회사가 경쟁적으로 연구개발을 수행한 결과, 자율 드론 기술은 상당히 발전했다. 이에 자율 드론은 GPS, 컴퓨터 비전 시스템, 장애물 탐지 및 회피 센서 등을 포함한 정교한 내비게이션 시스템을 갖췄다. AI 기술과 기계 학습 기능을 통합해 실시간 데이터를 기반으로 독자적인 결정을 내리는 능력이 강화되었고, 복잡한 환경에 적응하는 것도 가능해졌다. 배터리 기술이 발달하면서 비행시간과 비행 범위가 넓어졌고, 통신 기술의 향상으로 까다로운 환경에서도 원격 제어 및 데이터 전송 능력이 향상되었다.

자율 드론의 사용처는 다양하다. 접근하기 어려운 장소를 정밀 사진으로 찍을 수 있고, 영화도 촬영할 수 있다. 이미지를 사용해 지형 조사, 환경 모니터링, 야생동물 추적, 환경 변화 추적, 보안 감시와 같은 작업을 수행할 수도 있다. 파이프라인, 전력선, 풍력 터빈과 같은 인프라를 검사하는 데 사용될 수 있으며, 특히 접근이 어렵거나 위험한 곳에서 수색 및 구조 작업이 가능하다. 차량이 밀집한 도시나 접근이 어려운 산간 지역에 물건이나 의료 용품을 신속하게 배달할 수 있다. 작물에 농약과 살충제를 분무하거나 씨를 뿌리고 작물 상태를 확인하는 방식으로 농사를 도울 수 있다. 자연재해가 발생했을 경우 탐색 및 구조 작업에서 중요한 역할을 할 수 있다. 군사와 관련해서는 조종사를 희생시키지 않고 적진에 잠입해 각종 작전을 펼칠 수 있다.[18]

자율 드론은 이미 기술적으로 상당한 발전을 이루었고 다양한 분야에

---

18 2022년에 발발한 러시아-우크라이나 전쟁은 드론의 전쟁 무기화를 크게 촉진했다. 여기서 드론은 감시, 목표 획득, 직접 공격 등 다양한 군사적 용도로 사용되었다. 드론은 원격 조작이 가능하기 때문에 인명 피해 없이 정보 수집 및 정밀 타격을 할 수 있는 전술적 이점을 제공한다. 러시아-우크라이나 전쟁을 기점으로 장차 드론이 군사 전략에서 광범위하게 사용될 것으로 전망된다.

더 널리 사용 중이지만, 아직 해결해야 할 규제적·기술적·사회적 과제가 많다. 먼저 자율 드론 운영을 위한 표준화된 규제 체제를 개발해야 하며, 교통 및 물류 생태계와 원활하게 통합할 수 있는 상호운용성 표준을 설정하는 게 필요하다. 규제된 항공 공간에서 다른 항공기와의 충돌 회피, 나쁜 날씨 속에서 자율 드론의 안전 운행 역시 해결해야 할 기술적 과제이다. 현재 수준의 센서 기술, 배터리 수명, AI 의사결정 알고리듬으로는 복잡한 환경에서 장기간 운행하며 임무를 수행하는 데 한계가 있다. 또한 자율 드론을 사이버 공격으로부터 보호하고 수집한 데이터와 개인정보에 대한 보안도 중요한 과제이다. 대중 입장에서는 자율 드론의 안전 확보와 소음 공해 방지가 중요한 과제이다. 앞으로 기계 학습 및 AI 기술이 발달하고, 배터리 기술이 향상하고, 무선 이동통신이 발달하고, 견고한 충돌 회피 시스템이 장착되면 자율 드론의 응용 분야도 더욱 확대될 것이다. 또한 드론을 운영하는 공간이 확장되고, 상호운용성 표준이 설정되고, 민감한 영역에서 법적·윤리적 체제가 잘 정립되면 자율 드론 산업은 더욱 활성화될 것이다.

4.9 탈중앙화·분산화 기술

사람은 본성적으로 자유와 자치를 지향하고 중앙집중식 통제를 경계한다. 이러한 측면은 탈중앙화와 분산화 기술로 구체화되었다. 보통 중앙집중화는 효율성과 질서를 갖는다는 장점이 있지만, 그것을 희생해서라도 자유와 자치를 확보하기 위해 탈중앙화와 분산화를 추구해 왔던 것이다. 이러한 상황은 네트워크의 측면에서 중앙통제형의 인프라 네트워크를 분산형의 애드혹(Ad-hoc) 네트워크로 시도하게 했고,[19] 중앙집중식 금

19 물리적인 통신 인프라의 토대 위에서 구축한 무선 컴퓨터 네트워크를 '인프라스트럭처 네트워크

융 시스템에 대응한 블록체인 암호화폐를 고안하게 했으며, 기업 통제의 웹2.0에서 탈중앙식 웹3.0을 태동시켰다. 탈중앙화와 분산 네트워크로의 진화는 결국 자율성을 지향한 인간의 본성, 그리고 투명성과 협력적 공동체에 대한 인간의 욕구를 기술적으로 반영한 것으로 볼 수 있다.

(1) 블록체인

블록체인(blockchain)은 중앙기관의 개입 없이 개인 대 개인이 직접 거래할 수 있도록 개발된 기술이다. 전통적인 거래 방법은 계좌이체 등과 같이 거래(transaction) 중간에 은행을 경유한다. 그리고 거래 시마다 은행에서 원장(元帳)을 기록한다. 그러나 블록체인을 이용하면 은행의 개입없이 개인 대 개인으로 직접 거래할 수 있다. 블록체인은 탈중앙화 시스템으로 원장을 중앙에 비치하는 대신 거래에 참여하는 모든 개인이 각각 똑같은 원장을 비치하고 관리한다. 이때 원장은 거래 내역을 블록 단위로 기록하고, 블록은 거래가 진행된 시간 순서대로 연쇄적으로 쌓인다. 이렇듯 블록체인이라는 이름은 블록이 연쇄적으로 구성된다는 의미를 담고 있다.

블록체인의 가장 큰 특징은 탈중앙화이다. 전통적인 중앙집중형 시스템과 달리 블록체인은 컴퓨터(노드)들로 구성된 분산 네트워크에서 작동한다. 각 노드가 전체 블록체인의 사본을 보유하기 때문에 모든 사용자에게 투명성이 보장되고, 일부 노드에 문제가 생기더라도 전체 시스템을 운영하는 데 애로사항이 생기지 않는다. 블록체인은 거래 내역을 원장에 추가하기 전에 모든 노드가 거래의 유효성에 동의하는 절차가 필요한데, 이를 '합의 메커니즘'이라고 한다.[20] 또한 블록체인은 블록의 연쇄로 구성되

(infrastructure network)'라고 하고, 통신 인프라의 도움 없이 자율적으로 각 컴퓨터 간에 직접 통신이 이루어지는 무선 네트워크를 '애드혹 네트워크(ad-hoc network)'라고 부른다.

20 합의 메커니즘은 블록체인에서 치명적으로 중요한 과정이다. 블록체인이 공개적으로 운영되는 경우, 나쁜 의도를 가진 해커가 합의 과정에 끼어들 우려가 크기 때문이다. 이러한 해킹에 대응

고, 거래가 일어나면 같은 시간대의 거래들이 한 그룹으로 묶여 암호화되어 그다음 블록으로 추가되기 때문에, 일단 블록체인에 추가되면 블록 내 정보를 변경하는 것이 매우 어렵고, 그로 인해 기록된 데이터에 대한 보안과 무결성(無缺性)이 보장된다. 블록체인은 분산된 네트워크일 뿐 아니라 암호화 기술이 결합되기 때문에 보안성이 높고, 원장을 구성원 모두가 보유하기 때문에 거래가 투명하다.

블록체인 기술은 거래를 기록하고 검증하기 위한 안전하고 투명하고 효율적인 방법을 제공한다는 점에서 다양한 산업에 활용될 잠재력을 지닌다. 가장 잘 알려진 것이 암호화폐이다. 블록체인은 비트코인을 포함한 여러 암호화폐에 대한 기술적 기반이 된다. 블록체인은 공급망의 투명성과 추적성을 개선하며 제품의 진위를 보장하는 데에도 활용된다. 블록체인을 사용하면 국제적 결제를 간편히 할 수 있고, 금융 거래의 투명성이 향상되며 거래 결제를 간소화할 수 있다. 블록체인은 스마트 계약에도 활용되는데, 이것은 사전에 정의된 조건이 충족되면 자동적으로 계약이 체결되고 실행되도록 만든 것이다. 블록체인을 신원 정보 관리에 활용하면 안전하고 탈중앙화된 관리로 신분 도용의 위험을 줄여 준다.

(2) 암호화폐

블록체인 기술을 토대로 만들어진 탈중앙화된 디지털 암호화폐가 바로 비트코인이다. 비트코인은 향후 100년간 발행될 총화폐량이 2,100만 개

해 블록 생성을 어렵게 하기 위해 체인이 제일 긴 블록체인을 선택하는 것을 원칙으로 삼는다. 블록 생성을 어렵게 한다는 것은 어려운 암호화 문제를 풀게 해서 많은 연산을 하지 않고는 도출할 수 없는 값을 요구한다는 뜻이다. 그리고 체인이 가장 긴 것을 선택하는 것은 곧 연산을 가장 많이 한 결과를 신뢰한다는 뜻이다. 이런 방식으로 합의하면 해킹을 시도할 때 소요되는 연산량이 막대하기 때문에 해킹에 성공하기가 어렵다. 이와 같은 방식의 합의 메커니즘을 '작업 증명(Proof of Work, PoW)'이라고 한다. 그러나 PoW는 연산량이 과도하게 많아서 전력 소모가 크기 때문에 문제가 된다. 이러한 문제를 해결하기 위해 제안된 방식 중에는 '지분 증명(Proof of Stake, PoS)'이 있다.

로 미리 정해져 있으며, 한 개보다 작은 단위로 쪼갤 수도 있다. 비트코인은 거래 시 블록체인 기술을 이용한다. 비트코인은 구입할 수도 있지만, 채굴(mining)할 수도 있다. 블록체인에서 PoW 합의 메커니즘에 참여해 제일 먼저 암호 문제를 풀면 보상으로 비트코인을 받게 되는데, 이것을 채굴이라고 한다. 비트코인은 총화폐량이 고정되어 있기 때문에 채굴할 때마다 받는 비트코인의 양은 3~4년마다 절반으로 줄어든다. 이를 '비트코인 반감기'라고 부른다.

비트코인은 탈중앙화 분산 처리를 기반으로 하는 암호화폐이기 때문에, 중앙기관을 통해서 거래가 이루어지는 법정화폐와는 여러 측면에서 다르다. 법정화폐의 경우, 은행에 계좌를 개설할 때 자격 요건이 까다로울 수 있고 계정이 동결될 수 있으며, 거래 시간이 영업 시간으로 국한되고, 수수료가 들어가며, 거래 대상 국가가 제한될 수 있지만, 암호화폐는 이러한 까다로운 절차나 조건뿐 아니라 개인정보의 노출 없이 거래할 수 있다. 또한 중앙기관에서 금융 사고가 발생할 수 있고, 무분별한 화폐 발행으로 인플레·공황·디플레 등이 발생할 수도 있지만, 암호화폐에는 그러한 문제가 없다. 그러나 비트코인은 중앙은행이 보증해 주는 것이 아닐 뿐더러 금처럼 가격을 책정할 수 있는 물리적인 자산이 없기 때문에 가격이 안정되지 않고 변화를 예측하기도 어렵다. 이러한 한계로 인해 비트코인은 일상적인 결제 수단으로 사용하기에 적합하지 않다.

비트코인은 소스 코드가 공개되어 있으므로 그것을 이용하면 다른 종류의 암호화폐를 얼마든지 만들 수 있다. 그렇게 만들어진 암호화폐를 '알트코인(alternative coin)', 즉 대체 코인이라고 부른다. 알트코인은 수천 종이 넘는데 그중 대표적인 것이 이더리움(Ethereum)이다. 이더리움의 암호화폐는 '이더(ETH, ether)'라고 부르며, 최신 버전인 이더리움 2.0에서는 합의 메커니즘으로 PoW 대신 PoS를 써서 채굴한다.[21]

---

21 PoS는 PoW와 달리, 계산량이 많은 사람이 아닌 더 많은 이더를 거는(stake) 사람에게 채굴 기

근래에 중국이 앞장서서 적극적으로 추진해 온 중앙은행 디지털 통화(Central Bank Digital Currency, CBDC)는 블록체인 기술을 사용하지만 암호화폐에서 사용되는 공개 블록체인과 달리 중앙집중적 통제가 가능한 디지털 화폐이다. 금융 거래에 관한 규칙 준수, 거래 모니터링, 자금 세탁 방지 등 중앙은행이 수행해야 할 기본 기능이 있기 때문이다. CBDC는 통상 은행이 제공하는 수준의 프라이버시는 제공하지만, 비트코인과 같은 암호화폐 수준의 익명성과 탈중앙화는 제공하지 않는다. 이것은 CBDC를 잘못 사용하게 되면 국민의 경제활동을 감시하는 수단으로 전락할 수 있다는 의미이다. 결국 CBDC는 블록체인 기술을 일부 활용했을 뿐, 일반적인 암호화폐가 아니라 국가 통화를 디지털 영역으로 확장한 것이다.

(3) 웹3.0

초기 월드와이드웹(world-wide web, WWW)인 웹1.0이 진화해 현재 사용하는 웹2.0이 되었는데, 이것에 대한 탈중앙화 차세대 웹으로 제시된 것이 웹3.0이다.

웹1.0은 웹 페이지가 동적(動的) 콘텐츠나 사용자 생성 콘텐츠 없이 주로 정적(靜的)으로 구성된 '정적 웹(static web)'이었고, 웹사이트가 제공하는 정보를 사용자가 받아서 읽는 일방적인 읽기 전용이었다. HTML(Hyper Text Markup Language)[22] 기술에 기반한 텍스트형의 콘텐츠만 일방적으로 통용되는 시기였기 때문에 정보의 양과 종류가 제한적이었고 사용자는 주로 콘텐츠를 읽는 역할에 그쳤다. 웹1.0 시대를 선도한 기업은 마이크

회를 더 주는 방식이다. 이더리움에서는 블록을 생성 및 검증하고 스마트 계약을 수행해야 하는데 이 모든 것을 수행하는 사람을 '검증자(validator)'라고 부른다. 검증자는 검증을 제대로 수행하면 더 많은 이더를 채굴할 수 있지만, 만일 검증을 잘못하면 이더를 삭감당할 수 있다. 따라서 검증자에게는 항상 컴퓨터를 켜놓고 검증을 제대로 하려는 동기가 부여된다. PoS의 문제점은 이더가 많은 검증자가 채굴 기회도 더 많다는 점인데, 이를 보완한 다른 방식들도 제시되고 있다.

22 HTML은 웹 페이지 표시를 위해 개발된 마크업 언어이다. 마크업 언어는 태그 등을 이용해 문서나 데이터의 구조를 명기하는 언어의 한 종류이다.

로소프트(MS)로, MS는 윈도우 OS에 인터넷 브라우저를 무료로 탑재하는 전략으로 인터넷 세상을 열면서 큰 혜택을 얻었고, 정보 접근 방식을 획기적으로 바꾸었다.

정적인 웹1.0을 동적인 콘텐츠로 확장하고 사용자가 정보를 주고받는 상호작용적인 플랫폼으로 전환한 것이 웹2.0, 즉 '소셜 웹(social web)'이다. 웹2.0은 XML(eXtensible Markup Language),[23] HTTP(Hyper Text Transfer Protocol)[24] 등 신기술을 채택한 양방향의 상호 연결이 특징으로 그 덕분에 콘텐츠 생산과 공유, 소통 등에 사용자가 적극적으로 참여할 수 있는 문을 열었다. 또한 콘텐츠를 지속적으로 공유하고 재생산하는 것이 가능해져, 웹이 역동적인 공간으로 변모했다. 웹 기술이 비약적으로 발전하는 동시에 플랫폼이 사용자 데이터를 이용해 광고주를 끌어들이는 비즈니스 모델이 등장하면서 플랫폼 중심 생태계가 형성되었다. 이러한 기회를 포착해, 강력한 네트워크와 서버 기술을 갖춘 애플, 구글, 아마존, 메타 등이 데이터를 독점하면서 플랫폼 공룡으로 급성장했다.

웹2.0의 출현으로, 사용자가 정보를 소비할 뿐만 아니라 스스로 정보를 생성해 제공하는 인터넷 세상이 열렸다. 사용자가 직접 만든 콘텐츠가 정보의 주류를 형성했고, 유튜브, 페이스북, 인스타그램 등 소셜미디어 플랫폼은 기업이 자체적으로 생산한 콘텐츠가 아닌 사용자가 생산한 콘텐츠로 운용하게 되었다. 사용자가 생산한 콘텐츠를 유통시키며 광고주와 연결해 막대한 수익도 올렸다. 그러나 데이터를 생산한 사용자는 데이터 소유권을 플랫폼 기업에게 양도해 수익 분배는 커녕 소유권도 없는 상태가 되었다. 나아가 플랫폼 기업은 데이터를 중앙에서 독점하면서 사이버

23 XML은 주로 인터넷에 연결된 서로 다른 종류의 시스템 간에 데이터를 쉽게 주고받을 수 있도록 만든 마크업 언어이다.

24 HTTP는 클라이언트와 서버 사이에 주고받는 메시지 요청/응답 프로토콜이다. HTTP를 통해 전달되는 자료는 http:로 시작하는 인터넷 주소, 즉 URL(Uniform Resource Locator)로 조회할 수 있다.

보안 문제, 개인정보 보호 문제, 윤리 문제 등을 야기했다. 이러한 문제들에 대한 대안으로 제시된 것이 웹3.0이다.

웹3.0은 탈중앙화 분산 네트워크를 지향하고 사용자의 데이터 소유권·통제권을 중시하는 '분산웹(distributed web)'이다. 탈중앙화를 위해서 블록체인 기술을 채택하고, 신뢰가 없어도 거래할 수 있는 스마트 계약을 사용하며, 데이터 처리 및 분석에 AI 기술을 활용한다. 분산 방식이기에 사용자의 데이터가 플랫폼 기업의 서버에 저장되는 대신 네트워크 노드, 즉 사용자의 컴퓨터에 분산 저장된다. 분산 방식의 구현 방법으로 블록체인 기술을 채택하므로, 앞서 살펴봤던 블록체인의 장점들이 모두 웹3.0의 장점으로 계승된다. 블록체인을 사용하면 개인정보 보호 문제나 타깃 광고 문제 등에 자유롭다. 웹3.0에서는 데이터 소유권이 기업에서 개인으로 돌아가고, 데이터 사용에 대한 보상 체계가 수립될 수 있다. 즉, 정보 생산에 들어간 노력에 상응하는 보상이 사용자에게 돌아갈 수 있다.

웹3.0은 블록체인을 사용한 덕분에 안전하고 투명하며 변조 없는 기록 보관과 거래가 가능하며, 탈중앙화 금융(decentralized finance, DeFi)과 스마트 계약을 사용할 수 있다. DeFi는 기존 금융 서비스와 달리 인증서 사용과 같은 본인 인증 과정이 필요 없고, 인터넷만 연결되어 있으면 예금, 결제, 보험, 투자 등을 이용할 수 있다. 스마트 계약은 계약 조건이 코드에 직접 기록된 자체 실행 계약으로, 특정 조건이 만족되면 자동 이행되기에 신용 여부와 관계 없이 거래할 수 있다. 웹3.0은 자산을 토큰화(token化, 즉 디지털 토큰으로 전환)하고 인터넷을 통해 교환하는 디지털 경제를 뒷받침한다. 여기에는 암호화폐뿐만 아니라 실제 자산을 토큰화하고 디지털 수집품을 NFT로 거래하는 것 등이 포함된다. 또한 사용자는 웹3.0의 분산화된 특성으로 인해 자신의 데이터에 대한 통제력을 갖게 되고, 암호화 기술과 분산 합의 메커니즘을 통해 개인정보를 보호받고 보안을 강화할 수 있다. 웹3.0은 서로 다른 블록체인 네트워크와 탈중앙화 앱(decentralized applications, DApps)을 통해 상호작용할 수 있다.

그러나 웹3.0은 블록체인에 기반을 둔 만큼, 블록체인의 장점과 함께 한계점도 그대로 계승한다. 첫째, 확장성 문제이다. 웹3.0을 사용하는 네트워크 규모가 커지고 사용자가 늘어나면, 수용 용량과 처리 속도에 문제가 생길 수 있다. 둘째, 복잡성도 문제가 될 수 있다. 블록체인과 스마트 계약 같은 기술은 일반적으로 이해하고 사용하기에는 복잡한 편이라서, 사용자의 경험이 직관적으로 형성되지 않는다. 셋째, 상호운용성 문제도 있다. 웹3.0이 잠재력을 충분히 발휘하려면 다양한 블록체인 네트워크와 탈중앙화 앱이 원활하게 상호작용해야 하는데, 이를 위해서는 뒷받침할 다양한 플랫폼과 기술 간의 표준화가 필요하다. 그 밖에도 암호화폐 규제, 스마트 계약의 법적 지위, 사회와 제도권의 수용성, 블록체인 데이터의 영구성으로 인한 정보보호 및 수정의 난맥상, 인프라 구축 및 유지에 드는 고비용 등 여러 선결 과제가 있다. 그러나 AI, IoT, 블록체인 등이 발전하고 서로 통합하면서, 그리고 개인정보 보호와 개인 생성 데이터 권리 등에 대한 사회적 인식이 높아지면서 웹2.0의 대안으로서의 웹3.0의 입지는 강화되리라 전망한다.

4.10 3D·4D 프린팅

3D 프린팅은 물질을 아래에서 위로 층층이 쌓아 올리는 방식으로 3차원 형태의 제품을 생성하는 제조 기술이다. 3D 프린팅은 먼저 기존 물체를 3차원으로 스캔해 디지털 모델을 만드는 것에서 시작한다. 이후 3D 모델을 얇게 수평으로 자른 버전을 만들어 한 층씩 쌓은 후, 층 간을 녹여 붙여 완성한다. 기존의 제조 방법이 원재료에서 필요 없는 부분을 제거해서 원하는 형태를 만들어 내는 '감소 제조'였다면 3D 프린팅은 '부가 제조'라고 부르기도 한다.

3D 프린팅을 사용하면 여러 장점이 있다. 먼저 개인별 맞춤으로 설계

할 수 있고 또 복잡한 디자인도 가능해서, 프로토타입을 신속하게 만들거나 독특한 제품을 생산하는 데 적합하다. 또한 복잡한 내외부 구조를 가진 물체를 제조할 수 있어서 기존 방법으로 제조가 어려웠거나 불가능했던 문제를 해결할 수 있다. 또한 3D 프린팅을 이용하면 재료를 꼭 필요한 양만큼만 사용하므로 폐기물을 최소한으로 줄일 수 있다. 그러나 3D 프린팅용 재료가 제한적이고, 대형 물체를 생산하려면 속도가 느리고, 마무리를 위한 후속 처리가 필요한 점 등의 한계도 있다.

3D 프린팅 특유의 장점이라면 원격 제조 또는 분산 제조이다. 생산하려는 물체의 디자인을 디지털 데이터로 전송하면, 원격 위치에서 똑같은 물체를 생산할 수 있다. 먼저 컴퓨터 디자인(Computer-Aided Design, CAD)이나 3D 스캔을 통해 물체의 3D 디지털 모델을 생성해 인터넷으로 전송하면, 원격 3D 프린터가 그 디자인 데이터를 받아서 지정된 재료를 사용해 물체를 층층이 쌓아 올려 제조할 수 있다. 3D 프린팅을 사용해 원격에서 제조하면, 물리적인 프로토타입이나 제품을 물리적으로 운송할 필요가 없기 때문에 운송 비용과 운송 시간을 절약해 세계 각처에서 동시에 생산할 수 있다. 또한 현지 요구에 맞춰 디자인을 변경함으로써 신속하게 프로토타입을 만들어 제작할 수 있고, 수요에 맞춰서 생산량을 조절할 수도 있다.

3D 프린팅은 다양한 산업에서 광범위하게 응용할 수 있다. 의료 분야에서는 3D 프린팅으로 각 환자의 몸 구조에 맞춘 임플란트, 보철, 보청기 등을 제작할 수 있다. 항공우주 분야에서는 가볍고 연료 효율이 높은 비행기와 우주선을 제작하는 데 3D 프린팅을 사용한다. 자동차 제조업체는 테스트 및 디자인 검증용으로 자동차의 프로토타입, 맞춤 부품, 심지어 차량 모델 전체를 제작하는 데 3D 프린팅을 사용한다. 건축 및 건설 분야에서 건축가들은 복잡한 모델을 만드는 데 대형 3D 프린터를 사용하며, 3D 프린팅을 이용해 건설용 부품을 제작할 수도 있다. 패션 디자이너들은 3D 프린팅 기술을 사용해 독특한 패션 액세서리와 보석, 그리고 의류

까지도 제작한다. 예술가들은 전통적인 방법으로는 만들기 어렵거나 불가능했던 복잡한 조각과 아트 설치물을 3D 프린팅을 통해 제작한다. 그 밖에도 STEM(Science, Technology, Engineering, and Mathematics) 개념 학습, 제조 과정 교육, 한정판 맞춤형 소비재 생산, 정교한 케이크 장식이나 맞춤형 초콜릿 생산, 공구 제작, 영화용 소품 제작 등 다방면에 걸쳐서 널리 응용된다.

4D 프린팅은 3D 프린팅에 시간에 따른 변화까지 고려한 것으로, 외부 자극(온도, 습도, 빛, 기타 환경 요소 등)에 반응해 시간의 흐름에 따라 모양이나 기능이 변화하는 물체를 생성하는 기술이다. 3D 프린팅은 물체의 모양과 기하학적 표현에 주안점을 두고 정적인 모양과 고정된 속성을 가진 물체를 생성하지만, 4D 프린팅은 시간 요소를 도입해 정적인 모양을 넘어선다. 물체는 프린팅 후에도 열, 물, 빛, 압력 등과 같은 환경적 자극에 따라 모양, 구성 또는 기능을 변경할 수 있도록 설계한다. 그럼으로써 적응력 있고 프로그래밍 가능한 특성을 가진 물체를 생성한다.

4D 프린팅의 대표적인 예는 자체 접힘 구조이다. 물체가 3D 프린팅으로 제작될 때는 납작하거나 압축된 상태인데, 제작 후 특정 자극에 노출되면 원래 의도했던 모양으로 펼쳐지거나 변형된다. 이는 변화하는 조건이나 환경에 적응할 수 있는 구조가 필요한 산업에 적용할 경우 산업을 혁신할 수 있는 잠재력을 지닌다. 4D 프린팅은 공학, 재료과학, 의학, 건축 등의 다양한 분야에 적용할 수 있다.

3D·4D 프린팅은 제조, 디자인 및 여러 분야에 상당한 영향을 미친 혁신적인 기술이지만, 여러 기술적 한계와 도전에 직면해 있다. 먼저, 인쇄가 가능한 재료가 전통적인 제조 공정에 비해 제한적이다. 일부 3D·4D 프린팅 재료는 강도나 내구성 면에서 전통적인 재료를 따라가지 못한다. 3D 프린팅의 해상도가 제한적인 점이 인쇄된 제품의 품질과 정밀도에 영향을 주기에 4D 프린팅의 경우 형태가 변하는 재료를 구하는 일이 쉽지 않다. 프린터와 재료를 포함하면 3D·4D 프린팅 기술은 고비용으로 산업

용 기계의 경우 3D 프린터를 유지 및 운영하는 비용도 많이 든다. 3D 프린팅은 생산 공정이 느리고, 전통적인 제조 방법에 비해 대량생산에는 적합하지 않다. 3D·4D 프린터를 운영하고 디자인하는 데는 특별한 기술과 교육이 필요하다. 특히 인체 조직이나 장기를 인쇄하는 경우에는 윤리적 고려사항이 중요하다. 이와 같은 한계를 극복할 수 있도록 새로운 재료와 인쇄 기술을 개발하고, 프린터 속도와 해상도를 향상할 필요가 있다.

4.11 양자 컴퓨터

양자 컴퓨팅(quantum computing)은 양자역학의 원리를 활용해 특정 유형의 계산을 기존 컴퓨터보다 효율적으로 수행할 수 있다. 기존 컴퓨터가 비트를 기본 데이터 단위로 사용하듯이, 양자 컴퓨터는 양자비트 또는 큐비트(qubit)를 기본 단위로 사용한다. 큐비트는 상태의 중첩을 가질 수 있어 0과 1을 동시에 나타낼 수 있는데, 이러한 특징 덕분에 양자 컴퓨터는 특정 계산 작업에서 고유한 장점을 지닌다.

양자 컴퓨팅에서는 중첩(重疊, superposition), 얽힘(entanglement), 결어긋남(decoherence) 등의 개념이 중요하다. 기존 컴퓨터의 비트는 0 또는 1 중 하나만 가능하지만, 양자 컴퓨터의 큐비트는 0과 1이 중첩될 수 있다. 즉, 큐비트가 동시에 0과 1을 나타낼 수 있다. 이 중첩성이 양자 컴퓨터가 특정 계산을 병렬로 수행할 수 있도록, 그래서 계산 속도를 지수적으로 향상할 수 있도록 한다. 또한 두 개 이상의 큐비트의 상태는 서로 얽혀 있어 독립적으로 설명되지 않는다. 이 얽힘 성질로 인해 큐비트는 비트와 달리 상호 연결과 상호작용을 할 수 있게 해주고 계산 능력을 향상시킨다. 양자 시스템은 외부 환경과의 상호작용으로 인해 양자 속성을 상실하게 되는 양자 결어긋남 현상으로 인해 오류가 발생하기 쉽다. 이와 같은 민감한 성질 때문에 양자 컴퓨터는 잡음, 오류 및 양자 간섭에 취약하며, 복잡한 계산을 오류 없이 일관성 있게 수행할 수 있기까지는 상당한 노력과 시간이 필요할 것으로 전망한다.[25]

양자 컴퓨터는 기존의 컴퓨터가 효율적으로 해결하지 못하는 특정 유형의 문제에 대해서 기존의 컴퓨터를 능가할 수 있는 잠재력이 있다. 예를 들어, 양자 컴퓨터는 큰 수에 대한 인수분해를 효율적으로 수행할 수 있고, 데이터베이스 검색을 기존 컴퓨터보다 훨씬 빠르게 할 수 있다. 양자 시스템을 시뮬레이션하는 데 적합하며, 이를 통해 복잡한 화학 반응, 물질 특성 및 양자 상호작용을 이해하는 데 도움을 줄 수 있다. 양자 컴퓨터는 최적화 문제를 기존 컴퓨터보다 효율적으로 해결할 수 있고 기계학습을 향상할 수 있는 잠재력이 있지만, 아직 연구가 활발하게 진행 중이다. 또한 양자 컴퓨터는 기존의 암호화 시스템(예: RSA)에 위협이 될 수 있으며, 양자 원리를 기반으로 한 새로운 암호화 방법을 도출할 잠재력이 있다. 그러나 그것들을 실현할 수 있으려면 안정적인 큐비트를 구축하고 유지하며 오류 문제를 극복하는 것이 선결 과제이다.

비록 양자 컴퓨터가 여러 가지 기술적인 문제를 극복하고 실용화 단계에 들어가더라도 상당히 많은 부분에서 기존의 전통적 컴퓨터가 더 나은 성능을 발휘할 것으로 예상된다. 먼저 워드 프로세싱, 웹 브라우징, 이메일, 기본 사무 애플리케이션 등과 같은 일상적인 컴퓨팅 작업에 대해서는 기존의 컴퓨터가 더 적합하다. 또한 기존의 컴퓨터는 순차적인, 그리고 결정론적인 알고리듬을 수행하는 데 효과적이고, 그래픽 렌더링, 비디오 편집, 이미지 처리 등 멀티미디어 작업에 더 적합하다. 또한 일반적인 데이터베이스 작업과 전통적인 과학적 계산, 코딩 및 소프트웨어 개발, 데이터 분석 및 통계, 그리고 네트워킹 및 인프라 관리에도 효과적이다. 비록 양자 컴퓨터가 특정 유형의 계산에서 고유한 이점이 있지만, 기존의

25 중첩, 얽힘, 결어긋남 현상을 양자역학의 원리에 입각해 설명하는 것은 양자역학에 관한 깊은 이해를 요구하는 전문적인 과제로, 관심 있는 독자는 양자역학에 관한 서적을 학습할 것을 권한다.

컴퓨터를 완전히 대체할 수 있는 것은 아니며, 따라서 양자 컴퓨터는 기존의 컴퓨터에 보완적으로 기능할 것으로 예상된다.

양자 컴퓨터의 실현 가능성이 높아지면서 슈퍼 컴퓨터와의 비교가 관심사로 부상했다. IBM은 2023년 12월에 열린 'IBM 퀀텀 서밋' 연례 행사에서 1,121큐비트[26] 양자 컴퓨터 '콘도르'를 공개했다. 양자 컴퓨터 연구자들은 1,000큐비트 이상이면 양자 컴퓨터가 슈퍼 컴퓨터를 능가할 것으로 전망해 왔다. 이와 비슷한 시기에 『타임』은 HP가 개발한 엑사플롭스[27] 슈퍼 컴퓨터 '프론티어'를 2023년 최고 발명품으로 선정했다. '콘도르'와 '프론티어'를 대상으로 2023년 시점에서 양자 컴퓨터와 슈퍼 컴퓨터에 대한 성능 등을 종합적으로 비교해 보면 다음과 같다.

콘도르와 프론티어는 둘 다 초고속 계산 능력이 탁월하다. 콘도르는 1,000개 이상의 큐비트를 사용해 속도를 내고, 프론티어는 정상적인 이진법 컴퓨터지만 병렬 처리와 대규모 계산 능력으로 속도를 낸다. 또한 콘도르의 계산 능력은 잠재력이 매우 높지만 아직 실험적인 단계이고 성능이 안정화되지 않았다. 반면 프론티어는 고전적인 계산 능력이 정점에 있고 다양한 과학기술 및 산업 현장에서 실사용 중이며 성능도 안정화되었다. 비용의 측면에서 비교하면, 콘도르는 양자 처리 및 오류 정정 시스템에 최첨단 기술과 재료가 필요해 개발 비용이 높고, 큐비트 안정성을 위해 절대 영도에 가까운 낮은 온도가 필요하므로 정교한 냉각 시스템이 필요하다. 양자 시스템은 민감해서 특수한 환경과 처리가 필요하므로 운영이 복잡하고 비용도 많이 든다. 프론티어 역시 엑사플롭스의 성능과 규모로 인해 개발 비용이 높고 발열을 냉각하는 시스템이 필요해 유지 비

26 1,121큐비트 양자 컴퓨터는 표현 가능한 상태의 수가 2^{1121}이며, 이것은 대략 10^{360}, 또는 엑사의 20누승에 해당한다.

27 엑사(exa)는 킬로(kilo), 메가(mega), 기가(giga), 테라(tera), 페타(peta) 다음에 오는 10^{18}을 의미하며, 100경(京)에 해당한다. 플롭스는 FLOPS(floating-point operations per second), 즉 초당 부동소수점 연산 수이다. 따라서 슈퍼 컴퓨터 프론티어는 1초당 100경 번 이상의 부동소수점 연산을 할 수 있다는 뜻이다.

표 4.1 양자 컴퓨터와 슈퍼 컴퓨터의 비교

(2023년 기준)

	양자 컴퓨터	슈퍼 컴퓨터
비교 대상	콘도르(IBM)	프론티어(HP)
규모(성능)	1,121큐비트	엑사(10^{18})플롭스 (이진법, 병렬 처리)
상태	실험 단계	실용 단계
비용 요인	최첨단 기술과 재료 개발, 큐비트 안정과 절대 영도 냉각, 민감성과 특수 환경과 처리	개발 비용, 발열 냉각
설치 공간	양자 컴퓨터 자체는 소형, 냉각과 안정화 지원 인프라 공간 필요	농구장 2개 면적(슈퍼 컴퓨터, 저장 시스템, 보조 공간)
용도	복잡한 최적화, 패턴 인식, 양자 시스템 시뮬레이션, 특정 유형의 암호화 등	대규모 시뮬레이션, 기상 예보, 물리학 천문학 연구, 수학적 원리 기반 암호화 등

용도 상당하지만, 운영 및 유지 보수는 안정적으로 잘 관리된다.

소요 공간의 경우는 다음과 같다. 보통 양자 컴퓨터가 슈퍼 컴퓨터보다는 물리적인 크기가 작았으나, 냉각 및 양자 오류 정정을 위한 지원 인프라를 설치할 공간과 양자 시스템의 일관성을 위해 통제된 환경이 필요하기에 전체 공간이 크게 확대됐다. 프론티어는 슈퍼 컴퓨터, 저장 시스템과 보조장치들을 모두 배열하는 데 농구장 2개의 면적이 소요된다. 용도의 측면도 앞서 비교한 것과 비슷하다. 콘도르는 복잡한 최적화, 양자 시스템 시뮬레이션, 특정 유형의 암호화 등 고전 컴퓨터로는 해결하기 어려운 특정 유형의 문제를 해결하는 데 뛰어나리라 예상하며, 프론티어는 대규모 시뮬레이션, 기상 예보, 물리학 천문학 연구 등 대규모의 컴퓨팅 능력이 필요한 작업에 크게 기여하고 있다(표 4.1 참조).

4.12 AI

AI는 인간의 지능을 모방해 사람처럼 사고하고 학습, 추론, 문제 해결, 의사결정 등을 수행하는 기계를 일컫는다. 이때 AI가 학습하는 것을 '기계 학습(machine learning)'이라고 부른다. AI는 일반적으로 '좁은 AI(NAI, Narrow AI, 또는 ANI)'와 '일반 AI(GAI, General AI, 또는 AGI)' 두 가지 유형으로 분류한다. 좁은 AI는 개인 비서나 영상 인식 기술처럼 특정 작업을 위해 설계되고 훈련된 AI로, '약(弱)AI'라고도 한다. 일반 AI는 인간과 유사한 지능을 갖춘 AI로, '강(强)AI'라고도 부르며 이것은 AI 연구가 지향하는 목표이기도 하다.

기계 학습은 데이터를 사용해 알고리듬을 학습시켜 그 성능을 개선해 가는 기술로 컴퓨터가 스스로 학습해서 지능을 향상시킨다. 학습은 '훈련'과 '평가'로 구성된다. 학습은 유사한 데이터셋을 많이 보여 주면서 컴퓨터가 스스로 그 특징을 발견하도록 하는 과정이고, 평가는 다른 데이터셋을 사용해 평가하는 과정이다. 평가 결과를 피드백해 주고 학습을 반복하면서 지능을 향상시킨다. 이러한 학습 방법을 '지도 학습(supervised learning)'이라고 한다. 훈련 과정 없이 데이터셋을 주고 그 안에서 패턴, 구조, 관계 등을 스스로 발견하도록 하는 학습 방법도 있는데 이를 '비지도 학습(unsupervised learning)'이라고 한다. 기계 학습에는 지도 학습과 비지도 학습 이외에도 '강화 학습(reinforced learning)'이 있다. 강화 학습은 환경과 상호작용하며 시행착오를 통해 학습하는 방식으로, 현재 상태를 기반으로 행동하고 그에 대한 피드백을 환경으로부터 받아 행동을 수정한다.

AI를 구현하는 데에는 기계 학습, 신경망(neural network), 자연어 처리(natural language processing, NLP), 컴퓨터 비전(computer vision), 로봇공학 등 여러 기술이 관여한다. 신경망은 인간 뇌의 신경망 구조를 모방해 만든 다단계 구조로, 단계 수를 크게 늘리면 심층 학습(deep learning, DL)을 할 수 있고, 언어나 이미지를 인식하는 데 사용된다. 자연어 처리는 기계가 인간 언어를 이해하고 해석하며 대화할 수 있도록 해주는 것으로, 챗봇(chat bot), 언어 번역, 감정 분석 등에 사용된다. 컴퓨터 비전은 기계가 시각 정보를 해석하고 이해할 수 있도록 해주며, 이미지와 비디오에서 물체, 장면, 얼굴을 인식하는 작업을 수행한다. 로봇공학은 기계 학습과 기계공학을 결합해 환경과 상호작용할 수 있는 지능형 기계를 만들 수 있도록 해준다.

AI와 기계 학습의 발달 과정에는 여러 차례에 걸친 획기적인 발명이 있었다. 1980년대에 심층 신경망 개념이 부상했고, 뒤이어 역전파 알고리듬과 순환 신경망(recurrence neural network, RNN)이 등장하면서 심층 신경망이 발전하는 데 시동을 걸었으며, 합성곱 신경망(convolutional neural network, CNN)이 출현해서 컴퓨터 비전을 발전시켰다. 2010년대에는 생성 모델(generative model)이 제안되어 컴퓨터 비전, 자연어 처리, 데이터 분석 등에 대한 새로운 가능성을 열었다. 또한 자기주목 메커니즘을 채택한 트랜스포머 구조가 나오면서 심층 학습에 획기적인 발전을 이뤘고, 자연어 처리, 음성 처리, 이미지 인식 등에도 혁신을 가져왔다(CNN, RNN, DL 등에 대한 설명과 구체적인 내용은 5.5절 참조).

AI의 발달 과정에 하나의 획을 긋는 중대한 사건이 2022년 11월 30일에 발생했다. 바로 챗GPT-3.5가 일반 시험용으로 출시된 것이다. 챗GPT는 오픈AI가 대화 목적으로 설계한 언어 모델인 GPT(Generative Pre-trained Transformer)의 응용모델 중 하나이다. GPT는 인터넷에서 가져온 방대한 양의 텍스트 데이터로 훈련된(pre-trained) 트랜스포머(transformer) 구조를 갖는 생성형(generative) 자연어 처리 모델로 인간이 쓰는 것과 유사한 텍스트로 대화할 수 있다. 오픈AI는 추후 챗GPT-4를 구독용으로 출시했고, 뒤이어 GPT-4 터보와 GPT-4o를 출시했으며, 최근 추론 능력이 강화된 새로운 모델인 GPT-o1을 출시했다.

챗GPT는 여러 긍정적인 영향을 가져왔다. 대규모 언어 모델이 인간과 유사한 텍스트를 생성하고 대화를 나눌 수 있음을 인식시켰고, 사용자에게 질문에 답하거나 설명을 제공하고, 창의적 글쓰기와 콘텐츠 생성을 지원해 생산성을 향상시켰다. 또한 자연어 처리와 AI 분야의 연구개발을 촉진시켰으며, 사용자가 새로운 주제, 개념 및 언어를 배울 수 있도록 교육 도구를 제공했다.

반면 부정적인 측면도 있다. 먼저 AI 생성 콘텐츠의 잠재적 오류, 편향성, 무례함, 차별의식 등 윤리적 우려가 제기되었다. 부실 정보와 허위 정보의 확산 및 정보의 조작과 기만이 발생할 수 있으며, 사생활 정보나 민감한 정보를 공유할 가능성 때문에 개인정보 보호와 데이터 보안에 대한 부분이 우려된다. 한편, 고객과 소통 및 상호작용이 필요한 직종에서 일자리가 줄어들 수 있고, AI에 지나치게 의존할 경우 비판적 사고와 독립적인 의사결정 능력이 저하될 수 있다는 점도 제기되었다(인공지능에 관한 상세한 내용은 제5장 참조).

05 인공지능, AI

인공지능(artificial intelligence, AI)은 사고하고 학습하도록 프로그램된 기계를 이용해 인간의 지능을 모방하는 것을 말하며, 때로는 인간의 지능을 모방해 사고하고 학습하도록 프로그램된 기계를 일컫기도 한다. AI는 음성인식, 시각인식, 의사결정, 언어 번역 등과 같이 인간의 지능이 필요한 작업을 수행할 수 있는 시스템을 만드는 데 관심이 있다. 나아가 인간의 인지 능력 중 다양한 측면을 모방해 상황에 적응하고, 상황을 개선하며, 자율적으로 작동할 수 있는 기계 제작을 목표로 삼는다. 그러한 작업에는 학습(즉, 정보와 정보 사용 규칙을 획득하는 것), 추론(즉, 규칙을 사용해 대략적이거나 확실한 결론에 도달하는 것), 문제해결, 인식, 인간 언어의 이해 등의 능력이 필요하다. AI 시스템에는 간단한 규칙 기반 알고리듬에서부터 인간의 뇌를 모방하는 복잡한 신경망에 이르기까지 매우 다양한 종류가 있으며, 그것들은 복잡한 작업의 자동화에서부터 건강 관리, 금융, 교통, 엔터테인먼트 등에 이르는 분야에서 복잡한 문제들을 해결하는 데 사용된다.

AI 시스템을 구성하는 기본 핵심 요소로는 알고리듬과 기계 학습과 신경망이 있다. 알고리듬은 AI 시스템을 안내하는 논리 체계와 규칙을 제공한다. 기계 학습은 알고리듬을 사용해 데이터로부터 학습하고, 예측 및 결정을 한다. 신경망은 기계 학습 알고리듬의 한 가지 유형으로, 이미지 인식이나 음성인식과 같은 복잡한 작업을 처리할 수 있도록 설계된다. 본질적으로 알고리듬은 AI의 기본적인 구성 요소이고, 기계 학습은 알고리듬을 사용해 기계가 데이터로부터 학습하는 분야이며, 신경망은 복잡한 작업을 처리할 수 있도록 기계 학습 알고리듬을 정교하게 구현한 것이다. 알고리듬, 기계 학습, 신경망은 각각의 기능을 구축하고 강화하면서 AI 시스템의 전반적인 기능과 효과에 기여한다. 이 세 가지 요소는 AI 시스템의 작동과 응용을 검토할 때는 물론 개선을 모색할 때도 핵심적으로 고려해야 하는 요소이다. 이 세 요소를 잘 이해하면 복잡다단한 AI의 전모를 포괄적으로 이해할 수 있는 기반을 얻게 된다.

5.1 인간의 지능과 인공지능

AI는 인간의 지능을 모방해 만든 기계이기 때문에 AI가 지향하는 점도 인간의 지능을 완전 모방하는 것을 넘어 초월하는 것이라고 볼 수 있다. 그렇다면 현재 AI는 인간의 지능과 비교했을 때 어떠한 위상을 점하고 있는지 살펴보자. 이를 위해 사람과 AI가 어떤 질문을 받았을 때 그에 대해 각각 어떻게 이해하고 답하는지를 비교해 보겠다. 이를 통해 사람을 기준으로 AI의 인지 기능을 가늠해 본 후에, 그러한 기능을 어떻게 기계로 구현하는지 살펴본다면 AI 기술을 실효성 있게 이해하는 방편이 될 수 있을 것이다.

(1) 사람의 인지 과정

사람이 질문을 이해하고 답변을 생성하는 것은 뇌의 여러 영역과 다양한 인지 기능을 포함하는 복잡한 인지 과정이다. 인지과학의 발달로 밝혀진 사람의 인지 과정은 다음과 같은 절차를 밟는다.

1) 인지, 주목

사람의 인지 과정은 질문을 읽거나 듣는 것에서 시작한다. 시각적 또는 청각적 정보는 해당 감각기관에 의해 수신된다. 이때 주목 메커니즘이 작동하고 감각 정보를 필터링해 관련 있는 질문에 초점을 맞추고 관련 없는 정보는 걸러 낸다.

2) 해독, 해석

인지된 질문은 뇌의 좌반구에 위치한 언어 중심부에서 해독된다. 여기에는 언어 처리와 생성에 관여하는 '브로카 영역'과 말소리를 이해하는 데 관여하는 '베르니케 영역'이 포함된다. 이 단계에서 질문의 문법 구조를 분석하고, 대화나 텍스트의 맥락에 기반한 단어의 사용과 의미를 해석한다.

3) 정보 검색

질문을 이해하면 기억에서 관련 정보를 검색하는 과정이 시작된다. 여기에는 해마와 전두엽 피질이 참여한다. 뇌는 답변을 구성하는 데 사용할 수 있는 정보나 지식을 찾기 위해 장기 기억을 탐색한다.

4) 통합 추론

전두엽 피질은 검색된 정보를 질문의 맥락과 비교하고 통합한다. 또한 가장 적절한 응답을 내놓기 위해 논리와 추론을 적용한다. 일반 지식, 개인적 경험 및 맥락적 단서를 활용해 질문이 함축한 내용이나 요구되는 설명의 깊이를 추론한다.

5) 답변 구성

뇌가 답변의 내용을 결정하면, 이 응답을 어떻게 표현할지에 대한 처리 과정을 시작한다. 적절한 단어를 선택하고 문장을 일관된 방식으로 구조화한다. 응답을 계획하는 측면은 전두엽 피질이, 말을 생성하는 측면은

브로카 영역이 담당한다.

6) 표현, 수정

전두엽의 운동 피질은 답변을 표현하는 물리적 과정을 가동해, 말하거나 글 쓰는 데 필요한 근육을 활성화한다. 답변한 내용이 의도했던 응답과 일치하는지 청각 및 시각 피드백 시스템을 통해 점검한다. 만일 불일치가 감지되면 답변을 실시간으로 조정한다.

이와 같은 과정을 통해서 다양한 신경망과 인지 과정이 함께 작동해 질문을 이해하고, 질문에 대한 답이 관련성 있으며 일관성 있고 적절하도록 해준다. 결국 질의응답은 단지 뇌에 기억된 사실들을 검색해서 답변하는 기계적인 과정이 아니라, 언어의 미묘한 해석, 문맥 이해, 적응적 소통 등을 결합한 복합적인 과정이다(그림 5.1 참조).

(2) AI의 인지 과정

AI도 사람과 마찬가지로 질문을 이해하고 답변을 생성하지만, 그 작동 방식은 전혀 다르다. AI가 질문을 이해하고 답변하는 과정은 일련의 복잡한 계산을 통해 진행된다. 현재 가장 널리 사용되는 트랜스포머 구조를 사용한 AI 모델인 GPT를 예로 들어 AI가 질문을 이해하고 답하는 과정을 사람의 인지 과정과 유사한 방식으로 살펴보자.

1) 벡터 변환

GPT가 질문을 받으면 입력 텍스트를 토큰화해 작은 단위로 나누고, 이 토큰들을 임베딩 과정을 통해 수치 벡터로 변환한다. 토큰은 입력 텍스트를 단어 또는 단어의 일부 크기로 나눈 것이다. 이 초기 벡터는 훈련 과정에서 임의의 값으로 시작해 시간이 지나면서 의미론적 의미를 통합해 적응해 나간다.

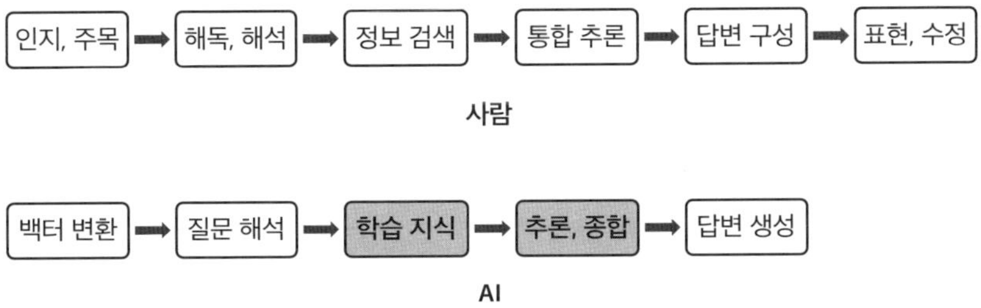

그림 5.1 사람과 AI의 질의응답 인지 과정

2) 질문 해석

GPT는 트랜스포머 구조와 자기주목 메커니즘을 사용해 토큰 간의 관계와 상대적 중요성을 분석하고, 질문의 구조, 문법, 맥락을 깊이 있게 이해해 주제와 의도를 파악한다. 임베딩된 데이터를 여러 단계의 자기주목 계층을 통해 처리하며, 학습된 패턴을 활용해 이해 내용을 정제한다.

3) 학습 지식

GPT는 사람처럼 기억(즉, 시스템 내부 메모리)에서 관련 정보를 검색하는 것은 아니지만, 사전 훈련을 통해 학습한 광범위한 주제에 대한 지식을 구비하고 있다. GPT는 그 지식을 바탕으로 입력 데이터의 특징이나 패턴을 식별하고 맥락을 파악한다.

4) 추론, 종합

입력 토큰을 분석해 질문의 문맥을 파악하면 훈련 시 습득한 지식을 토대로 추론해 답변을 종합한다. 아직 추론 기능이 충분히 발달하지 못했지만, 훈련된 가중치 파라미터와 입력된 토큰 간의 상호작용을 통해 어느 정도 추론할 수 있다. 즉, 프롬프트(입력 텍스트)에서 예시를 주어 답변을 유도하거나 논리적 사고의 순서를 제시해 GPT의 추론 능력을 상당 부분 높일 수 있다.[1]

5) 답변 생성

답변할 내용을 자연어로 생성한다. 이때 GPT는 연속적으로 응답 토큰을 만들며, 질문의 맥락과 이전에 생성된 토큰을 사용해 다음 토큰을 예측한다. 이 과정은 복잡한 계산과 광범위한 사전 훈련 데이터에 의존한다. 생성된 토큰 시퀀스는 텍스트로 변환해 질문에 대한 답변으로 제시된다 (그림 5.1 참조).

그림 5.1을 보면 사람과 AI의 인지 기능이 서로 비슷한 것처럼 보인다. 그러나 실제로는 구성만 비슷할 뿐, 내용은 다르다. 단적으로 AI는 정보 검색 기능이 없고, 사전 학습된 지식이 내부 정보를 검색하는 효과를 낼 수 있을 뿐이다. 추론 기능도 아직 취약한 상태이다. 그림 5.1의 AI에서 '학습 지식'과 '추론, 종합' 블록을 음영으로 처리한 것이 이러한 점들을 나타낸다.

한 가지 특기할 사항은 GPT가 일관된 텍스트를 이해하고 생성할 수 있는 능력은 사전에 언어 모델로서 훈련해 둔 것에서 비롯된다는 점이다. 다양한 디지털 텍스트에 대해 사전 훈련을 함으로써 언어, 문법, 사실, 나아가 추론의 패턴을 학습해 두는 것이다. 사전 훈련을 통해서 GPT가 관련성이 높고 문법적으로 정확하며 논리적으로 일관된 응답을 생성할 수 있게 해준다.

(3) 이해

그렇다면 AI는 질문을 어떻게 이해하는가? 또 AI가 이해한다는 것은 어

---

1 프롬프트를 이용해 AI의 추론 능력을 향상시키는 대표적인 방법으로 맥락 학습(in-context learning, ICL)과 사고 사슬(chain-of-thought, CoT)이 있다. ICL은 AI 모델이 추가 학습 없이 입력 데이터 자체에 들어 있는 맥락을 분석해 학습하고 예측하는 방법이다. CoT는 문제를 단계별로 구분해 연쇄적으로 해결하도록 유도하는 방법으로, AI 모델이 다단계 추론과 논리적 전개를 더 잘 할 수 있게 해준다.

떤 의미인가?

사람은 질문을 받으면 질문의 의미, 맥락, 함축 내용을 적극적으로 생각하고, 기존 지식과 의식적인 사고를 적용해 질문을 이해한다. 그러나 GPT는 패턴 인식, 통계적 상관관계, 예측 모델링 등에 의존해 질문을 알고리듬적으로 이해한다.

GPT의 맥락에서 AI는 질문이 입력되면 먼저 질문을 해석하고 맥락을 이해한다. 사전 훈련된 트랜스포머 구조 내 자기주목 메커니즘을 이용해 입력 텍스트 내의 패턴과 통계적 상관관계를 식별한다. 자기주목 신경망의 여러 계층을 통과하면서 광범위하게 패턴을 확인하고 질문을 정밀하게 해석할 수 있다. 또한 트랜스포머 구조는 입력 시퀀스 전체를 대상으로 자기주목 메커니즘을 작동하면서 질문의 깊은 맥락을 파악할 수 있다. 이를 통해 질문에 사용된 단어의 뉘앙스와 의도된 바를 정확히 알 수 있다.

이렇게 질문에 관한 내용과 맥락, 그리고 뉘앙스를 파악하면, 이미 훈련된 이해를 바탕으로 응답을 생성한다. 훈련 단계에서 입력 텍스트와 비슷한 질문에 대해 어떻게 응답해야 하는지 배운 것에 따라 단어를 선택하고 문장을 구성해 응답을 생성한다. 그런 뒤에는 모든 것을 잊는다. 연이어 똑같은 질문을 던지더라도, GPT는 똑같은 과정을 다시 반복해 답변한다. 그래서 답변 내용이 매번 다를 수 있다.

그러므로 AI의 경우에 '이해한다'는 것은 결국 입력된 정보를 해석해 응답을 생성할 수 있도록 준비하는 능력을 의미한다. 사람은 질문을 이해하고 답변을 생성하는 과정에서 여러 생각을 하고 그 내용을 기억에 저장해 둔다면, GPT는 이해한 것을 토대로 답변하면 끝이다. 이해한 것을 트랜스포머 구조 내부에 저장하거나 답변한 내용을 내부에 기록하지 않는다.

(4) 기억

AI는 어떻게 기억하는가? 또 무엇을 기억하는가?

사람은 질의응답 중에 질문에 주의를 기울이고, 감각된 질문을 받아들이며, 뇌가 이를 해석한다. 그중 주의를 끈 정보는 부호화해 기억에 저장한다. 이 과정에서 반복 학습을 하거나 새로운 정보를 이미 습득한 지식과 연결해 기억을 강화할 수 있다. 나중에 기억은 단기 및 장기 메모리에 저장한다. 그러나 AI는 훈련 과정에만 학습한 내용을 기억으로 저장할 뿐, 질의응답 중에는 저장하지 않는다. 질문을 이해하고 답변을 생성하기 위한 기능만 수행할 뿐, 새로운 내용을 학습하거나 기존 기억을 강화해 저장하지 않는다.

사람의 뇌는 인지된 정보와 관련된 주요 특징, 의미, 감정을 추출해 뇌 전체에 걸쳐 있는 신경세포들에 분산 저장한다. 기억은 시냅스(신경세포들 사이의 접합부)에서 저장된다는 이론이 정설이며, 시냅스의 가소성(可塑性, 시간이 지나면 시냅스의 강도가 변할 수 있는 성질)으로 인해 기억의 강도는 변할 수 있다. 기억은 특정 패턴으로 함께 활동하는 뉴런들이 복잡한 네트워크를 형성하여 분산 저장되는데, 특정 신경회로가 반복적으로 활성화되면 그 구성 뉴런들 사이의 연결이 강화되어, 차후에 동일한 패턴이 쉽게 활성화된다.

AI는 훈련 과정에서만 학습하고 학습 내용을 가중치 파라미터에 저장한다. 입력 데이터를 수치적 변환 과정(임베딩)을 통해서 수치 벡터로 변환해 처리하며, 입력-출력 피드백을 기반으로 신경망의 가중치를 조정해 수치로 저장한다. 신경망의 가중치 파라미터는 대부분 트랜스포머 구조 안에 있는 주목 블록과 피드포워드 블록에 존재한다. 그러므로 AI는 훈련 중 학습 내용을 가중치 파라미터로 기억하며, 일단 훈련이 끝나면 GPT는 더 이상 학습하거나 저장하지 않는다.

그러면 이와 같은 인지 기능은 어떻게 AI 시스템으로 구현할 수 있을까? 달리 질문하면, AI 시스템은 이와 같은 질의응답 과정을 어떻게 수행하도록 설계되었을까? 일단 AI의 인지 기능을 이해하게 되면, 다음에 따라오는 궁금증은 이와 같은 AI 시스템의 구현 문제이다. 그런데 이것을 이해하기 위해서는 AI 기술에 관한 기반 지식이 필요하다. 그래서 먼저

AI 기술에 관련된 다양한 요소를 학습한 뒤에, 5.8절에서 이 주제를 논의하기로 하겠다.

5.2 AI의 발달 과정

알고리듬, 기계 학습, 신경망은 70여 년이라는 긴 세월을 통해 여러 난관을 헤치며 진화·발전해 왔다. 여러 고비를 기술적 돌파구를 찾아 해결해 가며 발전시켰고, 몇 차례 도전적인 이벤트를 마련하며 AI 발전의 이정표를 세웠다. 기술적으로는 순환 신경망과 합성곱 신경망으로 순차적 데이터와 이미지를 효과적으로 처리했고, 변분 자동부호기와 생성적 대립 신경망으로 생성모델의 문을 열었으며, 자기주목 메커니즘으로 병렬처리를 가능케 했다. 또한 IBM 딥블루, IBM 왓슨, 그리고 구글 알파고의 등장으로 AI 발전사에 이정표를 세웠다.

(1) 초기 AI

AI라는 개념은 1940년부터 존재했으나, AI라는 용어가 처음 사용된 것은 1956년 다트머스 대학에서 존 매카시 등이 주최한 회의에서였다. 당시에는 AI를 '지능적인 기계를 만드는 과학과 공학'으로 정의했다. 신경망은 1940년대에 개념과 기초적 이론이 존재했는데, 당시에는 인간 뇌의 구조와 기능, 특히 뉴런과 그들의 상호 연결에서 영감을 받은 컴퓨팅 시스템을 지칭했다. 1943년에 워런 매컬러(Warren McCulloch)와 월터 피츠(Walter Pitts)가 이진 출력을 가진 간단한 논리 게이트로 구성된 인공 뉴런의 모델을 제안했고, 1949년에 도널드 헵(Donald Hebb)이 신경 경로가 사용될 때마다 학습이 강화된다는 개념을 제안했다.

1956년에 최초의 AI 프로그램인 논리 이론가(Logic Theorist)가 개발되었는데, 이것은 기호 논리를 사용해 퍼즐을 해결할 수 있었다. 같은 해에 초기 자연어 처리 컴퓨터 프로그램인 엘리자(ELIZA)가 개발되어 초보적이지만 기계가 인간의 언어를 이해하고 응답할 수 있다는 가능성을 보여주었다. 1970년대에는 특정 분야에 대한 인간 전문가의 의사결정을 모방할 수 있는 전문가 시스템(Expert Systems)이 개발되었고, 이것은 다방면으로 퍼져나갔다.

1997년에는 IBM 컴퓨터 딥블루가 세계적인 체스 챔피언 개리 카스파로프(Garry Kasparov)를 이기면서 기계가 복잡한 계산과 전략을 수행하는 능력을 갖출 수 있음을 입증했다. 1990년대에서 2000년대 걸쳐서 신경망 연구가 부활하고 데이터를 기반으로 학습하고 결정할 수 있는 기계학습 알고리듬들이 발전해 AI 능력을 향상시켰다. 2011년에 IBM 왓슨(IBM Watson)이 퀴즈 쇼 〈제퍼디!〉에서 인간 챔피언을 이기면서 AI 시스템이 자연어를 이해하고 질문에 답변할 수 있는 능력이 있음을 입증했다. 2016년에 구글 딥마인드의 알파고(AlphaGo)가 세계 제일의 바둑 기사 이세돌을 이기면서 AI가 심층 강화학습을 통해 복잡한 보드게임을 해낼 수 있음을 입증했다.

(2) 신경망과 기계 학습

기술적인 측면을 살펴보면, AI와 기계 학습의 발달 과정에는 여러 차례에 걸친 획기적인 발명이 있었다.

순환 신경망(recurrent neural network, RNN)은 데이터 시퀀스(sequence, 시계열)를 처리할 수 있도록 자신에게 피드백해 주는 신경망으로, 그에 대한 기초적 개념은 1980년대에 제시되었다. 그러나 실용화되기까지는 여러 후속 과정이 필요했다. 1997년에 개발된 장단기 메모리(long short-term memory, LSTM) 네트워크가 RNN의 발달에 새로운 좌표를 설정했다. LSTM은 데이터 시퀀스의 장기 의존성 문제를 해결해 줌으로써 RNN을 이용한 자연어 처리와 음성인식을 크게 발전시켰다.

합성곱 신경망(convolutional neural network, CNN)은 이미지 픽셀을 가중

치 행렬로 필터처리(filtering)해 특징을 추출하는 방식으로, 그 개념이 처음 소개된 때도 1980년대였다. 그러나 실용화는 컴퓨터 성능이 향상되고 데이터 용량이 증가해 신경망이 커지고 복잡해진 연후에나 가능해졌다. CNN은 2012년에 알렉스넷(AlexNet)의 등장을 계기로 본격적으로 발전했고, 컴퓨터 비전 분야에서 중요한 돌파구가 되어 딥러닝(deep learning, 심층 학습)에 획기적인 비약을 가져왔다.

심층 신경망(deep neural network, DNN)은 기존의 인공 신경망을 크고 깊게 만든 것으로, 이를 이용한 학습을 심층 학습이라고 한다. 신경망은 1980년대에 부상했지만 널리 사용되거나 실용화되지는 않았다. 초기에 연구된 신경망은 깊이가 몇 개 계층에 지나지 않았다. 신경망이 실용 가능한 영역으로 들어온 것은 1986년에 역전파(backward propagation) 알고리듬이 적용되면서부터로, 그 뒤 역전파 알고리듬은 신경망의 핵심 기술로 자리 잡았다. 그러나 심층 신경망을 실용적으로 사용할 수 있게 된 것은 2006년에 빠르고 효율적인 훈련 방법이 제시된 이후이며, RNN과 CNN 등에도 널리 적용되었다.

그래프 신경망(graph neural network, GNN) 개념은 2009년에 처음 소개되었으나 실용적으로 적용된 때는 2017년 이후로, 계산 역량이 충분히 발전하고 대규모 데이터셋을 사용할 수 있게 되고 GNN 구조가 몇 차례 개선을 거쳐 정교한 그래프 신경망 모델로 개발된 뒤였다. GNN은 1차원 시퀀스나 2차원 이미지를 다루던 전통적인 신경망 구조와 달리 그래프 형태로 표현된 데이터를 처리하기 위한 신경망 모델로, 소셜네트워크, 통신 네트워크, 분자 구조 등 본질적으로 그래프 구조를 가진 데이터를 분석할 수 있는 새로운 도구로 부상했다.

기계 학습은 지도 학습, 비지도 학습, 심층 학습, 강화 학습 등으로 발달해 왔다. 지도 학습은 레이블이 지정된 데이터로, 비지도 학습은 레이블이 지정된 데이터가 없는 상태에서 학습한다. 심층 학습은 계층 수가 많은 신경망으로 학습하고, 강화 학습은 먼저 행동한 후 피드백을 받아 수정하는 방식으로 환경과 상호작용을 통해 학습한다. 2016년에는 심층 강화 학습이 등장했는데, 이것은 구글 딥마인드가 알파고를 개발하면서 심층 학습과 강화 학습을 정교하게 결합해 만든 것이었다. 심층 강화 학습은 게임이나 자율주행처럼 복잡하고 불확실한 환경에서 기계가 학습하고 적응할 수 있게 해주었으며, AI가 발전하는 데 있어 핵심 기술이었다.

(3) 생성형 모델

2013년에 변분 자동부호기(variational auto-encoder, VAE)라는 생성 모델(generative model)이 제안되어 비지도 학습, 데이터 생성 등에 큰 영향을 주었다. 이것은 컴퓨터 비전, 자연어 처리 등과 같은 다양한 분야에 대한 새로운 가능성을 열었으며, 컴퓨터에 이미지 합성과 같은 창작 능력을 부여했다.

2014년에는 생성기(generator)와 판별기(discriminator)라는 두 대립적인 네트워크로 구성되는 생성적 대립 신경망(generative adversarial network, GAN)이 제시되었다. GAN은 현실적인 데이터를 생성하고, 이미지 및 비디오를 향상하고 변경하는 도구로 AI의 실용적인 응용과 창의적인 탐구에 기여했다.

생성형 모델은 차후에 자기주목 메커니즘이 출현하고 그것을 이용한 트랜스포머 구조가 출현하면서 급격히 발전했다. 2018년에서 2020년대 초 트랜스포머 구조를 채용한 대규모 생성형 모델인 GPT와 BERT가 출현하면서 자연어 처리와 언어 이해 및 생성이 획기적으로 발전했다.

(4) 트랜스포머 구조

2014년에 주목(注目, attention) 메커니즘이, 2017년에는 자기주목 메커니즘이 제시되었다. 자기주목 메커니즘은 RNN이나 LSTM과 달리 입력 데이터 각 부분을 병렬적으로 처리할 수 있을 뿐 아니라 입력 데이터의 길이에 맞춰 적응하면서 작동해 자연어 처리에 크게 기여했다.

2017년에 트랜스포머 구조(transformer architecture)가 제시되어 자연어 처리가 획기적으로 발전했다. 트랜스포머 구조는 자기주목 메커니즘을 사용하는데, 그 덕분에 RNN과 LSTM이 사용하던 순차적 데이터 처리에서 벗어나 병렬 처리가 가능해졌다. 트랜스포머 구조는 차후에 발표된 대부분의 대규모 AI 모델들에 채택되었다.

2018년에는 트랜스포머 구조를 채택한 BERT가 출현해 자연어 처리에 혁신을 이루었다. BERT는 언어 번역에서 챗봇에 이르기까지 다양한 자연어 처리 응용 프로그램에 적용되어, 성능과 다기능성과 언어 이해의 깊이를 향상시켰다.

2018년부터 2023년에 걸쳐 개발된 GPT 또한 트랜스포머 구조를 사용하는 대규모 언어 모델로, 신경망의 크기와 능력의 한계를 돌파해 자연어 처리에 획기적인 발전을 가져왔다. 2022년 11월에는 인간처럼 텍스트를 생성하고 대화를 나누며 질문에 답변할 수 있는 챗GPT가 출시되었다.

5.3 AI 알고리듬

알고리듬은 일반적으로 문제를 해결하기 위한 절차나 방법을 의미한다. 구체적으로 알고리듬은 문제해결을 위해 취할 행동들을 기록한 명령어의 모음이다. 컴퓨터 프로그램은 일반적으로 정교한 알고리듬들의 집합이다. 사고하고 학습하도록 프로그램된 기계를 이용해 인간의 지능을 모방하는 것이 AI라고 정의할 때, '사고하고 학습하는 프로그램'이 곧 알고리듬인 것이다. AI는 여러 계층에 걸쳐서 수많은 알고리듬을 통해 작동하기에 AI 자체가 알고리듬의 집합이라고 말할 수 있다.

AI에서 사용되는 알고리듬에는 탐색 알고리듬(search algorithm), 정렬 알고리듬(sorting algorithm), 최적화 알고리듬(optimization algorithm), 기계 학습 알고리듬 등이 있고, 기계 학습 알고리듬에는 지도 학습 알고리듬, 비지도 학습 알고리듬, 강화 학습 알고리듬, 심층 학습 알고리듬 등이 있다. 이번 절에서는 탐색 알고리듬, 정렬 알고리듬, 최적화 알고리듬을 설명하고, 다음 절에서는 별도로 기계 학습에 관해 설명하겠다. 다만, 탐색 알고리듬과 정렬 알고리듬은 컴퓨터과학에서 널리 사용되어 온 보편적인 알고리듬이므로 간략히 설명하기로 한다.

(1) 탐색 알고리듬

탐색 알고리듬은 데이터를 검색하거나 경로를 탐색하는 데 쓰인다. 컴퓨터과학에서 전통적으로 사용되어 온 탐색 알고리듬으로는 깊이 우선 탐색(depth-first search, DFS), 너비 우선 탐색(breadth-first search, BFS), A스타(A-Star) 등이 있다. DFS는 그래프 또는 트리 구조를 탐색하는 데, BFS는 최단 경로 탐색 등에, A스타는 최단 경로 찾기와 그래프 횡단 알고리듬에 사용된다.

DFS를 예로 들어 탐색 알고리듬의 작동에 대해 살펴보자. DFS는 과거에 주로 상징적 추론, 논리, 문제해결에 쓰였는데, 지금도 탐색 및 최적화 영역에서 AI와 관련된 특정 유형의 문제를 해결하는 데 쓰인다. 복잡한 AI 시스템, 특히 구조화된 데이터를 다루거나 가능성 여부를 탐색하거나 철저하게 탐색할 필요가 있는 경우에 AI 체계의 하위 구성 요소 또는 유틸리티(utility) 알고리듬[2]으로 사용된다.

DFS 작동 방식은 다음과 같다. 출발점 노드(node)가 정해지면, 인접한 노드로 이동해 방문 표시를 하고, 그 과정을 반복하며 분기(分岐)의 끝까지 간다. 단 이전에 방문한 노드는 반복 방문하지 않는다. 분기의 끝까지 갔는데 더 이상 방문하지 않은 인접 노드가 없으면, 방문하지 않은 인접 노드가 있는 마지막 방문 노드로 되돌아가서 다른 분기를 탐색하기 시작

2 유틸리티 알고리듬은 정렬, 탐색, 간단한 데이터 조작과 같은 일반적이고 보조적인 작업을 수행하는 기본적인 지원 알고리듬이다. 유틸리티 알고리듬은 시스템 내 주요 알고리듬 또는 프로세스를 보조하거나 향상시키는 역할을 한다.

한다. 이와 같은 방식으로 모든 노드를 다 방문할 때까지 탐색을 지속한다. DFS는 전체 그래프를 완전히 탐색할 때 사용되며, 모든 노드를 방문한다. 그러나 반드시 출발점 노드에서 목적지 노드까지의 최단 경로를 찾는 것은 아니며, 가능한 한 깊게 탐색하는 것을 목표로 삼는다. 그러므로 DFS는 어떤 두 노드 사이에 경로가 있는지, 그 경로가 무엇인지를 탐색하는 데 유용하다.

오늘날 검색 플랫폼에서 널리 사용되는 검색 엔진도 같은 범주의 탐색 알고리듬이지만 전통적인 알고리듬들에 비해 복잡하고 AI의 기계 학습과 신경망의 요소들도 함께 사용한다. 검색 엔진은 검색쿼리에 대한 데이터를 검색 색인에서 검색하고 가장 적합한 결과를 제공하는 데 필요한 복잡한 알고리듬들로 구동되며, 구글 검색의 경우에는 페이지랭크(PageRank), 허밍버드(Hummingbird), 랭크브레인(RankBrain), BERT 등이 사용된다. 페이지랭크는 검색 결과에서 웹 페이지 순위를 매기는 데 사용하는 링크 분석 알고리듬이고, 허밍버드는 검색쿼리의 의도와 맥락적 의미를 이해하기 위한 알고리듬이며, 랭크브레인은 검색쿼리를 해석해 단어가 정확하지 않더라도 관련된 페이지를 찾아 주는 알고리듬이다. BERT는 자연어 처리의 사전 훈련을 위한 신경망 기반 기술로, 단어의 뉘앙스와 맥락을 이해하고 검색쿼리와 관련성 높은 결과를 식별하는 데 도움을 준다(BERT에 관한 자세한 설명은 5.7절 참조).

(2) 정렬 알고리듬

정렬 알고리듬은 항목이나 요소의 집합을 특정 순서로 배열하는 데 사용되어 온 전통적인 알고리듬이다. 정렬은 데이터를 접근하기 쉬운 형태로 정돈하는 것으로, 데이터베이스, 검색 알고리듬, 데이터 분석을 포함한 다양한 컴퓨터 프로그램에 사용된다. 또한 AI와 기계 학습의 맥락에서 중요한 개념으로, 데이터 전처리 작업과 최적화 과정에서 핵심 역할을 한다.

정렬 알고리듬에는 버블 정렬(bubble sorting), 선택 정렬(selection sorting), 삽입 정렬(insertion sorting), 병합 정렬(merge sorting) 등 많은 종류가 있다. 버블 정렬은 가장 단순한 정렬 방법으로 목록을 반복적으로 밟아가며 인접 요소와 비교했을 때 순서가 틀리면 바꾼다. 선택 정렬은 목록을 정렬이 된 부분과 안 된 부분으로 나누고 안 된 부분에서 가장 작은(또는 가장 큰) 요소를 선택해 정렬 목록으로 옮긴다. 삽입 정렬은 요소를 하나씩 가져다 정렬된 부분의 올바른 위치에 삽입한다. 병합 정렬은 주로 큰 목록에 적용하는 분할-정복(divide and conquer) 정렬 방법으로, 입력 목록을 작은 '하위 목록'으로 분할하고 하위 목록들을 정렬한 후 하위 목록들을 병합해 '정렬된 하위 목록'으로 만들어 간다.

정렬 알고리듬은 AI와 기계 학습에서 데이터 전처리, 탐색 알고리듬, 추천 시스템, 최적화 등에 사용된다. 데이터 전처리는 AI와 기계 학습에 들어갈 데이터를 정리하고 변환해 사전 준비하는 단계로, 정렬 알고리듬은 이 과정에서 데이터를 특정한 순서로 정렬해 중복 항목을 제거하거나, 이상 있는 요소를 식별하거나, 데이터 패턴을 찾는 일을 용이하게 한다. 또한 데이터를 정렬하면 데이터 집합에서 최댓값·최솟값 또는 특정한 요소를 효율적으로 탐색할 수 있다. 정렬 알고리듬을 사용해 항목이나 콘텐츠를 사용자의 요구에 맞춰 특정 순서로 정렬하면 추천 시스템이 효과적으로 작동할 수 있다. 또한 정렬 알고리듬은 최적화 과정에서 가장 유망한 최적화 후보를 우선순위로 정렬해 줌으로써 최적화의 효율성을 높인다.

(3) 최적화 알고리듬

최적화 알고리듬은 공학, 컴퓨터과학 등 다양한 분야에서 사용되고, 가능한 여러 가지 해(解, solution) 중에서 최적의 해를 찾는 데 사용된다. 여기서 최적화란 목적 함수를 극대화하거나 극소화하는 과정을 뜻한다. 목적 함수는 해의 성능을 양적으로 표현하는 것으로, 이 함수를 극대화 또는 극소화하는 입력값을 찾는 것이 곧 최적화이다. 대개 최적화 문제는 해가 만족해야 하는 제약 조건이 따라붙는다. 최적화 문제에 대한 해의 집합을 탐색 공간이라고 하는데, 특정한 탐색 공간에서 찾는 최적의 해를 '지역(地域) 최적해(local optimum)', 전체 공간에서 찾는 최적의 해를 '전역(全域) 최적해(global optimum)'라고 부른다.

최적화 알고리듬에는 무차별 탐색(brute-force search), 경사 하강법(gradient descent), 진화 알고리듬(evolutionary algorithm), 선형 프로그래밍(linear programming), 정수 프로그래밍(integer programming), 동적 프로그래밍(dynamic programming), 모의 담금질(simulated annealing), 떼 지능 알고리듬(swarm intelligence algorithm) 등 다양하다. 무차별 탐색은 탐색 공간 내에서 모든 가능한 해를 체계적으로 탐색한다. 경사 하강법은 연속 함수에 적용되며, 목적 함수의 기울기를 기반으로 해를 찾고 반복적으로 업데이트한다. 진화 알고리듬은 잠재적 해의 집합을 유지하고 진화를 통해 최적해를 찾는다. 선형 프로그래밍은 선형 제약 조건을 갖는 선형 최적화 문제에 적용되며, 선형 목적 함수를 최대화 또는 최소화해 최적해를 찾는다. 정수 프로그래밍은 결정 변수가 정수값을 가져야 하는 경우에 적용하는 최적화 알고리듬이다. 동적 프로그래밍은 최적화 문제를 작은 하위 문제로 분해해서 중복 호출 없이 효율적으로 푸는 분할-정복(divide and conquer) 최적화 방법이다.[3] 모의 담금질의 초기에는 넓은 탐색 공간을 탐색하고 이후에는 가장 유망한 영역에 집중함으로써 근사적인 최적해를 찾는다. 떼 지능 알고리듬은 곤충이나 동물의 집단행동에서 영감을 받은 알고리듬으로, 다수의 에이전트가 서로 통신하고 협력해 최적해를 찾는다.

여러 최적화 알고리듬 가운데, 기계 학습과 심층 학습에 널리 사용되는 경사 하강법을 좀 더 살펴보자. 경사 하강법은 목적 함수를 최소화하는 파라미터를 반복적으로 찾아가는 최적화 알고리듬이다. 먼저 파라미터에

---

3 분할 정복 방법을 순환적 알고리듬으로 풀 경우, 지나친 중복 호출로 인해 비효율이 발생할 수 있는데, 동적 프로그래밍을 이용하면 중복 계산을 피해 효율성을 향상시킬 수 있다.

대한 목적 함수의 기울기를 계산한다. 이때 기울기는 함수가 가장 급격히 증가 방향을 가리키는 벡터이며, 목적 함수를 각 매개변수에 대해 편미분해 구할 수 있다. 목적 함숫값을 줄이기 위해서는 매개변수를 기울기의 반대 방향으로 조정한다. 이때 조금 조정하면 느리게 수렴하고 많이 조정하면 빨리 수렴하며, 과도하게 조정하면 진동과 발산을 유발할 수 있다. 이와 같은 과정을 반복해 목적 함수의 변화가 매우 작거나 기울기가 0에 가까워지면 매개변수가 수렴했다고 간주하고 종료한다(5.5 (4)절 참조).

5.4 기계 학습

기계 학습은 컴퓨터가 데이터를 기반으로 학습하고 예측하거나 결정을 내리는 데 도움을 주는 AI 기술의 핵심이다. 기계 학습은 주어진 데이터셋을 학습해 특정 작업에 대한 성능을 향상시키기 위함으로, 이때 학습하는 데이터의 질과 양이 학습 결과에 큰 영향을 미친다. 기계 학습의 초기 단계에서 결정 트리(decision tree)[4]를 사용하면 데이터가 분류되는 특성을 눈으로 볼 수 있는 장점이 있다. 기계 학습의 목표는 훈련 데이터로부터 학습하고 그 결과를 일반화해 새롭고 보이지 않는 데이터에 적용할 수 있는 학습 모델을 개발하는 것이다. 즉, 일반화가 잘 되면 기계 학습 알고리듬이 학습한 내용을 새로운 데이터에 효과적으로 적용할 수 있다. 그러나 만일 학습 모델이 너무 복잡하면 데이터의 잡음까지 포착해 오히려 성능이 떨어질 수 있고, 만일 너무 단순하면 기본 패턴을 포착하지 못

4 결정 트리는 간단하면서도 강력한 기계 학습 알고리듬으로 복잡한 데이터 구조를 분석하고 예측하는 데 사용할 수 있다. 데이터의 내재된 패턴을 시각적으로 나타내고 해석하는 데 유용하며, 특히 복잡한 결정 경로를 단순화해 표현함으로써 기계 학습의 초기 단계에서 데이터의 구조와 특성을 이해하는 데 도움이 된다. 결정 트리의 구조는 학습 과정에서 얻은 지식을 직관적으로 전달하며, 이는 학습된 모델의 의사결정 과정을 분석하고 검증하는 데 중요한 역할을 한다.

할 수 있다.

기계 학습에는 지도 학습, 비지도 학습, 반지도 학습, 강화 학습, 심층 학습 등 여러 가지 유형이 있다. 지도 학습은 입력-출력 쌍이 있는 데이터셋이 주어지면 입력을 출력으로 매핑하는 함수를 학습한다. 지도 학습은 '정답을 보고 배우기' 방법이라고 할 수 있다. 비지도 학습은 사전에 정의된 출력 없이 데이터 내의 패턴, 구조 또는 특징을 식별한다. 반지도 학습은 출력이 지정된 일부 데이터와 출력이 지정되지 않은 대부분 데이터를 활용해 더 나은 모델을 구축한다. 강화 학습은 행동을 취하고 행동에 대한 보상이나 벌을 받으며 환경과 상호작용을 통해 최적의 행동을 학습한다. 강화 학습은 지도 학습과 달리 '부딪혀 보고 배우기' 방법이라고 할 수 있다. 심층 학습은 여러 계층의 신경망을 사용해 낮은 수준부터 높은 수준의 특징까지 추출하며 학습한다. 이상의 기계 학습 알고리듬들은 해결해야 할 문제, 사용 가능한 데이터의 성격, 원하는 결과에 따라서 성능이 다르므로 상황에 맞춰 가장 적합한 알고리듬을 선택해 사용할 필요가 있다. 지도, 비지도, 반지도, 그리고 강화 학습까지는 본 절에서 설명하고, 심층 학습은 다음 절에서 신경망을 논의한 뒤에 설명하겠다.

기계 학습에는 위와 같이 여러 유형이 있지만, 기본적인 학습 절차에는 다음과 같은 공통점이 있다. 먼저 데이터를 수집하고, 기계 학습에 적합한 형식으로 데이터를 정리하고 변환한다. 이때 학습 모델의 성능을 개선하기 위해 데이터의 특징을 식별하거나 생성할 수 있다. 그리고 특정 기계 학습 알고리듬을 선택해 데이터를 학습하고, 그 결과를 평가한다. 평가 결과가 만족스러우면 학습을 종료하고 그렇지 않으면 학습 모델 내부의 파라미터를 조정해 학습 및 평가를 반복한다. 학습이 종료되면 목표 환경에 모델을 설치해 사용한다. 사용하는 동안에는 지속적으로 모니터링하고 업데이트하며, 만일 성능이 저하하면 분리해 재훈련한다.

(1) 지도 학습

지도 학습에서는 레이블(label)이 지정된 데이터셋을 사용해 학습 알고리듬을 훈련한다. 레이블은 훈련용으로 사용되는 각 입력 데이터에 대해 기대되는 출력 또는 목표값이다. 레이블은 입력 데이터와 구별되며, 입력과 해당 출력 사이의 매핑을 학습할 때 필수적인 지침 역할을 한다. 입력 데이터와 레이블의 차이점은 입력 데이터는 학습 알고리듬이 패턴을 학습하는 데 사용하는 변수인 반면, 레이블은 모델이 예측하거나 재현하려는 답변 또는 결과라는 점이다. 예를 들어, 개와 고양이의 그림을 주고 개인지 고양이인지 판별하는 학습을 한다면, 주어진 그림이 입력 데이터이고 개와 고양이가 레이블이다. 지도 학습 알고리듬은 입력 데이터를 보고 레이블을 예측하기 위해 시도하며, 예측 결과를 주어진 레이블과 비교해 파라미터를 조절하는 과정을 반복하는 가운데 모델을 훈련시킨다.

지도 학습은 데이터 수집 및 전처리 과정으로 시작된다. 입력 데이터를 정리하고 누락된 값을 적절히 처리하고, 변수를 학습 모델에 적합한 형식으로 변환하는 과정을 밟는다. 이어서 입력 데이터를 훈련용 데이터셋과 평가용 데이터셋로 구분한다. 훈련용 데이터셋은 모델을 훈련하는 데 사용하며, 평가용 세트는 모델 성능을 평가하는 데 사용한다. 문제 유형에 따라서 기계 학습 모델을 선택한다. 예를 들어, 연속 값을 예측하는 회귀(regression) 문제면 선형 회귀 모델을 선택하고, 카테고리를 예측하는 분류(classification) 문제면 결정 트리 또는 신경망 모델을 선택한다.[5] 그다음에는 훈련용 데이터셋을 사용해 모델을 훈련한다. 이 과정에서 모델은 입력을 올바른 레이블에 매핑하는 방법을 학습한다. 훈련이 끝나면 평가용 데

5 회귀 문제는 실수인 변수를 통해 예측하고, 그 예측값이 연속성을 지니는 실수인 것을 말한다. 이에 반해, 분류 문제는 대상이 연속성을 지니는 실수가 아닌 고유한 값이나 범주형 변수인 경우이다. 예를 들어, 내일 기온을 예측하는 문제는 회귀 문제이고, 개와 고양이를 판별하는 문제는 분류 문제이다.

이터셋을 사용해 모델 성능을 평가한다. 그리고 평가 결과에 따라 모델의 파라미터를 조정한다. 이 과정을 반복하는 가운데 모델이 충분히 정확해졌다고 평가되면 학습을 종료한다.

스팸 메일을 분류하는 경우를 예로 들어 지도 학습을 살펴보자. 지도 학습을 통해서 이메일을 스팸과 정상으로 분류하는 시스템을 훈련하는 경우이다. 먼저 스팸 또는 정상으로 레이블이 지정된 이메일 데이터셋을 수집한다. 전처리 과정으로 이메일에서 특정 단어의 빈도, 발신자 주소, 이메일 길이 등과 같은 특징을 추출한다. 데이터셋의 일부를 훈련용으로, 나머지를 평가용으로 구분한다. 작업 성격이 분류이므로 분류에 적합한 모델을 선택한다. 선택된 모델은 훈련용 데이터셋을 이용해 훈련한다. 충분히 훈련되면, 평가용 데이터로 모델의 정확도를 평가한다. 모델의 성능이 만족스러운 수준에 도달하면 실제 시스템에 장착해 이메일 애플리케이션에서 스팸을 필터링하는 데 사용할 수 있다. 이 사례에서 모델은 스팸 또는 정상 메일로 레이블이 지정된 이메일 데이터를 사용해 학습하고, 학습 결과를 이용해 새 이메일을 올바르게 분류하는 기능을 수행한다.

(2) 비지도 학습

비지도 학습은 레이블이 지정되지 않거나 분류되지 않은 데이터로부터 학습하는 유형의 기계 학습이다. 지도 학습에서 레이블이 지정된 데이터에 대해 훈련되는 것과 달리, 비지도 학습에서는 무엇을 찾아야 할지에 대한 지침이 없는, 즉 사전에 정의된 레이블이나 카테고리가 없는 입력 데이터셋에 대한 패턴, 관계 또는 구조를 식별하도록 설계된다. 따라서 비지도 학습은 주어진 데이터로부터 알려지지 않은 그룹이나 기본 구조 또는 분포나 패턴을 탐색하는 용도로 활용된다.

비지도 학습의 절차는 지도 학습과 마찬가지로 데이터 수집 및 전처리 과정으로 시작된다. 그러나 입력 데이터에 대한 출력 카테고리나 레이블이 없다. 클러스터링, 차원 축소, 연관성 분석 등 작업 성격에 따라 적절한 비지도 학습 알고리듬을 선택한다. 알고리듬이 선택되면 모델 훈련 과정을 통해 데이터셋에 대한 패턴이나 구조를 발견한다. 이 훈련 과정은 알려진 출력과 비교 없이 진행되며, 목표는 데이터 자체를 탐색하는 것이다. 또한 모델 파라미터를 조정하고 알고리듬을 다시 적용해 데이터 구조를 더 잘 이해하기 위한 세부 조정 작업을 반복한다. 비지도 학습에 대한 결과가 나오면 클러스터, 패턴 또는 관계를 식별하는 등 데이터 전문가의 해석 과정이 필요하다.

마케팅에서의 고객 세분화를 예로 들어 비지도 학습을 살펴보자. 이것은 사전에 정의된 카테고리 없이 구매 행동에 기반해 고객을 다양한 그룹으로 세분화하는 일이다. 먼저 고객의 구매 이력, 인구 통계, 브라우징 행동 등의 데이터를 수집하고, 그룹 분류 업무에 적합한 k-평균과 같은 클러스터링 알고리듬을 선택한다. 이어서 k-평균 알고리듬(k-means clustering algorithm)[6]을 데이터에 적용해 유사한 구매 행동을 보이는 고객의 클러스터를 식별한다. 분류된 클러스터를 분석하면 다양한 고객(예: 자주 구매하는 고객, 가끔 구매하는 쇼핑객, 고가품 구매 고객 등)을 이해할 수 있다. 이렇게 학습한 통찰력을 맞춤형 마케팅 전략, 개인화된 추천, 개별화된 고객 서비스 등에 사용할 수 있다. 이 사례에서 비지도 학습 알고리듬은 고객 행동의 숨겨진 패턴을 밝히는 데 도움을 주며, 그 결과는 비즈니스 전략을 세우는 데 유용한 정보를 줄 수 있다. 이것은 명시적으로 레이블이 지정되거나 분류되지 않은 데이터에서 구조를 찾는다는 점에서 비지도 학습의 전형적인 사례이다.

(3) 반지도 학습

반지도 학습은 지도 학습과 비지도 학습 사이에 위치하는 기계 학습 방

---

6 k-평균 알고리듬은 클러스터링에 사용되는 비지도 학습 방법으로, 데이터를 k개의 클러스터로 묶으면서 각 클러스터의 (중심점과 기타 요소 간의) 평균 거리의 분산을 최소화하는 방법이다.

법이다. 이 방법은 훈련을 위해 레이블이 지정된 데이터와 지정되지 않은 데이터를 모두 활용하며, 일반적으로 소량의 레이블이 지정된 데이터와 대량의 레이블이 지정되지 않은 데이터를 사용한다. 반지도 학습은 데이터 레이블을 만드는 데 비용이 많이 들거나 시간이 오래 걸릴 때 유용하다. 반지도 학습의 목표는 레이블이 지정된 부분과 지정되지 않은 부분 모두에서 학습할 수 있는 모델을 구축하는 것이다. 레이블이 지정된 데이터는 분류하거나 결과를 예측하는 초기 방법으로 사용되고, 레이블이 지정되지 않은 데이터는 숨겨진 구조나 패턴을 식별해 학습 과정을 강화하는 데 사용된다.

반지도 학습은 레이블이 지정된 데이터와 지정되지 않은 데이터를 모두 포함하는 데이터셋을 수집하는 것에서 시작한다. 모델 훈련은 레이블이 지정된 데이터를 이용해 시작하며 이 초기 모델은 표준적인 지도 학습 알고리듬일 수 있다. 이어서 초기 모델을 레이블이 없는 데이터에 적용해 예측하거나 가상 레이블을 생성한다. 마지막으로, 모델을 레이블이 지정된 데이터와 가상 레이블을 생성한(원래 레이블이 지정되지 않은) 데이터의 조합으로 다시 훈련한다. 모델은 이와 같은 확장된 훈련 세트로 훈련을 반복하며 더 많은 것을 배운다. 끝으로 모델의 성능을 평가한 후, 필요에 따라 파라미터를 미세 조정한다. 평가는 별도의 검증 세트를 사용하거나 교차 검증을 통해 수행할 수 있다.

웹 페이지를 스포츠, 뉴스, 기술 등의 카테고리로 분류하는 것을 예로 들어 반지도 학습을 살펴보자. 초기에 레이블이 지정된 웹 페이지 소량과 레이블이 지정되지 않은 웹 페이지 대량을 수집한다. 레이블이 지정된 데이터셋을 이용해 결정 트리나 신경망 같은 초기 분류 모델을 선택해 훈련한다. 초기 모델을 사용해 레이블이 지정되지 않은 웹 페이지에 카테고리를 할당해 가상 레이블을 생성해서 훈련 데이터셋에 추가한다. 이 확장된 데이터셋을 이용해 모델을 반복해 재훈련하고 필요하면 파라미터를 조정하면서 반복한다. 모델이 충분히 훈련되면, 새로운 웹 페이지를 자동으로 분류하는 데 사용할 수 있다. 이와 같이 레이블이 지정된 데이터가 부족하거나 데이터를 획득하기 어려운 상황에서 레이블이 지정되지 않은 데이터를 많이 활용해 학습하는 것이 반지도 학습의 대표 사례이다.

(4) 강화 학습

강화 학습은 주어진 환경에서 행동을 취하고 그 행동에 대한 보상에 따라 행동을 변화시키면서 학습하는 기계 학습이다. 이때 환경은 물리적 공간, 컴퓨터 게임, 금융 시장, 시뮬레이션 등으로 다양하다. 지도 학습이 레이블이 지정된 데이터를 이용해서 학습하고 비지도 학습이 데이터에서 패턴을 찾는 것과 달리 강화 학습은 행동의 결과에 대한 평가로부터 학습한다. 즉, 강화 학습은 처한 환경을 관찰하고, 행동을 취하고, 보상이나 벌과 같은 형태의 피드백을 받아서 상황에 따라 어떤 행동을 취하는 것이 가장 바람직한지 학습한다.

강화 학습 모델의 에이전트는 환경과 상호작용한다. 환경의 상태를 관찰하고 그 관찰에 기반해 어떤 행동을 취할지 결정한다. 이때 행동을 결정하는 데 사용하는 전략을 '정책'이라고 부른다. 정책은 결정적이거나 확률적일 수 있다. 에이전트가 행동을 취하면, 환경은 그 행동에 대응해 새로운 상태와 보상을 제시한다. 그 보상이 에이전트에게 주는 피드백 신호이다. 에이전트는 그 피드백을 받아서 정책을 수정한다. 그런 과정을 반복하는 가운데 누적 보상을 최대화하는 방향으로 정책을 학습하고 최적화하는 것이 에이전트의 목표이다. 강화 학습은 다양한 행동을 실험하고 많은 시행착오를 겪으면서 성공과 실패로부터 배운다.

미로 탐색 로봇 훈련을 예로 들어 강화 학습을 살펴보자. 이때 학습 목표는 로봇을 훈련해 미로의 특정 위치를 찾아가도록 하는 것이고, 환경은 로봇이 작동하는 미로이다. 로봇은 미로에서 현재 위치를 확인하고, 특정 방향으로 이동하기로 결정한다. 로봇이 이동해 목표에 더 가까워지면 긍정적인 보상을 받고, 더 멀어지거나 벽에 부딪히면 부정적인 보상을 받는다. 이러한 시행착오를 반복하는 가운데 로봇은 누적 보상을 최대화하는 정책을 배우게 되고, 결국 미로를 통과하는 최적의 경로를 배우게 된다. 이와 같은 로봇 훈련은 주어진 환경에서 행동을 취하고 그에 따른 보상을 피드백 삼아 행동을 수정하는 강화 학습의 대표 사례가 된다. 강화 학습은 로봇공학뿐만 아니라, 게임, 자율주행 차량, 투자 포트폴리오 관리 등과 같이 순차적인 결정을 내리는 문제에서 잘 작동한다. 강화 학습은 새로운 행동을 시도하는 탐색과 알려진 전략을 사용하는 활용 사이에서 균형을 잘 맞추는 것이 관건이다.

5.5 신경망

기계 학습은 신경망(즉, 인공 신경망)이라는 계산 모델을 통해서 실행된다. 인공 신경망은 인간 뇌의 생물학적 신경망 구조와 기능에서 영감을 받은 인공 계산 모델이다. 신경망은 인간이 인지하는 것과 유사한 방식으로 패턴을 인식하고 복잡한 문제를 해결하도록 설계되었다. 즉, 인간의 뇌가 뉴런이 상호 연결되어 구성되는 것처럼, 신경망도 상호 연결된 노드들로 구성된다. 각 뉴런은 입력을 받아 처리해 출력으로 내보내는데, 노드는 입력 데이터를 받아 가중치(加重値, weight)를 곱하고 합해서 출력으로 내보내는 수학적 함수이다.

일반적으로 신경망의 구조는 하나의 입력 계층, 다수의 은닉 계층, 그리고 하나의 출력 계층으로 구성된다. 각 계층은 노드들로 구성되며, 각 계층을 연결하는 링크는 가중치라는 파라미터를 갖는데, 기계 학습의 과정은 곧 최적의 가중치를 찾아가는 과정이다. 딥러닝(즉, 심층 학습)을 구현하는 신경망의 경우에는 은닉 계층 수가 많으며, 따라서 학습할 가중치 파라미터도 매우 많다. 신경망에는 여러 유형이 있는데, 이미지와 비디오 인식에 유용한 CNN과 언어 모델링과 텍스트 생성에 유용한 RNN이 대표적이며, 이들은 트랜스포머 구조로 발전한다.

신경망이 학습하는 과정은 순방향 전파, 역방향 전파, 그리고 가중치 조정이 반복되는 것이다. 입력 데이터가 신경망에 공급되면, 그 데이터는 각 계층의 뉴런을 순차적으로 통과해 출력값을 계산하고, 목표값에 대한 출력값의 오차를 각 계층의 역방향으로 전파하면서 오차에 대한 각 가중치의 기여도를 계산하고, 경사 하강법 등을 적용해 가중치를 갱신한다. 이러한 과정을 반복하는 가운데 신경망이 학습하게 되고 결과적으로 최적의 가중치를 찾아 내면서 학습이 종료된다.

(1) 신경망 구조

신경망은 인간 뇌가 정보를 처리하는 방식을 모방하기 위해 설계된 시스템인 만큼, 신경망 구조도 인간 뇌의 생물학적 신경망 구조를 모방한다. 신경망 구조는 뉴런에 상응하는 노드들이 상호 연결된 계층들로 구성되며, 각 뉴런은 입력 데이터를 받아 간단한 계산을 수행하고 출력으로 내보낸다. 일반적으로 신경망은 하나의 입력 계층과 다수의 은닉 계층과 하나의 출력 계층이 연쇄적으로 연결된 구조를 갖는다(그림 5.2 참조).

입력 계층은 입력 데이터를 받아들인다. 입력 계층의 각 노드는 입력 데이터의 한 특성을 나타낸다. 예를 들어 이미지 인식의 경우, 각 입력 노드는 한 픽셀의 강도를 나타낸다.

은닉 계층은 입력 계층과 출력 계층 사이에 복수 계층으로 존재한다. '은닉(隱匿, hidden)'이라는 이름은 밖에서 볼 때는 입력 계층과 출력 계층만 보이고 중간의 계층은 보이지 않기 때문에 붙여진 것이다. 은닉 계층에서는 입력 데이터에 가중치를 부여해 실제적인 계산을 수행한다. 은닉 계층의 각 노드는 그러한 계산 과정을 담당하는 뉴런으로, 계산된 결과를 출력해 내보낸다. 은닉 계층의 수와 각 계층의 뉴런 수는 신경망이 수행할 작업의 복잡성에 따라 결정된다. 딥러닝이 필요한 경우에는 은닉 계층이 많은 신경망 구조를 선택한다.

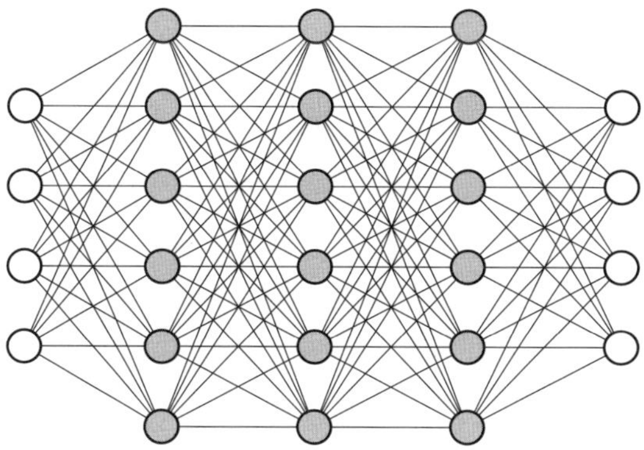

그림 5.2
신경망 구조

출력 계층은 네트워크의 최종 출력 데이터를 생성한다. 출력 형태는 작업 형태에 따라 다르며, 분류 작업의 경우에는 다양한 클래스의 확률을 출력하고, 연속적인 값을 예측하는 회귀 작업의 경우에는 연속 값을 출력한다.

뉴런에 상응하는 각 노드는 신경망의 기본 연산 단위로서 다음과 같은 계산 과정을 수행한다(그림 5.3 참조). 먼저 입력 데이터 각각에 대해 해당 가중치를 곱한 후에 합산한다. 그 합산 결과에 편향치(bias)를 더해 준 다음, 활성화 함수(activation function)를 통과해 출력을 생성한다. 수식으로 표현하면 다음과 같다. 입력을 $x_1, x_2, \cdots, x_n$, 가중치를 $w_1, w_2, \cdots, w_n$, 출력을 y, 편향치를 b, 활성화 함수를 $f(\cdot)$라고 하면, 결국 $y = f(w_1x_1+w_2x_2+\cdots+w_nx_n+b)$라는 관계가 성립한다. 편향치를 더해 주는 것은 활성화 함수의 활성화 지점을 조절하는 역할을 한다. 활성화 함수는 출력 모양을 제한된 형태로 바꿔 주는 역할을 한다.[7]

이 계산은 뉴런 한 개에 대한 출력을 계산한 것으로, 각 계층은 복수 개(예: m개)의 뉴런으로 구성되기에 복수 개의 출력이 나온다. 따라서 각 계

7 이와 같은 뉴런 모델을 '퍼셉트론(perceptron)'이라고 부르기도 한다.

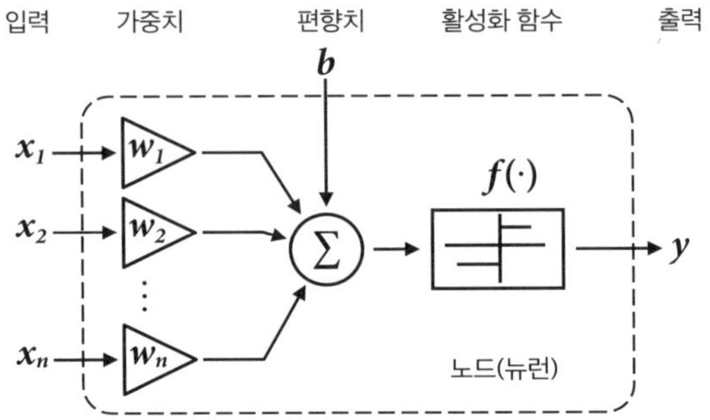

$$y = f(w_1 \cdot x_1 + w_2 \cdot x_2 + \cdots + w_n \cdot x_n + b)$$

그림 5.3
노드(뉴런)의 연산

층의 출력은 m개의 성분으로 구성된 벡터 Y로 표기할 수 있다. 입력신호는 n개의 성분으로 구성된 벡터 X로 표기할 수 있으므로, 결국 한 계층에 대한 입출력의 관계는 $Y = W \cdot X$가 된다. 여기서 W는 가중치 행렬이다. 그러므로 각 계층은 가중치 행렬 W에 의한 선형 변환을 수행한다고 말할 수 있다.

신경망에서 활성화 함수는 노드의 성능을 좌우하는 중요한 요소이다. 일반적으로 사용되는 활성화 함수는 시그모이드(sigmoid), 쌍곡 탄젠트(hyperbolic tangent, *tanh*), 정류 선형 단위(rectified linear unit, ReLU), 가우스 오류 선형 단위(Gaussian error linear unit, GELU) 등이다. 시그모이드 함수는 0과 1 사이의 값을 출력하는 S자형 곡선으로(즉, 중심값이 2분의 1), 출력으로 확률을 예측할 때 유용하다. *tanh* 함수는 시그모이드와 유사하게 −1과 +1 사이의 값을 출력하는 S자형 곡선으로(즉, 중심값이 0) 가중치를 학습하는 데 더 수월하며, 시그모이드 함수보다 복잡한 관계를 더 잘 모델링한다.[8] ReLU 함수는 입력이 양수일 경우에는 입력을 그대로 출력하고, 음수일 때는 0을 출력하는 비선형 함수로, 모델이 빠르게 수렴하도록 돕는

8 수식으로 표현하면, 시그모이드 함수는 $f(x)=1/(1+e^{-x})$이고, tanh 함수는 $f(x)=(e^{x}-e^{-x})/(e^{x}+e^{-x})$이다.

다. GELU 함수는 변수 x에 가우스 누적분포함수(CDF) $\Phi(x)$를 곱한 함수로, ReLU 함수보다 부드럽고 성능이 우수하다. 실질적으로 활성화 함수는 경험에 의존해 선택하는 경우가 많고, 다양한 함수를 실험해 보고 모델의 성능을 관찰하며 선택한다. 같은 신경망 안에서도 계층의 특정 요구 사항에 따라 활성화 함수를 달리 사용할 수 있다.

(2) 신경망의 유형

신경망에는 작업의 특성에 맞춰 설계된 다양한 유형이 있다. 일반적으로 널리 사용되는 신경망에는 피드포워드 신경망, 순환 신경망, 합성곱 신경망, 장단기 기억 신경망, 자동부호기 신경망, 생성적 대립 신경망 등이 있다. 각 유형마다 고유한 강점이 있기 때문에 처리할 작업의 특성, 입력 데이터의 성격, 필요한 출력 유형 등에 따라서 적절히 선택하면 된다.

피드포워드 신경망(feedforward neural network, FNN)은 노드 간 연결이 피드백 없이 순방향으로 연결된 가장 간단한 형태의 신경망 구조로, 입력 데이터가 입력 계층에서 중간의 은닉 계층들을 거쳐 출력 계층으로 단방향 이동하는 특징을 지닌다. 일반적으로 분류 및 회귀 작업에 사용된다. 그림 5.2의 신경망 구조가 대표적인 FNN이다.

순환 신경망(recurrent neural network, RNN)은 시퀀스(시계열)나 텍스트와 같은 순차적 데이터를 처리하는 데 적합한 자기 피드백 방식의 신경망이다.[9] RNN의 구조는 각 은닉 계층이 매 순간에 나오는 출력을 피드백해 저장했다가 다음 순간에 들어오는 입력과 함께 처리하도록 하는 순환 구조를 가지며, 심층 RNN의 경우 이와 같은 순환 구조가 여러 계층으로 배열된 적층 구조이다. RNN은 가변 길이 입력을 처리할 수 있지만, 긴 시퀀스를 처리하는 데는 한계가 있다. 이 문제를 해결해 시퀀스의 장기 의

---

9 RNN 개념이 처음 제시된 논문은 J. J. Hopfield, "Neural Networks and Physical Systems with Emergent Collective Computational Abilities," *Proceedings of the National Academy of Sciences*, vol. 79(8), 1982, pp. 2554-2558.

존성을 학습할 수 있도록 설계된 네트워크가 장단기 기억(long short-term memory, LSTM) 네트워크이다. LSTM은 장기간의 맥락이 중요한 기계 번역과 음성인식 등에 효과적이다. RNN은 시퀀스 분석, 음성인식, 언어 모델링, 자연어 처리, 번역, 텍스트 생성 등에 일반적으로 사용된다(RNN에 대한 상세한 내용은 다음 절 참조).

합성곱 신경망(convolutional neural network, CNN)은 이미지 같은 그리드 형태의 데이터를 처리하기 위해 설계된 신경망이다.[10] CNN의 구조는 합성곱(convolution) 계층, 풀링(pooling) 계층, 완전 연결 계층 등으로 구성된다. 피드포워드 신경망에서 은닉 계층을 합성곱 계층으로 교체한 뒤, 풀링 계층을 붙이고, 이어 완전 연결 계층을 붙여서 구성한다. 합성곱 계층은 입력 데이터에 합성곱 필터를 적용해 특징을 추출하는 기능을 한다. 풀링 계층은 다음 합성곱 계층에 들어갈 입력 양을 공간 차원에서 줄여 주는 기능을 한다. 완전 연결 계층은 CNN의 끝에 위치하며, 합성곱 계층에 의해 추출된 특징을 사용해 최종 출력을 결정한다. CNN은 이미지 및 비디오 인식, 이미지 분류, 의료 영상 분석, 자연어 처리 등에 널리 사용된다(CNN에 대한 상세한 내용은 다음 절 참조).

변분 자동부호기(variational auto-encoder, VAE) 신경망은 비지도 학습을 이용해 학습 데이터와 유사한 새로운 데이터를 생성할 수 있는 생성적 신경망 모델이다.[11] 일반적으로 부호기(encoder)와 복호기(decoder)로 구성되며, 그 사이에 잠복 공간(latent space)이 있다. 부호기는 입력 데이터를 부

10 CNN 개념이 처음 제시된 논문은 Y. LeCun, B. Boser, J. S. Denker, D. Henderson, R. E. Howard, W. Hubbard, and L. D. Jackel, "Backpropagation Applied to Handwritten Zip Code Recognition," *Neural Computation*, vol. 1, issue 4, 1989, pp. 541-551.

11 VAE 개념이 처음 제시된 논문은 Diederik P. Kingma and Max Welling, "Auto-encoding variational Bayes," *Proceedings of International Conference on Learning Representations(ICLR)*, 2014, 그리고 Danilo Jimenez Rezende, Shakir Mohamed, and Daan Wierstra, "Stochastic backpropagation and approximate Inference in deep generative models," *Proceedings of Machine Learning Research*, vol. 32, 2014, pp. 1278-1286.

호화해 낮은 차원의 표현(즉, 확률 분포의 평균과 분산)으로 압축한 후 잠복 공간에 내보내고, 복호기는 그 분포를 무작위로 추출해 입력 데이터를 재생성한다. VAE의 손실 함수는 재구성 손실과 정규화 손실로 구성되는데, 재구성 손실은 복호기가 잠재 표현에서 입력 데이터를 얼마나 잘 재구성하는지 측정하고, 정규화 손실은 잠복 공간에서 추출한 분포가 사전 분포에서 얼마나 벗어나는지 측정한다. 즉, 재구성 손실은 원본 데이터에 대한 충실도를 보장하고, 정규화 손실은 잠복 공간이 새롭고 타당한 데이터 포인트를 생성하는 데 적합한 구조와 연속성을 갖도록 보장한다. VAE는 복잡한 데이터 분포를 학습하고 원본 데이터셋과 유사한 새로운 데이터셋을 생성하는 능력이 뛰어나며, 이미지 생성, 텍스트 생성 등의 생성 작업에서 널리 사용된다.

생성적 대립 신경망(generative adversarial network, GAN)은 서로 대립하는 두 네트워크인 생성기와 판별기로 구성되는 생성형 모델이다.[12] 생성기는 실제 데이터와 구별이 안 될 정도로 정확한 데이터를 생성하려고 노력하는 반면 판별기는 실제 데이터와 생성 데이터를 구별하려고 노력하는 경쟁적인 방식으로 동시 훈련한다. 이렇게 훈련하는 동안 생성기는 현실적인 데이터를 생성하는 능력을 향상하고 판별기는 실제와 가짜를 구별하는 능력을 개선한다. 만일 판별기가 실제 데이터와 가짜 데이터를 구별할 수 없을 만큼 생성기가 실제에 가까운 데이터를 생성하면 훈련이 종료된다. GAN은 현실적인 고품질의 데이터를 생성하고, 이미지 및 비디오를 생성하거나 향상하는 데 사용되며, 창의적이고 예술적인 영역에도 확장되어 쓰인다.

이상의 여러 신경망 유형 중에서 생성형 신경망 모델로 사용되는 것은

12 GAN 개념을 처음 제안한 논문은 Ian Goodfellow, Jean Pouget-Abadie, Mehdi Mirza, Bing Xu, David Warde-Farley, Sherjil Ozair, Aaron Courville, and Yoshua Bengio, "Generative Adversarial Nets," *Proceedings of the Conference on Neural Information Processing Systems (NIPS 2014)*, December 2014.

GAN과 VAE이다.[13] 생성형 모델은 학습용 데이터와 유사한 새로운 데이터를 생성하는 데 중점을 둔다. GAN은 생성기가 데이터를 생성하고 판별기는 실제 데이터와 비교·평가하며 데이터를 생성하는데, 이렇게 생성된 데이터는 실제 데이터와 구별할 수 없을 때까지 학습한다. VAE는 부호기가 입력 데이터를 더 낮은 차원의 표현으로 압축하고, 복호기는 압축된 표현에서 입력 데이터를 재생성하는 역할을 하면서 학습한다. 이들에 이어 생성형 모델로 더 특화된 신경망 모델이 출현했는데, 그것이 바로 트랜스포머 구조이다. VAE가 복잡한 고차원의 데이터 생성에 사용되고 GAN이 이미지 생성 및 편집에 사용되는 것과 달리, 트랜스포머는 순차적 데이터 처리, 자연어 이해 및 생성에 효과적이고, 이미지 처리 및 생성에서도 뛰어난 성능을 보인다(트랜스포머에 관한 상세한 내용은 5.6 (2)절 참조).

(3) 순환 신경망, 합성곱 신경망

RNN과 CNN은 신경망 모델의 다양성과 능력을 이해하는 데 중요한 역할을 한다. RNN과 CNN은 각각 순차적 데이터 처리와 그리드 형태의 데이터 처리에 적합하도록 설계된 신경망으로, 응용 목적에 따라 RNN과 CNN 고유의 특성을 활용할 수 있다. 예를 들어, 순차적 데이터에서 장기 의존성을 모델링하는 응용에서는 RNN을, 실시간 컴퓨터 비전 작업을 수행할 경우에는 효율성을 고려해 CNN을 사용할 수 있다. 새로운 신경망 구조와 최적화 기술을 개발할 때에도 RNN과 CNN을 기반으로 그 능력과 효율성을 향상해 대상 작업에 대한 적합성을 높이는 방향으로 개발한다.

RNN과 CNN은 BERT, GPT 등과 같은 고급 트랜스포머 AI 시스템을 구축하는 데 기본이 되는 신경망이다. 각종 신경망 모델을 개선하는 연구

---

13 그 밖에 제한 볼츠만 기계(restricted Boltzman machine, RBM)도 생성형 모델로 작동한다. RBM은 가시 계층(visible layer)과 은닉 계층(hidden layer)으로 구성되며, 구조가 VAE나 GAN보다 간단하다. 차원 축소, 분류, 회귀, 협업 필터링, 특징 학습, 주제 모델링 등에 사용된다.

에 있어서도 RNN, CNN, 그리고 트랜스포머 구조는 매우 중요한 역할을 한다. RNN과 CNN은 트랜스포머 구조와 함께 하이브리드 모델로 결합해 사용되는 경향이 있다. 예를 들어, 이미지와 비디오에서 특징을 추출할 때 CNN을 사용해 처리한 후, 트랜스포머 구조로 추가 처리함으로써 CNN의 효율성과 트랜스포머의 대규모 데이터 처리 능력을 동시에 활용할 수 있다.

1) 순환 신경망

RNN은 데이터 시퀀스의 패턴을 인식하기 위해 설계된 인공 신경망이다. 텍스트, 게놈, 손글씨와 같이 순차적으로 배열된 데이터, 그리고 센서, 주식 등 시간적으로 변화하는 숫자 시계열 데이터가 그 대상이다. RNN의 핵심 특징은 입력 시퀀스를 처리할 때 이전에 처리한 데이터나 신경망 내부 상태를 저장했다가 함께 사용한다는 점이다. 이러한 기능은 신경망 내에 피드백 루프가 있어서 그것을 통해 데이터를 되돌림으로써 구현할 수 있다. 이와 같은 신경망 구조와 처리 과정은 시퀀스 데이터를 처리할 경우, 시퀀스 데이터의 순서와 맥락이 중요하기 때문에 유용하다.

RNN은 입력 계층, 은닉 계층, 출력 계층으로 구성되며, 입력 계층은 시퀀스 입력 데이터를 받아 처리해 출력을 내보내고, 출력 계층은 은닉 계층의 출력을 입력으로 받아 처리해서 최종 출력을 생성한다. 그런데 은닉 계층은 입력 계층에서 받은 출력 데이터와 함께 이전 단계에서 나온 은닉 계층의 출력과 상태를 입력으로 사용한다. 즉, 은닉 계층의 출력도 피드백되어 다시 은닉 계층의 입력으로 들어간다는 점이 특징이다. 이 점에서 RNN은 데이터가 순방향으로만 전달되는 FNN이나 CNN과 대조적이다. RNN 구조에서 피드백 루프는 이전 시퀀스 데이터에 대한 출력과 상태를 저장했다가 다음 시퀀스 데이터 처리 시 함께 사용할 수 있도록 해준다.[14]

RNN은 자연어 처리, 시퀀스 예측, 시퀀스 생성, 비디오 분석 등 다양한 분야에 응용된다. RNN은 언어 모델링, 기계 번역, 음성인식, 텍스트 생성과 같은 자연어 처리 작업에 사용되며, 언어의 순차적인 특성을 포착해 텍스트를 이해하고 생성한다. 또한 RNN은 금융, 일기예보 등 과거의 데이터에 기반해 미래의 값을 예측하는 분야에 사용되며, 시간 변화에 따른 추세와 패턴을 포착해 예측한다. RNN은 음악 작곡에도 활용되며, 음표의 패턴을 학습해 데이터 시퀀스를 생성해 새로운 곡을 만들기도 한다. RNN은 비디오에서 시간 변화에 따른 동태를 분석해 동적 패턴을 식별함으로써 비디오 분류와 같은 작업에 사용할 수 있다.

RNN은 입력과 출력의 길이가 변할 수 있는 기계 번역과 같은 작업을 처리할 수 있고, 다른 시간대의 입력 데이터에 대해서도 동일한 가중치를 적용함으로써 효율적으로 시퀀스 패턴을 학습할 수 있는 장점이 있다. 그러나 학습 과정에 경사가 사라지거나 폭발적으로 증가하는 문제로 인해 매우 긴 시퀀스를 처리하는 데에는 한계가 있다.[15] 이를 해결하기 위해 장단기 메모리(long short-term memory, LSTM) 네트워크와 게이트 순환 유닛(gated recurrence unit, GRU)과 같은 변형 모델들이 개발되었다. LSTM은 정보 흐름을 조절하는 게이트가 포함된 메모리 셀을 도입해 장기 의존성을 쉽게 학습하고 유지할 수 있게 해주며, GRU는 LSTM과 유사한데 디자인이 더 간단하다. 궁극적으로, 장기 의존성 문제는 주목 메커니즘을 사용해 각 출력에 대해 입력 시퀀스의 다른 부분에 초점을 맞출 수 있게 함으로써 효과적으로 해결할 수 있다(주목 메커니즘에 관해서는 5.6 (2)절 참조).

---

14 RNN이 순환 구조를 가진다는 것은 출력이 피드백되고 저장되었다가 그다음 입력과 함께 처리되는 과정이 동일한 계층에서 무한히 반복된다는 것을 의미한다. 만일 이것을 시간 단위로 펼쳐서 재구성하면 계층 수가 무수히 많은 피드포워드 구조가 된다. 이것은 신호처리에서 충격 응답(impulse response) h가 무한히 긴 무한충격 응답(infinite impulse reponse, IIR) 필터에 해당하며, 유한충격 응답(finite impulse response, FIR) 필터에 해당하는 FNN과 대조된다.

15 사라지는 경사(vanishing gradient)와 폭발하는 경사(exploding gradient)는 심층 신경망을 학습할 때 자주 발생하는 문제로, 전자는 학습 중에 경사가 매우 작아져 학습이 아주 느려지거나 정체하는 문제이고, 후자는 그 반대로 경사가 지나치게 커져서 학습 과정이 발산하게 되는 문제이다.

2) 합성곱 신경망

CNN은 그리드 형태로 구성된 데이터를 처리하기 위해 설계된 신경망이다. 시각 이미지를 분석하는 데 적합하며 특히 이미지 인식, 이미지 분류, 객체 탐지와 같은 작업에서 큰 성공을 거두었다. CNN은 이미지 내의 공간적 계층 구조의 특징을 포착하는 능력이 있는데, 이것은 동물의 시각 피질의 조직에서 영감을 받아 입력 이미지의 공간적 계층 구조의 특징을 자동적이고 적응적으로 학습하도록 설계해 가능해진 것이다.[16] 전통적인 신경망이 각 입력을 모든 뉴런에 완전히 연결했던 것과 달리, CNN은 입력의 작고 국부적인 영역에 합성곱 필터를 적용함으로써 파라미터의 수를 줄일 수 있다. 그 덕분에 네트워크가 지역적·공간적 일관성에 집중할 수 있고, 최소한의 전처리로 이미지 내의 시각적 패턴을 효과적으로 인식할 수 있다.

CNN은 일반적으로 입력 이미지를 변환해 이미지 내에 존재하는 특징들을 출력하는 여러 가지 계층으로 구성된다. 그 계층에는 합성곱 계층, 활성화 계층, 풀링(pooling, 또는 다운샘플링) 계층, 완전 연결 계층 등이 있다. 합성곱 계층은 입력 데이터에 여러 합성곱 필터를 적용해 특징을 추출하며, 각 필터를 입력 데이터 위에서 슬라이딩하며 내적을 계산한다.[17] 활성화 계층은 일반적으로 네트워크가 복잡한 패턴을 학습할 수 있도록 비선형성 처리하는 ReLU 처리 계층이다. 풀링 계층은 앞서 추출된 특징 데이터 집합에서 데이터를 솎아 내어 다음 합성곱 계층에 들어갈 입력의 양을

---

16 Hongping Fu1, Zhendong Niu, Chunxia Zhang, Jing Ma, and Jie Chen, "Visual cortex inspired CNN model for feature construction in text analysis," *Frontier in Computational Neuroscience*, vol. 10, July 2016, pp. 1-10 참조.

17 합성곱은 회로 이론이나 신호처리에서 널리 사용되는 용어로, 입력 신호 x를 필터 h에 통과해서 얻는 출력 신호 y를 'y=x*h'의 관계로 표현하고 'x convolution h'라고 읽는다. 여기서 h는 필터의 충격 응답 함수이고, 이 함수를 시간 차원에서 뒤집어서 입력 신호 x 위에 올려놓고 겹치는 부분의 면적을 구하는 방식으로 계산한다. 이 과정을 h를 시간축으로 슬라이딩(즉, 이동)하면서 반복해 계산하면 출력 함수 y를 얻게 된다. 수식으로 표현하면, $y(t)=\int x(\tau)h(t-\tau)d\tau$이다. 입출력 신호가 디지털인 경우는 적분 대신 합성곱 $y(n)=\Sigma x(m)h(n-m)$을 적용한다.

공간 차원에서 줄이는(즉, 입력 데이터 수를 줄이는) 기능을 한다. 완전 연결 계층은 합성곱 층에 의해 추출된 특징을 사용해 최종 출력을 결정한다.

CNN의 구조는 입력 이미지의 2D 구조를 활용하도록 특징을 추출한다. 이때 여러 계층을 거치면서 이미지를 계층적으로 처리한다. 이를테면, 첫 번째 계층에서는 가장자리를 추출하고, 다음 계층에서는 패턴을 추출하고, 그다음 계층에서는 객체나 얼굴과 같은 고차원 특징을 식별하는 방식이다. 이러한 계층적 접근 방식을 통해 CNN은 단순한 데이터에서 복잡한 특징들을 추출할 수 있다.

CNN은 이미지 및 비디오 인식, 이미지 분류, 객체 탐지, 얼굴인식, 의료 영상 분석, 자율주행 차량 등 다양한 분야에 응용된다. CNN은 이미지 또는 비디오에서 높은 정확도로 물체, 장소, 사람 등을 식별할 수 있으며, 시각에 기반해 이미지를 카테고리별로 분류할 수 있다. 또한 디지털 이미지와 비디오에서 특정 클래스의 객체(예: 인간, 건물, 자동차 등)를 탐지할 수 있으며, 의료 이미지를 분석해 질병 진단을 도울 수 있다. 나아가 자율주행 차량이 교통 표지판, 보행자, 다른 차량 등을 인식해 안전하게 주행할 수 있도록 도울 수 있다. 이와 같이 시각 데이터에서 패턴을 학습하고 인식할 수 있는 능력 덕분에 CNN은 시각적 이해가 필요한 현대 AI 시스템의 핵심 요소로 부상했다. 또한 CNN은 이미지 및 비디오 처리 이외에 자연어 처리, 시계열 분석 등에도 적용할 수 있다.

CNN은 작은 수용 필드(즉, 계산 필드)를 사용하기에 계산 효율성이 높고, 파라미터 수가 적어서 훈련 효율성이 높고, 큰 이미지와 복잡한 데이터셋으로 쉽게 확장할 수 있어 공간 확장성을 지닌다. 또한 병렬 처리에 적합해 GPU 등 하드웨어의 최적화가 가능하고, 계층적 특징을 자동으로 학습할 수 있는 등 장점이 많다. 그러나 한계도 있다. CNN이 성능을 잘 발휘하려면 다량의 레이블이 지정된 데이터가 필요하고, 훈련 과정에 계산 강도가 높고 시간이 많이 소요되며, 소규모 데이터셋에서 훈련할 때 과적합(過適合)에 취약하다는 점 등의 한계가 있다. 또한 훈련 데이터에 존재하는 편향과 공정성 문제를 물려받을 뿐 아니라, 훈련 데이터가 아닌 경우 일반화 능력이 약하며, 조명, 방향, 스케일 변화 등 입력 데이터의 변화에 민감하고, 작은 변화로 잘못된 예측을 유도하는 적대적 공격에 취약하다. 이와 같은 한계를 극복하기 위해서는 모델 구조와 훈련 방법의 개선, 효율적인 계산 전략 등 여러 노력이 필요하다.

RNN과 CNN을 다른 신경망과 비교해 보자. 먼저 완전 연결 네트워크는 일반적인 용도로 사용할 수 있지만, 순환 또는 합성곱 계층이 포함되어 있지 않기 때문에 시간적 또는 공간적 패턴이 중요한 작업에서는 효율성이 떨어진다. 변분 자동부호기(VAE)는 차원 축소, 특징 학습과 같은 비지도 학습 작업을 위해 설계된 터라 복잡한 데이터 분포를 포착할 수 있지만, 마찬가지로 시간적 또는 공간적 데이터에 대해서는 성능이 좋지 않다. 생성적 대립 신경망(GAN)은 새로운 데이터 샘플을 생성하는 데는 강력하지만, 시퀀스 처리와 공간 데이터 처리에는 각각 RNN과 CNN에 필적할 수 없다. 트랜스포머 구조는 순차적 데이터 처리에서 RNN의 한계를 넘어설 뿐 아니라 병렬 처리가 가능하고 성능도 더 좋지만, 상당한 계산 자원을 필요로 한다. 그러므로 RNN과 CNN은 각각 순차적 및 공간적 데이터를 처리하기 위해 특화된 구조로 인해 트랜스포머와 같은 새로운 구조가 등장하더라도 특화된 응용 분야에서 효용성이 유지된다.

(4) 신경망의 학습 과정

입력 데이터가 신경망에 들어오면 입력 계층에서부터 은닉 계층을 거쳐 출력 계층까지 순방향으로 노드(뉴런) 연산 과정을 수행한다. 각 계층의 각 노드 연산 과정은 앞서 설명한 것처럼 각 입력 데이터에 해당 가중치를 곱한 후에 모두를 합하고 편향치를 더한 다음 활성화 함수를 통과해 출력하는 것이다. 그 출력이 다음 계층의 입력이 되어 연쇄적으로 노드 연산 과정을 거치게 되며, 모든 계층의 모든 노드에 관해서 노드 연산 과정이 완료되면 최종 출력 데이터가 나온다(그림 5.2, 그림 5.3 참조).

순방향의 연산 과정을 통해 최종 출력 데이터가 나오면 목표값과 비교해 오차를 계산해서 정량화하는 작업을 거치는데, 이 정량화 과정을 수행하는 함수를 비용 함수(cost function)라고 부른다.[18] 비용 함수로 가장 널리 사용되는 것이 평균자승오차(mean square error, MSE)와 교차 엔트로피(cross entropy) 함수이다. 평균자승오차는 이름 그대로, 계산된 출력과 목표값의 차이를 제곱해 평균을 취하여 얻는다. 계산값이 목표값에 가까울수록 MSE가 0에 수렴한다. 교차 엔트로피는 예측 확률 각각에 로그를 취하고 해당하는 실제 목표값을 곱한 후, 이를 모든 출력에 대해서 합산하고 음의 부호를 붙여서 얻는다. 교차 엔트로피는 확률을 출력하는 모델에 주로 사용되며, 계산된 확률 분포가 목표값의 분포에 가까울수록 엔트로피가 낮아진다. 회귀 작업은 비용 함수로 MSE를 주로 사용하고, 분류 작업은 교차 엔트로피를 주로 사용한다.

비용 함수가 계산되면 비용 함수를 최소화하기 위해 각 가중치를 어떻게 바꿔야 할지 찾는 과정이 뒤따른다. 이 과정은 두 단계로 나눌 수 있다. 첫 번째는 변화시킬 방향, 즉 기울기를 찾는 계산이고, 두 번째는 그 방향으로 가중치를 변경하는 행동이다. 이 중 첫 번째 과정에 적용되는 기술이 역전파 기법이고, 두 번째 과정에 적용되는 기술이 경사 하강법이다.

최적화 이론에 의하면 경사도가 가장 큰 방향(즉, 급경사 방향)으로 변화시키면 되고, 그 방향의 기울기는 비용 함수를 각 가중치에 대해서 편미분을 취해 구할 수 있다. 그런데 모든 계층에 있는 모든 가중치에 대해 편미분을 계산하면 계산량이 과도하므로, 미분의 연쇄 법칙(chain rule)을 적용해 계층별로 계산하는 것이 효과적이다. 먼저 비용 함수를 맨 마지막 계층인 출력 계층의 가중치들에 대해 편미분을 취한 후 끝에서 두 번째 계층의 가중치들에 대해 편미분을 취한다. 이와 같이 뒤에서 앞으로 거슬러 올라가면서(즉, 역전파하면서) 맨 앞의 입력 계층까지 계산을 마치면, 모든 계

18 최적화 과정에서의 목적 함수가 신경망 학습 과정에서는 비용 함수에 해당한다.

층의 모든 가중치에 대한 기울기를 구할 수 있다. 이렇게 역방향으로 전파하면서 편미분을 구하는 방법이 역전파 기법이다.[19] 단, 순방향 연산 시 역전파 계산에 필요한 중간 결과를 계층별로 저장해 둘 필요가 있다.

일단 역전파 기법으로 각 가중치의 편미분을 계산해서 기울기를 구한 후, 경사 하강법으로 비용 함수를 가장 많이 줄이는 방향으로 가중치를 조정한다. 그리고 그 방법은 계산된 경사(즉, 기울기)를 따라서 하강하는 것이다. 만일 비용 함수를 $J(w)$, 기울기를 $\nabla J(w)$라 하면, 가중치 w를 기울기의 반대 방향으로 $w(n+1) = w(n) - \alpha^{*}\nabla J\{w(n)\}$만큼 보정하면 된다. 여기서 α는 학습률(learning rate)로 변화의 크기를 조절하는 하이퍼파라미터이다. 만일 파라미터 값이 너무 크면 변화 속도가 빠른 대신 최적값을 지나칠 수 있게 되고, 만일 너무 작으면 수렴하는 데 시간이 오래 걸린다. 가중치의 수렴 속도를 높이기 위해, 기울기가 변화한 이력을 토대로 각 가중치의 학습률을 조절하는 방법도 있다.

(5) 실용적 고려사항

신경망은 학습 과정에서 역전파 기법과 경사 하강법을 반복 적용하는 가운데 기울기가 0에 수렴하면 가중치가 더 이상 변하지 않고, 그것이 곧 지역 최적값이 된다. 그런데 경사 하강법은 모든 데이터에 편미분 계산을 반복해야 하기 때문에 계산량이 많고 시간이 오래 걸린다. 그래서 인간 뇌가 학습할 때 적은 데이터로 조금씩 배워 나가는 점에 착안해 무작위로 데이터 한 개를 선택해 기울기를 계산하는 방법이 있는데, 이를 확률적 경사 하강법(Stochastic gradient descent, SGD)이라고 부른다. 이 방법은 급경사를 정확하게 따라가는 것이 아니기 때문에 추적 경로가 들쑥날쑥할 수가 있으나, 초기 학습률을 크게 잡고 차츰 줄여 나가는 방식으로 학

19 David E. Rumelhart, Geoffrey E. Hinton, and Ronald J. Williams, "Learning Representations by Back-propagating Errors," *Nature*, vol. 323, October 1986, pp. 533-536 참조.

습하며 최적값을 찾아가는 방식을 취한다. 경사 하강법과 확률적 경사 하강법의 장단점을 절충한 방법으로 미니뱃치(mini-batch) 경사 하강법이 있다. 이 경우에는 복수 개의 입력 데이터를 미니뱃치로 취해 기울기를 계산함으로써 경사 하강법의 안정성과 확률적 경사 하강법의 효율성 사이에서 균형을 취한다. 이를 한 단계 더 발전시킨 방법으로 적응 모멘트 추정(Adaptive moment estimation, Adam) 기법이 있는데, 이는 기울기의 평균과 기울기 제곱의 평균을 사용해 학습률을 적응적으로 조정함으로써 수렴 속도를 개선하고 성능을 견고하게 유지한다.

신경망의 학습 과정에서 기울기와 함께 결정해야 하는 다른 파라미터들이 있다. 위에서 언급한 학습률이 대표 사례이고, 그 밖에도 학습 기간, 신경망의 크기(즉, 계층 수와 노드 수), 뱃치의 크기 등이 있다. 이러한 파라미터들은 사람(즉, 설계자)이 결정해야 하며, 신경망 모델이 결정하는 가중치 파라미터와 대조되게 하이퍼파라미터(hyper parameter)라고 부른다. 원 데이터를 신경망이 사용할 수 있도록 처리하는 데이터 전처리 과정과 학습이 끝난 후 성공 여부를 판단하는 최종 과정에도 사람이 개입한다.

신경망의 학습에서 계층과 노드 수가 적절하게 배치되지 않는 경우 부적합(負適合, underfitting)과 과적합(過適合, overfitting)의 문제가 발생할 수 있다. 부적합은 계층과 노드 수가 부족해 데이터의 기본 패턴을 포착하지 못하는 경우이다. 반대로, 과적합은 계층과 노드 수가 너무 많아서 데이터의 잡음까지 포착해 새로운 데이터에 대한 성능이 오히려 떨어지는 경우이다. 부적합이나 과적합이 관측되면 신경망의 크기와 데이터셋의 양과 질을 적절히 조절할 필요가 있다.

신경망의 학습에서 과적합을 방지하기 위해 사용되는 기술로 정규화(定規化, regularization)가 있다. 과적합은 신경망 모델이 학습 데이터에 낀 잡음까지 포착해서 학습하기 때문에 새로운 데이터에 대한 성능이 저하하는 상황을 말한다. 이를 방지하기 위해서는 학습 중 손실 함수에 벌칙 항목을 추가함으로써 모델의 복잡도를 제한하고, 단순하고 견고한 학습을 장려하는 정규화 기법을 적용할 수 있다.[20] 그 밖에 노드 중 일부를 비활성화시켜 신경망의 실질적인 크기를 줄이는 방법과 학습 과정에서 성능이 개선되지 않을 경우 학습을 조기 중단하는 방법이 있다.

학습이 종료된 뒤에는 학습에 사용하지 않은 별도의 검증 및 평가 데이터셋을 사용해 모델의 성능을 평가한다. 정확도, 정밀도, 재현율, 평균제곱 오차 등 학습과 관련된 여러 지표를 측정해 학습 효과를 평가한다. 신경망 모델에 대한 성능 평가는 기준 모델이나 벤치마크가 되는 기존 모델과 비교해 품질과 일반화 능력을 평가한다. 평가 결과에 따라 하이퍼파라미터를 조정하거나 재학습시키는 등 적절한 조치를 가한다.

(6) 심층 학습, 심층 신경망

심층 학습은 대량의 데이터와 복잡한 문제를 다루는 데 적합한 기계 학습이다.[21] 심층 학습 모델은 데이터의 표현을 자동적·계층적으로 학습하도록 설계했으며, 실제로 심층 학습은 다중 계층을 가진 신경망을 통해서 이루어진다. 이때 계층이 많아질수록 입력 데이터를 더 추상적이고 복합적인 표현으로 변환할 수 있다. '심층(deep)'이라는 용어는 신경망의 깊이, 즉 '신경망의 계층 수'를 뜻한다. 전통적인 신경망은 단지 몇 개의 계층으로 구성되지만, 심층 신경망은 많은 계층으로 구성되며, 때로는 계층이 수백 개에 이를 수 있다. 계층이 많을수록 복잡한 패턴과 표현을 학습할 수 있기에 컴퓨터 비전, 자연어 처리, 음성인식 등 다양한 작업에 널리 이용된다.

심층 학습은 입력 데이터에 대한 전처리 과정으로 작동이 시작된다. 예

---

20 대표적인 정규화 기법으로는 L1 정규화와 L2 정규화가 있다. L1 정규화는 손실 함수에 가중치 절댓값의 합을 추가해 모델의 일부 가중치가 정확히 0이 되도록 유도하고, L2 정규화는 손실 함수에 가중치 제곱의 합을 추가해 큰 가중치의 발생을 억제한다.

21 심층 학습에 관해서는 Geoffrey E. Hinton, Simon Osindero, and Yee-Whye Teh, "A Fast Learning Algorithm for Deep Belief Nets," *Neural Computation*, vol. 18, 2016, pp. 1527–1554 참조.

를 들어, 입력 이미지 크기를 조정하고 텍스트를 토큰화하는 것이 전처리 과정에 해당한다. 이어서 입력 데이터의 처리에 부합하는 심층 신경망 구조를 선택한다. 예를 들어, 시퀀스 분석이 필요한 경우에는 RNN을 선택하고, 이미지 처리가 필요한 경우에는 CNN을 선택한다. 구조를 선택하면서 계층 수, 계층 유형(예: 합성곱, 풀링, 완전 연결 등), 학습률 등을 함께 지정한다. 그다음에는 입력 데이터셋을 이용해 심층 신경망을 훈련한다. 즉, 역전파 알고리듬과 경사 하강법을 통해 신경망의 파라미터를 조정해 오류를 최소화한다. 훈련을 반복하면서 입력 데이터는 계층별로 네트워크를 통과하며, 각 계층은 입력을 처리하고 다음 계층으로 전달한다. 학습률, 계층 수, 계층 크기와 같은 하이퍼파라미터를 조정하면서 학습을 반복하고, 별도의 검증 데이터셋을 사용해 모델의 성능을 평가한다. 훈련 및 성능 검증이 끝나면, 딥러닝 모델을 데이터의 예측이나 분석을 위한 현장 실무에 배치할 수 있다.

5.6 트랜스포머 구조

트랜스포머 구조(transformer architecture)는 텍스트와 같은 순차적 데이터를 처리하는 데 특히 적합한 생성형 신경망 구조이다. 긴 시퀀스를 처리하는 능력과 텍스트 데이터에서 맥락적 정보를 포착하는 능력이 있어서 크게 주목을 받았다. 트랜스포머 이전에는 RNN과 CNN 같은 모델들이 널리 사용되었지만 각각 한계가 있었다. RNN(과 그 개선 모델인 LSTM)은 각 단계가 이전 단계의 계산에 의존하기 때문에 병렬 처리가 제한적이고 장거리 의존성을 다루는 데 한계가 있었다. CNN은 지역적·공간적 특징을 추출하는 데 뛰어나지만 광역적 의존성이 중요한 순차적 데이터에는 본질적으로 적합하지 않으며, 고정된 크기의 필터로 데이터를 처리하기 때문에 시퀀스의 넓은 맥락을 이해하는 데 한계가 있었다. 이를 인식하고 순차적 데이터를 더 효과적으로 처리할 수 있는 모델로 찾아낸 것이 트랜스포머 구조이다.

트랜스포머 구조는 2017년에 바스와니(Vaswani) 등이 처음으로 제안하면서, "지배적인 순차 변환 모델은 부호기-복호기 구성에서 복잡한 순환 또는 합성곱 신경망을 사용하고, 최고 성능의 모델들은 부호기와 복호기를 주목 메커니즘을 통해 연결하지만, 트랜스포머 구조는 순환과 합성곱을 전혀 사용하지 않고 오직 자기주목 메커니즘만을 사용한다."[22]라고 선언했다.[23] 트랜스포머 구조의 특징은 이렇듯 자기주목 메커니즘만을 사용한 것인데, 자기주목 메커니즘을 사용하면 문장 내 모든 단어를 그들 사이의 거리가 멀어도 전체적인 맥락에서 처리할 수 있다. 따라서 RNN(과 LSTM)이 사용하던 순차적 데이터 처리에서 벗어나 병렬 처리를 할 수 있으며, RNN이 사용하는 순환 계산이나 CNN이 사용하는 합성곱 계산을 사용하지 않기 때문에 긴 시퀀스를 효과적으로 처리할 수 있다.

트랜스포머 구조는 자연어 처리에 획기적인 발전을 가져왔고, 이미지 처리에도 뛰어난 성능을 보였다. 트랜스포머는 언어 번역, 텍스트 요약, 질문 답변 시스템과 같은 다양한 자연어 처리 작업에서 큰 성공을 거두었다. 또한 이미지 인식 및 생성 작업을 포함한 다른 작업에서도 우수한 성능을 보였다. 트랜스포머 구조는 장거리 의존성 처리 능력과 병렬 처리에서의 효율성으로 인해 AI가 발전하는 데 획기적인 역할을 했으며, BERT, GPT 등과 같은 여러 후속 모델의 기반이 되었다.

---

22 주목 메커니즘은 서로 다른 시퀀스 또는 동일한 시퀀스의 서로 다른 부분 사이에 적용할 수 있고, 자기주목 메커니즘은 동일한 시퀀스 내 서로 다른 요소들에 적용할 수 있다. 즉, 자기주목 메커니즘은 동일한 시퀀스에 주목한다는 점에서 주목 메커니즘의 특별한 형태로 데이터 내부의 관계를 이해하고 표현하는 능력을 크게 향상시켰다.

23 Ashish Vaswani, Noam Shazeer, Niki Parmar, Jakob Uszkoreit, Llion Jones, Aidan N. Gomez, Lukasz Kaiser, and Illia Polosukhin, "Attention Is All You Need," *Proceedings of The 31st Conference on Neural Information Processing Systems (NIPS 2017)*, 2017 참조.

(1) 트랜스포머의 구성

트랜스포머 구조는 입력 시퀀스를 연속으로 처리하지 않고 단어나 문자 단위의 작은 토큰으로 잘라서 처리한다. 이 토큰을 입력으로 트랜스포머 구조는 그림 5.4와 같은 과정으로 작동한다. 이 그림은 바스와니 등이 트랜스포머 구조를 처음 제안했을 때 사용한 그림이다. 그림에서 '입력 임베딩(Input Imbedding)' 블록은 입력으로 들어오는 토큰을 숫자로 된 벡터로 변환한다. 그 이후로는 나머지 모든 블록에서 벡터 형태로 처리된다. 트랜스포머는 시퀀스를 토큰으로 잘라서 처리하기 때문에 토큰의 위치 정보를 토큰과 함께 실어 두어야 나중에 토큰에서 시퀀스를 복구할 수 있다. '위치 부호기(Positional Encoder)'가 이때 필요한 위치 정보를 부호화한다. 트랜스포머 구조는 여러 계층의 부호기-복호기로 구성된다. 그림에서 'Nx'는 보호기-복호기 네모 블록이 순차적으로 N차례 반복된다는 의미이다.[24] 각 계층의 부호기는 다중헤드주목(multi-head attention)과 피드포워드(즉, FNN)로 구성되고, 복호기는 차폐 다중헤드주목(masked multi-head attention)과 다중헤드주목, 그리고 피드포워드로 구성된다. 부호기는 입력 시퀀스를 연속적인 벡터 표현으로 매핑해 처리한 후 복호기의 다중헤드주목에 입력하고, 복호기는 '출력' 시퀀스를 연속적인 벡터로 표현하고 입력 시퀀스를 처리한 벡터 표현과 함께 처리해 출력 확률을 생성한다.

그림 5.4는 트랜스포머 구조의 여러 계층 중 한 계층으로, 왼쪽 부분이 부호기이고 오른쪽 부분이 복호기이다. 부호기에서는 입력 시퀀스의 토큰들이 입력 임베딩 블록에서 벡터 표현으로 변환되고, 각 토큰의 위치 정보를 부호화한 것을 함께 입력으로 넣어 준다. 다중헤드주목 블록은 각 토큰이 입력 시퀀스의 다른 토큰들과의 관계에 주목한다(주목에 관한 구체적인 내용은 다음 절 참조). 피드포워드 블록은 토큰의 벡터 표현에 적용되는 단방향의 신경망이다. 다중헤드주목, 그리고 피드포워드 처리 후에는 각각

---

24 GPT-3 모델의 경우, 계층의 수 N은 32~96개이다.

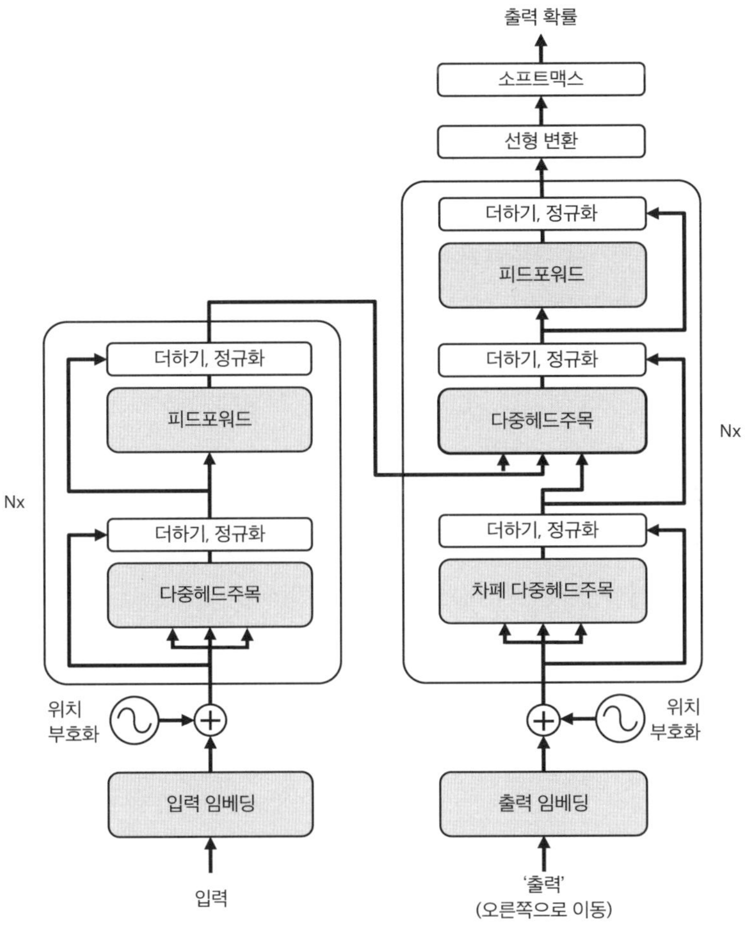

(출처: Vaswani, 2017)

그림 5.4 트랜스포머 구조

의 출력에 입력을 더하고 정규분포화하는 '더하기 및 정규분포화(Add & Norm)' 과정을 거친다.[25] 부호기 과정을 다 거친 출력 벡터 표현은 복호기

25 '더하기(Add)'는 입력을 해당 계층의 변환 출력에 더함으로써, 심층 신경망에서 정보의 효율적인

의 다중헤드주목의 입력으로 들어간다.

복호기에서는 먼저 '출력' 시퀀스('Outputs')의 토큰이 '출력 임베딩(Output Imbedding)' 블록에서 벡터 표현으로 변환되고, 대상 토큰의 위치 정보를 부호화한 것을 함께 입력으로 넣어 준다.[26] 차폐 다중헤드주목 블록은 복호기가 시퀀스의 미래 토큰을 보지 못하도록 차단한다. 다음 블록인 다중주목 블록은 입력 벡터들과 부호기의 출력 벡터들의 관계를 이용해 출력 벡터들의 표현을 수정하는 기능을 한다. 피드포워드, 그리고 더하기 및 정규분포화 과정은 인코더에서와 유사하다. 그림에서 복호기의 입력인 '출력'에 '오른쪽으로 이동(shifted right)'이라고 덧붙인 이유는 특정 단어에 해당하는 토큰에 대한 예측이 그 단어 이후에 나오는(즉, 아직 알지 못하는) 출력에 의존하는 일이 없도록 '오른쪽으로 단위 시간만큼 이동'해 처리하는 것을 의미한다. 이것은 트랜스포머 모델이 다음에 나올 단어가 무엇인지 모르는 상태에서 다음의 단어를 예측하도록 훈련하는 데 필요하다.

복호기에서 나온 벡터 표현은 최종적으로 선형 변환과 소프트맥스(Softmax) 블록을 거친다. 선형 변환 블록은 출력 단계의 완전 연결 FNN으로, 복호기의 출력을 토큰 크기와 일치하는 차원으로 매핑하는 기능을 한다. 소프트맥스 블록은 트랜스포머 최종 단계의 연산 과정으로 선형 변환 블록의 출력을 확률로 변환한다. 소프트맥스 함수는 모든 출력값이 0과 1 사이이고 그 합이 1이 되도록 보장하는 확률 분포를 형성한다. 소프트맥스에 의해 생성된 값은 트랜스포머 모델이 특정 단어가 시퀀스의 다음 단어일 확률을 추정한 것이다.

흐름을 촉진하고 기울기 소실 문제를 완화하는 과정이다. 이로 인해 심층 신경망에 대해서도 안정적으로 학습할 수 있다. '정규화(Norm)'는 해당 계층의 출력을 정규분포화(평균 0, 분산 1)해 학습 과정을 안정화시키고 빠른 수렴을 촉진하는 과정이다. 이는 각 출력에 대해 평균과 분산을 계산해 보정하며, 모델의 성능과 일반화 능력을 향상시키는 데 중요한 역할을 한다.

26 복호기 입력을 '출력'이라고 부르는 이유는 예를 들어 트랜스포머 모델이 번역과 같은 시퀀스 대 시퀀스 작업에 사용된다고 할 때, 트랜스포머의 부호기에는 원본 시퀀스(입력)를, 복호기에는 목표 시퀀스(즉, 부분적으로 번역된 문장)를 각각 입력한다는 것을 나타내기 위해서이다.

(2) 자기주목 메커니즘

자기주목 메커니즘은 트랜스포머 모델을 특징짓는 대표적인 기술로, 데이터 시퀀스의 특정 부분이 시퀀스의 다른 부분과 얼마나 관계 있는지 측정하는 방법이다. 자기주목은 데이터 시퀀스의 각 위치가 동일한 시퀀스 내 모든 위치에 주목해 상호관계를 측정하는 메커니즘이다. '자기(self)'라는 용어는 동일한 시퀀스의 다른 모든 부분에 주목한다는 의미이다. 자기주목을 확장해 다양한 표현 공간의 정보를 병렬로 동시에 주목할 수 있는데, 이것을 다중헤드주목이라고 한다. 자기주목이 단일 세트의 자기주목 과정으로 특징 벡터를 추출한다면, 다중헤드주목은 여러 개의 자기주목 과정을 병렬로 처리해 특징 벡터를 추출함으로써 데이터 시퀀스 내 다양한 형태의 관계를 포착할 수 있다. 그럼으로써 데이터 시퀀스에 대한 이해 및 처리를 풍부하게 하고, 그 분석적 깊이와 유연성을 크게 향상시킬 수 있다.

그림 5.4의 트랜스포머 구조에서 다중헤드주목의 '다중(multi)'은 트랜스포머 모델이 독립적인 주목 과정(또는 '헤드') 여러 개를 병렬로 수행하는 메커니즘임을 의미한다. 예를 들어, "강가의 은행은 미끄럽다."라는 문장에서, 어떤 헤드는 문법 구조에 주목해 '강가의 은행'을 명사구로 인식하고, 다른 헤드는 의미론적 의미에 주목해 '은행'이 금융기관이 아닌 식물임을 인식하고, 또 다른 헤드는 텍스트 어조에 주목해 '미끄럽다'라는 형용사에 집중한다. 그런데 이것은 이해를 돕기 위해 지나치게 단순화한 설명이고, 실제로는 각 헤드에서 이러한 특성들이 아주 다양한 형태로, 그리고 명시적으로 이해할 수 없는 추상적인 형태로 처리된다. 각 헤드는 서로 다른 가중치를 써서 자기주목 과정을 수행하고, 다중헤드는 헤드 여러 개를 병렬로 구성해 다양한 표현 공간에서 입력 시퀀스의 여러 측면을 동시에 주목한다.[27] 그럼으로써 서로 다른 특징을 통찰해 결합함으로

27 GPT-3 모델의 경우, 각 다중헤드주목 블록의 헤드는 12~96개이다.

써 입력 시퀀스에 대한 포괄적이고 미묘한 내용을 이해할 수 있게 해주고, 복잡한 관계에 대한 포착 능력을 향상시킨다. 반면 단일헤드주목은 입력 시퀀스의 관계나 특징을 한꺼번에 포착하며, 이때 사용하는 헤드의 크기는 다중헤드주목의 단위 헤드보다 훨씬 클 수 있다.

자기주목의 작동 방법을 개괄적으로 설명하면 다음과 같다. 먼저 입력 시퀀스는 연속적인 입력 토큰으로 분절되고, 이 토큰들은 입력 임베딩을 통과하면서 임베딩 벡터 E로 변환된다. 이 벡터들을 토대로 주목 블록이나 다중헤드주목 블록에 입력 토큰에 대한 쿼리(query, Q), 키(key, K), 값(value, V) 벡터들을 계산한다. 이 벡터들은 입력 토큰의 임베딩 벡터에 대해 세 가지 다른 가중치 행렬 세트(즉, Q에 대한 W^Q, K에 대한 W^K, V에 대한 W^V)를 사용해 각각 별도의 선형 변환을 적용함으로써 얻어진다. 이 가중치 행렬들은 훈련 과정을 통해서 학습된다. 이 세 행렬은 각각 쿼리, 키, 값 행렬이라고 부르지만, 단순히 서로 다른 선형 변환일 뿐, 훈련 초기에는 서로 차이가 없다. 그러나 훈련 과정에서 입력 데이터의 서로 다른 측면에 초점을 맞추도록 학습한다. 이 선형 변환의 결과로 Q, K, V라는 세 가지 벡터 세트가 나오는데, 이들은 자기주목의 후속 단계에서 사용된다. Q와 각 K의 내적(內積, inner product)을 구하면 그것이 바로 주목 점수(attention score) S이다. 주목 점수의 크기를 조절한 후 소프트맥스 함수를 사용해 정규화하면 각 토큰의 상대적 중요성을 나타내는 주목 가중치(attention weights) A를 얻는다.[28] 각 토큰 위치의 출력 O는 모든 값 벡터의 가중 합으로, 각 V에 해당 주목 가중치를 곱하고 합해 계산한다. 이 과정은 트랜스포머가 관련성에 따라 입력의 다양한 부분에 동적으로 집중하면서 모

28 통상 키 벡터의 차원값의 제곱근으로 나누어 주목 점수의 크기를 조절하고, 각 주목 점수(s_n)의 지수(e^{s_n})를 계산한 다음, 그것을 각 주목 점수의 지수를 모두 합한 값으로 나누는 방식으로 정규화할 수 있다. 여기서 사용하는 정규화(normalization)는 전체 합이 1이 되도록 보정하는 단순한 과정으로, 신경망의 학습에서 과적합을 방지하기 위해 사용하는 정규화(regularization)와는 다른 개념이다.

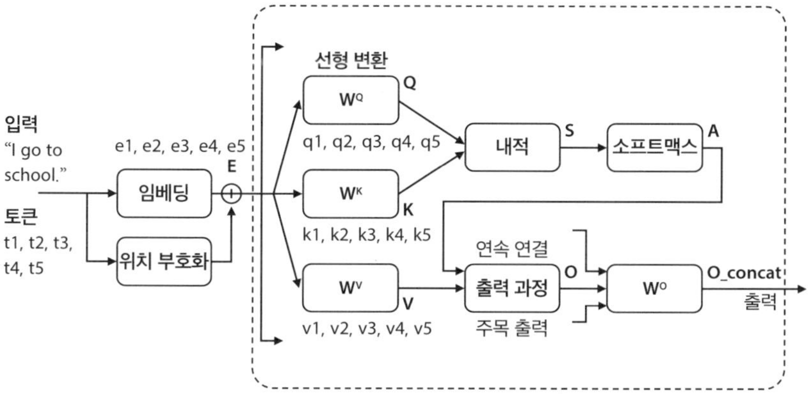

Q=E*W^Q K=E*W^K V=E*W^V

S=QK^t S_scaled=S/sqrt(d_K) A=softmax(S_scaled)

O=AV O_cancat=W^O*(O_1, O_2, ..., O_n)

그림 5.5 다중헤드주목 기법의 예시

든 토큰 간의 맥락과 관계를 고려해 입력 시퀀스를 이해하고 처리할 수 있게 해준다. 각 헤드에서의 출력을 모든 헤드에 연속 연결(concatenation)한 후 선형 변환 W^O를 적용하면 최종출력 O_concat를 얻는다. 그림 5.5는 이와 같은 계산 과정을 블록 다이어그램으로 예시한 것이다.

자기주목 메커니즘에서 Q, K, V 벡터의 역할을 조명하면 다음과 같다. Q는 각 입력 토큰에 대해 계산되며, 다른 토큰들과의 관련성을 측정하는 데 사용된다. K는 각 입력 토근에 대해 계산되며, 쿼리 벡터와 내적을 통해 주목 점수를 계산한다. 주목 점수는 현재 토큰과 다른 모든 토큰 간의 관련성을 나타낸다. S는 소프트맥스 함수를 통해 정규화되어 주목 가중치 A로 변환되며, 이는 각 토큰의 상대적 중요성을 나타낸다. V는 입력 시퀀스에 대한 실제 정보를 포함하며, 주목 가중치를 곱하고 합한 가중합은 출력 O가 된다. 본질적으로 Q와 K는 입력 시퀀스 내의 각 토큰 간의 상호 관련성을 평가하는 데 사용되며, V는 그러한 관련성에 대한 실질적인 정보를 담고 있다. 자기주목 메커니즘은 이러한 구성 요소를 사용해 입력 시퀀스 내 다양한 부분 간의 복잡한 관계를 명확하게 해준다.

다중헤드주목의 경우, 트랜스포머 모델은 여러 세트의 W^Q, W^K, W^V 행렬을 통해서 자기주목 메커니즘을 확장한다. 각 주목 헤드는 독립적으로 자체 Q, K, V 벡터 세트를 계산해, 입력 시퀀스의 다양한 표현 공간에서 다양한 측면을 동시에 집중할 수 있게 해준다. 각 주목 헤드에서 나온 출력을 연속 연결한 후 추가적인 가중치 행렬(즉, W^O)로 다시 한번 선형 변환해 최종 출력 O_concat를 얻는다(그림 5.5 참조). 이 출력은 곧 자기주목을 통해 재구성한 입력 시퀀스의 새로운 표현이 된다. 각 주목 헤드로부터 수집된 다양한 통찰을 통합된 단일 출력으로 결합한 것이다. 이와 같이 다중헤드주목 메커니즘은 더 풍부한 문맥 단서와 관계 등을 통합함으로써 입력 시퀀스를 포괄적으로 이해하고 처리하는 능력을 향상시킨다. 다중헤드주목 처리와 후속 집계 과정을 정교하게 조율함으로써 입력 시퀀스에 대해 동적으로 가중치를 할당하며, 그 안에 들어 있는 복잡한 관계를 명확히 밝힌다. 그럼으로써 입력 시퀀스 내 다양한 요소의 미묘한 상호작용을 포착하고 이해할 수 있도록 해준다.

(3) RNN, CNN과의 비교

트랜스포머 구조는 기존의 RNN과 CNN에 비교했을 때 여러 중요한 장점이 있다. 장거리 의존성을 효과적으로 처리할 수 있고, 확장성과 효율성이 있고, 병렬처리가 가능하고, 사용 범위가 넓고, 전체 영역에 걸쳐 맥락을 포착할 수 있는 점 등이 그것이다. 이러한 장점들은 트랜스포머 구조가 자연어와 같은 순차적 데이터를 처리하는 데 뛰어난 성능을 발휘할 수 있도록 뒷받침해 준다.

RNN은 시퀀스를 처리하기 위해 설계되었고, 이론상 장거리 의존성을 포착할 수 있다. 그러나 실제로는 경사가 사라지거나 폭발적으로 증가하는 문제로 인해서 매우 긴 시퀀스를 처리하는 데 제한적이다. CNN은 합성곱 필터 덕분에 지역적 의존성을 잘 포착하지만, 시퀀스에서 장거리 의존성을 포착하는 데는 본질적으로 적합하지 않다. 그러나 트랜스포머 구조는 자기주목 메커니즘을 통해 시퀀스의 모든 부분 간의 관계를 직접 계산하기 때문에 거리에 상관없이 의존성을 효과적으로 포착할 수 있다.

RNN은 데이터를 순차적으로 처리하기 때문에 병렬화하기가 어렵다. 각 단계는 이전 단계의 출력이 나와야 처리할 수 있기 때문이다. 따라서 RNN을 매우 큰 시퀀스나 데이터셋에 확장하려면 계산 비용이 많이 든다. CNN은 합성곱이라는 특성 덕분에 RNN보다는 병렬화가 가능한 편이지만, 중요한 시퀀스 데이터의 길이가 수용 필드(receptive field)의 길이보다 더 길 경우에는 여전히 제한적이다. 그러나 트랜스포머는 시퀀스 데이터를 순차적으로 처리할 필요가 없고 입력 시퀀스를 토큰으로 잘라서 뱃치(batch) 단위로 동시에 처리할 수 있기 때문에 확장성이 좋고 효율적이며, 병렬 처리에 효과적이다. 병렬로 처리하면 훈련과 추론 시간을 크게 단축할 수 있으며, 대규모 데이터셋에서 학습하고 그래픽프로세서(GPU)로 처리하기에 적합하다.

RNN은 시퀀스 입력에 전문화되어 있고 CNN은 이미지 데이터에 특화되어 있지만, 트랜스포머는 자연어 처리는 물론 이미지 인식, 오디오 처리 등 다양한 종류의 작업에서 성능이 좋다. 이것은 트랜스포머가 RNN이나 CNN보다 유연성이 있고 일반화 능력이 있음을 의미한다. 또한 RNN은 순차적 처리를 통해 점진적으로 맥락을 포착할 수 있고 CNN은 주로 합성곱의 특성으로 인해 지역적 맥락을 포착할 수 있지만, 트랜스포머는 모든 계층에서 전 영역의 맥락을 포착할 수 있다. 또 자기주목 메커니즘을 이용해 시퀀스의 각 부분이 다른 부분과 갖는 연관성을 참조할 수 있다. 이와 같은 능력으로 인해 트랜스포머는 특히 자연어와 같은 복잡한 시퀀스 데이터를 처리하는 데 효과적이다.

(4) 자연어 처리

트랜스포머 모델의 응용 분야는 매우 넓은데, 특히 자연어 처리에서 획기적인 성과를 거두었다. GPT와 BERT가 트랜스포머 구조를 사용해 자연어 처리에 성공한 대표적인 사례이며, 명칭에서 'T'는 트랜스포머를 지칭한다. 트랜스포머 모델은 RNN, LSTM 등이 갖던 한계를 뛰어넘는 돌파구를 마련해 자연어 처리가 획기적으로 발전했다. 자연어 처리에 트랜스포머를 사용해서 얻은 이점은 자기주목 메커니즘에 의한 시퀀스 전체 맥락에 관한 이해, 장거리 의존성 해결, 병렬 처리에 의한 속도 해결 등이다. 트랜스포머는 전체 텍스트 시퀀스를 병렬로 처리하고 복잡한 언어 패턴을 포착할 수 있는 특유의 능력 덕분에 현대 자연어 처리의 대표 주자로 자리 잡았다.

트랜스포머는 기계 번역의 질을 새로운 차원으로 끌어올렸으며, 복잡한 문장을 번역하면서 맥락과 뉘앙스를 유지할 수 있다. GPT와 같은 트랜스포머 모델은 일관성 있고 문맥상 관련성이 높은 텍스트를 생성할 수 있으며, 창작 글쓰기, 챗봇, 자동 콘텐츠 생성과 같은 응용 분야에 유용하다. 또한 텍스트의 감정을 분류하거나 텍스트를 다른 장르나 주제로 분류할 수 있어서, 고객 피드백을 분석하거나 콘텐츠를 정리하는 등에 유용하다. 트랜스포머는 텍스트 내 이름, 위치, 날짜 등 명명된 실체 인식(named entity recognition, NER)에 능란하고, 정보 추출 및 데이터 조직화 작업에도 능숙하다. 나아가 주어진 텍스트를 바탕으로 질문을 이해하고 응답을 생성하고 긴 문서를 간결한 정보로 요약하는 데에도 능숙하다. 이와 같이 다양한 작업에서 탁월한 성능을 보이지만, 트랜스포머는 경험한 적이 없는 데이터에 대한 일반화 능력이나 새로운 작업에 대한 적응 능력은 부족하기에 제대로 기능을 발휘하려면 광범위한 훈련과 미세 조정이 필요하다.

트랜스포머 모델은 자연어 처리 이외에도 이미지 처리와 오디오 처리에서 좋은 성과를 거두었다. 비전 트랜스포머(vision transformer, ViT)는 이미지를 16×16 단어로 간주하고 트랜스포머 구조를 적용해 이미지 인식 및 처리 성능을 획기적으로 향상시켰다.[29] 트랜스포머는 오디오 시퀀스 내에서 장거리 의존성과 맥락 정보를 포착하는 능력이 뛰어나기 때문에 음성인식에 특히 유용하다. 또한 음악을 언어와 유사하게 취급하고 음표, 리듬 등 음악 요소를 시퀀스로 취급하기 때문에 음악 생성에 탁월하다. 트랜스포머를 강화 학습 알고리듬에 통합하면 에이전트가 과거 행동과 그 결과에 대한 긴 시퀀스를 이해하고 기억하는 능력을 향상시킬 수 있다. 트랜스포머를 게임 플레이 알고리듬에 적용하면 게임의 다양한 수(手)에 대한 복잡한 관계를 이해할 수 있기 때문에 상대방의 수를 예측하거나 전략적으로 수를 쓰는 능력을 갖출 수 있다. 트랜스포머는 사건들의 패턴과 관련성을 학습하기에 사건의 시나리오를 모델링할 수 있고, 이를 폭넓은 맥락을 고려하는 예측이나 의사결정에 활용할 수 있다.

5.7 GPT, BERT

GPT와 BERT는 트랜스포머 아키텍처를 기반으로 자연어 처리 능력을 한 단계 도약시킨 대표적인 언어 모델이다. 2017년에 트랜스포머 구조가 제안되자 2018년에 오픈AI와 구글이 이를 채용해 각각 GPT와 BERT를 개발했고, 언어 모델링 분야에서 전례 없는 성공을 거두었다.[30] GPT는 탁월한 텍스트 생성 능력을 선보였고, BERT는 언어 이해 분야에서 새로운 기준을 설정했다. GPT와 BERT는 수십 년에 걸친 AI 진화의 노정에서 인간 언어를 놀라울 정도로 정확하게 이해하는 듯이 생성할 수 있는

29 Alexey Dosovitskiy, Lucas Beyer, Alexander Kolesnikov, Dirk Weissenborn, Xiaohua Zhai, Thomas Unterthiner, Mostafa Dehghani, Matthias Minderer, Georg Heigold, Sylvain Gelly, Jakob Uszkoreit, and Neil Houlsby, "An image is worth 16×16 words: Transformer for image recognition at scale," *Proceedings of International Conference on Learning Representations(ICLR)* 2021 참조.

30 그 뒤로 트랜스포머 구조는 결정 관리, 로봇 프로세스 자동화, 자연어 처리, 컴퓨터 비전, 최적화 등을 위한 각종 AI 모델에 사용되었고, 특히 구글(알파벳)의 자회사 딥마인드가 개발한 최적화 AI 모델인 알파폴드(AlphaFold) 2는 단백질 구조를 예측하는 성능을 획기적으로 높였다.

정교한 신경망 구조에서 이정표를 세웠다. GPT가 발전해 챗GPT-3.5, GPT-4 등 후속 모델들로 이어졌고, BERT가 람다(LaMDA), 바드(Bard), 제미나이(Gemini)[31] 등의 개선 모델들로 계승되었지만, 이들 모두 트랜스포머 구조를 사용하며, GPT와 BERT를 원형으로 하는 변형개선 모델들이라고 할 수 있다.

(1) GPT와 BERT의 구조

GPT와 BERT는 모두 트랜스포머 구조를 사용한 자연어 처리 분야에서 혁신적인 모델이라는 점은 공통적이지만, 핵심 개념에 차이가 있다. GPT는 텍스트를 생성할 수 있는 생성 모델이지만, BERT는 언어의 맥락에 대한 깊은 이해를 돕는 모델이다. 그래서 GPT는 텍스트 완성, 콘텐츠 창조, 창의적 글쓰기 등에 탁월한 성능을 보이지만 BERT는 정보 추출, 검색 엔진, 텍스트 분류 등에 뛰어난 성능을 보인다. GPT는 단방향(예: 왼쪽에서 오른쪽)으로 맥락을 이해하며, 이것은 각 단어가 예측할 때 그 앞의 단어들에만 의존함을 의미한다. 그러나 BERT는 텍스트를 동시에 양방향(즉, 왼쪽에서 오른쪽, 그리고 오른쪽에서 왼쪽)으로 분석하며, 이를 통해 각 단어 주변의 맥락까지 전체적으로 이해할 수 있다.

GPT와 BERT는 설계 개념이 다른 만큼 용도와 훈련 방법에도 차이가 있다. GPT는 주로 텍스트 생성에 사용되며, 일관되고 문맥상 관련된 텍스트 단락을 만들 수 있기에 텍스트 생성이 핵심인 응용 분야에 적합하다. 반면 BERT는 텍스트의 이해와 해석에 주로 사용되며, 감정 분석, 질문 응답, 언어 추론 등에 적합하다. GPT는 시퀀스에서 다음 단어를 예측

---

31 람다, 바드, 제미나이는 구글이 각각 2021년, 2023년 3월, 2023년 12월에 출시한 트랜스포머형 AI 모델이다. 문장 속 맥락의 이해를 중시하던 BERT를 대화형으로 발전시킨 것이 람다이고, 람다의 대화형 능력과 구글의 검색 기술을 결합해 실시간 대화형 응답을 생성하도록 발전시킨 것이 바드이다. 제미나이는 바드의 명칭을 대체한다는 내용 이외에는 기술적 특징에 관련해 알려진 내용이 제한적이다.

하는 언어 모델로 훈련되며, 텍스트 블록을 보고 이전 단어들을 바탕으로 다음 단어를 예측하는 방식으로 학습한다. 그러나 BERT는 문장에서 단어의 맥락을 이해하도록 훈련되며, 문장에서 임의로 단어를 가리고 이를 예측하며 주변 단어에 기반해 맥락을 이해하는 방법을 사용한다. 그러므로 GPT는 글쓰기 보조 도구, 챗봇, 창의적 글쓰기 도구 등과 같이 텍스트 생성이 필요한 작업에 더 적합하고, BERT는 정보 추출, 검색 엔진, 텍스트 분류 시스템과 같이 텍스트의 의미와 맥락을 이해하는 데 관여된 작업에 더 효과적이다.

GPT와 BERT의 구조를 비교해 보자. 둘 다 트랜스포머 구조에 기반을 두지만, 서로 다른 부분을 채택해서 사용한다. GPT는 트랜스포머의 복호기를 사용하는 반면(그림 5.4의 오른쪽 부분), BERT는 부호기를 기반으로 구축되었다(그림 5.4의 왼쪽 부분). GPT 구조의 경우, 복호기에서 부호기의 입력을 받아들이는 데 사용되었던 다중헤드주목 블록은 더 이상 필요하지 않다. 이를 그림으로 표현하면 그림 5.6과 같다.[32]

전통적으로 트랜스포머의 복호기는 번역 등에서 출력 시퀀스를 생성하는 데 사용되었는데, GPT는 트랜스포머 구조의 복호기 부분만 사용한다. 따라서 효과적으로 텍스트를 생성할 수 있다. GPT가 사용하는 복호기에는 차폐 자기주목 메커니즘과 FNN이 포함되어 있다. 이때 차폐는 특정 위치의 단어 예측이 그 이전에 출력된 단어들에만 의존하도록 보장한다. 따라서 이전에 생성된 단어들을 기반으로 새 단어를 예측하는 단방향성이다. 이렇듯 모든 이전 단어들이 주어진 상태에서 문장의 다음 단어를 예측하는 방법을 학습함으로써 GPT는 일관되고 문맥상 관련된 텍스트를 생성하는 데 능숙하다.

32 그림 5.6의 BERT에서 트랜스포머 블록 뒤에 선형 변환 및 소프트맥스 블록을 연결한 것(점선으로 표시한 블록)은 BERT가 후속 작업(예: 분류)에 맞춰 미세 조정될 때를 대상으로 예시한 것이다. 그러나 사전훈련 단계에서는 선형 및 소프트맥스 블록 대신에 차폐 언어 모델링(MLM)이나 다음 문장 예측(NSP) 등에 적합한 블록을 연결한다.

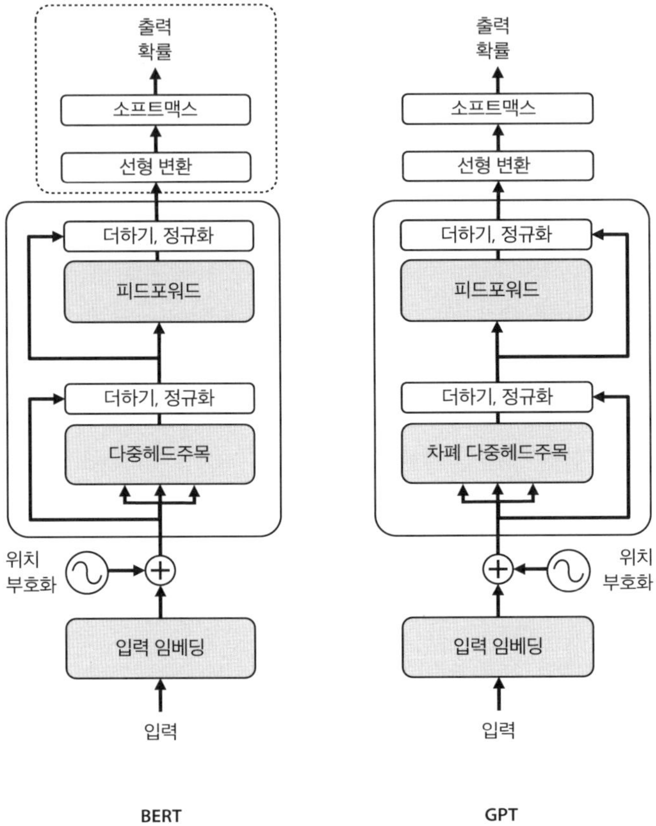

그림 5.6 BERT와 GPT 구조

반면 BERT는 트랜스포머 구조의 부호기 부분을 사용해 입력 데이터를 처리하고 그 맥락을 이해할 수 있도록 설계되었다. BERT 구조는 여러 계층의 트랜스포머 부호기로 구성되며, 각 부호기 계층은 자기주목을 수행하고 그 출력을 다음 계층으로 전달한다. 부호기는 차폐 자기주목을 사용하지 않기 때문에 전체 단어 시퀀스를 보면서 양방향 맥락을 포괄적으로 이해할 수 있다. BERT는 문장에서 일부 단어를 무작위로 차폐하고 문장의 맥락을 토대로 그 부분을 예측하도록 학습하는, 이른바 '차폐 언어 모델링(masked language modeling, MLM)' 기술을 사용해 훈련한다. 또한 다음 문장을 예측하는 방법(next sentence prediction, NSP)으로 문장 간의 관계를 이해하도록 훈련한다.

그러므로 구조의 측면에서 GPT와 BERT를 비교한다면, GPT의 복호기 기반 구조는 일관된 방식으로 시퀀스를 예측할 수 있어 텍스트 생성에 탁월하다. 반면 BERT의 부호기 기반 구조는 주어진 텍스트의 맥락과 관계를 이해하는 데 더 적합하다. 맥락을 이해하는 방향에서도, GPT의 복호기는 텍스트를 앞에서 뒤로 단방향으로 처리하므로 생성 작업에 적합하고, BERT의 부호기는 텍스트를 양방향으로 처리해 맥락을 포괄적으로 이해하는 데 적합하다. 이 둘은 훈련 목표도 서로 다르다. GPT의 훈련은 텍스트 생성에 중점을 두는 반면, BERT의 훈련은 차폐 언어 모델링과 다음 문장 예측으로 텍스트와 맥락을 깊이 이해하는 데 중점을 둔다.

(2) GPT와 BERT의 응용

GPT의 응용 분야는 텍스트 생성, 언어 번역, 교육 도구 등 상당히 다양하다. 텍스트 생성의 측면에서, GPT는 이야기, 시, 시나리오 같은 창의적 콘텐츠를 만들 수 있다. 또 일관되고 문맥에 적절한 응답을 생성할 수 있어 대화형 에이전트와 챗봇에 적합하다. 또한 뉴스 기사 작성, 글쓰기 보조 도구, 소프트웨어 개발에서부터 코드 생성에 이르기까지 응용할 수 있다. 텍스트 생성 능력을 연장해 번역 작업에 적용하는 것도 가능하다. GPT는 대화형 스토리텔링과 게임에서 상황에 맞는 대화와 서사(敍事, narrative)를 생성하는 데 사용할 수 있다. 또한 교육 콘텐츠를 생성하고, 연습 문제를 만들고, 수업 시스템에서 설명을 제공하는 등 교육용 도구로도 이용할 수 있다.

BERT의 응용 분야도 텍스트 분류, 검색 엔진, 정보 추출 등 다양하다. 텍스트 분류의 측면에서, BERT는 텍스트의 감정을 이해하는 데 뛰어나기 때문에 고객 피드백 분석, 자료 검토, 소셜미디어 분석 등에 유용하다.

또 텍스트를 여러 카테고리로 분류하는 능력을 이용해서 콘텐츠를 정리하고 걸러내는 데 사용할 수 있다. BERT는 구글을 비롯한 각종 검색 엔진에 채용해 쿼리의 맥락을 더 잘 이해하고, 검색 결과에 이를 반영해 질의-응답의 관련성을 향상할 수 있다. BERT는 맥락을 깊이 있게 이해하기 때문에 질의-응답 시스템에 적합하고 대량의 텍스트 중에서 질문에 부합하는 답을 찾아낼 수 있다. BERT는 텍스트에 나오는 위치, 조직 등과 같은 실체를 식별하고 분류할 수 있다. 또한 맥락을 이해하고 핵심 정보를 추출해 기계 번역 및 텍스트 요약에 사용할 수 있다.

GPT와 BERT를 응용 측면에서 비교하면 다음과 같다. GPT는 일관되고 문맥상 관련된 텍스트를 생성하는 데 강점이 있어서 창의적인 대화형 응용 분야에 적합하다. 반면 BERT는 텍스트의 맥락을 이해하고 해석하는 데 뛰어나기 때문에 분류와 질의-응답과 같은 분석적 작업에 유용하다. GPT와 BERT는 둘 다 다양한 분야에 유연성 있고 적응성 있게 응용되며, 그 응용 분야는 각 모델의 핵심 장점에 따라 결정된다. 즉, 자연어 처리 분야에서의 GPT와 BERT의 응용은 텍스트 생성과 이해 및 분석이라는 각자의 장점에 따라서 결정되며, 그러한 관련성은 다양한 산업 및 서비스에 걸친 응용에서도 동일하게 적용된다.

응용에 있어서 GPT와 BERT 모델이 갖는 한계도 있다. GPT는 텍스트 생성에 효과적이지만, 맥락의 창이 제한적이다. 그 때문에 긴 텍스트에 대해서는 맥락의 일관성을 잃을 수 있다. 또 토큰 수가 제한되어 있어서 긴 서사에서 맥락을 유지하는 데 어려움을 겪을 수 있다. BERT는 맥락 이해에 뛰어나지만, 맥락 창의 길이가 고정되어 있어 매우 긴 텍스트를 처리하는 데 한계가 있을 수 있다. 이러한 한계를 돌파하기 위해 최신 버전에서는 주목의 범위를 확장하는 등 여러 개선책이 시도되고 있다.

(3) 챗GPT

챗GPT는 오픈AI에서 개발한 고급 언어 모델로, GPT의 애플리케이션이

그림 5.7 오픈AI 로고

다. 즉, 사전 훈련에 의해 작동하고 트랜스포머 구조를 갖는 생성형 신경망 모델로, 자연어 처리에 특화된 GPT 애플리케이션이다. 따라서 트랜스포머 구조가 갖는 강점을 그대로 계승하며, 자연어를 이해하고 생성하는 데 특출난 능력을 보유한다.[33] 이름이 챗GPT인 이유는 사용자와 대화하고 질문에 답하고 텍스트를 작성하는 등 다양한 기능을 채팅 방식으로 수행하기 때문이다. 오픈AI는 2020년 6월에 GPT-3을, 2022년 11월에 챗GPT-3.5를 일반 시험용으로 출시했으며, 2023년 3월에는 챗GPT-4를 출시했다.[34] 나아가 2024년 10월에는 추론 능력이 강화된 GPT-o1을 출시했다.

챗GPT의 기능과 특징은 다음과 같다. 챗GPT는 다양한 언어로 된 텍스트 입력을 이해할 수 있으며, 대화의 맥락을 파악하고, 일관성 있게 문맥에 적합한 응답을 생성할 수 있다. 챗GPT는 다양한, 그리고 다량의 인터넷 텍스트에 대해 훈련받았으며, 훈련에서 습득한 주제들에 대해 잘 응답할 수 있다. 그러나 마지막 훈련 이후 차후의 훈련이 있기 전까지는 실시간 데이터나 사건에 대해서는 알지 못하며, 훈련 데이터에 포함되지 않은 내용에 관해서도 정확히 답하지 못한다. 또한 훈련 데이터가 부족한 언어에 대해서는 응답에 한계가 있다.

챗GPT는 사용자와 대화를 진행할 수 있다. 사용자의 질문에 답하고, 설명을 제공하며, 창의적인 글쓰기를 돕고, 코딩 문제를 해결하는 등 다양한 방법으로 사용자를 도울 수 있다. 또한 대화의 맥락을 유지하고, 이

---

33 2023년 12월에 구글도 대규모 언어 모델 기반의 생성형 AI인 '제미니(또는 '제미나이', Gemini)'를 공개했다. 이는 대규모 다중작업 언어 이해 테스트에서 인간 전문가를 능가하는 점수를 얻었다고 한다.

34 오픈AI는 GPT-4의 능력을 확장해 사용자가 맞춤형 GPT 애플리케이션을 만들어 사용할 수 있도록 했으며, 2024년 1월에 GPT 애플리케이션들을 올려 놓고 공유할 수 있는 'GPT 스토어'를 개장했다.

전의 질문과 응답을 기억하며, 이를 토대로 포괄적인 답변을 제공할 수 있다. 일부 버전에서는 텍스트 생성을 넘어 정보 검색을 위한 웹브라우저나 이미지 생성을 위한 달리(DALL-E) 같은 외부 도구와 연결해 추가 기능을 제공하기도 한다. 한편 챗GPT는 새로운 분자를 설계하거나 세포의 행동을 시뮬레이션하는 등 과학기술 연구에도 큰 도움을 줄 수 있다. 앞으로 챗GPT는 문헌 검토 및 데이터 요약, 가설 설정 및 개념 개발, 실험 디자인 지원, 코딩 및 데이터 분석, 연구 제안서 및 논문 초안 작성 등 다방면에 걸쳐서 과학기술 연구에 유능한 조력자가 될 것으로 전망한다.[35]

챗GPT는 강력한 자연어 처리 능력을 갖고 있음에도 한계가 있다. 훈련에 의존하는 GPT 모델의 한계가 그대로 계승된 것이다. 즉, 훈련이 부족하면 잘 알지 못하고, 훈련 데이터에 편향성이 있으면 그것을 그대로 계승한다. 그래서 때로는 그럴듯하지만 부정확하거나 터무니없는 대답을 하기도 한다.[36] 또한 윤리적으로 빗나가거나 사용자의 가치관에 어긋나는 응답을 할 수도 있다. 실시간 데이터에 접근하지 못하는 한계도 있다. 이와 같은 한계점들은 AI의 추론 능력과 정보 검색 능력을 향상함으로써 해결 또는 완화할 수 있다고 여겨지며, 실제로 AI 개발자들도 AI의 추론 및 계획 능력의 향상에 역점을 두고 있다.[37] 그러므로 챗GPT가 답변한 내용은 웹사이트 검색 등을 통해 다른 정보원과 비교한 후 사용하는 것이 안전하다.

챗GPT-3.5의 출시는 AI에 대한 비상한 관심을 끌어모으는 계기가 되었다. AI가 인간과 유사한 텍스트를 생성하고, 인간과 대화를 나눌 수 있음을 보자 사람들은 AI가 미래가 아닌 현재의 일임을 깨달았다. 이것은

---

35 과학분야 학술지 『네이처』는 2023년 12월에 선정한 "Nature's 10"에 10명의 과학기술자와 함께 챗GPT를 포함했다.

36 이러한 현상을 '환각(幻覺, hallucination)'이라고 부른다.

37 2024년 10월 4일에 출시된 GPT-o1은 기존 GPT 모델에 비해 추론 능력이 크게 향상되었으며, 복잡한 논리적 문제 해결, 과학적 분석, 수학적 계산 등 깊이 있는 추론이 필요한 작업에서 탁월한 성능을 보이는 것으로 알려졌다.

ICT와 플랫폼 사업자들에게 비상한 경쟁심을 유발해, 만사를 제치고 AI 개발에 몰두하게 했다.[38] 한편 챗GPT의 출시는 AI의 잠재적 위험에 대한 경계심을 불러일으키는 계기가 됐다. 또한 AI의 위험에 관한 공공연한 논의의 장을 조성했고 정부의 정책적 대응에 시동을 걸었다. 전문 개발자들은 책임 있고 윤리적이고 안전한 AI 개발을 주창했고, 정부는 고용, 교육, 국가 안보에 위해를 끼치지 않는, 책임 있는 AI를 주문했다. 미국의 행정부와 의회는 물론 G7 국가들도 나서서 AI 기술 오용에 따른 위험 차단, AI 관리 및 보안 강화, AI 생성물의 식별 표시 등을 촉구했다. 이와 같은 논의는 결국 2024년에 EU의 인공지능법(AIA) 제정으로 구체화되었다(5.9 (5)절 참조).

5.8 AI 인지 기능의 시스템 구현

앞서 5.1절에서 사람과 AI의 인지 기능을 비교하는 방편으로 AI와 사람의 질의응답 과정을 검토했다. 질문을 받았을 때, 사람은 인지 주목, 해독 해석, 정보 검색, 통합 추론, 답변 구성, 표현 수정의 여섯 단계를 거쳐서 질문을 이해하고 답변하는데, AI는 벡터 변환, 질문 해석, 학습 지식, 추론 종합, 답변 생성 등 다섯 단계를 거치는 것을 논의했다(그림 5.1 참조). 이렇듯 외형적으로는 AI의 인지 과정이 사람과 유사한 것처럼 보이지만, 실제로 AI가 질문을 이해하고 답변하는 과정은 사람과 달리 일련의 복잡한 계산 과정을 통해 이루어진다. 또한 AI가 질문을 '이해한다'는 것은 입력된 질문을 수치적(數値的)으로 해석해 응답을 생성할 수 있도록 준비하는 것을 의미하며, 일단 질문을 이해하면 AI는 바로 답변 생성에 들어

38 예를 들면, 구글의 제미나이, 메타의 라마2, 아마존의 베드락(Bedrock) 서비스, IBM의 Watsonx.ai 등이다.

간다. 그러면 이제 이와 같은 인지 기능이 어떻게 AI 시스템으로 구현되는지 살펴보자. 대표적인 AI 시스템 모델인 GPT를 선택해 AI 시스템이 어떻게 이와 같은 질의응답 과정을 수행하는지 살펴보도록 하겠다.

(1) AI 시스템의 블록별 기능

AI가 질문을 이해하고 답변하는 기능은 주로 AI 시스템의 내부에 장착된 트랜스포머 블록과 후속 블록들을 통해 이루어진다. AI 시스템은 이러한 질의응답 과정을 어떻게 수행하는지 GPT 모델을 토대로 살펴보자.

그림 5.8은 그림 5.6의 GPT 구조를 수평으로 그린 것이다. 그림의 맨 왼쪽 화살표로 질문이 들어가면, 트랜스포머 구조의 내부에서 질문을 해석하고 맥락을 이해해 답변을 생성하는 기능이 다 수행되고, 끝으로 그림의 맨 오른쪽 화살표로 질문에 대한 답변이 나온다.

GPT 모델은, 기능별로 구분하면, 입력 임베딩, 차폐 다중헤드주목, 피드포워드, 선형 변환, 소프트맥스 등의 블록으로 구성된다. 큰 네모 상자로 표시한 트랜스포머 블록(차폐 다중헤드주목 블록과 피드포워드 블록 포함)은 연쇄적으로 N번 반복된다('Nx'). 큰 틀에서 설명하면, 질문을 이해하는 기능은 트랜스포머 블록에서 수행되고, 답변하는 기능(즉, 출력 텍스트를 생성하는 기능)은 선형 블록과 소프트맥스 블록에서 수행된다고 말할 수 있다.

1) 입력 임베딩

입력 임베딩 블록은 그림 5.1 AI의 '벡터 변환' 기능을 수행한다. 이 블록에서는 입력 텍스트를 단어 또는 그보다 작은 단위의 토큰으로 나누고 각각을 수치 벡터로 변환한다. 즉, 입력 임베딩 과정을 통해 입력 텍스트가 수치 벡터로 변환되는 것이며, 그 뒤로 GPT 내부에서의 모든 과정은 수치계산을 통해 이루어진다. 단, 각 토큰을 임베딩한 벡터에는 해당 토큰에 대해 위치부호기가 발생한 위치 정보가 따라붙는다.

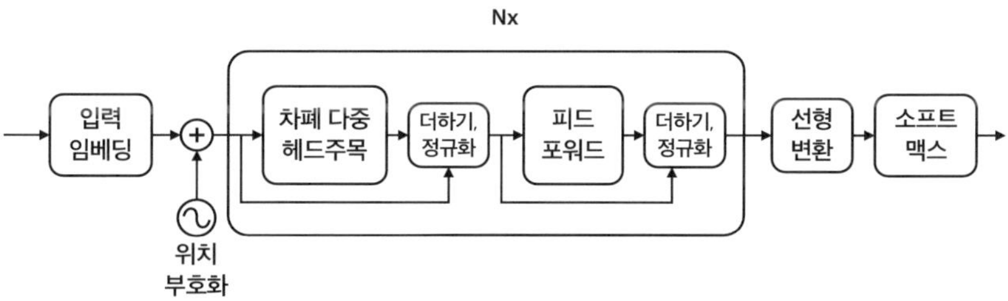

그림 5.8 GPT의 구조

2) 차폐 다중헤드주목

이 블록은 (뒤이은 피드포워드 블록과 함께) 질문을 해석하고 맥락적으로 이해하는 기능을 한다. 이러한 기능은 자기주목 메커니즘에 의해 이루어진다. 자기주목 기능을 수행하는 블록을 헤드라고 부르는데, GPT는 자기주목 기능을 여러 개의 헤드로 병행해 처리하며 헤드마다 입력 데이터의 서로 다른 특징에 주목한다. 다중헤드주목을 통과하면 입력 데이터 내의 패턴을 효과적으로 확인하면서 단어 간의 관계와 맥락을 파악할 수 있다.

3) 피드포워드

다중헤드주목 블록을 통과한 데이터는 피드포워드 블록에서 추가로 변환되면서 복잡한 패턴을 포착한다. 이 블록은 두 개의 FNN과 그 중간에 낀 비선형 활성화 함수로 구성된다. 첫 번째 FNN은 데이터의 차원을 확장해 주고, 비선형 활성화 함수는 비선형성을 통해 더 복잡한 패턴을 학습할 수 있게 해주며, 두 번째 FNN은 데이터를 원래 차원으로 환원해 준다. 차원을 확장해서 처리하는 이유는 확장된 차원에서 비선형 처리하게 되면 더 복잡한 특징과 패턴을 포착하고 표현할 수 있기 때문이다. 즉, 입력을 고차원 공간으로 투영하면, 그 확장된 공간 안에서 더 복잡한 변환과 상호작용이 일어날 수 있다. 중간의 비선형 활성화 함수로는 가우스 오류 선형 단위(GELU) 함수를 사용한다.

그림 5.1 AI와 비교하면, 트랜스포머 블록의 다중 차폐 다중헤드주목 블록과 피드포워드 블록은 결합해 '질문 해석'과 '학습 지식', 나아가 '추론 종합'의 기능까지 수행한다고 말할 수 있다.

4) 선형 변환 및 소프트맥스

선형 변환 블록과 소프트맥스 블록은 응답을 생성하는 기능을 한다. 선형 변환 블록은 입력 데이터를 모델의 어휘 크기와 일치하는 공간으로 변환하는, 완전히 연결된 FNN이다. 이 블록은 입력을 로짓(logit, 정규화되지 않은 예측값) 집합으로 확장한다. 소프트맥스 블록은 이 로짓에 소프트맥스 연산을 적용한다. 소프트맥스 함수는 모든 출력값을 음수가 아닌 값으로 변환하고 합이 1이 되도록 해서, 모델이 로짓을 확률 분포로 해석할 수 있게 해준다. 그리고 이 확률은 각 단어가 출력 시퀀스의 다음 단어가 될 확률을 나타낸다. 따라서 확률값이 가장 높은 단어가 다음 출력 단어로 선택된다.

그림 5.1 AI와 비교하면, 선형 변환 블록과 소프트맥스 블록이 결합해 '답변 생성'의 기능을 수행한다고 말할 수 있다.

(2) AI 시스템의 복잡도

위에서 살펴본 것과 같이 질문을 이해하고 답변을 생성할 수 있는 AI 시스템은 실제로 얼마나 크고 복잡한지, GPT(구체적으로, GPT-3 175B 모델)를 예로 들어 살펴보자.[39]

1) 입력 임베딩

임베딩 블록에서는 입력 텍스트가 토큰으로 나뉘고 수치 벡터로 변환된

---

39 GPT-4, GPT-o1 등 GPT-3보다 더 새로운 모델들이 있지만 시스템 데이터가 공개되지 않았기 때문에 편의상 GPT-3 175B 모델을 대상으로 복잡도를 검토한다. 다른 최신 모델들의 구조, 기능, 복잡도 등도 이 모델의 연장선에 있다고 간주할 수 있다.

다. 토큰을 단순한 수치로 변환하는 것도 가능하지만, 수치 벡터로 변환하는 것은 토큰 간에 의미적 관계, 구문 역할, 문맥 정보 등을 담고, 트랜스포머 구조에서의 계산을 효율적으로 할 수 있도록 만들기 위함이다. 각 임베딩 벡터의 크기 T는 12,288이다. 이것은 각 토큰이 12,288차원의 벡터로 표현된다는 것을 의미한다. 각 벡터는 32비트 또는 64비트의 부동소수점 숫자로 표시된다.[40]

각 토큰에 대해 변환된 임베딩 벡터를 뱃치 내의 토큰 전체에 대해서 변환해 모으면 하나의 행렬 형태가 되는데, 이를 임베딩 행렬이라고 부른다. 토큰 전체의 집합을 어휘라고 부르며, 어휘의 수가 D인 경우, 임베딩 행렬 W^E의 크기는 D×12,288이 된다. GPT-3 175B 모델의 경우, 어휘의 수가 50,257이므로, 임베딩 행렬의 크기는 50,257×12,288이다.[41]

임베딩 행렬은 다른 가중치 행렬들과 마찬가지로 훈련 과정에서 결정된다. 훈련이 끝나면 임베딩 행렬은 가로축이 입력 토큰이고 세로축이 토큰 벡터인 표의 형태로 저장된다. 사용 단계에서는 이 표에서 각 입력 토큰에 해당하는 임베딩 벡터의 값을 읽어 내는 것으로 입력 임베딩 과정이 간단히 끝난다.

2) 차폐 다중헤드주목

차폐 다중헤드주목 블록은 트랜스포머 구조의 핵심 요소로 자기주목 메커니즘을 수행하며, 그 세부적인 기능은 앞서 그림 5.5에 보인 것과 같다.

---

40 이것은 가중치 파라미터의 수 W가 1,750억 개인 GPT-3 175B 모델의 경우이고, 모델에 따라서 수치 벡터의 크기가 달라진다. 예를 들어 W가 1억 2,500만 개인 GPT-3 Small 모델의 경우에는 T가 768차원이고, W가 13억 개인 GPT-3 XL 모델의 경우는 T가 1,600차원이며, W가 130억 개인 GPT-3 13B 모델의 경우에는 T가 5,120차원이다.

41 대표적인 영어 사전인 옥스퍼드 영어 사전이 약 60만 단어를 수록한 것과 대조적으로, GPT-3 175B 모델이 상대적으로 적은 약 5만 개의 토큰을 어휘 크기로 사용한다. 그 이유는 모델의 복잡성과 언어의 다양한 뉘앙스 포착 능력 간의 균형을 취해, 과도한 계산 부하와 메모리 증가 없이 다양한 언어 구조와 어휘를 처리할 수 있도록 하기 위함이다.

단일헤드주목에서 임베딩 벡터를 일괄적으로 처리했을 것을 다중헤드주목은 헤드 수만큼으로 분할해 병렬로 처리한다. 즉, 임베딩 벡터 차원 T를 헤드 수 H로 나누어 각 헤드가 T/H 차원의 벡터를 처리한다. 이때 임베딩 벡터의 차원을 줄이는 일은 각 임베딩 벡터가 가중치 행렬 W^Q, W^K, W^V 각각을 통과하면서 이루어지며, 이를 위해서 각 가중치 행렬의 크기는 T×(T/H)로 잡는다. 그 결과로 얻어지는 Q, K, V 벡터는 각각 T/H 차원으로 줄어든다. GPT-3 175B 모델의 경우, 임베딩 벡터의 차원은 T=12,288, 다중헤드의 수는 H=96이며, 따라서 가중치 행렬 W^Q, W^K, W^V은 각각 12,288×128 크기의 행렬이 된다. 따라서 Q, K, V 벡터는 각각 T/H=128 차원으로 줄어들며, H개의 다중헤드주목 블록의 출력을 연속 연결한 가중치 행렬 W^O의 크기는 12,288×12,288이 된다.[42]

3) 피드포워드

첫 번째 FNN은 입력 벡터의 차원을 확장해 주는 선형 변환이고, 비선형 활성화 함수 처리 후의 두 번째 FNN은 벡터의 차원을 원래 크기로 축소해 주는 선형 변환이다. GPT-3 175B 모델의 경우는 확장 비율이 4배이다. 따라서 첫 번째 선형 변환을 위한 가중치 행렬 W^{F1}의 크기는 12,288×49,152이고 두 번째 가중치 행렬 W^{F2}의 크기는 49,152×12,288이다. 그 중간의 비선형 활성화 함수 GELU는 계산 과정이 단순하다.

차폐 다중헤드주목 블록과 피드포워드 블록으로 구성되는 트랜스포머 블록은 연쇄적으로 N 차례 반복되며, 따라서 N은 트랜스포머 신경망의 깊이라고 할 수 있다. GPT-3 175B 모델의 경우, N은 96이다.

42 다중헤드의 수 H는 모델마다 다르며, GPT-3 Small은 12개, GPT-3 XL은 32개, GPT-3 13B는 40개 등이다. 따라서 가중치 행렬 W^Q, W^K, W^V의 크기는 GPT-3 Small 모델의 경우 768×64, GPT-3 XL 모델의 경우 1,600×50, GPT-3 13B 모델의 경우, 5,120×128이 된다.

4) 선형 변환 및 소프트맥스

선형 블록에서는 입력 데이터를 어휘 크기와 일치하는 공간으로 선형 변환해 로짓 집합으로 확장한다. 이를 수행하는 가중치 행렬의 크기는 어휘의 수에 의해 결정된다. GPT-3 175B 모델의 경우, 선형 블록 가중치 행렬 W^L의 크기는 12,288×50,257이다.

소프트맥스 블록에서는 선형 블록의 출력 로짓에 소프트맥스 연산을 적용한다. 소프트맥스 함수는 로짓을 확률 분포로 변환하는 수학적 함수이며, 계산이 단순하다.

이상의 논의에서 언급된 가중치 행렬들을 종합하면 그림 5.9에 표시한 것과 같다.

(3) 가중치 파라미터 수

앞 절에서 예로 들었던 GPT-3의 경우, 훈련 과정을 통해 학습해야 하는 가중치 행렬의 수가 매우 많다. 입력 임베딩 블록에서 W^E, 차폐 다중주목 블록에서 W^Q, W^K, W^V, W^O, 피드포워드 블록에서 W^{F1}, W^{F2}, 선형 블록에서 W^L 등이 학습 대상이다(그림 5.9 참조). 각 행렬의 크기는 GPT-3 175B 모델을 기준으로 각각 W^E:50,257×12,288, W^Q:12,288×128, W^K:12,288×128, W^V:12,288×128, W^O:12.288×12,288, W^{F1}:12,288×49,152, W^{F2}:49,152×12,288, W^L:12,288×50,257 등이다. 특기 사항으로, 차폐 다중주목 블록과 피드포워드 블록은 N=96번 연쇄적으로 반복된다.

GPT-3는 위에 열거한 모든 가중치 행렬에 대해서 동시에 학습을 진행한다. 그림 5.2의 신경망 구조와 비교하면, 위에 열거한 가중치 행렬 각각이 다층 신경망 구조의 한 계층에 해당한다. 다만 각 계층 노드(뉴런)의 계산 결과가 바로 다음 계층에 입력으로 들어가지 않고 추가 처리 과정을 거친 후에 들어간다는 차이가 있을 뿐이다. 만일 다중헤드주목 블록의 3가지 행렬 W^Q, W^K, W^V가 동시에 계산되는 것으로 간주하면, 가중치 행렬은 입력 임베딩 블록이 1개 계층, 차폐 다중주목 블록이 2개 계층, 피드

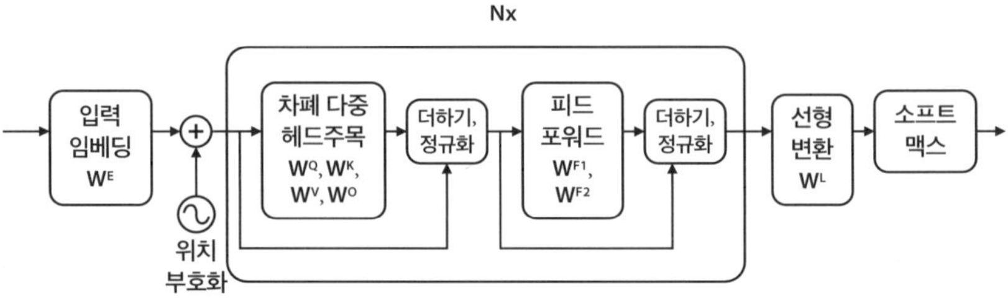

그림 5.9 GPT-3의 가중치 행렬

포워드 블록이 2개 계층, 선형 변환 블록이 1개 계층을 형성한다. 그런데 차폐 다중주목 블록과 피드포워드 블록이 96번 연쇄적으로 반복되므로, GPT-3 175B 모델은 총 1+(2+2)×96+1=386개의 계층으로 구성되는 심층 신경망이라고 할 수 있다.

그러면 그림 5.9를 토대로 GPT-3 175B 모델의 가중치 파라미터의 수를 계산해 보자. 모델명이 175B인 것은 가중치 파라미터가 '175 Billion(1,750억)'개라는 의미인데, 어떻게 이러한 숫자가 산출될 수 있는지 확인해 보자.

1) 입력 임베딩

입력 임베딩 블록에는 가중치 행렬 W^E에 들어 있는 가중치 파라미터가 50,257×12,288=617,588,016개이다.

2) 차폐 다중헤드주목

차폐 다중주목 블록 한 개에는 W^Q, W^K, W^V에 가중치 파라미터가 각각 12,288×128=1,572,864개씩 들어 있는데 헤드 수 H가 96개이므로 총 1,572,864×3×96=452,984,832개이다. 또 W^O에 12,288×12,288=150,994,944개가 들어 있으므로 블록 한 개의 가중치 파라미터는 총 603,979,776개이다.

3) 피드포워드

피드포워드 블록 한 개에는 W^{F1}에 12,288×49,152=603,979,776개, W^{F2}에 49,152×12,288=603,979,776개가 들어 있으며, 이들을 합하면 총 1,207,959,552개이다.

트랜스포머 블록 한 개에는 차폐 다중주목 블록 한 개와 피드포워드 블록 한 개가 들어 있다. 가중치 파라미터는 차폐 다중주목 블록와 피드포워드 블록에만 들어 있으며, 이들을 모두 합하면 603,979,776+1,207,959,552=1,811,939,328개이다. 이러한 트랜스포머 블록 96개가 연쇄로 연결되므로 학습할 가중치 파라미터는 총 173,946,175,488개이다.

4) 선형 변환 및 소프트맥스

선형 변환 블록에는 가중치 행렬 W^L에 들어 있는 가중치 파라미터의 수가 12,288×50,257=617,588,016개이다.

이상에서 열거한 파라미터들을 모두 합하면 GPT-3 175B 모델의 가중치 파라미터는 총 175,181,351,520개, 대략 1,750억 개이다(표 5.1 참조).

학습할 파라미터에는 가중치 파라미터 이외에도 정규분포화 파라미터와 편향치 파라미터가 있다.

정규분포화 파라미터는 더하기 및 정규화 블록마다 2개씩(즉, γ와 β) 들어 있고,[43] 더하기 및 정규화 블록은 트랜스포머 블록마다 2개씩 들어 있다(그림 5.9 참조). 정규분포화 파라미터가 각각 12,288 벡터이기 때문에, 벡터 단위로 본 정규분포화 파라미터 수는 트랜스포머 블록마다 2×2×12,288=49,152개이다. GPT 구조에는 트랜스포머 블록이 96번 반복

43 각 계층의 정규분포화에서는 입력 x_i를 평균 μ(뮤)와 표준편차 σ(시그마)에 대해서 y_i=(x_i-μ)/σ로 정규분포화하고, 그 결과를 파라미터 γ(감마)와 β(베타)를 사용해 z.i=γy_i+β 형식으로 크기와 위치를 조절한다. 이때 파라미터 γ와 β는 훈련 과정에서 결정되며, 정보 손실을 방지하고 수렴을 개선하는 효과를 낸다.

표 5.1 가중치 파라미터 수 계산(GPT-3 175B 모델)

	입력 임베딩	차폐 다중헤드주목	피드포워드	선형 변환
가중치 행렬 크기	W^E: 50,257×12,288	W^Q, W^K, W^V: 12,288×128 W^Q, W^K, W^V: 12,288×128 W^O: 12,288×12,288	W^{F1}: 12,288×49,152 W^{F2}: 49,152×12,288	W^L: 12,288×50,257
가중치 파라미터 수	W^E: 617,588,016	W^Q, W^K, W^V: 1,572,864×3×96 =452,984,832 W^O: 12,288×12,288 =150,994,944	W^{F1}: 603,979,776 W^{F2}: 603,979,776	W^L: 617,588,016
반복 횟수	1	96	96	1
총 가중치 파라미터 수	617,588,016	(452,984,832+ 150,994,944)×96= 57,982,058,496	(603,979,776+ 603,979,776)×96= 115,964,116,992	617,588,016
전체 가중치 파라미터 수	175,181,351,520			

되므로 정규분포화 파라미터는 총 4,718,592개가 된다.

편향치 파라미터는 각 노드(뉴런)마다 한 개씩 들어 있다 (그림 5.3 참조). 블록별로 살펴보면 먼저 입력 임베딩 블록에는 가중치 행렬 W^E가 있지만 이것은 단순히 토큰을 벡터로 변환하는 기능만 수행하기 때문에 편향치 파라미터가 없다. 차폐 다중주목 블록 한 개에는 W^Q, W^K, W^V에 편향치 파라미터가 각각 128개씩 들어 있는데 헤드 수 H가 96개이므로 총 128×3×96=36,864개, 그리고 W^O에 12,288개가 들어 있으므로 총 49,152개이다. 피드포워드 블록 한 개에는 W^{F1}에 49,152개, W^{F2}에 12,288개가 들어 있으며, 이들을 합하면 총 61,440개이다. 트랜스포머 블록 한 개에는 차폐 다중주목 블록 한 개와 피드포워드 블록 한 개가 들어 있으므로 이들에 들어 있는 편향치 파라미터를 모두 합하면

49,152+61,440=110,592개이다. 트랜스포머 블록 96개가 연쇄로 연결되므로 학습할 편향치 파라미터 수는 총 10,625,472개이다. 끝으로, 선형 변환 블록에는 가중치 행렬 W^L에 들어 있는 편향치 파라미터의 수가 50,257개이다. 그러므로 GPT-3 175B 모델에 들어 있는 편향치 파라미터 수는 총 10,625,472+50,257=10,675,729개이다.

(4) AI 시스템의 훈련

AI 시스템을 훈련하는 목적은 앞의 토큰들을 기반으로 다음 토큰을 예측할 수 있도록 하는 데 있다. 훈련 과정에서 학습의 대상은 가중치 파라미터이고 학습 결과는 가중치 값으로 저장된다.[44] 그 가중치 값이 질문을 이해하고 답변을 생성하는 두뇌의 역할을 한다. 가중치 파라미터는 위에서 살펴본 것처럼, GPT-3 175B 모델의 경우, 1,750억 개에 달하며 대부분이 트랜스포머 블록 내 다중헤드주목 블록과 피드포워드 블록에 집중되어 있다.

AI 시스템의 훈련 과정은 심층 신경망(예: GPT-3 175B 모델은 386개의 계층으로 구성된 심층 신경망)을 훈련하는 과정과 같다. AI 시스템을 훈련할 때, 처음에는 모든 계층의 가중치 파라미터를 임의의 값으로 설정하고 학습이 진행되는 과정에서 수정해 간다. 훈련 데이터를 받아서 5.5절에서 설명한 것과 같이 순방향 전파, 비용 함수 계산, 역방향 전파, 가중치 업데이트의 과정을 반복하는 가운데 학습을 진행한다. 비용 함수가 0으로 수렴하게 되면 학습이 종료되고, 그 시점에서의 가중치들이 최종 가중치 행렬을 구성한다. 그 가중치 행렬들은 실제 질의응답에 사용되며, 다음 훈련 과정이 있을 때까지 수정하지 않는다.

구체적으로, GPT-3 175B 모델은 훈련 과정에 자기 지도 학습(self-supervised learning)을 사용한다. 이것은 입력 데이터에서 자체적으로 레이

44 상대적으로 숫자가 아주 작지만, 정규분포화 파라미터와 편향치 파라미터도 학습 대상이다.

블을 생성해 스스로 학습하는 학습 방식이다. 레이블이 명시적으로 주어지지 않는다는 점에서 자기 지도 학습은 비지도 학습에 속한다고 말할 수 있으나, 실제적으로는 훈련용 입력 데이터에 이미 레이블이 들어 있으므로 이를 활용한다는 점에서 지도 학습과 같은 방식으로 작동한다. 비용 함수로는 교차 엔트로피 함수를 사용하며, 예측된 토큰 확률 분포와 다음 토큰의 실제 분포를 결합해 계산한다. 역전파 기법을 사용해 비용 함수에 대한 가중치 파라미터의 기울기를 계산하고, 이 기울기를 토대로 최적화 기법 Adam을 적용해 가중치 파라미터를 업데이트한다.[45] 입력 데이터는 복수 개의 뱃치로 나누어서 처리하며(뱃치의 크기는 최대 2,048 토큰), 트랜스포머 블록 내의 모든 계산도 뱃치 단위로 처리한다. 이때 다음 토큰을 예측하는 데 미래의 토큰이 개입되지 않도록 차폐(masking) 처리하며,[46] 비용 함수를 토큰 단위로 계산하고 뱃치 단위로 평균을 취해서 가중치 파라미터 업데이트에 사용한다. 첫 뱃치에 대해서 순방향 계산, 손실 계산, 역전파 계산 과정을 거쳐 가중치 파라미터를 한 차례 업데이트한 후, 바로 두 번째 뱃치로 넘어가서 이 과정을 반복해 두 번째로 업데이트한다. 이런 방식으로 모든 뱃치에 대한 가중치 파라미터 업데이트가 끝나면, 한 에포크(epoch)가 끝났다고 말한다. 에포크를 거듭 반복하면서 가중치 파라미터를 업데이트해 비용 함수가 0이 되거나 가중치에 변화가 없게 되면 주어진 입력 데이터에 대한 훈련이 종료된다. 그러면 그 최종 가중치를 시작점으로 하여 그다음 입력 데이터에 대한 훈련을 시작하며, 이와 같은 훈련 과정은 모든 훈련용 데이터가 소진될 때까지 계속된다.[47]

---

45 Adam(adaptive moment estimation) 최적화 기법은 기울기의 평균과 기울기 제곱의 평균을 사용해 학습률을 적응적으로 조정함으로써 수렴 속도를 개선하고 성능을 견고하게 유지할 수 있다.

46 차폐 처리는 주목 점수 행렬 S(그림 5.5 참조)에 차폐 행렬 M을 더해 주는 방식으로 처리할 수 있는데, 단 행렬 M의 요소 m_ij를 i≤j에 대해서는 0, i>j에 대해서는 -∞로 두면 된다. 그러면 -∞를 더한 항은 소프트맥스 처리과정에서 0이 되기 때문에 차폐 효과가 나타난다.

47 GPT-3은 다양한 출처에서 나온 570기가바이트(GB)의 텍스트 데이터로 훈련된 것으로 알려져 있다. 여기에는 수백억 개의 토큰이 포함되며, 반복된 에포크 수가 수백만 번에 달한다. 이 훈련

AI 시스템의 훈련에 사용하는 데이터는 광범위하다. 다양한 정보원(源)에서 방대한 양의 데이터를 수집해 전처리 과정을 거친 후에 훈련에 사용한다. 전처리 과정이 필요한 것은 각종 정보원에서 수집된 데이터가 형태와 내용의 측면에서 편차가 많고, 또한 잘못되거나 관련이 없는 정보가 포함될 수 있기 때문이다. 뒤이어 후속 처리로 특정 데이터셋과 사람의 피드백을 통해 미세 조정 과정을 수행하고, 그 과정에서 성능을 세부적으로 조정한다. 특히, 사람의 피드백을 이용한 강화학습(reinforced learning by human feedback, RLHF)이 중요하다. 사람이 모델의 출력을 평가하고, 모델의 성능이 소기의 정확도와 신뢰성을 만족하는지 검증하고, 모델의 편향성이나 결함을 식별하고 수정하는 것이다.

AI 시스템의 성능은 훈련 시 사용된 학습 데이터의 양과 질에 좌우된다. 학습 데이터의 정보가 바르면 바르게 학습하게 되고, 학습 데이터에 편향적인 정보가 들어 있으면 AI 모델의 답변에 편향성이 나타난다. 대규모 AI 모델을 훈련하는 데에는 다량의 다양한 데이터셋이 필요한데, 여기에는 코먼크롤(Common Crawl) 데이터셋,[48] 북코퍼스(BookCorpus),[49] 위키피디아, 책, 기사 및 저널, 기타 텍스트 등이 포함된다. GPT-4o의 경우에는 이미지, 오디오, 비디오 등 멀티모드 데이터도 필요하다.

AI 시스템은 훈련 과정에서만 학습하고 일단 훈련 기간이 끝나면 더 이상 학습하지 않는다.[50] 즉, 훈련이 끝난 가중치 파라미터는 변하지 않

은 엔비디아 V100 GPU 1,024개를 사용해 약 34일 만에 완료된 것으로 추정된다.

48 코먼크롤은 웹을 정기적(예: 월 단위)으로 크롤링(crawling, 체계적으로 웹사이트를 탐색해 데이터를 수집하는 행위)하고 그 아카이브와 데이터셋을 대중에게 무료로 제공하는 비영리 조직이며, 코먼크롤의 웹 아카이브는 2008년부터 수집된 페타바이트(즉, 1,000조 바이트) 규모의 데이터로 구성되어 있다.

49 북코퍼스는 인디 전자책 유통 웹사이트인 스매시워즈(Smashwords)에서 수집한 약 7,000권의 자체 출판 도서 텍스트로 구성된 데이터셋이다. 이 데이터셋은 약 9억 8,500만 단어로 구성되며 로맨스, 과학 소설, 판타지 등 다양한 장르의 책들을 포함한다. 초기 GPT 모델과 BERT 모델을 훈련하는 데이터로 사용되었다.

50 GPT-4를 예로 들면, 마지막 훈련이 끝난 것이 2023년 3월 14일이다. 2024년 5월 13일에 출시된 GPT-4o는 GPT-4를 새로 훈련한 것이 아니라 새로운 기능을 추가하고 최적화해 GPT-4를 향

는다. 질의응답 서비스 중에 새로운 사실을 알게 될지라도 (그것을 별도로 저장해 둘 수는 있어도) 바로 학습해 가중치 파라미터에 반영하지 않는다. 이것이 인간의 지능과 AI가 차별화되는 점이다. 사람의 경우는 질문을 이해하고 답변을 생성하는 과정에서 여러 생각을 하고 그 내용을 기억에 저장해 두지만, AI 시스템은 이해한 것을 토대로 답변하는 것으로 끝이다.

지금까지 AI의 인지 기능이 어떻게 시스템으로 구현되는지 질의응답 과정을 통해서 살펴보았다. 결론적으로, AI도 사람과 마찬가지로 질문을 이해하고 답변하는데, 모든 과정은 수치계산에 의해 이루어지며, 시스템 구현이란 이를 실행하는 계산 구조를 설계하고 그 안에 포함된 가중치 파라미터들을 결정하는 것을 말한다. 질문에 대한 이해는 계산 구조 내 트랜스포머 블록에서 이루어지고, 답변은 후속 블록들에서 생성된다. 가중치 파라미터들의 값은 훈련을 통해서 결정되며, 그 훈련에 방대한 양의 데이터와 컴퓨팅 파워가 소요되고 막대한 에너지가 소모된다. 그러나 일단 훈련이 끝나면, 사용 단계에서는 소요 계산량이나 소모 에너지가 크지 않다.

5.9 AI의 도전과 한계

AI는 실로 엄청난 잠재력을 보유한 블랙박스이다. 최근 들어 빠른 속도로 발전해 왔고 앞으로 기업 간의 경쟁이 격해지면서 발전이 가속할 것이다. 점차 산업과 사회에 보급 및 확산되면서 인류의 삶에 심대한 영향을 미칠 것이다. 그러나 AI가 가는 길은 평탄치 않다. 수많은 도전과 한계를 만날 것이다. 우선 기술적인 한계에 부딪칠 것이고, 그러한 문제들을 해결하는 과정은 매우 도전적인 일이 될 것이다. 또한 여러 윤리적·

상시킨 응용 프로그램이다. 단, 2024년 10월 4일에 출시한 GPT-o1은 새롭게 설계하고 새롭게 훈련한 새로운 모델이다.

사회적 우려를 빚어낼 것이고, 상당한 문제 제기도 뒤따를 것이다. 이러한 우려와 문제로 인해 각종 규제가 나타날 것이며, 규제 속에서 발전을 지속하는 것은 지금까지와는 다른 차원의 일이 될 것이다. 무엇보다 AI의 미래를 바라보는 인류의 눈에는 기대와 우려가 뒤섞여 있고, 자칫 그것이 인류에게 재앙을 가져올까 봐 불안을 자아낸다. 이와 같은 다양한 도전과 한계를 어떻게 슬기롭게 극복할 수 있느냐에 따라 AI의 미래가 좌우될 것이다.

(1) 기술적 도전과 한계

AI는 기술적으로 여러 가지 도전에 직면하는데, 대부분이 트랜스포머 자체의 문제에서 시작되어 GPT와 BERT 등과 같은 대규모 AI 모델들에 전이된 문제들이다. 대규모 모델을 훈련하고 사용하는 데 필요한 막대한 컴퓨팅 파워와 다량의 훈련 데이터, 그로부터 비롯된 환경적 영향이 그것이다. 또한 훈련에 사용되는 데이터 품질에 따라 서비스 품질이 좌우되고 데이터에 내재된 편향성이 그대로 서비스에 이식되는 점도 해결해야 할 문제이다. 훈련 데이터에 구속받지 않고 서비스를 일반화하고 확장하는 것도 도전적인 과제이다. 서로 다른 시스템 간의 통합이나 서로 다른 회사 제품 간의 연결을 위한 표준화도 AI의 장래 발전을 위해 해결할 과제이다.

딥러닝과 트랜스포머 구조를 사용하는 고성능 AI 모델은 대규모이고 매우 계산 집약적이다. GPT-3의 경우 가중치 파라미터가 1,750억 개에 달하고 트랜스포머 계층 수가 96개나 된다. BERT의 경우는 가중치 파라미터가 BERT-Base가 1억 1,000만 개, BERT-Large가 약 3억 4,000만 개이며, 트랜스포머 계층 수가 BERT-Base가 12개, BERT-Large가 24개이다. 따라서 컴퓨팅 비용이 많이 들고 상당한 메모리와 프로세서가 필요하다. GPT-3의 경우 엔비디아(NVIDIA)의 가장 강력한 GPU 수천 개로 구성된다고 한다. 이와 같은 대규모 AI 모델을 훈련하는 데는 강력한 GPU

파워가 필요하고, TPU까지도 동원된다.[51] 높은 컴퓨팅 파워가 소요되고, 상당한 훈련 기간이 필요하다. 실제로 GPT-3의 경우, 훈련에 여러 주가 걸렸다고 한다. 또한 다량의 에너지가 소모되기 때문에 탄소 배출과 환경 영향 문제가 대두된다.[52]

이와 같은 대규모 AI 모델이 최적의 성능을 발휘하도록 훈련하기 위해서는 다량의 다양한 데이터셋이 필요하다. GPT-3의 경우 훈련 데이터셋은 코먼크롤 데이터셋, 위키피디아, 책, 기타 텍스트를 포함해 수백 기가바이트에 달한다. BERT의 경우는 주로 북코퍼스 9억 단어와 영어 위키피디아 25억 단어로 훈련된다. 이러한 다량의 데이터셋을 확보하는 데는 비용이 많이 들며, AI 모델을 훈련하는 것 또한 매우 고비용이 드는 작업이다. 한편 다량의 훈련 데이터를 조달하지 못하는 언어에 대해서는 대규모 AI 모델도 좋은 성능을 제공할 수 없음을 의미한다.

AI 모델들은 확장성과 일반화 측면에서 어려움을 겪는다. 우선 모델의 크기를 확장하는 것은 상당히 도전적인 일이다. 모델이 커지면 요구되는 계산 능력과 메모리 공간이 기하급수적으로 늘어나며, 이를 효과적으로 훈련하는 데 필요한 데이터양도 늘어난다. 그러나 모델이 커져 파라미터가 증가해도 성능이 더 좋아진다는 보장은 없으며, 오히려 과적합에 취약할 수 있다. 즉, 훈련 데이터에서는 성능이 매우 좋아도 새롭거나 분야가 다른 데이터에 대해서는 성능이 도리어 떨어질 수 있다. 따라서 모델을 크게 만들어도 거기에 들어가는 추가 비용에 비해 성능 향상의 효과는

---

51 GPU는 원래 그래픽 렌더링을 위해 설계된 것으로, 고도의 병렬처리를 할 수 있고 텐서플로우(TensorFlow), 파이토치(PyTorch) 등 다양한 기계 학습 프레임워크를 지원한다. TPU는 구글이 심층 학습 등 기계 학습 작업을 가속화하기 위해 개발한 것으로, 대규모 계산을 처리할 수 있고 텐서플로우에 최적화되어 있다.

52 이러한 문제들을 해결하기 위해서 AI 모델들을 가볍게 만들면서 성능을 유지하려는 연구가 활발하게 진행 중이다. 한편 현재의 AI 모델들을 경량화하거나 처리 속도를 높이는 방향으로 연구하고, 다른 한편 심층 신경망처럼 행렬 연산 없이 고등사고를 하는 인간의 뇌를 모방하려는 방향으로 연구한다. KAN(Kolmogorov-Arnold Networks)이 그 한 사례라고 할 수 있다. 이와 같은 연구는 반도체 단위와 소프트웨어 코드 단위에서도 동시에 진행 중이다.

미미할 수 있다. 모델이 커지면 종종 분산 시스템에서 훈련할 필요가 생겨, 분산 시스템을 조정하고 훈련 과정을 병렬화하는 것이 상당히 복잡할 수 있다. 그러므로 AI 모델을 확장하는 것은 계산, 데이터, 효율성에 대한 새로운 도전이 된다.

대부분의 AI 모델은 훈련 데이터가 다양하지 않을 경우에 일반화하는 데 어려움이 있다. 이러한 일반화 문제는 AI의 맥락 이해의 한계, 훈련 데이터의 편중, 그리고 기계 학습 알고리듬의 내재적 한계로 인해 발생한다. AI 모델은 훈련된 데이터로부터 배우기 때문에 훈련한 것과 같은 분야에서는 탁월한 성능을 보여도 다른 분야나 맥락에 대해서는 성능이 제한된다. 기계 학습을 기반으로 하는 AI 모델은 훈련 데이터에서 잘 표현되지 않은 시나리오에 대해서는 맥락의 깊은 이해가 부족해 어려움을 겪을 수 있다. 모델이 훈련 데이터 특유의 특징에 지나치게 잘 맞춰져서, 다른 새로운 데이터에 적응하기 어렵기 때문이다. 현재 수준의 AI 모델은 새로운 상황을 이해하고 해석하는 데 사용하는 상식적 추론 능력을 갖추지 않았기 때문에, 훈련을 넘어서 일반화하는 능력에 한계가 있다.

GPT와 BERT 같은 대규모 언어 모델은 시스템이 복잡하고 접근하기 어려워서 '블랙박스' 같은 성격이 있다. 그래서 특정한 결정을 내리는 이유를 이해하기 어렵고, 생성물이나 분석 내용에 대한 이유를 설명하기도 어렵다. 이것은 의료나 금융과 같이 설명이 필요한 응용 분야에서 해결이 필요한 과제이다. 또한 오류나 편향 문제가 발생할 경우, 특히 투명성과 책임감이 요구되는 응용 분야에서 문제가 될 수 있다. 나아가 투명성의 부족은 일반화와 관련된 문제를 진단하고 수정하는 것을 어렵게 한다.

AI는 상호운용성과 통합, 그리고 표준화의 측면에서도 한계가 있다. AI는 다양한 시스템 및 산업에서 사용되는 다양한 데이터 형식과 프로토콜로 구성되기 때문에 호환성이 없어서 AI 알고리듬들이 여러 시스템 간에 원활하게 연동되도록 하는 데 한계가 있다. 또한 AI 모델과 데이터에 대한 범용 표준이 없어 다른 AI 시스템 간의 상호운용성을 달성하기 어렵다. 특히 딥러닝을 기반으로 하는 AI 모델은 복잡하고 불투명해서 각기 다른 AI 시스템들이 서로의 출력을 이해하고 사용하는 데 한계가 있다. 표준과 관련해서는 AI 기술이 빠르게 진화하고 있어 통일된 표준을 설정하는 것은 시기상조인 점이 있다. 또한 AI가 요구사항과 제약 조건이 서로 다른 다양한 도메인에 적용되기 때문에 범용의 표준을 만드는 것은 그 자체가 무리이다.

(2) 사회적·윤리적 도전

AI는 사회적·윤리적 측면에서 여러 문제를 야기할 수 있는데, 그것은 기본적으로 AI 시스템의 훈련 데이터에서 발원한다. 즉, AI 시스템은 훈련에 사용되는 데이터에 편향성이 있으면 그 편향성을 그대로 학습하고, 결국 AI 시스템의 생성물이나 분석 결과에 그 편향성이 전수된다. 그 편향성이 사회적으로 큰 반향을 일으킬 수 있기 때문에, 사회적·윤리적 문제는 AI가 사회적인 지지를 받으면서 순조롭게 발전하기 위해 필히 해결해야 할 선결 과제이다.

대규모 AI 모델들은 모두 대량의 고품질 데이터에 크게 의존하며, 모델의 성능은 훈련 데이터의 품질과 직접적으로 연관된다. 특히 훈련 데이터에 편향성이 생성물이나 분석 내용에 직접 전이되어 기존의 편향성을 확대 및 확산하는 결과를 초래할 수 있다. 그 편향성은 불공정하거나 차별적인 결과로 이어져 특히 채용, 대출, 법 집행, 신용 평가 등에서 민감한 결과를 초래할 수 있다. 또한 인종, 성별, 사회경제적 편향과 같은 다양한 형태로 나타날 수 있으며, 윤리적인 문제로 비화할 수 있다. 수집된 데이터에 개인정보가 들어 있을 때는 개인정보 보호와 관련된 문제도 일으킬 수 있다.

AI 시스템은 투명성과 책임성의 문제도 있다. AI의 투명성 문제란 AI 시스템이 어떻게 결정을 내리는지 이해하고 설명할 수가 없다는 뜻이다. 딥러닝을 사용하는 대규모 AI 모델은 블랙박스와 같아서 결정 과정이 불투명하므로 AI의 결정을 납득하고 신뢰하는 데 장애가 된다. 투명성 부족은 의도하지 않은 편향성과 윤리적 문제로 이어질 수 있으며, 운용자가 의도적으로 개입했다는 억측과 불신을 초래할 수 있다. 그래서 AI 시스템은 결과가 정확할 뿐만 아니라 해석 가능하고 설명 가능해야 한다는 요구가 높다.

투명성과 아울러 AI 시스템에 논란이 되는 것은 책임성 문제이다. 점차 자율성이 증가하는데, AI가 내리는 결정에 대해 누가 책임을 져야 하는지 책임 소재가 불분명한 것이다. 개발자인지, 사용자인지, AI 그 자체인지 특정하기가 어렵다. 결정에 대한 책임에 추가해 AI 시스템이 법률과 규정을 준수해 행동하도록 하는 것 또한 AI에 대한 책임 영역이다. 나아가 AI 시스템이 오작동할 경우에 대한 책임 소재도 명확히 할 필요가 있다.

AI의 발전으로 가장 도전받는 사회 문제는 일자리 문제이다. AI가 일자리를 대체할 가능성, 특히 일상적이고 반복적인 작업을 포함하는 다양한 종류의 직업을 AI를 통한 자동화가 대체하는 문제이다. 즉, 제조 및 창고 관리 직업, 데이터 입력 및 처리 직업, 고객 서비스 및 지원 직업, 소매 및 판매 직업, 운송 및 배달 직업, 회계 및 장부 관리 직업, 기본 분석 직업, 의료 지원 직업 등이 AI로 대체될 가능성이 높다. AI 시스템이 대규모화·지능화되면서 법률 서비스, 의료 서비스, 경영 지원 서비스, 연구개발 업무 등 고도의 전문 지식을 필요로 하는 직업까지도 AI로 대체될 가능성이 있다. AI가 이러한 업무들을 대체한다는 것은 그 직업들이 완전히 소멸한다기보다 그 업무의 중심축이 AI로 이전된다는 의미이며, 해당 업무에서 사람의 역할이 변한다는 것을 의미한다. 반면 AI 개발, 데이터 분석, 기계 학습, 사이버 보안, AI 윤리 및 거버넌스와 같은 분야에서 새로운 일자리를 창출하기도 한다.

AI는 새로운 산업과 시장을 창출하고 생산 및 사업의 효율성을 향상시켜 경제성장을 촉진할 잠재력을 지닌다. 그러나 AI 기술의 혜택이 널리 공유되지 않고 편중되거나 AI 인프라가 고루 갖춰지지 않으면 사회적 불평등이 증가할 수 있다. AI 기술에 능통하고 AI 기술을 활용하는 사람들과 그렇지 않은 사람들 간에, 또한 컴퓨터과학, 데이터 분석, 공학과 같은 분야의 교육과 훈련에 접근할 수 있는 사람들과 그렇지 못한 사람들 간에, 그리고 AI 관련 기술에 적응하고 배울 수 있는 근로자들과 그렇지 못한 근로자들 간에 사회경제적 격차가 확대될 수 있다. 이것은 디지털 전환기의 '디지털 격차'에 상응하는 AI 전환기의 'AI 격차'라 할 수 있다. AI 격차는 디지털 격차가 그랬던 것처럼 결국 사회경제적 격차를 넓히거나 사회적 역학 관계를 예상치 못한 방향으로 변화시킬 수 있다. 이러한 문제를 완화하기 위해서는 AI 기술을 효과적으로 활용할 수 있도록 돕는 AI 인프라 구축과 함께 '디지털·AI 문해력' 교육이 필수적이다.

AI는 개인정보와 사생활에 관련해서도 여러 우려와 쟁점을 낳는다. AI 시스템은 효과적인 훈련 및 운영을 위해 대량의 데이터가 필요한데, 데이터 수집 과정에 개인의 데이터가 개인의 명시적인 동의 없이, 또는 동의한다 해도 데이터 이용에 관한 완전한 이해 없이 수집되는 경우가 많다. 이렇게 수집된 개인 데이터는 사이버 공격을 받을 수 있으며, AI가 개인의 건강 상태나 개인적 선호 등 민감한 정보를 동의 없이 사용하게 되면 사생활 문제를 일으킬 수 있다. 또한 AI가 훈련 데이터에 담겨 있는 편견을 무의식적으로 학습하고 사용하는 가운데 개인정보에 잘못 적용해 사생활과 인격적 존엄성을 훼손할 수 있다. 이와 같은 문제들을 차단하기 위해서는 개인정보 수집 및 사용, 그리고 사생활 침해에 관한 강력한 법 제정과 철저한 법 집행이 필요하다. 특히 AI 기술이 개인정보 보호 규정을 숙지하고 준수하도록 개발하는 것이 중요하다.

AI가 사회에 미치는 영향은 다양하지만, 그중 가장 복잡하고 심각한 것이 윤리 문제이다. 위에서 설명한 편향성과 공정성 문제, 투명성과 책임성 문제, 개인정보와 사생활 문제 등이 모두 윤리 문제로 연결된다. 이와 같은 윤리 문제들이 AI 시스템의 내부적인 문제라면, 외부적인 문제,

즉 AI 기술의 사용에 따른 윤리 문제들은 더욱 심각하게 대두된다. AI 기술이 악의적으로 사용되면 사회와 인명에 큰 피해를 줄 수 있는데, 그 대표적인 사례가 사이버 공격, 허위 정보 확산, 자율 무기 시스템(Autonomous Weapon Systems, AWS) 등이다.[53] 특히 중요한 인프라 및 방위 분야에 파괴적으로 사용되는 것을 막고 사이버 위협으로부터 보안을 유지하는 것이 매우 중요한 AI 윤리적 고려사항이다. 또한 AI 기술을 얼굴 인식이나 행동 예측과 같은 감시 기술로 사용하면 지속적인 감시와 익명성의 상실 등으로 인간의 자율성과 존엄성을 훼손할뿐더러, 개인의 자유와 사생활에 악영향을 미칠 수 있다. 따라서 AI가 안전하게 개발되고 사용되며, 딥페이크(deep fake)[54] 등과 같은 허위 정보 생산이나 글로벌 보안에 위협이 되지 않도록 보장해야 한다.

(3) 위험과 위협

인간의 지능을 훨씬 능가하는 초지능의 AI가 존재한다는 사실은 그 자체가 인간에게 위험 요소로 인식된다. 초지능을 인간 지능으로 통제할 수 있을지 의문을 품는 순간 AI는 위협적인 존재로 변모한다. 이와 같은 막연한 위험이나 위협이 아니더라도, AI에는 실제로 위험하고 위협적인 요소가 많다. 이러한 요소들을 어떻게 해결하고 안전하게 관리할 수 있느냐에 따라 AI 기술의 성패가 좌우된다. 만일 잘 해결하거나 안전하게 관리할 수 있다면 AI는 인류에 혜택을 주며 발전할 것이고, 그렇지 못한 경우에는 인류에게 고통을 안겨 주고 인류를 파멸로 이끌 수 있다.

AI가 위험(危險, risk)이 되는 요소는 크게 네 가지로 분류할 수 있다. 첫

53 자율 무기 시스템은 치명적인 자율 무기, 또는 살인 로봇(killer robot)이라고도 부르는 무기 시스템으로, 사람의 개입 없이 AI를 사용해 목표물을 식별, 선택 및 살상한다. 무인 드론과 같은 자율 무기는 사람이 원격으로 조종하는 것이 아니라, AI 알고리듬이 자체적으로 결정한다.

54 딥페이크는 AI 알고리듬을 사용해 생성된 디지털 위조물로, 오디오 및 비디오 콘텐츠를 조작해 개인이 실제로 하지 않은 일을 한 것처럼 보이게 한다.

째는 기술적 위험으로, 알고리듬의 편향성, 예측 못한 상황에서의 고장 또는 예측 못한 행동, 인간의 의도와 배치되는 행동의 가능성, 의사결정 과정의 오류, 복잡한 인간 맥락에 대한 이해의 한계 등이다. 둘째는 윤리적 위험으로, 편견과 차별 가능성에 대한 우려, 개인정보 이용 및 사생활 침해의 우려, 허위 정보 생산 및 확산 문제, 결정 과정에서의 인간 자율성 침해 가능성, 감시 기술로 사용되는 문제, 그 밖의 잠재적 오용 등이 포함된다. 셋째는 사회적 위험으로, 일자리 대체 및 변화, AI 접근 기회의 불평등, 사회경제적 불평등 초래, 시장 집중 가능성과 사회 역학 관계의 변화, AI에 대한 인식과 신뢰 문제 등이다. 넷째는 보안 위험으로, 사이버 공격, 인프라 파괴, 데이터 유출, 해킹과 조작에 대한 보안의 취약성 등이다. 이러한 위험 요소에 대해서는 앞서 논의한 바 있다.

AI가 위협(威脅, threat)이 되는 요소들을 살펴보면, AI의 무기화, 정보 조작 도구화, 사이버 공격 도구화, 감시 도구화 등 여러 가지가 있다. 먼저, AI 기술이 AWS와 같은 군사 장비에 탑재되어 사용되면 위협적인 위력을 발휘하게 된다. 자율 무기는 알고리듬에 의해 자율적으로 결정을 내리기 때문에 사용 결과에 대한 책임 소재를 특정하기가 어렵다. 즉, 자율 무기가 의도하지 않은 사상자를 낸 경우 제조업체, 프로그래머, 군사 지휘관, 정부 중 누가 책임을 져야 할지 명확하지 않다. 사람 같으면 상황에 따라 도덕적·윤리적 함의를 고려해 결정할 수 있지만, 자율 무기는 단순히 알고리듬에 의해 결정을 내릴 뿐이기 때문이다. 또한 AI를 실전과 같은 복잡하고 역동적인 상황을 학습시키기 어렵기 때문에 자율 무기가 실전에서 예측 밖의 행동을 할 수 있다. 나아가 해킹 및 사이버 공격에 취약하기 때문에 오작동할 가능성이 있고, 테러 집단이나 반국가 단체들 손에 넘어갈 가능성에 대한 위협도 상존한다.

AI 기술을 이용해 소셜미디어 피드,[55] 검색 결과, 뉴스 추천을 은밀하

---

55 소셜미디어 피드는 소셜미디어 플랫폼상에서 사용자에게 표시되는 텍스트, 이미지, 비디오 등과

게 조작하면, 여론과 사회적 행동에 미묘하면서도 강력하게 영향을 미칠 수 있다. 특히 AI 기술을 이용해 가짜 오디오와 비디오, 즉 딥페이크를 만들면 가짜 여부를 식별하기가 어려워져 매우 위험하다. 딥페이크는 정보의 진실성에 위협을 가할 뿐 아니라, 허위 정보로 여론을 조작하고 선거에 영향을 주고 정치적 불안정을 초래할 수 있다.[56] 딥페이크를 써서 가공된 시나리오에 오디오와 비디오를 실감 나게 조작해 결합하면, 심각한 사생활 침해와 명예훼손을 초래할 수 있고, 내용에 따라서는 반목, 폭력, 사이버 공격, 그리고 소요 사태까지 불러올 수 있다. 나아가 딥페이크는 현실과 허구 사이의 경계를 흐려서 모든 보도에 대한 진실성을 의심하게 하고, 미디어에 대한 대중의 신뢰를 침식하며, 대중을 현실에 냉담하게 만들 수 있다. 또 비디오와 오디오 콘텐츠의 진위를 검증하는 언론의 사실 규명(fact checking) 업무를 더 어렵게 한다. 그런데 딥페이크는 찾아내기도 어렵고 처벌하기도 쉽지 않다는 맹점이 있다. 딥페이크를 탐지하는 AI 알고리듬을 개발하면 곧 탐지를 회피하는 딥페이크 생성 방법이 나올 것이기 때문이다. 또한 표현의 자유와 지적재산권을 존중하고 정당한 표현과 표현 방식을 억제하지 않으면서 딥페이크의 오용을 처벌하는 것은 매우 까다로운 일이기 때문이다.

AI를 사이버 공격용으로 사용하게 되면 공격의 규모와 정교함에 있어서 매우 위협적이다. AI를 사용해서 해킹 장치와 기술을 지능화하거나 사이버 전쟁 및 사이버 범죄에 AI를 통합하게 되면, 심각한 사이버 보안 위협을 초래할 수 있다. AI 기술을 이용하면 방대한 양의 데이터를 분석해 인간 해커보다 효율적으로 시스템의 취약점을 식별할 수 있고, 실시간으로 학습하고 적응해 상황의 변화에 따라 전략을 조정할 수도 있다. 또한 사이버 공격

같은 일련의 콘텐츠를 말한다.

56 2024년 2월 19일 자 『조선일보』는 2월 16일에 아마존, 구글, 메타, 마이크로소프트 등 20개 AI 기업이 독일 뮌헨안보회의(MSC, Munich Security Conference)에서 딥페이크 부작용 차단을 골자로 한 '2024년 선거 AI 기만적 사용 방지 기술 협약'을 발표했다고 보도했다.

의 실행을 자동화·최적화해 공격을 더 정교하게, 그리고 탐지하기 어렵게 만들 수 있다. AI 사이버 공격은 자율주행 차량이나 산업 제어 시스템과 같은 AI 시스템을 대상으로 삼을 수 있으며, 이 경우 시스템의 운영을 방해하거나 학습 과정 또는 결과를 손상하는 방향으로 공격할 수 있다. AI 사이버 공격은 사이버 괴롭힘용으로도 사용될 수 있으며, 이 경우 딥페이크를 개인적인 공격과 사이버 괴롭힘의 무기로 사용할 수 있다.

AI 기술을 감시 및 사생활 침해에 이용하면 고통스러운 위협이 된다. AI 기술을 사용하면 CCTV, 온라인 활동, 모바일 장치 등과 같은 다양한 출처에서 방대한 양의 데이터를 처리할 수 있으며, 만일 이러한 능력을 대규모 감시용으로 사용하게 되면 사생활과 자유를 크게 침해할 수 있다. 덧붙여 AI를 이용한 고정밀 안면 인식 기술을 사용하게 되면 군중 속의 개인을 식별하고, 행동 및 이동을 추적하고, 개인 활동에 대한 자세한 프로필을 작성할 수 있다. 만일 정부 기관이 이러한 기술을 국민 감시용으로 사용하게 되면 사생활 침해는 물론 자유로운 삶을 구속하게 된다. 물론 정부는 범죄를 예방한다는 명분으로 CCTV를 설치하겠지만, 그것이 결국 특정 지역 공동체나 지역 주민들을 대상으로 한 감시와 개인별 프로필 작성에 전용될 수 있다. 만일 CCTV와 안면 인식 기술로 취한 개인정보를 온라인 활동, 모바일 장치 등에서 취한 개인정보와 종합해 포괄적 프로필을 만들면, 거기에는 개인의 습관, 건강 상태, 재정 상태, 정치적 성향, 종교적 취향 등 민감한 정보가 취합될 수 있어 오남용할 경우 치명적인 결과를 초래할 수 있다. 이것은 사생활과 자유로운 삶에 매우 위협적인 존재이다.

이와 같은 위험 및 위협 요소를 어떻게 해소하거나 관리할 수 있을까? 물론 기술적인 위험 요소는 전문 개발자들이 해결하기 최선을 다할 것을 촉구하고 기다릴 수밖에 없다. 그러나 그 밖의 사용에 따른 위험 요소, 즉 윤리적·사회적·보안적 위험은 엄밀한 문제의 규명과 대책 마련, 그리고 실천을 통해 해결하거나 완화해야 한다. 먼저 위험을 평가하는 모델을 만들고, 모델을 현실 문제에 적용해서 위험을 분석하고, 위험을 관리하는 전략을 세워야 한다.[57] 그런 다음에 전략을 실행에 옮기면서 법 제도로 규제하고 이해관계자의 이해를 촉구하고, 대중을 교육해야 한다. 특히 AI 기술을 이용한 딥페이크나 사이버 공격에 대해 색출 및 방어를 위한 기술적 대응에 힘쓰는 한편, 엄격한 법 제도를 마련해 철저하게 집행할 필요가 있다. 정부 기관에 의한 개인 감시나 사생활 침해 문제는 통제 국가에서나 있을 법한 일이지만, 자유민주주의 국가에서도 방심할 수 없는 일이므로 적절한 법적 장치와 시민 활동으로 상시 감독할 필요가 있다.

AI의 위험과 위협을 슬기롭게 해결하고 미래사회로 나아가는 길은 인간과 AI의 공존에 따른 안전한 관계를 설정하고 인간 우위의 질서를 유지하는 데 있다. 미래의 AI 시스템이 더욱 지능적·자율적으로 발달하면서도 인간을 존중하고 인간과 조화롭게 공존하며 협력할 수 있도록 해야 하는 것이다. 또한 AI 시스템의 목표와 행동이 인간의 기대와 일치하고, AI의 윤리관이 인간의 가치와 일치하도록 해야 한다. 따라서 AI가 인간과 공존하는 데 AI의 역할은 인간의 능력을 대체하기보다는 보완하는 것이어야 한다. 의사결정에 있어서도 사람 대신 AI가 결정하는 것이 아니라 사람의 결정을 AI가 돕거나 보완하는 방식이어야 한다. 중요한 의사결정에 있어서 AI의 신뢰성이 전제되어야만 협력과 의존이 가능하다. 따라서 AI를 신뢰할 수 있도록 AI 시스템을 개발하는 것이 전문 개발자의 기본 도리이고, 그렇다 하더라도 AI에 과도하게 의존하지 않는 것이 사용자의 기본 자세이다. AI를 신뢰할 만하다는 것은 AI가 편향성과 공정성 문제, 투명성과 책임성 문제, 개인정보와 사생활 문제 등 사회적·윤리적 우려를 믿을 만하게 해소했다는 의미이다.

---

57 EU의 인공지능법(AIA)은 AI시스템의 위험을 허용 불가능한 위험, 고(高)위험, 제한적 위험, 허용 가능한 위험 등 네 가지로 구분한다. 제5장 5.9 (5)절 참조.

(4) 규제와 관리

AI 기술이 초래하는 사회적·윤리적·보안적 문제를 해결하기 위해서는 적절한 규제가 필요하다. 편향성과 공정성 문제, 투명성과 책임성 문제, 개인정보와 사생활 문제 등 AI의 내부 문제들과 관련해서 적절한 윤리적 지침을 설정하고 전문가들이 AI 연구개발 시 유념하도록 요구할 필요가 있다. 사이버 공격, 허위 정보 확산, 자율 무기 시스템 등 사회적 안전과 국제적 안전에 위협이 되는 사회적·보안적 문제들에 관련해서는 국내 및 국제법과 제도를 제정해 적극적으로 대처할 필요가 있다. 그러나 AI 기술의 빠른 변화와 국가 간 이해관계 상충 등으로 인해 규제 제정은 여러 도전에 직면하게 된다.

규제는 문제의 본질을 파악한 후에 문제가 재발하거나 확산하지 않도록 방어하는 것인데, AI 기술의 경우 규제의 골격을 잡기가 어렵다. AI 기술은 빠르게 발전하는데 규제를 제정하는 과정은 상대적으로 느리기 때문에 그 속도를 따라잡기도 어렵다. 기술 발전 속도를 따라잡지 못하는 법률과 규정은 곧 구식이 되어, 새로운 발전이나 위험에 제대로 대처하지 못할뿐더러 때로는 장애가 될 수 있다. 다른 측면에서, AI는 전 세계적으로 연구개발 및 사용 중이지만 규제 방식은 나라와 지역마다 다른 점도 규제 제정을 어렵게 한다. 일관성 있는 국제 표준 및 규정을 수립하려면 광범위한 국제 협력과 공감대 형성이 필요한데, 그것은 국가 간 관심사와 이해관계가 상충할 수 있기 때문에 그 과정과 진행이 매우 복잡하고 더디다.

규제를 제정할 때는 늘 혁신과 규제와의 관계를 염두에 두고 시의적절성을 저울질해야 한다. 위험 관리를 위해서는 규제가 필요하지만, 너무 서두르거나 지나치게 엄격하면 기술 혁신을 지연시키거나 억제할 수 있다. 기술 발전을 장려하면서도 동시에 잠재적 위험을 방지하는 균형점을 찾아 시의적절하게 규제하는 것이 규제의 미학이다. 이와 같은 규제 철학을 잘 견지하면, 기술도 충분히 발달하고 인류사회에 혜택을 가져오면서 동시에 국가 발전에 이바지할 수 있다. 그 사례를 미국에서 볼 수 있다. 미국은 과거에 AT&T가 통신기술이 충분히 발달한 후에 컴퓨터 사업으로 확장하려고 할 때 규제를 시작했다. 또 오늘에는 디지털 플랫폼 기술이 충분히 발달할 때까지 기다려 주었다가 공정 경쟁의 문제가 대두되자 규제를 시작하고 있다. 그런데 AI 기술은 이러한 기술들과 성격이 다르다. AI 기술은 잠재적 위력이 막강할 뿐만 아니라 잠재적 위험 또한 막대해 기술이 충분히 발달하고 사업화하기 전에 미리 규제해 고삐를 잡지 않으면 영원히 규제하지 못할 위험성이 있다. 미리미리 연구하고 여론을 수렴해 AI에 대한 포괄적인 윤리 지침을 개발할 필요가 있고, 국제적 공조를 서두를 필요가 있다.[58]

그러면 AI의 규제 및 윤리 지침을 만들 때 어떠한 내용을 포함해야 할까? 먼저 AI 기술 개발과 관련된 내부 문제들에 주목해 전문 개발자의 포괄적 윤리 지침으로 규정할 필요가 있다. 그중 첫 번째가 투명성과 설명 가능성이다. AI 시스템의 결정을 설명할 수 있도록 투명하게 만들어서 사용자가 그것을 이해할 수 있도록 해야 한다. 두 번째는 편향성과 공정성이다. AI 시스템이 훈련 과정에서 잘못된 학습으로 인한 편견으로 작업 결과에 편향성을 전이시키거나 불공정성을 개입시키지 않도록 윤리 지침을 마련해 전문 개발자가 유념하도록 해야 한다. 세 번째는 책임성이다. AI 시스템이 내린 결정에 대한 책임 소재를 분명히 하고 그로 인해 빚어진 문제에 대한 법적 책임을 명확히 하는 지침이 필요하다. 여기에는 자율주행 차량과 같은 자율 시스템에 관련된 도의적·법적 책임도 포함된다. 네 번째는 안전과 보안의 문제이다. AI 시스템은 안전하게 작동하고 사이버 위협으로부터 보호되도록 설계 및 구축되어야 한다. 이를 지침으로 규정해 전문 개발자가 견고한 보안 프로토콜의 개발과 취약점에 대

58 EU는 2021년 4월부터 AI 규제를 공론화해 2024년 3월에 AI 규제법을 제정하게 되었는데, 이것은 기술의 발달과 AI의 특수성을 감안한 시의적절한 조처로 간주된다. 제5장 5.9 (5)절 참조.

한 정기 점검을 통해 AI 시스템의 안전과 보안을 보장할 수 있도록 촉구해야 한다. 다섯 번째는 지속 가능성과 환경적 영향이다. 전문 개발자는 대규모 AI 모델이 상당한 에너지 소비를 소비하고 이것이 환경에 영향을 미친다는 점을 유념하고, 에너지 효율이 높은 AI 기술을 개발하도록 지침으로 규정해야 한다.

다음으로 AI 기술의 사용에 관련된 사회적·보안적 문제들에 대해 각종 법 제도로 규정해야 한다. 먼저, 데이터 사용과 개인정보 취급과 관련된 법 제정이다. 데이터의 수집, 사용, 공유에 대한 엄격한 법 제도가 필요하고, 여기에는 데이터 수집에 대한 정보 제공 동의, 안전한 데이터 저장, 개인정보 유출 방지 등을 통한 개인정보 보호와 사생활 침해 방지를 포함해야 한다. 둘째, 딥페이크 등 AI 기술을 이용한 허위 정보 생산과 확산을 방지할 수 있도록 엄중한 법 제도의 규정과 철저한 집행이 필요하다. 셋째, AI 사용에 대한 윤리 지침의 준수와 무해성 원칙이 필요하다. 자율 무기 시스템 개발이나 무단 감시와 같은 해로운 목적으로 AI를 사용하는 것을 금지하는 법 제정이 필요하다. 넷째, AI의 결정에 대한 사람의 감독이다. AI를 이용한 의사결정을 그 과정과 내용을 사람이 감독하도록 제도화해 결정이 공정하고 윤리적이며 책임성 있음을 확인한 후에 적용하도록 할 필요가 있다. 다섯째, 공공의 참여와 대중 교육이다. 공공의 의견과 교육을 AI 거버넌스의 일부로 삼아, AI의 사회적 사용에 대한 논의를 공론화하고 AI의 능력과 위험을 교육할 필요가 있다. 여섯째, 국제적 합의와 공조가 필요하다. AI 기술은 국경을 초월하므로 AI 규제를 만들고 집행하는 데 국제적으로 협력해 글로벌 표준을 설정하고 초국가적 도전에 공동으로 대처할 필요가 있다.

AI의 윤리 문제를 실효성 있게 해결하려면 AI 전문가, AI 사업가, 윤리학자, 정책 입안자, 일반 대중 등 다양한 이해관계자들이 공동으로 참여해 AI를 책임성 있고 윤리적이고 지속 가능한 방식으로 개발하도록 체계적으로 법제화하고 적극적으로 집행할 필요가 있다. AI 규제 및 윤리 지침을 다루는 관리 조직은 국제, 지역, 또는 국가 단위의 다층적인 조직들로 구성할 수 있고, 국가 단위에서도 정부 차원, 기업 차원, 대학이나 연구소 차원, 그리고 시민단체 차원에서 다면적으로 참여할 수 있다.

(5) EU의 인공지능법(AIA)

이상에서 논의한 AI의 도전과 한계, 기술적·윤리적·사회적 문제, AI의 위험과 위협 문제, AI의 규제와 관리 문제 등을 종합적으로 분석·검토해 처음으로 법제화한 것이 EU의 인공지능법(Artificial Intelligence Act, AIA)이다. EU는 2024년에 AI 기술의 혁신을 촉진하면서 윤리적이고 안전한 활용을 보장할 목적으로 AIA를 제정했다.[59] AIA는 세계 최초의 AI에 대한 포괄적 법적 제도로, AI 시스템이 사람의 기본 권리, 안전 및 윤리적 원칙을 존중하도록 AI 개발자와 배포자에게 명확한 요구 사항과 의무를 규정하는 것을 목표로 한다.

AIA의 기본 정신은 신뢰성과 책임성이다. AI 기술이 투명하고 설명 가능해야 하며 공정하게 운영되어야 함을 강조한다. 그렇게 AI 시스템이 사람들의 삶에 긍정적인 영향을 줄 수 있도록 하고, 기술의 발전과 함께 윤리적 문제를 해결해 나갈 수 있도록 해야 한다는 것이다.

AIA는 AI 시스템을 위험 수준에 따라 네 가지 주요 범주로 분류한다.

1. 허용 불가능한 위험(unacceptable risk): 사람의 안전과 권리에 중대한 위험을 초래할 가능성이 있는 AI 시스템으로, 이 경우에는 사용이 금지된다. 예를 들어, 공공장소에서 실시간 원격으로 신원을 확인하기 위해 설치하는 생체 측정 AI 시스템이나, 개인의 사회적 행동을 평가하고 그에 따라 혜택이나 처벌을 가하는 사회적 점수제 AI 시스

59 AIA는 2021년 4월 21일에 유럽위원회가 처음 제안했고, 2024년 3월 13일에 유럽 의회를 통과했으며, 2024년 5월 21일에 EU 이사회가 만장일치로 승인했다. 이어서 2024년 7월 12일에 EU의 공식 저널에 발표되었으며, 2024년 8월 1일부터 발효되었다.

템이나, 사람의 행동이나 생각을 부당하게 조작하는 AI 시스템은 금지된다.

2. 고위험(high risk): 사람의 안전, 건강, 기본권에 영향을 미치는 AI 시스템으로, 이 경우에는 엄격한 법적 요구 사항을 준수해야 한다. 예를 들어, 의료 기기, 교통수단, 법 집행 등에 사용되는 AI 시스템은 시장에 출시하기 전에 해당 법적 요건을 충족해야 한다.
3. 제한적 위험(limited risk): 위험성이 상대적으로 낮은 AI 시스템으로, 이 경우에는 투명성 요건을 충족해야 한다. 예를 들어, 사용자가 AI와 대화나 작업을 하고 있음을 인지하도록 해야 하며, AI가 생성한 콘텐츠가 식별 가능해야 한다. 공공의 이익에 관한 정보를 제공하기 위해 게시된 AI 생성 텍스트는 AI에 의해 생성되었음을 명시해야 하며, 이것은 오디오 및 비디오 콘텐츠(딥페이크 포함)에도 적용된다.[60]
4. 허용 가능한 위험(acceptable risk): 위험도가 낮은 AI 시스템으로, 규제가 필요 없다. 여기에는 AI 지원 비디오 게임이나 스팸 필터와 같은 응용 프로그램이 포함되며, 자유로운 사용이 허용된다.

AIA는 생성형 AI 모델처럼 다양한 작업을 수행하고 적응할 수 있는 일반 목적 AI(general purpose AI, GPAI) 모델에 대해서 제공자에게 기술 문서 유지, 데이터 요약 공개, EU 저작권 준수 등의 의무를 부과한다. 무료 및 오픈 라이선스 GPAI 모델의 경우에는 저작권 준수와 교육 데이터 요약 공개만 요구하지만, 시스템적 위험이 있는 모델의 경우에는 추가적인 평가와 위험 완화 조치를 요구한다. AIA는 AI 시스템의 개발자와 운영자에게 다음과 같은 사항을 의무로 부과한다. 첫째, AI 시스템이 품질 및 투명성을 보장할 수 있도록 데이터를 적절히 관리해야 한다. 둘째, AI 시스템

60 AIA는 딥페이크를 규제한다. 즉, AI를 통해 생성되거나 조작된 이미지, 오디오, 비디오 콘텐츠는 반드시 AI에 의해 생성되었음을 명확히 표시할 것을 요구한다. 다만 법적 목적을 위해 사용될 때는 예외가 인정될 수 있다.

의 운영 및 의사결정 과정을 기록하고 보관해야 한다. 셋째, AI 시스템의 작동 방식을 사용자에게 설명하고, 그 한계와 위험에 대해 명확히 알려야 한다. 넷째, AI 시스템의 의사결정을 사람이 감독해, 필요시 수정하거나 중단할 수 있도록 해야 한다. 다섯째, AI 시스템이 시장에 출시된 후에도 공급자는 사후 모니터링 시스템을 운영하고, 배포자는 인적 감독과 모니터링을 하며, 심각한 사건과 오작동이 발생하면 보고해야 한다.

AIA의 주요 특징 중 하나는 AI 테스트 샌드박스의 도입이다. 샌드박스는 AI 시스템이 시장에 배포되기 전에 개발, 테스트 및 검증할 수 있는 통제된 환경을 제공한다. 특히 중소기업들이 고위험 AI 시스템을 실험할 때 규제 감독하에 하도록 지원함으로써 혁신을 촉진하는 동시에 법적 기준을 준수할 수 있도록 만든다.

AIA가 발효 및 적용된 이후에 AIA를 준수하지 않을 경우, 해당 기업에 무거운 벌칙이 적용된다.[61] 연간 전 세계 총매출의 최대 7%에 해당하는 벌금이 부과될 수 있다. AIA를 반복적으로 위반할 경우 더 엄격한 제재가 가할 수 있으며, 최후의 수단으로 사업 일부를 매각하는 등의 조치도 가할 수 있다.

61 AIA는 발효 후 24개월 후에 전면적으로 적용될 예정이지만, 위험 수준이나 조항에 따라서 일부 조항은 더 일찍 적용된다. 즉, 허용 불가 위험 AI 시스템 금지는 발효 후 6개월 후부터, 일반 목적 AI 시스템에 대한 규제는 발효 후 12개월 후부터 적용된다. 고위험 시스템은 발효 후 36개월 후부터 요구 사항을 준수해야 한다.

06 산업의 디지털·AI 전환

디지털 기술을 받아들여 디지털 전환을 제일 먼저 시작한 것은 산업이다. 산업이 디지털 전환에 먼저 관심을 기울이게 된 것은 경쟁 때문이다. 디지털로 전환하지 않으면 경쟁에서 뒤처지게 되고 결국은 도태하게 된다. 산업 시대에 들어서서도 쟁기 농사를 고집하면 트랙터 농사에게 밀려날 수밖에 없듯이, 디지털·AI 시대에 들어서서도 단순 트랙터 농사를 고수했다가는 디지털 기술로 재무장한 자율주행 트랙터에 밀려서 도태할 수밖에 없다. 그래서 기업들은 디지털 전환을 시대적 과제로 인식해 경쟁적으로 디지털 전환에 뛰어들었다. 기업들이 앞장서 디지털 전환에 나섰기 때문에, 초기에는 기업이 디지털 기술을 사업의 각 영역에 접목해 기업의 운영을 변화시키는 행위를 디지털 전환이라고 정의하기도 했다.

최근 들어, 디지털 기술이 성숙해 가는 중에 AI 기술이 뛰쳐나와 빠르게 질주하기 시작했다. 이러한 변화 추세를 포착하고 기업들은 다시금 AI 기술로 진로를 전환하고 있다. 대량의 데이터 처리, 실시간 의사결정, 정밀한 품질 관리, 적극적인 고객 대응 등의 업무에 AI 기술을 비중 있게 적용해 자동화와 지능화를 추구하고 있다. 이것이 곧 AI 전환이다. 그런데 AI 기술이 디지털 기술에 포함되고 AI 전환이 디지털 전환의 연장선상에 위치하기 때문에, 이들을 통칭해 디지털·AI 전환이라고 부른다. 또한 디지털 전환이라는 용어 자체도 암묵적으로 디지털·AI 전환을 의미한다.

6.1 디지털 전환의 혜택

산업 분야에서의 디지털 전환은 단지 새로운 디지털 기술을 채택하는 것을 넘어서서, 디지털 도구와 기술을 활용해 기존의 운영 방식을 최적화하고, 나아가 고객 경험을 향상하고 새로운 비즈니스 모델을 창출하는 것을 의미한다. 즉, 디지털 전환은 디지털 도구와 개념을 사업 모델, 사업 절차, 조직구조 등에 반영하고, 데이터에 입각한 의사결정, 자동화된 절차, 디지털 방식의 협업 및 혁신 등을 도모해 산업 경영의 효율성을 개선하고, 기업 혁신을 도모하고, 새로운 가치를 창출하는 전방위적 변화를 추구하는 것이다.

기업은 사회의 다른 어느 부문보다도 경쟁적으로 디지털 전환에 치중하고 있다. 기업활동이란 시장에서 제품과 서비스를 두고 소비자의 마음을 끌기 위해 다른 기업들과 경쟁하는 것 자체이기 때문이다. 그러한 경쟁은 국내 시장뿐만 아니라 글로벌 시장에도 그대로 적용된다. 정치, 사회, 문화, 교육 등 다른 부문은 비교적 국내 문제에 치중한다면, 산업은 늘 국제 경쟁에 직면한다. 따라서 기업은 기술과 산업사회의 변화를 촉각을 곤두세워 감지하며, 새로운 기술이 나타나면 즉각 채택해 경쟁의 무기로 삼는다. 하물며 디지털 전환과 같은 중차대한 일은 기업이 잠시도 눈을 감거나 게을리할 수 없는 일이다.

디지털 전환을 위해서는 많은 투자가 필요하고, 아울러 데이터가 필요하다. 우선 디지털 장치와 기술을 도입하고 디지털 기술 전문가를 고용해야 한다. 이 점에 있어서는 자본을 동원할 힘이 있는 기업이 디지털 전환에 유리하다. 또한 디지털 전환은 생산 과정, 공급 과정, 고객 등에 관한 데이터가 많이 누적되어 있을수록 효과가 크다. 과거의 사업을 통해 막대한 데이터를 보유하고 있는 회사일수록, 빠른 데이터 수집 능력이 있는 회사일수록 유리하다. 예를 들어 구글이나 아마존은 막대한 사용자 정보를 수집한 덕분에 다른 경쟁자들에 비할 바 없이 유리한 입지를 점하고 있다. 자본과 데이터는 서로 시너지 효과를 일으킬 수 있다. 이러한 점들을 감안하면 일반적으로 투자 여력이 있고 누적 데이터를 보유하고 있는 대기업이 중소벤처기업보다 디지털 전환에 유리한 입지를 점하고 있다고 할 수 있다.

기업이 디지털로 전환했을 때 얻게 되는 혜택은 다양하다. 첫째, 프로세스 자동화와 운영 최적화를 통해 효율성을 향상할 수 있고, 비용을 절감하며 시장 진입 시간을 단축할 수 있다. 둘째, 디지털 기술을 활용하면 고객의 요구 사항에 부합하는 개인 맞춤형 서비스를 제공할 수 있고, 고객과의 상호작용을 통해 고객에게 새로운 체험과 만족을 줄 수 있다. 셋째, 디지털 전환으로 혁신을 촉진하면 과거에 상상할 수 없던 새로운 제품과 서비스, 그리고 새로운 수익원을 개발하는 것이 가능하다. 넷째, 실시간 데이터와 고급 분석 수단을 활용해 데이터 기반의 의사결정을 내리면 비즈니스 전략을 최적화하고 시장 변화에 신속하게 대응할 수 있다. 시장 변화에 기민하게 반응하는 것은 곧 경쟁 우위를 유지할 수 있음을 의미한다. 다섯째, 디지털 기술을 활용하면 글로벌 시장으로의 진출이 용이해 전 세계의 고객층에 접근할 수 있다. 여섯째, 디지털 전환으로 자원 활용을 최적화하고 환경 영향을 최소화하면 지속 가능한 개발 목표(Sustainable Development Goals, SDGs)의 달성을 기대할 수 있다.

이와 같이 산업 분야에서의 디지털 전환은 비즈니스의 효율성, 혁신, 그리고 경쟁력을 촉진하는 전략적 요소가 된다. 그렇지 않다고 하더라도, 어차피 디지털 시대에 들어선 후에는 모든 것이 디지털화하고 전 세계가 디지털로 겹겹이 연결되게 되므로 기업을 디지털로 전환하지 않을 수 없게 된다. 요는 디지털 전환기에 얼마나 신속하게 대응해 경쟁기업들에 대한 비교우위와 경쟁력을 확보하고 유지할 수 있는가, 그리고 기업 운영을 쇄신하고 기술 혁신을 도모해 고객에게 새로운 체험과 가치를 제공할 수 있는가가 관건이다.

6.2 디지털 전환의 추동력

산업에서 디지털 전환을 추동하게 된 동기가 무엇일까? 위에서 언급했듯이, 기업활동은 그 자체가 경쟁이며 기업들이 앞다퉈 디지털 기술을 산업에 적용하다 보니 디지털 전환이 산업에서 먼저 일어나게 된 것이라고 설명할 수 있다. 물론 이와 같은 기업의 경쟁 환경이 직접적인 동기가 된 것은 사실이겠지만, 산업의 디지털 전환을 추동한 것은 그 밖에도 여러 가지 요소들이 있다.

산업에서의 디지털 전환을 추동한 가장 근원적인 요인은 디지털 기술이라고 할 수 있다. 기업은 디지털 기술을 채택해 경쟁 우위를 점할 수 있었다. 그리고 디지털 기술은 산업환경을 변화시키고 시장과 소비자의 기대치를 높였으며, 기업들은 그 시류에 편승하지 않을 수 없게 되었다. 그런데 문제는 단순히 몇 가지 새로운 기술이 출현하거나 진화한 것을 넘어서 전혀 예상하지 못했던 디지털 기술이 등장하고 기존의 기술이 그에 발맞춰 변형되었다는 점이다. 그 결과 산업의 패러다임이 변하게 되었고, 그 변화는 고스란히 기업의 변화로 이어졌다. 디지털로 전환하면 생산성 향상, 원가 절감, 비용 절감 등 여러 측면에서 새로운 기회와 이득을 얻을 수 있으므로 그것을 포기할 수 없었을 것이다. 또한 디지털 전환을 성공적으로 이뤄 내면 그 효과가 증폭되지만 디지털 전환에 실패해 뒤처지게 되면 성공한 경쟁기업과의 격차가 벌어져 결국은 몰락할 수 있다는 위기감도 간과할 수 없었다.

일반적으로 산업의 디지털 전환을 추동하는 요인들을 조목별로 열거해 보면 다음과 같다. 첫 번째 요인은 다양한 디지털 기술의 출현이다. 예를 들어 5G, IoT, 클라우드 컴퓨팅, 빅데이터, AI 등 디지털 신기술은 기업의 운영 효율을 향상하고 비용을 절감하며 혁신적인 솔루션을 만들어 낼 수 있는 강력한 도구를 제공한다. 두 번째 요인은 시대의 변화에 따라 소비자의 소비패턴이 변화한다는 점이다. 소비자의 선호도가 변화하고 맞춤형 경험 욕구가 발생하기 때문에 산업이 그 기대치를 충족시키기 위해 새로운 디지털 전략을 채택하게 된다. 세 번째 요인은 디지털 신기술로 무장한 경쟁상대가 새롭게 시장에 진입한다는 점이다. 디지털 벤처기업과 디지털 네이티브 경쟁자들이 등장하고 도전해 오면서 전통산업은 그에 대응할 수단을 디지털 기술에서 찾을 수밖에 없다. 과거의 제조 수단과 운영 방식을 디지털 기술에 부합하도록 변화시키고 자기혁신을 도모하게 된다. 네 번째 요인은 그러한 자기혁신 과정에서 데이터와 디지털 기술의 진가를 발견하고 스스로 디지털 전환을 추구하게 된다는 점이다. 풍부한 데이터를 분석해 가치 있는 통찰력을 추출하고 그렇게 얻은 정보를 토대로 판단하고 결정하는 것이 기업 경영의 효율화와 경쟁 우위 선점에 중요함을 깨닫게 되어 스스로 디지털 전환을 추구하게 된다. 다섯 번째 요인은 산업의 환경과 규제가 변화한다는 점이다. 각종 산업 표준과 규제가 변화하고 신설됨에 따라 데이터 보안, 개인정보 보호, 제반 규정 준수 등을 확실하게 보장할 필요성이 생겼고, 그것을 충족하기 위해서 디지털 솔루션을 도입할 수밖에 없게 되었다. 여섯 번째 요인은 디지털 시대의 비즈니스 세계화 추세이다. 정보와 사업이 국경을 넘어 세계화하는 추세이기 때문에 효율적인 의사소통, 공급망 관리, 글로벌 시장 확대 등을 위해 디지털 기술을 도입하게 되었다.

그런데 산업이 디지털 전환을 추진하는 과정에는 여러 난관이 따르고 새로운 과제들이 부상하게 된다. 첫째, 전통산업의 경우, 재래식 시스템과 프로세스에 새로운 디지털 기술을 채용하기 쉽지 않아 난관에 봉착할 수 있다. 또 직원과 경영진이 생소한 디지털 기술을 채택하는 것에 거부감을 가질 수 있다. 그래서 전략적으로 접근하면서 기업 문화를 바꿔나갈 필요가 있다. 둘째, 디지털 전환이 진전되면 디지털 기술을 많이 수용하게 되고, 그럴수록 사이버 보안의 위협과 데이터 침해의 위험에 노출되기 쉽다. 따라서 강력한 보안 조치가 요구된다. 고객 데이터를 수집하고 사용할 경우 개인정보 보호 문제가 발생할 수 있으며, 이에 대비한 데이터 보호 규정이 필요하다. 셋째, 디지털 전환을 위한 초기 비용과 지속적인 투자가 필요해서 자금의 압박을 받을 수 있다. 이것은 특히 중소기업에게 큰 부담이 될 수 있다. 디지털 전환 후에는 데이터 분석, AI, 사이버 보안 등의 분야에서 숙련된 전문가가 필요한데 그러한 인재를 확보하는 데에도 적지 않은 예산이 필요하므로 어려움이 있을 수 있다.

결국 산업은 디지털 기술의 발전, 고객 기대치의 변화, 경쟁사들의 압력, 빅데이터의 활용 효과, 표준화와 규제의 변화, 비즈니스 세계화 등과 같은 여러 원인에 압박받아서 디지털 전환을 채택하게 된다. 그러나 전통적인 시스템에 대한 디지털 기술 접목의 어려움, 디지털 변화에 대한 내부 직원들의 반대, 데이터 사이버 보안 문제와 개인정보 보호 문제, 디지털 전환 비용, 디지털 인재 확보의 어려움과 같은 갖가지 어려움에 직면하게 된다. 실제로 이와 같은 여러 난관을 극복해서 디지털 전환에 성공하는 확률은 30%에 불과하다는 보스턴 컨설팅 그룹의 조사 결과가 있다.[1] 이 보고서는 성공률을 80%로 높일 수 있는 방책으로 다음과 같은 전략을 제시했다. 그것은 확실한 변화의 목표를 반영한 통합 전략을 세우고, 최고경영자로부터 중간관리자에 이르기까지 모든 리더 층의 의지를 규합하고, 최고 수준의 인재를 배치하고, 광범위한 디지털 전환을 추진하는 기민한 조직관리 사고방식으로 무장하고, 목표 결과치에 대비한 진행 상황을 효과적으로 모니터링하고, 사업 중심의 모듈형 기술과 데이터 플랫폼을 잘 갖추는 것이다.

---

1 Patric Forth *et al.*, "Flipping the odds of digital transformation success," *Boston Consulting Group's Digital Transformation Report*, October 29, 2020 참조.

6.3 디지털 기술의 적용

산업의 디지털 전환을 지원하는 디지털 도구는 산업에 디지털 전환을 추동한 디지털 기술 그 자체이다. 이러한 디지털 기술에 관해서는 제4장에 상세히 설명되어 있다. 그중 산업의 디지털 전환에 밀접하게 관련된 기술들을 요약하면 다음과 같다.

1. 5G 기술: 4G 기술에 비해서 데이터 전송 속도, 지연 시간, 동시 연결 기기 수, 주파수 효율성 등 여러 가지 측면에서 성능이 탁월하다. 그래서 자율주행과 ITS, IoT, 스마트시티, 원격의료, 원격교육, 산업자동화 등 장차 새롭게 제공될 미래형 서비스들에 필수 요소로 응용될 수 있다.
2. IoT: 인터넷을 사람에서 사물(事物)로 확장한 것으로, 주변의 사물들을 인터넷으로 연결해 상호 통신하고 데이터를 공유하며 지능적으로 작동할 수 있도록 만든다. 그래서 자동화와 효율성의 향상, 실시간 상황 파악과 조처, 자원 관리와 에너지 절감 등의 효과를 꾀하면서 연결성, 자동화, 효율성 및 혁신을 제공함으로써 디지털 전환을 촉진해 줄 수 있다.
3. 클라우드 컴퓨팅: 사용자나 기업이 물리적 하드웨어와 인프라를 소유하는 대신 클라우드 사업자의 서버 안에 장착된 저장장치, 컴퓨터, 응용소프트웨어에 접속해서 데이터를 저장하고 처리한다. 그래서 디지털 장치 구입에 필요한 투자를 감면해 주고 지속적인 관리비용도 절감해 주는, 경제적이고 확장 가능한 해결책을 제공해 준다. 나아가, 사용자나 기업이 장소에 구애받지 않고 원격 협업하고 문서를 공유할 수 있는 수단을 제공해 준다.
4. AR, VR, 메타버스: AR은 화면에 보이는 현실 세계 위에 디지털 정보를 덮어써서 사용자의 현실에 대한 인식을 향상시켜 주는 기술

이고, VR은 가상적인 세계 속에 이용자가 물리적으로 존재하는 것처럼 행동하도록 디지털 환경을 만드는 기술이며, 메타버스는 가상 세계와 현실 세계가 융합하는 디지털 플랫폼이다. 특히 메타버스는 가상 세계와 현실적 환경이 상호 연결되어 있고 사용자들이 아바타를 통해서 가상공간에서 각종 사회적 활동에 참여할 수 있어 장차 다양한 목적으로 사용될 잠재력이 있다.

5. 디지털 트윈: 컴퓨터에 현실 속 사물의 쌍둥이를 디지털 방식으로 만들고, 현실에서 발생할 수 있는 상황을 컴퓨터로 시뮬레이션함으로써 결과를 예측하고 문제에 대한 해결책을 찾는 기술이다. 디지털 트윈은 물리적 세계를 최적화하기 위해 사용될 수 있는 강력한 디지털 객체로서, 디지털 트윈을 이용하면 현실적 사물의 운용 성능과 사업 프로세스를 대폭 개선할 수 있다.
6. 빅데이터: 대용량의 데이터를 수집, 저장, 처리, 분석해 의미 있는 패턴, 상관관계, 추세, 통찰, 지식 등을 추출하는 빅데이터 분석을 말한다. 빅데이터 분석을 활용하면 제반 현상에 대한 심도 있는 이해, 데이터에 기반한 의사결정, 업무 처리에서의 최적화 등을 꾀할 수 있다.
7. 로봇, 로봇 프로세스 자동화(RPA): 로봇은 물리적인 형태를 가진 기계나 장치로, 센서, 액추에이터(actuator), 컴퓨팅 시스템 등으로 구성되며, 사전에 프로그래밍된 명령에 따라 환경과 상호작용하며 작업을 수행한다. 로봇은 제품 조립 및 가공에서 수술 보조에 이르기까지 다양한 분야의 다양한 업무에 사용된다. RPA는 소프트웨어 로봇을 사용해 사업 프로세스를 자동화하는 기술로, 규칙 기반 작업을 자동화해 인간 작업을 대체하거나 보조한다.
8. 블록체인: 중앙기관의 개입 없이 개인 대 개인이 거래할 수 있도록 개발된 탈중앙화, 분산형 기술이다. 블록체인 기술은 거래를 기록하고 검증하기 위한 안전하고 투명하고 효율적인 수단을 제공하기

때문에 다양한 산업에 활용될 잠재력이 있다. 암호화폐 비트코인, 대체 불가능 토큰(non-fungible token, NFT) 등이 블록체인 기술을 토대로 만들어졌다.

9. 3D 프린팅: 3D 프린팅은 물질을 아래에서 위로 층층이 쌓아 올리는 방식으로 3차원 형태를 생성하는 제조 기술이다. 3D 프린팅을 이용하면 원격 제조가 가능하며, 물체를 스캔한 디지털 데이터나 디자인 데이터를 전송해 주면 원격 위치에서 똑같은 물체를 생산할 수 있다. 3D 프린팅은 프로토타입 제작, 공구 제작, 건축모델 제작, 임플란트와 보철 제작 등 다양한 분야에서 광범위하게 응용할 수 있다.
10. AI: 인간의 지능을 모방해 사람처럼 사고하고 학습, 추론, 문제 해결, 의사결정 등을 수행하는 기계를 일컫는다. AI를 구현하는 데에는 기계 학습, 딥러닝, 신경망, 자연어 처리, 컴퓨터 비전, 로봇공학 등 여러 기술이 관여한다. 이러한 AI 기술들을 이용하면 데이터 분석, 패턴 인식, 자동화, 판단 및 결정, 제품 개발, 고객 지원 등을 개선할 수 있다.

위의 디지털 기술들을 산업의 디지털 전환에 적용하는 방법은 산업의 종류에 따라서 각양각색으로 다를 수 있다. 예를 들어, IoT 기반 예측 정비, 데이터 기반 소매업, 클라우드 기반 협업, 공급망에서의 블록체인, 물류에서의 로봇 자동화, AI 기반 고객 지원 등 매우 다양하다. 구체적으로, 제조 기업은 기계에 IoT 센서를 설치해 실시간으로 장비 상태를 감시할 수 있고, 예측 분석을 통해 고장을 미리 감지해 유지 보수 비용을 절감할 수 있다. 소매 사업체는 빅데이터 분석을 활용해 고객 구매 이력을 분석하면 맞춤형 제품 추천이 가능해지고 매출과 고객 잔류율을 높일 수 있다. 글로벌 기술 기업은 전반적인 운영을 클라우드로 이전해 전 세계에 흩어진 직원들이 원격으로 자료에 접근하고 협력하게 할 수 있다. 식품

회사는 제품의 출처를 추적하는 데에 블록체인을 도입하면 투명성을 높이고 리콜 시 식품부패 원인을 신속히 파악할 수 있다. 전자상거래 플랫폼은 AI 챗봇으로 고객의 고충을 충실하게 처리해 고객 만족도를 높이고 지원 비용을 절감할 수 있다. 이와 같은 예시들은 디지털 기술을 통해 운영 개선, 고객 경험 향상, 혁신 주도 등을 도모할 수 있음을 보여 준다. 한걸음 더 나아가, AI 기술을 적극적으로 활용하면 대부분 업무에서 지능화 및 자동화 효과를 높일 수 있다.

6.4 전통산업의 디지털 전환

전통산업에 디지털 전환을 도입하면 운영 개선과 효율화를 꾀할 수 있다. 제조 공정을 최적화해 생산성을 향상하고, 제조 공정에 나타나는 오류를 즉각적으로 검출할 수 있게 된다. 또한 예측적 유지 보수가 가능해지고 재고를 효율적으로 관리할 수 있게 된다. 나아가 고객을 이해하고 소통하는 방법을 개선하고 고객 서비스 효과를 높일 수 있다. 이와 같은 운영 개선과 효율화는 비용을 절감하는 효과가 있고 새로운 혁신을 가능하게 하는 토대가 된다.

(1) 전통산업의 운영 개선

전통산업에 있어서 디지털 전환은 제조 공정을 재구성함으로써 운영 효율을 향상할 수 있게 해준다. 디지털 전환은 작업의 흐름을 재구성해 최적화하고, 자동화를 도입해 수동 작업을 줄이고 공정의 속도를 높이고 오류를 줄이는 등의 효율성 향상을 가져온다. 또한 실시간으로 데이터를 수집하고 작업을 모니터링할 수 있으며, 이를 통해 문제를 신속히 해결하고 예방적 의사결정을 할 수 있게 해준다. 나아가, 다양한 정보원(源)에서 나온 데이터를 통합해 사용할 수 있게 해 종합적인 시각과 통찰력으로 의사결정을 할 수 있도록 해준다.

또한, 디지털 전환은 운영 효율화를 통해 비용을 절감할 수 있게 해준다. 자동화, 예측적 유지 보수, 자원 최적화 등의 운영 효율화 수단을 채택하면 그것이 곧 비용 절감으로 이어진다. 디지털 기술을 사용해 인력, 기계, 자원 등을 효과적으로 할당할 수 있게 되면, 비용을 절감할 수 있다. 데이터 기반 제어로 에너지 소비를 최적화하면 환경에 대한 폐해와 비용을 아울러 감축할 수 있다.

나아가, 디지털 전환은 제품 개발, 비즈니스 모델, 고객 중심 운영 등의 측면에서 혁신을 추구할 수 있게 해준다. 디지털 기술을 이용하면 프로토타입 제작과 테스트를 신속하게 할 수 있으므로 새로운 제품 및 서비스 개발 시간을 단축할 수 있다. 또한 구독 서비스 등 새로운 수익원을 찾고 새로운 비즈니스 모델을 시도하는 것이 용이해지며 보다 고객 중심적인 접근을 통해 제품과 서비스를 고객의 요구에 맞춰서 제공할 수 있게 된다.

이와 같이 전통산업의 디지털 전환은 작업 흐름 자동화, 실시간 공급망, 에너지 관리, 혁신적 제품 출시, 구독 기반 서비스, 맞춤형 소매 등 여러 분야에서 운영의 개선과 효율화를 가능하게 해준다. 예를 들어, 제조 공장이 디지털로 전환하면 데이터 분석을 활용해 에너지 소비를 최적화할 수 있고, 재고 관리를 효과적으로 할 수 있으며, 그로 인해 비용을 절감하고 탄소 배출도 감축할 수 있다. 기술 회사가 디지털로 전환하면 디지털 프로토타이핑과 시뮬레이션을 활용해 경쟁사보다 빠르게 새 제품을 개발해 출시할 수 있고, 그로 인해 시장 점유율을 높일 수 있다. 물류 회사는 디지털 전환으로 공급망 전반에 IoT 센서를 도입해 실시간으로 데이터를 관리하게 되면, 재고 관리가 개선되고 고객 서비스를 향상할 수 있다. 소매업체는 디지털 전환으로 고객 데이터를 분석해 맞춤형 추천을 제공할 수 있게 되고, 그것을 통해 매출을 늘리고 고객의 잔류율을 높일 수 있다.

(2) 에너지 회사 엔지의 사례

그림 6.1 엔지 로고

전통산업에 디지털 전환을 도입해 산업 운영을 개선한 현실적인 사례들은 도처에서 찾아볼 수 있다. 그 중 모범적으로 꼽히는 프랑스 에너지 회사 엔지(ENGIE)의 디지털 전환 사례를 소개하면 다음과 같다.[2]

엔지는 1946년 설립된 천연가스 공기업 가즈 드 프랑스와 1858년에 설립된 수에즈 S.A.를 합병해 2008년에 설립된 다국적 에너지 회사로 70여 개국에서 사업을 운영하고 있다. 2016년에 엔지의 CEO인 이사벨 코셔(Isabelle Kocher)는 엔지의 핵심 산업을 뒤흔드는 두 가지 불가분의 힘이 있고, 그것이 디지털 전환과 에너지 변환이라고 인식했다. 탈탄소화, 탈집중화, 디지털화가 에너지 산업에 혁명을 일으키고 있고, 앞으로 나타날 새로운 에너지 세상에서 생존하고 번영하려면 근본적인 디지털 전환이 필요하다고 생각했다. 그래서 코셔는 엔지의 디지털 전환의 비전을 수립하고 향후 3년간 디지털 전환을 위해 15억 유로를 투입할 것을 공표했다. 코셔는 디지털 전환의 노력을 회사 전반에 확산시킬 중심조직으로 엔지 디지털(ENGIE Digital)을 출범시켰으며, 엔지 디지털은 소프트웨어를 개발하고 혁신적인 IT 도구를 만들어서 회사 전체에 보급하는 최고기관으로 '디지털 팩토리(Digital Factory)'를 조직했다. 그런 다음 코셔는 디지털 전환을 지휘할 최고 디지털 책임자(Chief Digital Officer)를 임명했고, 디지털 전문가들을 채용했다.

엔지의 디지털 전환의 첫 번째 단계는 회사 업무의 전반에 걸쳐서 가치가 높은 사용처를 식별해 내고, 전면적 디지털 전환을 위한 로드맵을

2 Thomas M. Siebel, *Digital Transformation: Survive and Thrive in an Era of Mass Extinction*, Rosetta Books, 2019 참조.

수립하는 것이었다. 엔지의 디지털 공장은 포괄적인 프로젝트 로드맵을 만들고 우선순위를 매겼다. 첫째, 가스 자산에 대해서는 효율성 하락의 주된 원인을 식별하고, 자산 손실을 감축하고, 가동시간을 향상하고, 자산에 예측적 유지 보수를 수행하고 전기 생성을 최적화할 수 있도록 예측적 분석학과 AI 알고리듬을 적용했다. 둘째, 고객관리에 대해서는 고객이 직접 에너지 사용을 관리하도록 허용하는 서비스 애플리케이션을 포함한 각종 온라인 서비스를 고객들에게 전면적으로 적용했다. 개인 거주자와 빌딩 관리자들에 대해서는 에너지 절약의 기회를 정확히 짚어 낼 수 있도록 스마트 센서로부터 받은 데이터를 분석해 사용하는 애플리케이션을 개발했다. 셋째, 재생에너지에 관해서는 재생 에너지원으로부터의 전기 생산을 최적화하기 위한 애플리케이션의 디지털 플랫폼을 개발했으며, 이 애플리케이션은 예측적 분석학과 AI를 사용해 유지 보수 조건을 예측하고, 성능이 저하된 자산을 식별해 내고, 현장 운용자에게 자산에 대한 실시간 분석 내용과 유지 보수 필요 여부의 정보를 제공했다. 넷째, 스마트시티에 관해서는, 세계적으로 도시에 사는 인구 비율이 현재 50%에서 2050년에 70%로 증가할 것을 감안해 지속 가능하고 에너지 효율적인 연결된 도시를 구축하기로 했으며, 이를 위해 효율적인 지역 냉난방, 트래픽 제어, 환경친화적 이동성, 폐기물 관리, 보안 등을 포함한 다수의 애플리케이션을 개발하고 포설할 계획을 세웠다.

이와 같이 엔지는 디지털 전환에 큰 자금을 투입하고 디지털 전환을 추진해 나갈 최고기관을 설립해 디지털 전환을 강력하게 추진했다. 그래서 사업 단위 리더들과 협력하고, 요구 사항을 정의하고, 로드맵을 생성하고, 결과를 측정해 가며 조직적인 방법으로 애플리케이션을 개발하고 현장에 구축했다. 그 결과, 2018년도 기준으로 종업원이 15만 명, 매출이 606억 유로였는데, 종업원은 2021년 기준 17만 명으로 증가했고 매출은 2022년 기준 939억 유로로 증가했다.

엔지의 디지털 전환이 모범적으로 꼽히는 것은 디지털 전환을 위해 필요한 요소들을 두루 잘 갖추었기 때문이다. 첫째, 원활한 디지털 전환의 전개를 위해서는 최고경영자의 확실한 인식이 필요한데, 엔지의 CEO 이사벨 코셔는 디지털 전환의 필요성을 절실히 느끼고 있었다. 둘째, 디지털 전환에는 전담 조직이 필요한데 엔지는 '디지털 팩토리'를 설립해서 디지털 전환의 최고 결정 및 실천 조직으로 삼았다. 셋째, 디지털 전환에는 각종 디지털 장치의 구입과 소프트웨어·애플리케이션의 개발에 많은 투자가 소요되는데 엔지는 거금 15억 유로를 투자했다. 넷째, 디지털 전환에 필요한 빅데이터 분석, 소프트웨어 개발, AI 활용, 사이버 보안 유지 등을 위해 여러 분야의 전문가들이 필요한데 엔지는 그러한 인재를 확보해 디지털 공장에 투입했다. 다섯째, 디지털 전환을 효과적으로 추진하기 위해서는 전담 조직이 현장과 밀접하게 협업하는 것이 중요한데 엔지는 디지털 공장이 사업 단위 리더들과 협력하면서 현장의 요구 사항에 맞춰 디지털 전환에 필요한 소프트웨어·애플리케이션을 개발하고 IT도구를 만들어서 회사 전체에 보급했다.

(3) 농기계 제조사 존디어의 사례

그림 6.2 존디어 로고

또 다른 사례로 미국의 농기계 제조회사인 존디어(John Deere & Company)의 경우를 들 수 있다. 존디어는 1837년에 설립된 세계 제일의 농기계, 건설기계 및 산업용 엔진 제조업체로, 트랙터, 콤바인, 굴착기, 베일러 등을 생산한다.

존디어는 초창기에 주로 트랙터, 쟁기, 콤바인 등과 같은 전통적인 농기계를 제조했고, 이를 글로벌 시장에서 판매했다. 200년에 가까운 기간 동안 기술 발전의 추세에 보조를 맞추어 농기계를 발전시켜 왔으며, 디지털 전환기를 맞아서는 발 빠르게 디지털 전환을 추진했다. 정밀 농업 기술을 농기계에 적용하기 시작해, GPS 안내 트랙터, 자동 조향 시스템, 데이터 수집 도구 등을 생산했다. 또한 '존디어 운용센터', '마이 존디어' 등 농업 관리 플랫폼을 만들어, 농기계로부터 데이터를 수집 및 관리하고 데이터 기반 결정을 내릴 수 있도록 했다. 농기계에 현장 조건과 기계 성능에 관한 데이터를 실시간으로 수집하기 위한 IoT와 텔레매틱스[3] 시스템을 장착했고, 농업 관리 소프트웨어를 만들고 플랫폼과 통합해 농부들이 효과적으로 농사일을 계획, 추적 및 최적화할 수 있도록 했다. 자율주행 기술과 전기를 사용한 농기계들을 연구개발했다.[4] 데이터 분석과 AI를 활용해 실시간 데이터와 과거의 기록을 토대로 농사 관련 결정을 내릴 수 있도록 했고, 5G를 이용해 농촌의 연결성을 향상하고 디지털 솔루션의 효과를 제고했다. 이와 같이 존디어는 데이터 플랫폼 구축, IoT 통합, AI 활용, 자율주행 및 5G 기술 등을 적용해 디지털 전환을 추진해 왔고, 그것을 통해서 농업 생산성 향상과 비용 절감, 그리고 지속 가능하고 환경친화적인 농업 발전에 기여해 왔다.

존디어의 디지털 전환에서 특히 주목할 만한 부분은 재고 관리이다.[5] 존디어는 세계적으로 수많은 공장을 운영하고 있고 다양한 종류의 농기계들을 생산하며, 거기에 들어가는 부속품 수가 매우 많다. 또한 고객들로부터 받은 주문 생산의 선택 사항은 그 조합이 수천 개에 달한다. 상황이 그러하기 때문에 농기계의 제조 과정에서 적정 재고 수준을 관리하는 일이 매우 복잡하다. 이에 더해 수요의 변동, 공급자 배달 시간, 제품 생산 라인 손상 등에서 빚어지는 불확실성까지 함께 관리하려면, 재고 관리가 더욱 복잡해진다. 과거에는 이러한 불확실한 요소들을 감안해 제품을 주문 시 즉시 공급할 수 있을 만큼 충분히 많은 재고 수준을 유지했다. 그

3 텔레매틱스(telematics)는 통신(communications)과 정보과학(informatics)의 합성어로, 통신과 GPS 기술 등을 결합해 원격으로 측정하고 서비스하는 것을 의미하며, 위치 확인, 원격 측정, 그리고 원격으로 제공하는 오락, 금융, 예약, 상품 구매 등 다양한 서비스를 아울러 포함한다.

4 존디어는 CES 2022에서 자율주행 트랙터를 소개하면서 그해 후반부터 상용으로 판매하기 시작한다고 발표했다.

5 Thomas M. Siebel, 앞의 책 참조.

러나 과다한 재고 유지에는 비용이 들고 관리가 복잡했다. 그래서 디지털 전환의 일환으로 존디어는 이와 같은 상황을 모두 고려한 생산 계획과 재고 관리를 지원하는 소프트웨어 솔루션을 개발했다. 4만 개가 넘는 부품을 사용하는 생산라인부터 시작해 재고 수준을 최적화하는 AI 이용 애플리케이션을 개발하고, 여러 파라미터를 기반으로 매일같이 재고 이력을 관리하는 알고리듬을 적용했다. 그럼으로써 존디어는 주문 파라미터를 최적화하고 생산 주문에 기반한 재료 사용을 수량화하고 안전 재고 수준을 최소화할 수 있었으며, 그 결과로 부품 재고를 25~35% 감축할 수 있었다.

6.5 제조산업의 디지털화

앞서 산업 분야에서의 디지털 전환은 단지 새로운 디지털 기술을 채택하는 것을 넘어서서, 사업 모델, 사업 운영, 조직구조, 의사결정 등을 전면적으로 변화시켜 기업을 쇄신하는 것을 의미한다고 했다. 제조산업의 경우 이 일련의 디지털 전환 과정은 제조 과정에 디지털 기술을 채택하는 것으로 출발한다. 즉, 제조산업으로 범위를 축소한다면, 제조 과정에 디지털 기술을 채택하는 것, 즉 제조 과정의 디지털화가 디지털 전환의 핵심이며, 이것이 곧 '인더스트리 4.0'이다.[6]

산업사회의 발달 과정을 살펴보면, 제조산업에 어떠한 기술을 채택했는지에 따라서 산업혁명사가 구분된다. 탄소 자원을 이용한 증기기관을 동력으로 채택한 것을 '제1차 산업혁명', 동력을 전기로 전환한 것을 '제2차 산업혁명', 전자기기를 이용한 자동화를 채택한 것을 '제3차 산업혁

6 인더스트리 4.0은 2011년부터 독일 정부가 주도적으로 추진한 산업 정책으로, 전통적인 제조업에 ICT 기술을 접목해 지능형 생산 시스템을 갖춘 스마트 공장으로 전환한다는 취지였다.

명', 그리고 디지털 기술을 채택한 것을 '제4차 산업혁명'이라고 특징지을 수 있다. 그러므로 인더스트리 4.0이 곧 제4차 산업혁명에 해당함을 알 수 있다. 인더스트리 4.0을 디지털 전환과 비교한다면, 디지털 전환이 제조, 운영, 조직, 고객 등 사업의 전반에 걸친 혁신을 추구하는 것임에 대비해, 인더스트리 4.0은 제조 과정을 디지털화하는 것에 특화된 협의의 디지털 전환이라고 말할 수 있다.

(1) 인더스트리 4.0

인더스트리 4.0의 핵심 구성 요소로는 사이버-물리 시스템(cyber-physical system, CPS), IoT, 클라우드 컴퓨팅, 인지 컴퓨팅(cognitive computing)을 들 수 있다. 사이버 물리 시스템은 컴퓨터 계산과 네트워킹을 물리적 공정과 통합한 시스템으로, 내장된 컴퓨터와 네트워크가 물리적 공정을 모니터링하고 제어하며, 이들 간에 피드백 루프가 있어서 물리적 공정과 컴퓨터 계산이 상호 영향을 주는 방식으로 작동한다. 사이버-물리 시스템은 물리적 과정을 계산 및 네트워킹과 통합해 실시간 데이터 수집과 분석을 가능하게 해준다.[7] IoT는 기계, 장치, 센서 등과 사람을 연결해 데이터를 수집하고 소통해 운영 효율을 향상해 준다. 클라우드 컴퓨팅은 데이터를 원격 서버에 저장 및 처리해 데이터의 확장성, 유연성 및 접근성을 높여 준다. 인지 컴퓨팅은 인간의 인지 과정을 모방하도록 설계된 컴퓨터화된 시스템으로, 인간의 개입 없이 복잡한 문제를 해결하도록 설계되었고, 인간처럼 비구조화된 데이터를 해석하고 맥락을 이해할 수 있다. 인지 컴퓨팅은 복잡한 상황에서 인간의 사고 과정을 모방해 복잡한 문제

7 CPS에서 'cyber'는 컴퓨터, 소프트웨어, 네트워크를 지칭하고 'physical'은 물리적인 실제 시스템 또는 공정을 지칭한다. CPS는 컴퓨터와 물리적 구성 요소가 긴밀하게 결합하며, 센서가 물리적 시스템에서 데이터를 수집하면 컴퓨터가 이를 디지털적으로 처리 및 분석한다. CPS 시스템은 제조, 에너지 분배, 교통 시스템과 같은 물리적 공정을 실시간 모니터링 및 제어할 때 자주 사용되며, 컴퓨터 계산 분석을 피드백해 물리적 작업을 지속적으로 조절할 수 있다. 자동화, 스마트 제조, 스마트 그리드, 지능형 교통 시스템, 건강관리 모니터링 등에 널리 응용된다.

를 해결한다.[8]

위의 네 가지 요소 중에 IoT와 클라우드 컴퓨팅은 잘 알려진 디지털 기술이지만, CPS와 인지 컴퓨팅은 상대적으로 생소한 용어이다. 이 두 가지에 유사한 개념을 제4장에 소개된 디지털 기술 중에서 찾는다면 각각 디지털 트윈과 기계 학습이라고 할 수 있을 것이다.

CPS와 디지털 트윈은 둘 다 물리적 공정을 디지털 모델과 통합한 점, 센서를 통해 물리적 시스템에 대한 실시간 데이터를 수집하고 디지털 시스템에 피드백하는 점, 그리고 다양한 산업에서 의사결정, 공정 최적화, 예측 유지 보수 등의 개선에 사용할 수 있다는 점이 유사하다. 그러나 CPS는 물리적 공정과 컴퓨터 시스템 간의 통합과 상호작용에 주로 초점을 맞춰 물리적 시스템에서의 제어, 자동화 및 실시간 데이터 처리에 집중하는 데 반해, 디지털 트윈은 물리적 시스템에 대한 디지털 복제물을 만들어 분석, 모니터링, 예측, 시뮬레이션 등의 처리를 한다는 점이 다르다. 단적으로, CPS는 물리적 시스템 또는 공정의 실시간 제어와 상호작용에 관심을 두고, 디지털 트윈은 물리적 시스템의 시뮬레이션, 분석 및 최적화에 관심을 둔다.

인지 컴퓨팅과 기계 학습은 정보를 처리하고 결정을 내리기 위한 고급 알고리듬으로 둘 다 AI의 하위 집합이며, 인간과 유사한 지능을 모사하고 데이터로부터 학습해 성능을 향상할 수 있다는 점에서 유사하다. 또한 데이터에 의거해 결정을 내리고 대규모 데이터셋을 분석해 패턴을 식별하고 예측하거나 행동한다는 점이 유사하다. 그러나 이들은 인간과의 상호작용 측면에서 차이가 있다. 인지 컴퓨팅은 인간의 의사결정을 돕기

---

8 인지 컴퓨팅은 데이터 마이닝, 패턴 인식, 자연어 처리를 사용하는 자체 학습 시스템을 가동해 인간 두뇌의 작동 방식을 모방한다. 인지 시스템은 상호작용을 통해 학습하고 시간이 지남에 따라 능력이 향상되며, 새로운 데이터와 경험을 바탕으로 알고리듬을 조정할 수 있다. 또한 대화하고 질문을 이해하고 답변하면서 사용자와 자연스럽게 상호작용할 수 있다. 챗봇을 통한 고객 서비스, 건강관리, 금융 등 다양한 분야에서 사용된다.

위해 설계되었기 때문에 인간의 사고 과정을 모방하고 인간의 문제 해결 및 의사결정 과정을 모방하는 데 중점을 두고 인간과 상호작용하면서 작동한다. 그런데 기계 학습은 데이터로부터 학습해 예측이나 결정을 내리는 알고리듬이지만 구체적인 특정한 작업에 대해 명시적으로 프로그래밍되지 않으며, 일반적으로 백그라운드에서 자동적으로 작동하고 인간과 상호작용하지 않는다. 단적으로, 인지 컴퓨팅은 인간의 의사결정을 보완하는 데에 관심이 있고, 기계 학습은 데이터로부터 학습하고 자율적으로 결정을 내릴 수 있는 알고리듬을 만드는 데 관심이 있다.

인더스트리 4.0에는 네 가지 디자인 원칙이 있는데, 이것은 어떤 제조산업이 인더스트리 4.0 산업인지 아닌지를 판가름하는 기준이 된다. 첫째는 상호 연결성으로, 기계, 장치, 센서, 그리고 사람은 IoT를 통해 서로 연결되고 통신할 수 있어야 한다. 둘째는 정보 투명성으로, 물리적 시스템의 상황 정보에 대한 원시 데이터를 제공해 디지털 트윈과 같은 디지털 복제본을 생성할 수 있어야 한다. 셋째는 기술 지원으로, 정보에 입각한 의사결정과 긴급한 문제를 단기간에 해결할 수 있도록 지원하는 각종의 정보 지원, 그리고 인간의 육체적·정신적 피로와 위험을 덜어 줄 수 있는 물리적 지원을 제공해야 한다. 넷째는 분산된 결정으로, CPS가 스스로 결정을 내리고 가능한 한 자율적으로 작업을 수행할 수 있어야 한다.

위에서 설명한 인더스트리 4.0의 네 가지 핵심 구성 요소를 갖추고, 위의 네 가지 디자인 원칙을 준수하면, 스마트 장치와 시스템을 통해 생산 과정의 효율성과 유연성을 높일 수 있고, 데이터 분석과 IoT를 사용해 장비를 예측적으로 진단하고 유지 보수할 수 있다. 또한 개인화 맞춤형 제품을 대량생산만큼 효율적으로 생산할 수 있고, 공급망 및 물류를 최적화할 수 있으며, 제조산업을 획기적으로 개선할 수 있고, 제조 공장을 스마트팩토리로 전환할 수 있게 된다. 이것이 인더스트리 4.0을 통한 독일방식의 제조산업의 디지털 전환이다.

(2) 철강회사 포스코의 사례

그림 6.3 포스코 로고

포스코(POSCO)의 '스마트팩토리(smart factory)'는 인더스트리 4.0의 기술과 원칙을 성공적으로 도입해 혁신을 이룬 제조 공장이다. 이점을 인정받아 스마트팩토리는 2019년에 세계경제포럼(World Economic Forum)으로부터 '등대공장(Lighthouse Factory)'으로 지정되었다. 이것은 포스코가 디지털 전환을 앞장서 도입해 공장 디지털화를 실현한 모범 사례임을 인정하고, 다른 제조업체들이 디지털 전환에 이를 활용하도록 장려한 것이다. 공장 디지털화는 공장 자동화의 단계를 넘어서서 모든 공정을 디지털 기술로 전환하는 것을 의미하며, 사람이 설정한 초기값을 토대로 스스로 돌아가던 자동화 공정을 자체적으로 측정한 데이터를 토대로 실시간으로 적응하며 돌아가는 디지털 공정으로 전환한 것을 말한다.

포스코의 디지털 공장인 스마트팩토리는 인더스트리 4.0을 적용한 제조시설의 사례로, 제조 공정에서 효율성, 유연성, 생산성을 최적화하기 위해 디지털 기술을 적용했다. 이 스마트팩토리가 등대공장으로 선정된 배경에는 다음과 같은 특징들이 있다. 첫째, 스마트팩토리는 IoT, 센서 및 데이터 분석을 사용해 다양한 장비와 공정을 연결하고 모니터링한다. 이러한 연결을 통해 데이터를 실시간으로 수집하고 분석해 의사결정과 예측적 정비에 적용할 수 있다. 둘째, 스마트팩토리는 위험하거나 반복적이고 노동집약적인 작업을 자동화하고 로봇을 활용한다. 위험한 작업이나 지루한 작업에서 사람의 개입을 줄임으로써 생산에 정확성과 일관성을 기할 수 있다. 셋째, 스마트팩토리는 프로세스를 최적화해 낭비를 줄이고 제품 품질을 향상하기 위해 데이터 분석 기술과 AI를 활용한다. AI는 예측적 정비, 품질 제어 및 공정 최적화에 사용된다. 넷째, 스마트팩토리는 스마트 에너지 관리 시스템을 도입해 에너지 효율을 높이고 지속적인 작동이 가능하게 한다. 이를 통해 에너지 소비를 줄이고 환경 영향을 최소화하며 운영 비용을 절감한다. 다섯째, 스마트팩토리는 3D 프린팅과 디지털 트윈 기술을 적용해 고객의 주문에 따른 맞춤형 제조와 유연성 있는 제조가 가능하다.

포스코의 스마트팩토리가 채택하고 있는 플랫폼은 포스코ICT가 개발한 '포스프레임(PosFrame)'이다.[9] 포스프레임은 철강 제조 공정을 디지털화하기 위한 플랫폼으로, 구조가 단순하면서도 아래 계층과 위 계층에 대한 기능을 모두 갖추고 있고, 설비를 동작시키면서도 바로 제어할 수 있는 실시간 제어 기능을 갖추고 있다. 각종 설비에 대한 디지털 트윈들로부터 IoT를 통해 데이터를 받아 빅데이터와 AI를 활용해 분석하고 제어하는 구조이다. 이 모든 요소가 하나의 데이터 중추망을 통해 서로 연결되어 있고, 모든 데이터는 실제 존재하는 위치와 무관하게 하나의 가상 데이터베이스에서 접속할 수 있다. 그 위에 공통 소프트웨어 층을 두어서 API, UI/UX,[10] AR/VR 기능 등을 제공한다. 공통 소프트웨어 층 위에 기본 애플리케이션, 애플리케이션 세트, 개별 애플리케이션 등을 올려 놓는다. 기본 앱은 플랫폼이 자체적으로 제공하는 것이고, 앱 세트는 공장 운영에 관련된 큰 기능들을 묶어 놓은 것이며, 개별 앱은 개별적인 작은 응용 앱들로 구성된다. 공장 운영에 관련된 앱 세트 중에서 가장 중요한 것이 제조실행시스템 앱으로, 이것은 생산, 실행, 관리를 담당하며, 생산 계획에 따라 원하는 제품이 적시에 생산되도록 설비를 제어해 생산과 실행을 최적화하는 앱이다. 포스프레임 플랫폼의 특징은 이것이 철강 공정을

---

9 포스코ICT는 스마트 공장, 스마트 물류, 산업용 로봇 등의 사업을 담당하는 포스코의 자회사로, 포스코의 '스마트팩토리' 구축을 주도했으며, 2023년 1월에 회사명을 '포스코DX'(Digital Transformation)로 변경했다. 포스프레임에 관한 자세한 설명은 최두환, 『스마트팩토리로 경영하라』, 허클베리북스, 2019 참조.

10 UI(User Interface)는 사용자 인터페이스로, 사용자가 인지하기 편리한 시각적이고 직관적인 형태로 디자인하는 것이고, UX(User Experience)는 사용자의 경험과 목표를 이해하고 이를 충족시켜 줄 수 있도록 UI를 디자인하는 것이다.

대상으로 개발되었기 때문에 제조업 중에서 철강이나 화학 같은 연속공정에 적합하다는 점이며, 전자제품 조립라인과 같은 조립 공정에 사용하기에는 적합하지 않다.

일반적으로 포스코 스마트팩토리의 사례와 같이 공장 디지털화를 효과적으로 도입하려면 체계적인 사전 준비와 절차적인 실행이 필요하다.[11] 첫째, 디지털 공장의 전체 구조와 그에 관련된 IT 구조를 설계하는 것으로 준비를 시작한다. 이때 어떠한 디지털 공장 플랫폼을 사용할 것인지 결정하고, 그에 필요한 센서, IoT, 데이터 중추망, 가상 데이터베이스, 디지털 트윈의 수준, 플랫폼 구조, 클라우드와의 연결, UI/UX, 보안 방법 등을 함께 고려한다. 둘째, 디지털 공장을 적용하면 가시적인 효과를 얻을 수 있는 공정을 우선 선별하고, 거기에서의 성공 체험을 다른 공정들로 확대해 나가는 점진적인 전략을 세운다. 셋째, 센서와 IoT를 설치해 데이터를 수집하고 데이터 중추망을 통해 가상 데이터베이스로 전달할 수 있도록 통신체계를 수립한다. 넷째, 수집된 데이터를 분석해 새로운 통찰을 얻고 그에 따라 공정을 개선해 나가는 제어 체계를 수립하고, 이를 위해 빅데이터 분석과 AI 기능을 에지 컴퓨터와 클라우드 컴퓨터에 어떻게 분산시킬지 계획한다. 다섯째, 디지털 공장에 투입되는 비용과 디지털 공장으로부터 얻는 이익을 비교 분석해 평가하는 기준을 세우고 그 기준에 의거해 실제 적용 결과를 평가한다. 디지털 공장 프로젝트를 성공적으로 수행하려면 이와 같은 사전 준비와 실행 전략 수립이 필요하고, 덧붙여 처음부터 큰 그림을 그리되 작고 확실한 것부터 실행에 옮기는 것이 바람직하다. 또한 디지털 공장 전체를 한꺼번에 공략하는 것보다 구성 요소를 하나씩 벽돌 쌓듯이 단계적으로 추진하는 것이 실질적이다.

11 최두환, 앞의 책 참조.

(3) 현대자동차의 사례

그림 6.4 현대자동차 로고

디지털 전환의 흐름에 앞장서서 경쟁적으로 변신해 온 분야가 자동차 산업이다. 자동차 산업의 능동적 변화를 추동한 것은 전기차 혁신, 소프트웨어 중심의 접근, 그리고 자율주행 기술이다. 이와 같은 변화의 흐름을 타고 테슬라가 먼저 전기차로 앞장서 나갔고, BMW, 제너럴모터스, 폭스바겐, 포드, 현대자동차 등 세계적 자동차회사들이 디지털화에 가세하면서 자동차 산업계는 경쟁적인 변화 속에 급속한 발전을 이루었다.

자동차 산업의 디지털 전환의 배경에는 환경 문제가 있었다. 기후 변화 문제가 전 지구적 위기로 다가오면서 화석연료 사용에 경종을 울렸고, 그것이 내연기관 자동차를 전기차로 전환하도록 압박했다.[12] 마침 테슬라 전기자동차의 약진, 유럽의 디젤게이트,[13] 중국의 정책적 부양 등에 힘입어 2017년부터 전기차가 부상하기 시작했고 급속한 상승세를 탔다. 그 후에도 유럽과 중국의 환경규제 정책이 강화되어 전기차의 상승세는 가파르게 지속되고 있다. 그러나 배터리 기술과 배터리 재료 자원의 한계로 인해 그 성장세가 어디까지 갈 수 있을지는 미지수이다. 환경 문제에 대한 현실적인 대안으로 전기차와 내연기관차를 겸하는 하이브리드차가

12 역사상 전기차는 내연기관 자동차보다 먼저 출현했고 1913년에 디트로이트 일렉트릭이 만든 에디슨 전기차는 한 번 충전하면 최고 시속 40km로 100km를 달릴 수 있었다고 한다. 그러나 긴 충전 시간과 무거운 배터리 등의 단점으로 인해 대량 실용화에는 이르지 못했고, 그러는 동안에 포드의 컨베이어시스템 도입과 텍사스 원유 발견 및 휘발유 가격 하락 등을 계기로 내연기관차가 탄력을 받아 전기차를 앞장서기 시작했다.

13 디젤게이트(Diesel gate)는 폭스바겐을 비롯한 유럽 자동차회사들이 배출가스량을 조작해 온 사실이 밝혀지면서 부상한 스캔들이다. 이것이 경유를 사용하는 디젤 엔진, 나아가 내연기관 자체가 환경 문제의 요인으로 주목받는 계기가 되었고, 결국 2020년대에 벌어진 내연기관 퇴출 운동의 시발점이 되었다.

널리 보급되고 있고, 연료전지를 사용하는 수소전기차가 새로운 대안으로 부상하고 있다.[14]

자동차 산업의 디지털 전환에는 전기차 혁신과 함께 연결된 차량(connected cars), 자율주행 차량(autonomous vehicle, AV), 소프트웨어 기반 차량(software-defined vehicle, SDV), 제조의 디지털화 등이 주요 요소로 작용하고 있다. 연결된 차량은 차량 센서, GPS, 이동통신 등을 이용해 텔레매틱스, 인포테인먼트(infotainment, information+entertainment), 차량 상태 관리, 차량 안전관리 등의 기능을 제공하는 차량이다. 자율주행 차량은 센서, 카메라, 레이더, 라이다, GPS 등을 사용해 주변 환경을 인식해 가며 자율적으로 운행하는 차량이다. SDV는 차량의 핵심 기능과 특징이 주로 소프트웨어를 통해 제어되고 업데이트되는 새로운 개념의 차량이다. 제조의 디지털화는 곧 인더스트리 4.0의 구현이다.

현대자동차의 경우에도 BMW나 다른 자동차회사들과 마찬가지로 위에서 열거한 모든 요소를 고르게 갖추며 디지털 전환을 추진해 왔다. 전기차와 하이브리드 차, 그리고 친환경 수소 차량의 진용을 확장해 왔으며, 원격 차량 관리, 차내 인포테인먼트, 텔레매틱스 등을 포함한 고급 차량 연결 기술을 개발해 왔다. 자율주행 기술 개발에 적극적으로 투자해 왔으며, 생산 공정에 로봇공학, 자동화, 데이터 분석 등을 적용한 스마트 제조 방식을 도입했다. 그 밖에도 수소 사회로의 전환을 위한 종합 수소 솔루션과 모빌리티 기술 혁신을 위한 SDV를 본격적으로 개발하고 있다. 아래에서는 이들 여러 요소 중에 자동차 산업 제조의 디지털화에 초점을 맞추어 현대자동차의 사례를 살펴보기로 하겠다.

현대자동차는 스마트 제조를 채택하는데 이것은 제조 공정의 디지털화를 의미한다. 스마트 제조에서는 빅데이터 분석, IoT, AI, 로봇 등 디지

---

14 수소전기차는 연료전지자동차의 일종으로 연료전지에서 수소와 산소가 화학 반응을 일으켜 전기를 발생하는 원리로 작동한다. 연료전지를 사용해 전기모터로 자동차가 구동되며, 수소충전소에서 수소를 재충전해 사용한다.

털 기술들을 사용해 효율을 높이고 낭비를 줄이며 제품 품질을 개선한다. 구체적으로 용접, 도장, 조립 같은 작업에 고급 로봇 시스템을 도입해 정밀도와 효율성을 증가시킨다. 또한 센서와 데이터 분석을 사용해 장비 고장을 사전에 예측하고, 이를 통해 고장 시간을 단축하고 유지 보수 비용을 절감한다. 이와 같이 디지털 기술들을 활용해 생산 공정을 효율적으로 유지하면서 고객에게 더 많은 맞춤형 옵션을 제공한다.

현대자동차는 인더스트리 4.0을 채택해 제조 공정의 디지털화를 추구한다. 따라서 인더스트리 4.0이 표방하는 CPS, IoT, 클라우드 컴퓨팅, 인지 컴퓨팅 등을 활용한다. 구체적인 내용을 살펴보면, 우선 연결된 공급망을 관통하는 디지털 스레드(digital thread)[15]를 구축해 생산 과정의 제반 요소들을 더 잘 통합하고 전체적인 흐름을 파악하고 전체 과정을 조정할 수 있도록 한다. 또한 의사결정을 개선해 주고 운영 효율성을 높여 줄 수 있도록 데이터를 수집 및 분석하는 스마트 장치들을 갖춘 스마트 공장을 구축한다. 나아가, 실제 제조 설비 및 공정의 성능을 시뮬레이션하고 예측하고 최적화할 수 있도록 가상 모델인 디지털 트윈을 구축해 사용한다.

현대자동차는 스마트 제조와 인더스트리 4.0을 채택함으로써, 효율성을 향상하고 환경 영향을 줄이며 차량의 맞춤화와 품질 향상에 치중한다. 또한, 이와 같은 제조의 디지털화를 위해 필요한 개발 및 직원 교육에 투자한다. 제조의 디지털화를 통해 현대자동차가 추구하는 궁극적인 목표는 자동차 시장의 변화에 즉각적으로 반응하고 시장의 요구사항을 충족시키는 기민하고 지속 가능한 제조 과정을 만드는 것이다.

현대자동차는 이와 같은 스마트 제조와 인더스트리 4.0을 구현한 미래형 공장이자 지능형 공장으로서 'E-FOREST(이포레스트)'라는 스마트팩토리를 구축 중이다. 이것은 AI, 로봇, ICT, IoT, 빅데이터 등 디지털 기술

15 디지털 스레드(digital thread)는 초기 디자인에서 완성 부품에 이르기까지 연관된 수많은 요소를 한 줄로 꿴다는 의미로, 빠른 생산 주기와 높은 제품 품질, 그리고 혁신을 가능하게 해주는 공급망 네트워크를 말한다.

을 활용한 혁신적인 자동화 방식과 인간 친화적인 스마트 기술을 제조 공정에 접목한 제조 플랫폼이다. 이포레스트는 '유연 자동화, 지능화, 인간 중시, 친환경(Auto-Flex, Intelligence, Humanity, Green)'의 4대 핵심 가치를 기반으로 유연하고 고도화된 조립·물류·검사 자동화, AI 기반의 지능적인 제어시스템, 그리고 인간 중시의 작업 환경과 친환경 공장을 지향한다.

이포레스트는 생산공장에서 생성되는 모든 데이터를 연결 및 분석해 실시간 예측이 가능하고 자율 생산 가능한 스마트 생산체계 구현을 목표로 한다. 이포레스트 스마트팩토리는 생산공장의 모든 데이터를 통합 IoT 플랫폼을 통해 수집·연결하고, 실시간 데이터 모니터링·분석 시스템인 'Factory-BI(팩토리비아이)'를 통해 전 공정을 한눈에 파악하며, 이를 통해서 과거에 관리할 수 없었던 영역까지 관리해 전체 생산 과정의 효율성을 극대화한다. 또 사람이 접근하기 어려운 작업 환경에 로봇을 투입함으로써, 근로자의 작업 환경을 개선하고 생산공장의 안전 및 효율성을 향상한다. 이를 위해 클라우드 기술 인프라를 기반으로 생산설비의 제어 영역부터 모든 데이터 및 IT 서비스, 생산공장 시스템 전체가 상호 유기적으로 연결되고 통합되는 소프트웨어 구동 공장(software-driven factory, SDF)을 지향한다.

구체적으로 이포레스트는 유연한 생산 시스템, 고도의 자동화, 인간-로봇의 협동, 주문 제조, 지능형 공장, 품질 완결형 공장을 표방한다. 이와 같이 제조 공정을 혁신하게 되면 신차 개발에 드는 시간과 비용을 절감해 더 좋은 차를 만드는 데 집중할 수 있게 된다. 그리고 그것은 결국 소비자들에게 고품질의 제품을 합리적인 가격에 제공할 수 있게 해준다. 아울러 빅데이터와 AI 기술을 이용해 생산 규모를 예측해서 제조하면, 예기치 않는 상황에도 유연하게 대응할 수 있고 고객의 취향에 부합하는 제품을 제공할 수 있으며 고객 중심의 주문형 생산까지 가능해진다.

현대자동차는 이포레스트 스마트팩토리의 청사진을 그대로 구현한 '현대자동차 싱가포르 글로벌 혁신센터(Hyundai Motor Group Innovation Center

Singapore, HMGICS)'를 2023년에 준공했다. HMGICS는 AI와 로봇 등 디지털 기술이 적용된 셀 기반 자동화 유연 생산 시스템,[16] 현실과 가상을 동기화하는 디지털 트윈 기술 기반의 효율적인 생산 운영, 데이터 기반 지능형 운영시스템, 인간과 로봇이 조화를 이루는 인간 중심의 제조 공정 등을 갖추고 있다. 장차 HMGICS는 인더스트리 4.0을 구현한 지능형 제조 플랫폼을 개발하고 검증하는 테스트베드의 역할을 하게 된다.

6.6 디지털 전환 전략

지금까지 살펴본 에너지 회사 엔지, 농기계 제조사 존디어, 철강회사 포스코, 자동차회사 현대자동차와 같은 전통산업 회사들의 성공 사례들은 산업이 효과적으로 디지털 전환하기 위해서는 어떠한 접근 방법을 사용하는 것이 바람직한지에 대한 중요한 통찰력을 제공한다. 그들의 경험과 성공 사례를 교훈 삼아 디지털 전환 전략을 수립한다면 성공 확률이 높을 것을 기대할 수 있다. 그러한 점을 감안해 다음과 같은 디지털 전환 전략을 제안할 수 있다.

1. 명확한 목표를 설정하고 비전을 제시한다. 기업이 직면하고 있는 구체적인 도전과 기회의 내용을 명확히 파악한다. 그 도전에 대응해 디지털 전환을 추진한다면 그것이 고객 경험의 개선, 운영의 간소화, 제품의 혁신 등 여러 가지 기업 운영의 측면에서 어떠한 변화를

16 셀(cell) 기반 생산 시스템은 소량 다차종의 자동차 생산을 가능하게 하는 생산 시스템이다. 셀은 작은 규모의 작업장을 의미하며, 전통적인 자동차 공장의 컨베이어 벨트를 기능별로 분리해 모아 놓은 공간이라 할 수 있다. 다량 생산을 위해 고안된 컨베이어 벨트 생산 시스템은 다차종을 소량 생산할 때는 효율성이 떨어지기 때문에, 차종과 사양에 제한 없이 차량을 생산할 수 있는 셀 기반 생산 시스템이 이를 대체하게 된 것이다. 전자산업에서는 셀 기반 생산 방식이 1980~1990년대부터 본격화했다.

가져오게 될지 검토한다. 디지털 전환에 필요한 기간과 소요되는 투자를 예측하고, 가시적인 결과를 얻을 수 있는 시점을 예측한다. 아울러 디지털 전환의 추진 과정에서 봉착하게 될 난관을 예견하고 그것을 해결할 방안을 미리 검토한다. 그것을 토대로 디지털 전환을 통해 추구할 목표를 설정하고, 그 결과로 달성하게 될 기업의 비전을 제시한다. 성공적인 디지털 전환을 위해 가장 중요한 요소가 최고경영자의 확고한 인식인 점을 감안할 때, 이렇게 수립한 목표와 비전으로 최고경영자를 설득하는 것이 최우선 과제가 되겠다.[17]

2. 디지털 전환을 전담할 책임자를 임명해야 한다. 최고경영자는 디지털 전환을 지휘해 나갈 책임자를 임명하고, 전담 조직을 구성하고 운영할 권한을 주어야 한다. 디지털 전환에 소요되는 예산을 확보해 주고, 회사의 모든 부서에 접근하고 협조받을 권한을 부여해 주어야 한다. 회사의 경영진이 디지털 전환에 협조하도록 설득하고, 디지털 전환 책임자의 요청이 있을 때마다 그것을 수용하고 그것에 맞춰서 회사의 경영을 변화시킬 것을 요청해야 한다. 나아가 최고경영자가 앞장서서 회사의 조직 문화를 변화시키고, 디지털 전환에 부합하도록 변화, 혁신, 지속적인 학습을 수용하는 새로운 문화를 조성해 나가야 한다.
3. 디지털 전환을 전담할 조직을 구성한다. 디지털 전환 계획이 최고경영자의 승인을 받고 예산 배정을 받으면, 디지털 전환 책임자는 디지털 전환에 필요한 전문기술자들을 확보해 전담 조직을 구성해야 한다. 빅데이터 분석, 소프트웨어 개발, AI 활용, 사이버 보안 유지 등 디지털 전환에 필요한 우수한 전문기술자들을 확보하는 것이 성공적인 디지털 전환에 치명적으로 중요하다. 이것은 상당한 시일

17 단, 이것은 최고경영자가 디지털 전환의 중요성을 인식하지 못하는 경우에 해당하며, 엔지의 경우처럼 최고경영자가 이를 잘 인식하고 디지털 전환에 앞장서는 경우에는 디지털 전환의 성공 가능성이 매우 높다고 볼 수 있다.

이 걸릴 수 있고 또한 많은 경비가 소요될 수 있는 일이다. 그와 동시에 디지털 전환에 필요한 디지털 장치들을 구매하고 설치해야 한다. 전담 조직이 구성되면, 어떠한 기술은 도입하고 어떠한 기술은 개발할 것인지 기술의 난이도와 개발 기간을 함께 고려해 상세 계획을 세워야 한다.

4. 디지털 전환을 위한 구체적인 계획을 수립한다. 디지털 전환 책임자는 디지털 전환 계획 팀을 조직해 디지털 전환 계획을 세워야 한다. 디지털 전환에 관련된 모든 업무를 포함한 종합적인 계획을 세우고, 시작점부터 종료 시점까지 전 과정을 단계적으로 구분한 실행 계획을 아울러 세워야 한다. 또한 디지털 전환을 뒷받침할 IT 구조를 설계하고, 사용할 플랫폼을 결정하고, 나아가 디지털 전환에 필요한 디지털 기술에 대한 확보 또는 개발 계획을 세워야 한다. 그것을 토대로 관련 디지털 장치들을 구매하고 관련 전문기술자들을 확보하는 계획을 아울러 세워야 한다. 실제 상황에서 디지털 전환을 중단 없이 추진할 수 있으려면 중간중간에 가시적인 성과를 보여 줌으로써 외부의 인정을 받고 내부의 추진력을 끌어올리는 전략이 필요하므로, 그러한 중간 성공 요소들을 계획에 포함하는 것이 바람직하다.
5. 디지털 전환 전담 조직이 생산 현장과 밀접하게 협업한다. 디지털 전환의 핵심이 공장의 디지털화인 경우가 많은데, 이 경우에는 현장과 밀접하고 상시적인 협력이 기본적으로 필요하다. 우선 센서와 IoT를 설치하고 데이터를 수집해 데이터베이스와 에지/클라우드 컴퓨터에 내보내는 것이 현장에서의 일이고, 그렇게 수집된 데이터를 처리하고 분석해 새로운 통찰을 얻고 그 결과에 따라 공정을 개선해 나가는 것 또한 현장에서의 일이다. 따라서 현장의 형편에 맞게 센서, IoT 등 디지털 장치를 설치하고, 현장의 요구 사항에 맞춰서 소프트웨어·애플리케이션을 개발하고, 데이터 분석 결과를 현

장에 적용하면서 디지털 전환을 해나가는 것이다. 따라서 현장 담당 부서와 우호적인 분위기 속에서 긴밀한 협업 관계를 조성하는 것이 디지털 전환 책임자의 중요한 덕목이 된다.

6. 민활하고 확장 가능한 IT 인프라를 구축한다. 디지털 전환의 성공 여부는 상당 부분을 IT 인프라가 좌우한다. 주변 환경과 요구 사항이 변경되면 거기에 맞춰서 민활하게 적응하고 필요시 확장할 수 있는 유연성 있는 IT 인프라를 구축할 필요가 있다. 또한 소프트웨어 개발팀과 IT 운영팀 간에 소통, 협업 및 통합을 통해 개발과 운영을 유기적으로 연계하는 데브옵스(DevOps)[18] 환경과 문화를 조성할 필요가 있다. 민활한 IT 인프라란 새로운 기술, 사업 모델, 사용자 요구 등에 대해 빠르게 적응할 수 있는 유연한 IT 인프라를 말한다. 민활한 IT 인프라를 구축하려면 인프라를 모듈화해 전체 시스템에 영향을 주지 않고 부분적 요소를 교체하거나 업데이트할 수 있도록 하고, 반복 작업을 자동화해 수동 작업을 줄여야 한다. 또한 클라우드와 통합해 유연하게 운영하고, 데브옵스 방식으로 개발과 운영에 조화를 꾀할 필요가 있다. 확장 가능한 IT 인프라를 구축하려면, 설계 시부터 확장성을 염두에 두고 설계하고, 클라우드와 통합해 저장 공간과 컴퓨팅 능력을 신축성 있게 사용해야 한다. 또한 작업 부하(負荷)를 여러 서버에 분산하고, 데이터 관리와 네트워크를 확장성 있게 구축할 필요가 있다.
7. 데이터 기반 결정을 내릴 수 있도록 데이터를 관리하고 분석한다. 데이터는 사업 운영에서 현실성 있는 의사결정에 필요불가결한 원재료이다. 관련성 있는 고품질 데이터를 사용하고, 사업 운영에 유용하게 데이터를 수집, 저장, 조직 및 유지할 수 있도록 데이터를

18 데브옵스(DevOps)는 개발(Development)과 운영(Operations)의 합성어로, 소프트웨어 개발자와 IT 전문가 간에 원활한 소통, 협업, 통합, 그리고 가시성 및 투명성을 강조하는 개발 환경이나 문화를 말한다.

관리하고, 실행 가능한 통찰력을 추출할 수 있도록 데이터를 분석해, 데이터에 기반한 데이터 중심의 결정을 내릴 수 있도록 지원해야 한다. 먼저, 데이터 관리 측면에서 데이터를 고객과의 상호작용, 거래, 소셜미디어 등 다양한 출처에서 수집하고 클라우드 등에 안전하게 저장해야 하며, 데이터의 정확성, 일관성, 신뢰성을 보장할 수 있도록 관리해야 한다. 또한 다양한 출처의 데이터를 결합해 통합된 견해를 제공할 수 있도록 관리하고, 법률 및 규제 사항을 준수하고 개인정보 보호 및 보안을 적법하게 유지할 수 있도록 관리해야 한다. 데이터 분석의 측면에서는, 사업의 동향, 고객의 행동, 운영 효율성 등을 이해하고, 과거의 데이터를 분석해 과거의 사건들을 이해하며, 이에 필요한 데이터 분석 도구들을 구비한다. 사건이나 변화 추세의 원인을 이해하기 위해서는 데이터 채굴(data mining) 기술을 사용하고, 과거 데이터를 기반으로 미래 결과를 예측할 수 있도록 통계 모델과 기계 학습 기술을 사용한다. 또한 빅데이터와 실시간 분석을 통해서 대량의 데이터를 실시간으로 처리해 적시에 통찰력을 추출할 수 있도록 돕는다.

8. 측정과 반복의 방식으로 성능 평가와 피드백을 반복한다. 디지털 전환의 대상이 되는 시스템, 공정, 제품, 전략 등이 근본적으로 데이터와 경험에서 배우고, 변화를 포착하면 그것을 신속하고 효과적으로 반영할 수 있도록 만들어야 한다. 이것은 데이터를 측정함으로써 변화를 포착하고 그것을 즉시 피드백해 위험을 관리하고 지속적으로 개선함으로써 빠르게 변화하는 사업환경에서 효과적으로 대응하고 경쟁할 수 있게 하기 위함이다. 구체적으로, 디지털 전환의 대상 시스템, 공정, 제품, 전략 등의 성능을 평가하기 위해, 먼저 사업 목표와 일치하는 구체적이고 측정 가능한 핵심성과지표(key performance indicator, KPI)를 설정한다. 둘째, 체계적으로 판매 데이터, 고객 피드백, 웹사이트 분석 등 다양한 출처에서 정량적·정성적 데

이터를 수집한다. 셋째, 각종 통계 도구와 분석 방법을 사용해 데이터를 분석 및 해석하고, 경쟁사의 성능과 비교해 통찰력을 얻어 판단 및 결정한다. 넷째, 이를 피드백해 점진적인 변화를 만들어 내도록 한다. 다섯째, 이 과정을 지속적으로 반복함으로써 애자일 방법[19]으로 시장 변화에 신속하게 대응하도록 만든다.

9. 고객 중심의 접근 방식을 견지한다. 사업의 성패는 고객으로부터 비롯되는 매출에 좌우되고, 따라서 디지털 전환의 성공 여부는 그것을 고객이 어떻게 받아들이는지에 달려 있다. 사업의 전 과정에서 고객 중심의 접근 방식이 중요하며, 이를 실천하려면 사고방식의 전환과 조직 공정 및 전략의 변화가 필요하다. 이는 단순히 좋은 고객 서비스를 제공하는 것이 아니라 사업의 모든 측면이 고객에게 가치와 만족을 제공하는 것을 최우선 목표로 삼는 것이다. 고객 중심 접근 방식은 제품 개발부터 서비스 제공에 이르는 모든 사업의 측면에서 고객을 중심에 두는 전략적 체제이다. 이를 위해서는 고객 피드백을 수집하고 소셜미디어, 고객 서비스 채널, 커뮤니티 포럼 등을 통해 고객과 소통하며 고객의 욕구, 문제점, 기대를 이해하기 위해 철저하게 연구해야 한다. 데이터 분석을 통해 고객의 행동과 선호도에 대한 통찰력을 얻고, 고객과 상호작용하며 고객의 만족도를 개선해야 한다. 나아가, 고객을 염두에 두고 제품과 프로세스를 디자인하고, 개별 고객의 필요에 맞게 제품과 서비스를 맞춤화할 필요가 있다. 고객 관리에 있어서도 고객 데이터를 활용해 고

---

19 '애자일(agile)'의 사전적 의미는 민첩하고 기민하다는 뜻으로, '애자일 방법론(agile methodology)'에서는 상황에 기민하게 대응하고 사업에 빠르게 반영한다는 의미로 사용된다. 애자일 방법은 원래 소프트웨어 개발에 사용하던 용어로, 일정한 주기로 프로토타입을 만들어 내면서 그때그때 필요한 요구조건을 반영하며 끊임없이 수정해 나가는 방식으로 소프트웨어를 개발하는 것을 말한다. 그런데 조직이나 사업의 운영에서 애자일 방법론을 사용한다는 것은 계급 위주의 수직적인 구조에서 벗어나 업무 중심의 수평적인 구조를 취해, 고객의 필요에 기민하게 대응하고 사업에 빠르게 반영함으로써 새로운 사업적 혁신을 이루는 것을 의미한다.

객에 대한 통찰력을 얻고, 이를 마케팅 전략, 제품 개발, 고객 서비스 개선에 반영해야 한다. 단순히 거래에 초점을 맞추는 것이 아니라, 고객과의 장기적 관계를 구축해 지속적으로 제품과 서비스를 개선해야 한다.

6.7 산업의 AI 전환

산업을 AI로 전환한다는 것은 AI의 학습, 패턴 인식, 자율적 의사결정 등의 능력을 산업에 활용한다는 뜻이고, 그렇게 되면 프로세스 자동화, 공급망 최적화, 맞춤형 생산, 실시간 의사결정, 예측적 유지 보수, 정밀한 품질 관리, 에너지 및 자원 활용 최적화 등을 지능적으로 수행할 수 있다는 뜻이다. 구체적으로, 첫째, AI 기술을 사용하면 프로세스 자동화와 운영 최적화를 통해 효율성을 향상하고 비용을 절감할 수 있다. 또한 공급망 전반에 걸친 복잡한 변수들을 분석해 재고 수준을 최적화하고 수요를 예측해 공급망을 최적으로 관리할 수 있다. 둘째, 많은 고객의 선호도와 생산 데이터를 학습해 고객별로 개인화된 맞춤형 제품을 생산할 수 있으며, 새로운 제품과 서비스를 개발해 새로운 수익원을 창출할 수 있다. 셋째, AI 기술을 활용하면 대량의 데이터를 실시간으로 처리해 즉각적인 의사결정을 내릴 수 있으며, 계획, 추론, 문제 해결과 같은 복잡한 인지 작업까지도 자동화할 수 있다. 넷째, AI 기술을 활용해 센서에서 측정한 데이터와 기계 사용 데이터를 분석하면, 장비가 고장나기 전에 고장을 예측할 수 있다. 다섯째, AI 기반의 시각적 검사 시스템을 사용하면 사람의 눈으로는 식별 불가능한 수준의 정밀도와 검사 속도로 품질의 결함을 식별할 수 있다. 여섯째, AI 기술을 사용하면 산업 공정에서의 에너지 사용 패턴을 분석해 에너지 사용을 최적화할 수 있고, 자원 활용을 최적화하고 환경 영향을 최소화할 수 있다.

그런데 이와 같은 장점들은 위에서 논의한 산업의 디지털 전환에 이미 포함되어 있다. 그 이유는 디지털 기술에 AI 기술이 포함되기 때문이다. 결국 산업의 AI 전환은 디지털 전환에 AI 기술을 더 많이 사용하는 것에 해당하며, 따라서 AI 전환이란 결국 디지털·AI 전환에 해당한다. 한편 산업의 AI 전환에는 AI 기술과 함께 다른 디지털 기술들도 다 함께 적용된다. 그러므로 디지털 전환, 디지털·AI 전환, AI 전환의 세 가지 용어는 혼용할 수 있고, AI 전환은 AI 기술을 강조한 경우라고 볼 수 있다.

AI 기술을 많이 사용하면 직접 데이터를 학습해서 프로세스를 최적화함으로써 자원을 더 효율적으로 사용하고, 낭비를 줄이며, 작업을 더 빨리 마칠 수 있다. 그 결과로, 작업의 속도가 빠를 뿐만 아니라 작업 결과도 더 정확해지고 품질도 향상된다. 또한 AI 기술을 사용하면 복잡한 데이터셋을 분석할 수 있기 때문에 더 깊은 통찰력으로 더 효과적인 의사결정을 할 수 있다. 그리고 사람의 분석이나 다른 디지털 기술을 사용했을 때 포착하지 못하는 패턴과 상관관계를 식별할 수 있어 더 전략적인 결정을 내릴 수 있다. 그러므로 AI 전환은 디지털 전환에 비해 효율성과 효과가 향상된다는 점에서 차별화된다. 또한 AI 전환의 경우는 공정에서 결정에 이르는 전 과정에서 지능화가 진척되어 사람의 개입이 줄어들고 자동화가 늘어나게 된다.

이와 같은 효율성과 효과의 향상은 제조산업에 있어서 여러 이점이 있다. 예를 들어, 예측적 유지 보수를 통해 가동 중지 시간을 최소화할 수 있고, 공급망을 최적화해 비용을 절감하고 배송 시간을 단축할 수 있다. 또한 정밀한 품질 관리를 통해 제품 품질을 향상할 수 있고, 정밀 시장 분석을 기반으로 맞춤형 제품을 시장에 출시할 수 있다. 따라서 산업의 디지털 전환에서 AI의 비중을 높이게 되면, 공정의 자동화 비중을 높이는 수준을 뛰어넘어서 자원 효율성 향상, 작업 속도 개선, 품질 향상, 효과적인 의사결정 등 전반적인 운영의 향상을 꾀할 수 있다.

AI 전환은 제조산업 이외에도 여러 산업 분야에서 효율성과 효과의 향상에 기여할 수 있다. 의료분야에서는 AI 기술이 정확한 진단과 개인 맞춤형 치료, 새로운 치료법 개발, 새로운 약물 발견 등에 기여한다. 금융산업에서는 AI 기술로 거래 패턴을 실시간 분석해 비정상적인 금융 활동을 탐지하고 대출 및 투자의 위험을 판단할 수 있으며, 시장 데이터를 분석해 실시간 거래 결정을 내릴 수 있다. 소매업의 경우에는 AI의 도움으로 개인화된 고객 서비스를 제공할 수 있고, 수요 예측과 재고 관리를 최적화할 수 있다. 농업에서는 AI 기술 사용으로 농사 과정을 최적화해 작물 수확량을 증가시키고, 작물의 건강과 토양 상태를 분석해 지속 가능한 경작을 할 수 있다. 에너지 산업에서는 AI 기술을 사용해 에너지 생산 및 분배를 최적화하고, 실시간으로 에너지 공급 및 수요를 관리해 수급의 균형을 맞출 수 있다. 물류산업의 경우에는 AI 기술로 배송 경로와 물류 운영을 최적화해 비용 감소와 효율성 향상을 꾀할 수 있고, 차량의 자율주행을 위해서는 AI 기술이 필수적이다.

07 사회에서의 디지털·AI 전환

산업혁명으로 농경사회가 산업사회로 전환했을 때 사회의 형태는 크게 변화했다. 경작지 주변에 형성되었던 농촌사회에서 공장을 중심으로 새롭게 형성된 도시로 생활 중심지가 옮겨 갔고, 공장에서 만들어 낸 제품을 생활에 이용하면서 생활 방식도 그에 맞춰 변화했다. 오늘날 산업사회가 디지털 사회로 전환하면서 생활 공간은 여전히 도시 중심으로 유지되고 있지만, 메타버스와 같은 사이버 공간으로 옮겨 가서 근무하거나 활동하는 사람들이 점차 늘어나고 있다. 또한 디지털 기술이 산업 전반에 파급되면서 생활 양식도 크게 달라졌다. 농촌사회가 산업사회로 전환하면서 출퇴근이나 사회활동을 위한 이동 거리가 증가했다면, 산업사회가 디지털 사회로 전환하게 되면서 재택근무, 인터넷 쇼핑, 소셜미디어 등 디지털 기술의 발전으로 인해 그 증가 추세가 꺾이게 되었다.

산업사회가 디지털 사회로 전환하는 과정에서 디지털 기술이 인류의 삶에 미치는 영향은 점점 더 뚜렷해지고 있다. 디지털 기술은 의사소통 방식부터 생활방식, 업무와 학습 방식, 그리고 정보 접근 및 유통 방법에 이르기까지 많은 변화를 가져오고 있다. 그 변화의 속도는 COVID-19 기간 동안 더욱 빨라졌으며, 개개인의 생활 차원을 넘어 기업활동 및 정부 운영에 이르기까지 전방위적으로 확산했다. 그리고 그 변화는 이제 인류의 사회 행동 양식을 새롭게 정의하도록 만들고 있다. 그 변화에는 정보 및 서비스 접근성의 개선, 사회적 연결성의 향상, 산업의 혁신성 같은 긍정적인 부분들도 많지만, 디지털 격차와 디지털 문해력, 일자리 감소, 거짓 정보와 가짜 뉴스, 개인정보 보호, 윤리적 고려사항 등 여러 문제들도 함께 대두되고 있다. 그러므로 디지털 전환이 가져오는 교육, 정치, 사회, 문화 등 여러 방면에서의 변화를 관찰하고 거기에 수반된 문제점을 검토하고 대책을 마련하는 것이 중요한 과제가 되었다.

7.1 디지털 전환기의 사회

오늘날 우리 사회 주변을 돌아보면 생활 형태가 지난 10년이나 20년 전에 비해 크게 달라진 것을 발견하게 된다. 디지털 기기들이 회사 업무나 일상생활의 중심에 자리 잡았고, 특히 스마트폰은 손에서 잠시도 떼어 놓을 수 없는 생활필수품이 되었다. 사람들은 출근하기 어려운 상황일 때 화상회의로 회의에 참석하며 원격으로 업무를 보고, 집에서 요리할 때도 요리책을 보는 대신에 유튜브로 조리법을 찾아본다. 학교 교육도 디지털 기기들에 맞는 새로운 형태로 변모했고, 원격으로 인터넷에 접속해 해외에서 제공하는 강의나 세미나를 학습한다. 모르는 것이 생기면 사람에게 직접 질문하는 대신에 인터넷으로 웹사이트들을 검색하거나 챗GPT에 물어서 확인하고, 모르는 여행지를 찾아갈 때는 내비게이션을 켜고 운전해 찾아간다. 영화를 보고 싶으면 영화관이나 TV 프로그램에 편성된 영화를 수동적으로 보는 대신, OTT가 제공하는 채널을 틀어서 보고 싶은 것을 골라서 본다. 친구와 메신저로 연락을 주고받고, 동창생들과 소셜네트워크 대화방을 열어서 소식을 나누고, 해외에 나간 친구와 무료 메신저 서비스로 영상통화를 한다. 특정 사회적 이슈에 관련해 불만거리가 생기면 본인 생각을 SNS에 올려서 토로하고, 마음이 맞는 커뮤니티 사람들을 모아서 집단행동에 나서기도 한다. 버스나 비행기를 타기 위해 핸드폰에 애플리케이션을 깔고 집에서 표를 예매하고, 물건을 구매하기 위해 온라인 쇼핑을 통해 주문하기도 한다. 팔목에 차는 웨어러블 장치를 통해서 건강 상태를 상시 체크하고, 관련 데이터는 병원에 직접 전송되며, 필요하면 의사에게 원격으로 진료받는다. 이와 같은 생활 형태의 변화는 우리 사회가 이미 디지털 전환의 한복판에 깊숙이 들어와 있음을 말해 준다.

이와 같이 디지털 기술은 현대인의 업무와 생활 방식을 변화시키고 아울러 삶에 커다란 편익을 가져다주고 있다. 그 바탕에는 여러 기술이 뒷받침하고 있지만, 특히 정보통신 기술의 발달로 세계 각국 방방곡곡에 이르기까지 초고속 연결이 가능해진 점이 핵심적이다. 음성 위주의 전화망이 영상·데이터를 포괄하는 인터넷으로 전환되고 기존의 유선 통신망이 광통신망과 무선·이동 통신망으로 확대되면서 정보 용량, 형태, 유무선, 시간, 공간, 국경의 제약 없이 개인별 또는 집단별로 자유롭게 소통하고 활용할 수 있는 정보통신 인프라가 형성되었다. 그 결과, 정보통신 기기를 통해서 사회생활과 기업활동을 원격으로 수행할 수 있는 새로운 차원의 세계가 열렸고, 그것이 전통적인 물리 공간의 제약을 뛰어넘는 사이버 공간을 새롭게 열어 주었다. 이렇게 형성된 사이버 공간은 점차 정보 취득과 업무 처리의 단계를 넘어서 인적 네트워크를 형성해 집단의 정보 공유와 소통의 장을 펼쳐 주었다. 이 '소셜네트워크 서비스(SNS)'를 통해 지구촌 전체에 걸쳐, 공간적 제약 없이, 서로 떨어져 있는 사람들이 마치 동일한 공간에 있는 것처럼 긴밀하게 소통하고 공동보조를 취할 수 있는 '초연결(超連結, hyper-connectivity)의 시대'가 도래했다. 이처럼 소셜미디어의 탄생은 서로 연결하고 정보를 공유하며 사회적 유대관계를 형성하는 방법에 혁명적인 변화를 가져왔으며, 그와 동시에 사회적인 불만을 제기하고 정치·사회적인 문제들에 대한 여론을 형성하는 강력한 도구를 제공하고 있다.

디지털 기술의 발달은 상품의 거래 방식도 크게 변화시켰다. 기업이 상품을 생산해서 시장에 출시할 때, 판매점을 개설해 상품을 전시하고 TV로 광고하는 대신에 앱스토어나 플레이스토어 같은 플랫폼에 모바일 앱 콘텐츠를 올리면 삽시간에 세계 각국의 고객들과 만날 수 있게 되었다. 소비자는 스마트폰에 애플리케이션을 설치하고 모바일 앱 콘텐츠에 들어가면 원하는 제품을 시간과 공간의 제약 없이 즉시 구매할 수 있게 되었다. 인터넷과 각종 애플리케이션 등 다양한 디지털 기술들이 적용되어 상품 선택과 결제에 필요한 수단을 제공해 주기 때문이다. 그래서 마케팅 능력이 취약한 중소벤처기업도 상품의 운송, 전시, 홍보에 들어가는 별도의 큰 비용이나 시간 지연 없이 세계 시장에 상품을 즉시 출시할 수 있게 되었다. 또한 소비자도 상품 정보를 풍부하게 취합해 여러 회사의 상품에 대한 가격과 품질을 비교하면서 자신들이 선호하는 유리한 구매행위를 할 수 있게 되었다. 이러한 상황은 소비자 행동을 근본적으로 변화시켰고 새로운 소비자 트렌드를 만들어 냈다. 공간적으로 떨어져 있는 고객들도 사이버 공간 속에서 공동체를 형성해 기업과 상품의 정보를 공유하고 공동으로 구매할 수 있게 되었고, 문제가 생기면 공조해 대응할 수 있는 환경이 만들어졌다. 그 결과, 많은 고객을 만족시키는 상품을 출시하게 되면 소규모 벤처기업이라도 단시일에 세계적 기업으로 도약할 수 있는 기회가 생겨났고, 반면에 그렇지 못한 기업은 언제라도 추락할 수 있는 시대가 되었다.

이러한 디지털 전환은 우리 사회에 획기적인 변화를 가져왔지만, 그와 함께 여러 문제도 수반하게 되었다. 먼저, 디지털 기술의 확산으로 인해 개인정보의 수집, 저장 및 사용에 대한 우려가 증가했다. 각종 디지털 서비스 플랫폼은 우리에게 다양한 디지털 응용 서비스를 제공하면서 필요한 고객의 개인정보를 수집하고 있는데, 적정선을 넘어 정보 수집이 과도하거나 수집 정보가 잘못 사용될 경우 자칫 사용자에게 큰 피해를 줄 수 있다. 또한 소셜미디어를 통해 허위 정보와 가짜 뉴스 등이 쉽게 확산할 가능성이 있고 이것이 사회적 혼란과 분열을 조장할 수도 있다. 디지털 사회는 모든 것이 네트워크로 연결되어 있어서 해킹과 같은 불법적인 데이터 침해의 위험이 증가하고, 그 결과로 중요 인프라의 손상, 금전 손실, 민감한 정보 노출 등 폐해로 이어질 수 있다. 게다가 디지털 시대에는 디지털 기술을 이해하고 디지털 장치를 이용하는 것이 기본이라서, 그것에 뒤처지게 되면 디지털 격차가 발생하고 그로 인해 기존의 사회경제적 격차가 악화할 수 있다. 한편, 디지털 시대에는 공장 자동화와 AI 등이 사람의 일자리를 대체할 수 있기 때문에 일자리 상실과 고용 감소에 대한 우려가 확산되고 있다.

이와 같은 문제점들은 부분적으로는 개인적인 노력으로 해결할 수 있지만, 대부분은 사회적인 제도와 인프라 구축을 통해 근본적으로 해결할 필요가 있다. 개인정보 보호, 데이터 보안 및 소비자 권리를 법으로 규정하거나 기존의 법 규정을 강화하고, 사회 구성원이 디지털 사회에 필요한 윤리를 준수하도록 교육하며, 허위 정보와 가짜 뉴스에 대처하는 기술 개발과 함께 처벌 규정을 제정할 필요가 있다. 또 불법적인 해킹이나 사이버 공격에 대한 네트워크의 보안 강화 조치도 필요하다. 디지털 시대의 새로운 직업으로 전환하고 적응할 수 있도록 능력 개발과 향상 기회를 제공하고, 개개인이 디지털 장치에 접근하고 익숙해질 수 있도록 교육 및 훈련 프로그램을 제공할 필요가 있다. 그렇게 디지털 기술이 주는 혜택은 온 국민이 고르게 누리면서 부작용은 최소화하거나 방지하는 것이 디지털 사회가 해결해야 할 사회적 과제이다.

7.2 디지털 전환 시대의 문화

디지털 전환은 사람들이 살아가는 사회생활 방식을 바꾸었고, 그 변화를 통해 새로운 사회 문화를 형성하고 있다. 소통과 상호 교류 방식, 정보 접근 및 공유 방식, 예술과 문화적 표현 방식, 경제활동과 업무 방식, 교육과 학습 방식, 정치 및 사회 참여 방식 등을 바꾸었고, 그에 따라 개인 정보의 중요성과 윤리적 문제 등이 새롭게 부상했다. 특히 디지털 기술은 사람들이 소통하고 상호 교류하는 방식을 혁명적으로 변화시켰다. 각종 소셜미디어, 메시지, 영상통화 등의 서비스로 지리적 한계를 뛰어넘어 글로벌 연결 소통 문화를 형성하도록 해주었다. 표현 방식도 이모지(emoji),[1] 이모티콘(emoticon),[2] 인터넷 용어,[3] 짤방,[4] 인터넷 유행 코드 밈(meme)[5] 등으로 확대되어, 젊은 세대를 중심으로 새로운 표현 문화를 형성하게 되었다. 인터넷 검색으로 각종 웹사이트에서 정보와 지식을 찾아내고 소셜미디어를 통해서 이를 공유하고 전파하면서 지식을 마음껏 향유하며 살 수 있게 되었다. 이러한 디지털 플랫폼들은 다양한 온라인 공동체의 등장을 촉진했고, 관심사나 정체성을 공유하는 사람들이 집단을 형성해 소통할 수 있는 공간을 제공했다. 디지털 플랫폼이 가상 세계로의 문을 열어 주었고, 메타버스가 현실 세계와 가상 세계를 넘나들며 살아갈 수 있도록 연결해 줌으로써, 현실 세계에서는 자기 이름으로 살고

---

1 이모지는 감정이나 의미를 표현하는 작은 이미지로, 모바일 기기나 컴퓨터에서 주로 텍스트와 함께 사용된다. 우리나라에서는 이모지를 이모티콘의 일부로 간주하기도 한다.

2 이모티콘은 ㅠㅠ, ㅋㅋ, :), :-), ^^와 같이 감정을 나타내는 키보드 문자와 기호의 조합으로, 주로 문자메시지에서 사용된다.

3 인터넷 용어는 인터넷상에서 단어나 문장을 축약해서 만든 용어로, 예를 들면 '넘사벽(넘을 수 없는 사차원의 벽)', '지못미(지켜 주지 못해 미안해)', '얼짱('얼굴 짱', 얼굴이 아주 예쁘다는 뜻)', '짤방(짤림 방지)' 등이 있다.

4 '짤방'은 '짤림 방지'의 축약어로 원래는 글을 올리려면 무조건 사진을 한 장 이상 첨부해야 하는 사이트에 사용자가 사진 없는 글을 올리면서 삭제되는 것을 피하려고 인터넷에서 가져온 사진들을 의미 없이 붙였는데, 이렇듯 글이 잘리는 것을 방지하기 위해 붙인 사진이라고 해서 '짤방'이라고 불렀다. 지금은 뜻이 희석되어 재미있거나 흥미를 끄는 간단한 사진이나 영상을 일컫는 용어로 굳어졌다.

5 밈은 원래 리차드 도킨스가 저술 『이기적 유전자』에서 생명체의 유전자(gene)에 대응해 자기복제적 특징을 가지고 번식해 대를 이어 전해지는 문화적 유전자로 정의한 용어인데, 요즘에는 MZ세대를 중심으로 한 새로운 온라인 소통방식을 지칭하는 용어로 사용되고 있다. 인터넷에 돌아다니는 패러디 콘텐츠와 짤방 중에 어떤 것이 인기를 얻게 되면 그것이 강력한 밈이 되어 MZ세대 간에 널리 공유된다. 따라서 밈은 인터넷 기술이 MZ세대를 만나서 형성하게 된 일종의 인터넷 놀이문화라고 볼 수 있다. 이러한 밈의 성격을 포착해 MZ세대를 공략하는 기업들은 밈을 마케팅 수단으로 활용하기도 한다.

가상 세계에서는 아바타로 사는 이중적 삶의 문을 열어 주었다. 이와 같이 디지털 기술은 현대인들이 과거에는 상상도 할 수 없던 새로운 세상을 살며 새로운 문화를 구축해 나가도록 만들어 주었다.

디지털 기술은 일상생활 양식을 스마트폰을 중심으로 한 개인별 생활양식으로 전환시켰다. 지하철을 타고 둘러보면 거의 모든 사람이 스마트폰을 들고 무언가를 하고 있다. 통화하거나, 채팅하거나, 문자를 보내거나, 뉴스를 보거나, 기차표·비행기표를 끊거나, 웹 서핑을 하거나, 상품을 구매하거나, 스포츠 경기 중계를 보거나, 스트리밍 비디오를 보거나, 게임을 하거나, 저장한 사진을 보고 있다. 스마트폰 하나면 그만큼 다양한 것들을 전부 할 수 있다. 스마트폰 한 대에는 과거에 온 가족이 공동으로 사용하던 전화와 텔레비전과 컴퓨터가 다 들어 있는 셈이고, 카메라, 계산기, 수첩, 녹음기, CD플레이어 기능까지 다 들어 있다. 컴퓨터 성능은 과거의 대형 컴퓨터 이상이고, 카메라 화질도 과거의 카메라들에 비할 바 없이 좋다. 또한 스마트폰 안에는 카메라 사진, 캘린더 수첩, 친구 주소록, 통화한 기록, 주고받은 채팅 내용, 보내고 받은 메시지 내용, 송수신한 이메일, 채취한 음성 녹음, 신용카드로 결제한 내역, 다운로드받은 파일, 그리고 내 모든 개인정보가 다 들어 있다. 스마트폰은 만능 상자이면서 개인 비밀 상자이다. 요컨대 스마트폰은 이러한 모든 기능을 구비한 정보통신과 컴퓨터 융합의 결정체라고 할 수 있다. 그렇게 스마트폰은 현대인에게 불가분의 만능·비밀 병기가 되었고, 스마트폰을 중심으로 개별적인 삶을 살아가는 것이 디지털 전환이 가져온 현대인의 생활 문화가 되었다.

앞서 논의했듯이, 디지털 전환은 산업을 바꾸고 그 연장선상에서 산업활동과 경제활동을 바꾸었으며, 나아가 기업의 생태계를 변화시키고 업무 구조를 바꾸고 업무 방식을 바꾸면서 새로운 기업 문화를 만들어 내고 있다. 또한, 교육과 학습 분야에서도 디지털 기술이 수용됨에 따라 디지털 문해력이 중요한 기본 능력으로 부상하고, 교육의 내용이 새롭게 변모하는 등, 새로운 방식과 차원의 문화를 정립하고 형성하게 되었다. 정치 및 사회 참여 방식도 디지털 기술을 토대로 획기적인 변화를 겪게 되었다. 특히 디지털 플랫폼을 매개로 정치 및 사회적 활동에 의견을 응집하고 집단을 결성해 행동으로 나아갈 수 있는 수단을 얻게 되었으며, 그에 따라 정치와 사회 참여의 방식에 새로운 문화가 형성되고 있다.

예술 창작 분야에 있어서도 디지털 기술은 예술 창작을 위한 새로운 도구를 제공해 창작과정을 용이하게 해주고, 새로운 예술 장르를 탄생시켰다. 음악가는 작곡할 때 오선지에 악보를 그리는 대신 MIDI(음악 악기 디지털 인터페이스)로 곡을 만들고, VSTi(가상악기)로 연주해 보고, DAW(디지털 오디오 워크스테이션)를 이용해 음악을 녹음, 편집, 배열, 혼합한다.[6] 이러한 디지털 기술은 음악가들이 실험하고 작업 흐름을 간소화하고 다른 사람들과 협업하며 작곡할 수 있는 새로운 도구와 가능성을 제공해 창작과정을 혁신했다. 미술가가 그림을 그릴 때는 두 가지 방법이 가능한데, 하나는 컴퓨터에 미술 관련 소프트웨어를 깔고 그래픽 태블릿과 스타일러스(펜)를 사용해 디지털 캔버스에 직접 그림을 그리는 '전(全) 디지털 미술'이고, 다른 하나는 전통적인 방식으로 캔버스에 직접 그림을 그린 다음에 스캔해 보정하는 '반(半) 디지털 미술'이다. 이와 같이 그림을 디지털화하면 수정과 보정이 용이할 뿐만 아니라 다양한 미디어를 활용해 대중과 공유할 수 있게 된다. 디지털 기술이 도입되어 새롭게 태어난 예술 장르로는 전자 댄스 음악(electronic dance music, EDM), 칩튠(chiptune) 등과 같은 전자 음악이 있고,[7] 생성적 아트, 픽셀 아트, VR 아트, AR 아트, AI 아트

---

6 MIDI: Musical Instrument Digital Interface, 전자 악기끼리 디지털 신호를 주고받을 수 있도록 규격화한 프로토콜. VSTi: Virtual Studio Technology Instrument, 전자 음악 편집 소프트웨어, 녹음 시스템, 신디사이저 등의 연결에 사용되는 플러그인 형식의 표준 규격(VST)을 채택한 전자 악기, DAW: Digital Audio Workstation, 디지털 오디오의 재생, 녹음, 편집 등의 작업을 뒷받침하는 워크스테이션.

7 전자 댄스 음악은 합성음을 중심으로 한 음악 장르로 강한 비트와 전자적인 프로덕션에 중점을 둔다. 칩튠은 1970년대 이후의 빈티지 비디오게임 하드웨어나 에뮬레이터를 사용해 만든 음악으로 독특하고 향수 어린 소리를 낸다.

등과 같은 디지털 아트가 있다.[8]

디지털 기술 가운데 컴퓨터 그래픽과 3차원 기술은 영화 제작에도 크게 기여해 과거에는 제작할 수 없었던 영화를 제작할 수 있게 해주었다. 예를 들어, 영화 '아바타'에서는 컴퓨터 그래픽을 이용해 키 크고 날렵하고 아름다운 나비족 캐릭터를 창조할 수 있었고, 실제 세트와 디지털 손질을 결합해 이국적이고 환상적인 배경을 만들어 낼 수 있었다. 또한 모션 캡처 기술을 사용해 '나비족' 캐릭터에 생동감과 자연스러운 동작을 부여해 줄 수 있었고, 3D 카메라 기술을 이용해 시청감 있고 몰입도 높은 입체영화를 만들어 낼 수 있었다. 이렇듯 디지털 기술은 제작자에게는 풍부한 상상력과 창의적인 도전을 현실적 영화로 실현할 수 있는 도구를 제공했으며, 관객에게는 황홀하고 매력적인 영화를 체험할 수 있게 해주었다. 최근 들어서는 스마트폰으로 촬영하고 동영상 편집기를 사용하면 누구나 영화를 만들 수 있게 되었다. 스마트폰에 장착된 내장 카메라와 카메라 앱을 이용해 촬영할 수 있고, 내장된 편집기능을 이용하거나 별도의 영상편집기를 사용해 편집할 수 있다. 일부 스마트폰에는 광각, 망원, 매크로 촬영과 같은 다양한 용도의 카메라가 장착되어 있고, 해상도, 프레임 속도, 플래시, 노출 등을 사용자가 설정할 수 있어 선호도에 맞게 촬영해 영화를 제작할 수 있다.

디지털 기술은 콘텐츠 생산자와 콘텐츠 소비자가 직접 만날 수 있는 직거래 플랫폼을 만들어 문화 발전에 결정적인 기여를 했다. 디지털 기술이 iOS 앱스토어와 안드로이드 플레이스토어와 같은 애플리케이션 직

---

8 생성적 아트는 알고리듬과 코드를 사용해 자기 발생 또는 자기 진화로 만들어 내는 미술로, 복잡하고 역동적이다. 픽셀 아트는 작고 네모난 픽셀을 이용해 이미지를 만드는 디지털 아트로, 초기 비디오게임과 컴퓨터 그래픽을 연상시킨다. VR 아트는 미술가가 VR 헤드셋을 사용해 탐험할 수 있는 몰입형 3D 환경과 경험을 만들어 내는, 상호작용적이고 다차원적인 아트이다. AR 아트는 AR 헤드셋이나 스마트폰을 통해 실제 세계에 디지털 아트를 겹쳐 보여서, 상호작용적이고 장소에 따라 변하는 경험을 만들어 내는 예술이다. AI 아트는 AI 알고리듬과 기계 학습을 사용해 생성하거나 개선한 예술 작품으로, 새로운 예술적 표현을 만들어 내기 위해 AI 시스템과 협업하기도 한다.

거래 장터를 만들어 애플리케이션 산업 발전에 결정적인 기여를 한 것과 마찬가지이다. OS 위에 구축된 애플리케이션 플랫폼이 애플리케이션 제작자들로 하여금 통신 사업자를 건너뛰어 소비자와 직접 만날 수 있도록 만들었듯이, OTT[9] 형태로 구축된 콘텐츠 직거래 플랫폼이 콘텐츠 생산자가 보급사를 뛰어넘어 소비자와 직접 만날 수 있게 만들었다. 한류(韓流) 문화가 세계 시청자와 직접 만나서 높이 평가받으며 K-컬처[10]로 거듭날 수 있게 된 것도 이와 같이 디지털 기술이 만들어 준 콘텐츠 직거래 장터의 덕이 크다. 드라마나 영화 같은 문화 상품도 다른 산업의 상품들과 마찬가지로 생산과 판매 과정을 거쳐서 소비자에게 전달되는데, 판매 과정에 필요한 마케팅, 광고, 영업 등 여러 복잡한 업무를 직거래 장터 플랫폼이 대행해 주기 때문에 디지털 전환기의 제작자는 오직 생산(즉, 제작)에만 몰두하면 된다. 제작과정 또한 각종 디지털 기술을 활용할 수 있게 되었고, 제작 비용까지도 OTT 회사로부터 투자받을 가능성이 생겨서, 새롭고 수준 높은 작품을 제작할 수 있는 환경이 구축되었다. 이러한 점은 공연장의 제한으로 관객이 제한되는 공연예술의 경우에도 적용가능하다. 만일 현장 공연과 동시에 OTT를 통한 중계 또는 영화관에의 중계를 겸하게 되면 세계 각국의 OTT 시청자나 영화관람객들에게 실시간으로 직접 보여 줄 수 있게 되고, 그로 인해 공연 관객 수를 크게 확대할 수 있을 것이다.

---

9 OTT는 'Over the Top'의 약어로 '셋톱박스를 넘어서' 콘텐츠 서비스를 직접 제공하는 서비스라는 의미로 사용된다. 셋톱박스(set-top box)는 위성, 케이블, 인터넷 등을 통해서 전달되는 방송 신호를 수신해 텔레비전에 표시해 주는 장치로, 초기에는 TV 위에 설치했기 때문에 'TV세트 위에 설치한 상자'라는 의미로 붙인 이름이다. 따라서 OTT는 셋톱박스를 통해서 전달되던 방송 서비스를 넘어서는 각종 콘텐츠 서비스라는 의미가 된다. 따라서 OTT서비스는 방송국이나 방송설비를 통하지 않고 콘텐츠 제작자에서 사용자에게 직접 전달된다는 점이 방송 서비스와 차별화된다. 대표적인 OTT로는 넷플릭스, 유튜브, 훌루, 디즈니+, 애플TV, 아마존프라임 등이 있다.

10 K-컬처(K-culture)는 한국의 문화 콘텐츠를 광범위하게 포괄하는 용어로, K-pop, K-drama, K-cinema, K-game, K-webtoon, K-animation 등을 포함한다.

7.3 디지털 시대의 일자리 변화

디지털 시대에는 디지털 기기를 이용하기 때문에 업무 효율이 높아져 동일한 업무량을 처리하는 데 필요한 인력이 감소하는 추세이다. 특히 RPA가 확산하면서 생산직 일자리가 많이 감소했고, AI 발달은 사무직 일자리까지도 감소시키고 있다. 은행 업무는 소프트웨어·애플리케이션을 이용한 핀테크(FinTech)로 이행하고, 매표나 주문 서비스는 터치 화면으로 대체되는 등 대면 서비스가 전자 거래와 사이버 공간 업무 처리로 대체되면서 일자리가 더욱 감소하고 있다. 지금 여러 나라가 겪는 일자리 부족 문제는 한편으로는 경기 침체가 원인이기도 하지만, 그보다 더 근본적인 원인은 디지털 기술의 발달로 인한 일자리 수 감소이다. 이것은 선진국이나 중진국의 모든 나라가 겪는 공통적인 문제이다.

디지털 시대에는 일자리에 있어서 상당한 변화가 예상된다. 자동화와 디지털화로 인해 사라지거나 중요성이 줄어드는 일자리가 있고, 반대로 새롭게 생겨나는 일자리들이 있다. 반복적인 행정 업무, 데이터 입력과 기본 데이터 분석, 제조 및 조립 라인의 작업, 매장의 카운터 업무, 단순 고객 지원 업무, 텔레마케팅 등의 일자리들은 사라지거나 줄어들고 있다. 반면에 데이터 과학자 및 데이터 분석가, 사이버 보안 전문가, AI 및 기계 학습 전문가, 디지털 마케팅 전문가, 소프트웨어 개발자와 엔지니어, 로봇공학자와 기술자, 전자상거래 전문가, 디지털 헬스 전문가, 환경 지속 가능성 전문가, 온라인 콘텐츠 생산자 등의 직업이 새롭게 나타나거나 중요해질 가능성이 크다. 주로 단순 반복적인 업무나 고도의 정밀성이 필요한 일자리들이 자동화 및 디지털 기기들로 대체되고, 디지털 기기들을 제작하거나 작동하는 일, 그리고 디지털 기술을 사용해 콘텐츠 등을 창작하는 일들이 중요해진다.

디지털 전환기에 접어들면서 어떤 직업이든 디지털 기술을 다루는 능력이 중요해졌다. 디지털에 관한 이해가 필요하고 디지털 도구와 플랫폼을 능숙하게 사용할 수 있는 능력이 필수적으로 요구된다. 또한 디지털 기술이 진화하고 직업 환경이 변화함에 따라 개인의 능력을 향상할 필요성이 생겼고, 직업 경쟁력을 유지하기 위한 평생 학습이 중요해졌다. 회사에서는 직원이 업무 능력을 디지털 전환에 부합하게 향상해 줄 수 있도록 재교육의 기회를 제공할 필요가 생겼고, 정부 차원에서도 직업 전환을 희망하는 일반인들을 위한 재교육프로그램을 적극적으로 개발·제공할 필요가 있다.

디지털 전환으로 회사 근무의 형태에도 큰 변화가 나타나고 있다. 과거 직장에 고착되던 근무 형태에 정보통신 등 디지털 기술의 발달로 인해 재택근무라는 새로운 형태의 가능성이 열리게 되었다. 부분적으로 시도되던 재택근무가 COVID-19 팬데믹을 계기로 급속히 확산해 수많은 직장에서 적극적으로 도입하게 되었다. 재택근무가 장기화함에 따라 원격 협업과 생산성 향상을 위한 디지털 도구들이 속속 출현했다. 또한 직장인들이 재택근무에 익숙해지면서 일하는 방식과 직업에 대한 가치관에도 변화가 생겼다. 재택근무와 개인 프로젝트를 동시에 추진하며 수입원을 다양화하는 경향이 나타났고, 팬데믹이 종료된 후 회사가 출근을 권장해도 직원이 재택근무를 고집하는 사례가 빈번히 나타나고 있다.

디지털 전환기에는 디지털 기술을 활용해 회사의 근무 방식을 변화시키려는 다각적인 노력이 필요하다. 기본적으로 각종 회의를 영상 회의로 전환해 작업의 연속성을 높이고, 프로젝트 관리 소프트웨어 등 디지털 도구들을 적극적으로 활용해 새로운 형태의 협업을 추구하고 업무 효율을 높일 필요가 있다. 직장 근무와 재택근무에 조화를 이루는 유연한 혼합 모델을 개발·채택해, 일과 삶이 균형을 이루도록 돕는 노력도 필요하다. 또한 원격 근무 시에 AR 기술을 활용하고, AI를 의사결정에 활용하고, 인간-기계의 협업을 활용하는 등 직장 업무방식을 미래지향적으로 전환하는 방법을 연구할 필요가 있다. 예를 들어, 이미 여러 회사에서 회의, 훈련, 홍보 등을 위해 시도하고 있는 메타버스를 그 밖의 업무에도 적극적으로 활용하는 방법을 강구할 필요가 있다. 디지털 시대에는 직장에서 회사의 대외비 정보나 개인정보 보호를 취급할 가능성이 높기 때문에 각종 데이터를 취급하거나 데이터 처리 알고리듬을 제작할 때 보안에 유의해야 한다. 나아가, 편견을 배제하고 공평무사하게 업무에 임할 수 있도록 회사는 관련 윤리 규정을 제정하고 직원은 이를 철저히 준수하는 디지털 문화를 확립할 필요가 있다.

7.4 디지털 격차

디지털 전환이 진전되면서 사회 곳곳에서 디지털 기술과 서비스의 변화에 적응하지 못해 어려움을 겪는 사람들을 보게 된다. 버스터미널에서 무인 매표소의 전자화면 앞에 서서 버스표를 사려고 애를 먹거나, 디지털 키오스크에서 원하는 메뉴를 주문하고 결제하는 절차가 복잡해서 햄버거 가게에 가기를 꺼리는 노년층 이야기가 나온다. 설사 성공적으로 주문하고 결제하더라도 쿠폰 활용에 대해 잘 몰라서 상대적으로 비싼 값에 음식을 사 먹게 된다. 이렇듯 디지털 환경에 익숙하지 않은 연령층은 디지털 장치로 서비스를 받는 데 갖가지 어려움을 겪는다. 또한, COVID-19 팬데믹 기간에는 PC가 없거나 인터넷 접속이 어려운 가정의 학생들은 원격 수업에 참석하고 숙제하는 데 애로가 있었다. 이렇듯, 디지털 기술에 대해 배우고 익숙해질 기회를 얻지 못하거나 디지털 장치와 인터넷 연결을 갖추지 못하면 디지털 기술의 혜택을 누리지 못할뿐더러, 인터넷 검색이나 각종 온라인 서비스를 이용하는 데에 불리해진다.

이와 같은 디지털 격차는 디지털 시대에 사회적 불평등을 초래하는 원인이다. 디지털 격차는 디지털 기술과 인터넷 접근 및 활용에서의 격차로, 주로 사회경제적 지위, 지리적 위치, 교육 수준, 연령 등의 차이로 인해 만들어진다. 디지털 시대에는 디지털 기술이 사회생활의 바탕을 형성하고 상호 연결과 소통의 수단이 되는 점을 고려하면, 디지털 격차가 초래하는 불평등이 얼마나 치명적인지 짐작해 볼 수 있다. 디지털 격차 문제가 발생하는 원인은 대표적으로 디지털 장치와 서비스에의 접근성 부족과 디지털 기술 지식 부족이라고 할 수 있다. 농어촌에 거주하거나 경제적으로 빈곤해 컴퓨터나 스마트폰을 구입하지 못하고 고속 인터넷을 연결하지 못하면 디지털 시대의 온라인 민원, 온라인 교육, 원격 진료, 전자상거래 등을 활용할 수 없다. 또한 지리적·경제적 요인으로, 또는 디지털 세대가 아니라는 이유로 디지털 기술을 배우지 못하게 되면 디지털 시대의 사회활동에 대등하게 참여하기 어렵다. 그렇게 발생한 디지털 격차는 인터넷 연결로 디지털 지식 자원과 각종 정보에 접근하는 것을 제한해 결국 교육 기회의 불평등으로 이어진다.

디지털 격차가 디지털 시대의 사회적 불평등과 교육 불평등의 원인이 되는 점을 주목할 때, 디지털 격차의 해소가 디지털 전환기의 첫 번째 과제라고 할 수 있다. 디지털 격차를 해소해야 디지털 시대의 사회적 평등, 정보 접근 기회의 균등, 그리고 교육 기회의 균등을 위한 토대를 마련할 수 있기 때문이다. 디지털 격차 문제를 해소하려면 먼저 농어촌과 산촌에 이르기까지 모든 주거지역에 초고속 인터넷 인프라를 구축하고 저소득 계층이 저렴하게 인터넷에 접속할 수 있도록 정부가 정책적으로 지원할 필요가 있다. 디지털 장치가 없는 사람이 저렴한 가격으로 장치를 마련할 수 있도록 지원 프로그램을 마련하고, 그와 동시에 디지털 장치를 무료로 활용할 수 있는 공공 컴퓨터 및 인터넷 센터도 요소요소에 설치할 필요가 있다. 나아가, 기본적인 디지털 기술을 효과적으로 가르쳐 줄 수 있는 프로그램을 개발해 제공하고, 원격 지역에서 모바일 인터넷 접속으로 사용할 수 있는 교육, 의료, 민원 처리용 애플리케이션과 서비스를 개발해 제공할 필요가 있다. 그 밖에 포괄적이고 지속 가능한 디지털 격차 해소 방법을 강구하고 이를 실행할 다양한 프로그램들을 정부, 기업, 시민단체가 공동으로 나서서 마련할 필요가 있다. 한편, 학교는 모든 학생이 디지털 장치와 인터넷 접속을 포함한 모든 디지털 교육 자원을 동등하게 이용할 수 있는 인프라를 구축할 필요가 있다.

이와 같이 사회의 모든 구성원이 사회경제적 지위, 지리적 위치, 신체적 능력, 교육 수준, 연령 등에 무관하게 디지털 기술과 장치와 인터넷에 접근할 수 있도록 보장해 디지털 격차를 해소하는 것을 '디지털 포용'이라고 부른다. 디지털 포용은 사회적 평등, 정보 접근 기회의 균등, 교육 기회의 균등을 위한 토대가 된다. 나아가 경제활동에의 대등한 참여, 사회 통합, 그리고 경제 발전을 촉진하는 기반이 된다. 디지털 포용은 사회의 모든 구성원이 지식과 기술에 접근할 수 있도록 해주며 특히 교육과 밀접한 관계가 있다. 디지털 포용의 환경이 마련되어야 학생들에게 디지털 시대의 교육 기회가 균등하게 주어질 수 있고, 학생 개개인이 디지털 문해력(digital literacy)[11]을 기를 수 있게 되기 때문이다. 디지털 문해력은 과학 문해력(science literacy)[12]과 함께 디지털 시대이자 고도 과학기술 시대인 21세기를 살아가는 데 필수적인 자질이다.

---

11 디지털 문해력은 정보와 통신 기술을 활용해 정보를 찾고, 평가하며, 공유하는 데 필요한 기술적 및 인지적 기능을 뜻한다. 이는 단순히 디지털 기기의 사용법을 아는 것을 넘어 디지털 환경에서 정보를 효과적으로 탐색·해석·생성하고, 다양한 디지털 플랫폼을 통해 의미 있는 소통을 할 수 있는 능력을 의미한다. 디지털 문해력은 정보의 신뢰성을 판단하고, 디지털 도구와 자원을 비판적으로 사용하며, 디지털 세계에서의 안전과 개인정보 보호에 대한 이해를 포함한다. 이는 현대 사회에서 정보를 소비하고 생산하는 데 필수적인 역량으로, 개인이 디지털 사회의 적극적인 참여자가 될 수 있도록 기여한다.

12 과학 문해력은 과학적 개념, 방법론, 추론을 이해하는 데 필요한 지식과 이해력을 뜻한다. 과학 정보에 대해 비판적으로 생각하고 과학적 데이터와 주장을 해석하며, 과학적 탐구의 본질을 이해하고 일상생활에서 과학 원리를 적용할 수 있는 능력을 포함한다. 또한 과학적 사실에 대한 단순한 친숙함을 넘어서 과학적 내용에 참여하고, 과학 정보의 신뢰성을 평가하며, 과학적 증거에 기반한 정보에 입각해 결정을 내릴 수 있는 능력을 포함한다. 물리학, 화학, 생물학, 지구과학 등 주요 학문 분야와 관련되며, 기초적인 지식뿐만 아니라 과학적 데이터를 처리하기 위한 수치적 디지털 도구를 활용하는 능력도 포함한다.

7.5 디지털 시대의 교육

디지털 전환은 교육에 디지털 기술을 접목시킴으로써 교사가 가르치고 학생이 배우는 방식에 근본적인 변화를 가져오고 있다. 디지털 도서관, 온라인 데이터베이스, 교육 플랫폼 등을 통해서 방대한 양의 정보에 즉시 접근할 수 있게 되어 종전의 교육의 틀을 벗어나게 되었다. 교육 소프트웨어를 사용해 학생 개개인의 진도와 학습역량에 맞춰서 맞춤형 교육을 제공할 수 있게 되었고, 비디오, 시뮬레이션, 게임화된 학습 등 멀티미디어 콘텐츠를 통해 학생이 능동적으로 참여하며 학습할 수 있는 환경이 조성되었다. 또한 학교에 올 수 없는 학생들이 원격으로 학습에 참여할 수 있게 되었고, 학생들이 집에서 미리 비디오로 강의를 보고 교실에 와서 질문하는 방식의 '역진행 학습(flipped learning)'도 가능해졌다. 자연스럽게 디지털 문해력이 중요한 교육 요소가 되었고, 코딩, 데이터 분석, 디지털 소통 기술을 교육 과정으로 편성할 필요성이 생겼다.

디지털 시대에는 디지털 기술이 새로운 교육 플랫폼으로 자리 잡게 되므로 모든 학생이 동등하게 디지털 장치와 인터넷에 접근할 수 있도록 보장하는 것이 중요하다. 그러지 못하면 교육적 불평등이 발생할 수 있고 디지털 문해력을 제대로 기를 수 없기 때문이다. 즉, 디지털 시대에 부합하는 학습을 효과적으로 하지 못하게 되고, 졸업 후 사회생활에서도 불리하게 작용할 수 있다. 디지털 기술은 대화형 학습, 맞춤형 학습, 원격 학습 등 새로운 형태의 학습 기회를 제공한다. 그리고 이에 필요한 교육 콘텐츠와 도구를 모든 학교가 구비하고 모든 학생이 동등하게 이용할 수 있도록 보장하고, 그것을 통해 교육 효과를 높이는 것이 중요하다. 교사들이 먼저 디지털 기술을 숙지해야 하고, 담당 교육에 디지털 기술을 효과적으로 활용할 수 있는 방법을 개발할 필요가 있다. 그런데 다양한 디지털 기술을 교육에 적용하는 과정에서 학생의 개인정보 보호와 온라인 안전 문제가 발생할 수 있기 때문에 학생 정보를 보호하기 위한 강력한 데이터 보안 조치가 필요하다.

디지털 기술을 교육에 활용하는 것은 교육에서의 일대 변혁을 의미하며, 그 때문에 여러 장애물과 저항이 나타날 수 있다. 먼저 사회경제적 격차와 지리적 격차로 인해 모든 학교의 모든 학생이 고르게 디지털 장치와 인터넷 연결에 접근하지 못하게 되는 것이 큰 장애물이다. 비록 디지털 인프라를 갖추고 있더라도 기술 변화에 따라 최신 소프트웨어로 적시에 업데이트하지 않으면 낡은 인프라가 또 다른 장애가 될 수 있다. 그러므로 디지털 인프라 구축과 각종 애플리케이션 및 서비스 구입, 그리고 그것들에 대한 업데이트 비용이 디지털 방식의 교육을 도입하는 데 장벽이 될 수 있다. 그리고 다양한 디지털 기술과 도구를 교육에 사용하는 과정에서 학생 개인정보 취급에 대한 문제가 발생할 가능성이 있으므로 개인정보 보호에 대한 확고한 대책을 마련하지 않으면 이 또한 장애로 작용할 수 있다. 한편 교사나 학부모가 디지털 기술을 도입하는 데 주저하거나 저항할 가능성이 있어 충분한 의사소통이 필요하고, 교사들이 디지털 기술의 중요성을 숙지하고 교육에 효과적으로 활용할 수 있도록 지원할 필요가 있다.

그런데 디지털 시대의 교육에 있어서 모든 학생이 디지털 장치와 인터넷 연결에 차별 없이 접근할 수 있도록 환경을 구비하고 디지털 기술을 적용해 교육의 효과를 높이는 것은 시작에 불과하다. 각종 디지털 도구를 교육에 이용해 학생들의 디지털 문해력을 높여 주고 과학적 문해력을 길러 주는 효과적인 수단으로 사용하는 것도 단지 기본에 불과할 뿐이다. 중요한 것은 교육의 내용이다. 디지털 시대의 교육은 디지털 기술과 사람이 공존하게 될 미래를 대비해 재편할 필요가 있다.

디지털 시대에는 사람이 AI, 지능형 로봇 등을 포함한 각종 디지털 기술 및 장치들과 더불어 살게 된다. 그러한 시대에 어떻게 인간이 디지털 기계들과 조화롭게 공존할 수 있을지, 또 그러한 상황에서 사람의 역할은 무엇일지 연구할 필요가 있다. 나아가, 그러한 역할을 잘 할 수 있으려면 인간에게 어떠한 능력이 필요한지, 또 그러한 능력을 길러 주기 위해 교육은 어떻게 변화해야 할지 숙고해야 한다. AI의 발달을 관찰하면서 그것에 비추어 인간이 어떠한 존재인지 새롭게 이해하고, AI와 공존하려면 인간에게 어떠한 능력이 필요한지 면밀하게 연구해야 한다. 나아가, AI 로봇인 휴머노이드가 장차 인간과 대등하거나 인간을 능가하는 능력을 갖추게 될 때, 어떻게 하면 상호 호혜적인 공생관계를 유지할 수 있을지 연구하고 교육에 반영할 필요가 있다.

기본적으로 디지털 기술에서 기계가 더 잘 할 수 있는 부분이 있다면 기계에게 맡기고 사람은 사람이 더 잘 할 수 있는 것을 찾아야 할 것이다. 인터넷으로 웹사이트를 찾아보거나 챗GPT에게 질문하면 간단히 알 수 있는 것을 사람이 일일이 외우며 공부할 필요는 없다. 일각에서는 AI 때문에 교육이 혼선을 빚게 된다며 AI를 교육에서 배제하려는 움직임이 있는데, 이러한 방어적인 대책으로는 미래를 슬기롭게 준비할 수 없다. 차라리 AI를 잘 이용하려면 사람에게 어떠한 능력이 필요한지 탐구해 교육하는 것이 나을 것이다. 그런데 그러한 일반론을 매사에 일괄 적용할 수는 없다. 사안별로 짚어 보고 본질을 규명한 후에 결정할 일이다. 예를 들어, 생성형 AI 모델인 챗GPT가 작문을 잘한다고 해서 학생 리포트를 대신 써 줄 것을 우려해 챗GPT를 배제한다든가, 반대로 앞으로 글쓰기는 챗GPT를 시키면 되니 학생들에게 작문을 학습시킬 필요가 없다고 말한다면, 그것은 극단적인 단견들이다. 먼저 글쓰기의 본질을 생각하고 글쓰기가 주는 교육 효과가 무엇인지 살펴보아야 한다. 글쓰기는 생각을 표현하는 정교한 수단이고, 비판적 사고와 창의력을 기르는 효과적인 방법이다. 또한 챗GPT가 한 작문이 제대로 된 것인지를 판별하기 위해서도 글쓰기 학습이 필요하다.[13] 이러한 점들을 고려한다면 글쓰기 학습은 챗

13 글쓰기는 크게 창의적 영역과 비판적 영역으로 분류할 수 있다. 수필, 시, 소설과 같은 창의적 글쓰기는 상상력과 개인적 혹은 상상 속 이야기를 표현하는 능력을 증진시킨다. 반면, 칼럼, 연구 논문, 비평 등을 포함하는 비판적 글쓰기는 분석적이고 평가적 사고를 길러 주며, 이해를 깊

GPT의 유무와 관계없이 필수적이라고 할 수 있다.

7.6 디지털 전환기의 정치

디지털 전환기에 들어선 오늘날, 우리 사회에는 정치·사회적으로 여러 가지 병리(病理) 현상들이 발생하는 것을 보게 된다. 공정과 정의를 주장하면서도 정치는 점점 더 불공정과 불의의 늪에 빠져들고 있다. 특정인이나 특정 정당의 극렬 추종자들이 그들에 대해 비판적인 인사들에게 유형·무형의 폭행을 가하며 고통을 주고 있다. 거짓과 비리가 백일하에 드러나도 미안해하거나 수치스러워하는 염치를 보이지 않고 당당하게 버티는 사례도 나타난다. 대중은 각종 소셜미디어를 통해 인터넷의 편리함을 누리면서도 악성 댓글과 '문자폭탄'으로 새로운 디지털 병폐를 생산해 내고 있다. 종교, 언어, 민족, 인종의 장벽이 없는 동질적인 나라에 이상한 이념과 왜곡된 주장들이 난무하며 사회 갈등과 분열을 조장하고 있다. 거짓 정보와 가짜 뉴스가 떠돌면서 사회 갈등을 증폭시키고 선거 여론을 왜곡한다.

이러한 병리 현상들이 디지털 전환이 직접적인 원인이 되어 발생하는 것은 아닐 것이다. 이러한 현상들이 배경에는 여러 요인들이 있겠지만, 그중 대표적인 것으로 탈진실(脫眞實)과 부족본능(部族本能) 두 가지 요인을 꼽을 수 있다. 탈진실은 객관적 사실보다는 감정적인 호소에 반응하며 진실을 호도하는 현상이고, 부족본능은 자기가 속한 집단의 정체성에 따라 행동하는 현상이다. 이러한 요인들이 과거에는 존재하지 않았다고 할 수

게 하고 타당한 논리를 명확하게 전달하는 능력을 강화해 준다. 두 영역 모두 글쓰기 능력을 향상시키는 데 중요한 역할을 한다. 창의적 글쓰기는 아이디어와 감정을 새로운 방식으로 탐색할 수 있게 해주며, 비판적 글쓰기는 복잡한 아이디어를 명확하고 효과적으로 평가하고 주장하며 표현하는 능력을 개발해 준다.

는 없겠지만, 유독 오늘날에 큰 문제로 부상하게 된 것은 빈부격차, 사회적 불만, 불평등, 불안정 등 정치·경제·사회적인 문제가 커지면서 이들이 촉발된 것이고, 또한 디지털 기술이 강력한 전파 수단을 제공해 주었기 때문이라고 볼 수 있다.[14]

디지털 전환은 초연결로 대변되는 정보통신의 발전을 통해 정보 취득, 정보유통, 의견표출, 집단행동 등 다양한 활동을 시공간을 초월해 펼칠 수 있게 해주었고, 그것이 정치·사회적 활동에 획기적인 변화를 가져왔다. 극대화된 정보의 개방성은 정보독점으로 인한 권력 집중의 가능성을 낮춰 주었고, 그만큼 민주화를 진전시켰다. 정부의 행정 업무를 전자정부로 전환해 국정의 투명성과 효율성을 높이고 대국민 서비스를 향상할 수 있게 해주었으며, 디지털 기술을 이용해 전자투표, 국민 의견 수렴 등을 수월하게 행할 수 있게 해주었다. 또한 소셜미디어를 통해 의견을 개진하고 단체활동에 참여할 수 있게 되어 정치·사회활동에 지리적인 격차가 없어졌다. 반면에, 소셜미디어와 인터넷 개인방송이 정치적 활동에 잘못 이용되면, 거짓 정보와 가짜 뉴스를 유포하고 여론 왜곡을 일으키는 부정적인 결과를 초래하기도 한다. 또한 정보를 왜곡·조작해 부정한 방법으로 권력을 잡음으로 민주화를 퇴행시킬 가능성이 생겼고, 본인의 동의 없이 개인정보를 유출하고 악성 댓글을 달아서 인권을 침해하거나, 거짓 정보와 가짜 뉴스를 생산·유포해 여론을 혼탁하게 만들 위험성이 커졌다. 한편, 각종 미디어가 사실에 기초한 정보 전달이 아닌 돈벌이용 간접광고로 전락해 은밀하게 사실을 왜곡하고 여론을 편향시킬 위험성도 생겼다.

디지털 전환이 정치·사회에 가져온 긍정적인 측면을 살펴보면, 전자정부, 또는 디지털 정부를 첫 번째로 꼽을 수 있을 것이다. 모든 문서를 디지털화하고 정부 부처 간에 공유해 전자적으로 업무를 처리하며, 일반 국

14 이병기, 「오늘의 정치·사회적 병리 현상과 과학적 배경에 대한 고찰」, 대한민국학술원통신 333호, 2021년 4월 참조.

민이 접근할 수 있도록 정보를 개방하면 정부 운영의 효율성과 투명성이 향상된다. 그 결과로 민원 서류, 인허가 신청, 세금 납부 등을 온라인으로 처리할 수 있어 시간과 비용을 절약할 수 있게 된다. 또한 디지털 선거를 시행하면 원격 투표가 가능해 참여율이 높아지고, 투개표 과정의 정확성과 효율성을 향상할 수 있다.[15] 나아가 디지털 플랫폼을 이용해 특정 정치 사안이나 국정운영에 관한 국민의 여론을 실시간으로 수집하고 디지털 청원과 개방적 정책 제안을 받아 정책 수립에 반영할 수 있다. 이러한 방식은 현실에 입각한 정치와 정책 결정을 실현하는 방법이면서 동시에 국민 참여와 주인의식을 고양하고 민주주의를 발전시키는 방편이 된다.

디지털 전환이 정치·사회에 가져온 부정적인 측면으로, 거짓 정보와 가짜 뉴스가 빠르게 전파되도록 하는 수단을 제공한 점을 첫 번째로 들 수 있다. 과거에는 정보나 뉴스가 정규 신문이나 공공 방송을 통해서 전달되었기 때문에, 사실 여부를 확인하는 장치가 작동해 문제가 있다면 보도되기 어려웠고, 설혹 보도된다고 하더라도 전파 속도가 느려서 영향력이 약했다. 그러나 디지털 시대에 들어서면서 출현한 소셜미디어와 인터넷 개인방송은 사실 여부의 확인 과정 없이, 수시로 무분별하게 정보를 전파할 뿐만 아니라 반향실 효과까지 있기 때문에 받는 충격이 매우 크다.[16] 또 그 충격이 악성 댓글들로 증폭되거나 유사 정보가 재생산될 수 있어 큰 혼란을 야기할 수 있다. 거짓 정보와 가짜 뉴스가 정치에 사용될 경우, 치명적인 위험성이 따른다. 왜곡된 신념이나 극단적인 의견을 거짓

---

15 투개표 과정을 전자적으로 처리하면 정확성과 효율성이 향상하는 것은 해킹 등을 통해 선거 결과를 왜곡하려는 시도가 없는 정상적인 상황을 전제로 한다. 현실적으로는 해킹을 시도하는 것에 대한 의심을 불식시킬 수 없고, 해킹을 완전히 봉쇄할 수 있는 기술적인 보장도 없다. 따라서 과거와 같은 종이 투표와 수동식 개표로 돌아가자는 주장이 있고, 실제로 그렇게 시행하는 나라들이 있다.

16 소셜미디어는 그 속성상 반향실 효과를 일으켜 동일한 집단에 속한 구성원들이 집단의 정체성에 동화해 집단행동을 하도록 유인하는 특징이 있다. 만일 이것이 정치에 이용되고 거짓 정보와 극단적 이념의 선동과 결합할 경우, 적대적인 파당을 형성하고 파괴적인 행위를 초래할 수 있다.

정보로 포장해 악성 캠페인을 벌이고, 여론을 조작해 대중을 선동하고, 포퓰리즘적 공약으로 선거를 오염시키게 되면 선거 결과가 반전되는 것은 물론 민주주의가 위기에 처하게 된다.[17] 그러한 거짓 정보, 여론조작, 대중선동이 지속되면 정부, 언론, 선거 제도 등에 대한 사회적 신뢰가 무너지고, 극단적인 정쟁과 파당, 그리고 여론 분열을 일으켜 국민 통합을 위태롭게 만든다. 이것을 역이용해 적대적 관계에 있는 나라가 거짓 정보와 여론조작으로 선거와 정치에 개입하기도 한다.[18]

이와 같이 거짓 정보와 가짜 뉴스의 무분별한 유포가 초래하는 영향은 매우 치명적이기 때문에 이에 대한 적절한 전략을 마련하는 것이 시급하다. 대응 전략의 핵심은 거짓 정보와 가짜 뉴스의 진위를 판별하는 방법을 마련하는 일, 그리고 그 결과에 대한 법적 조치를 내리는 일이다. 예방적인 차원에서 대중이 디지털 기술을 바르게 사용할 수 있도록 디지털 문해력 캠페인을 벌이는 것도 아울러 필요하다. 미디어를 통해 유포되는 정보의 진위를 정확히 판단하려면 해당 정보에 관련된 분야는 물론, 언론정보학, 사회심리학, 사회학, 정치학, 과학기술, 정보통신 등 여러 학제적인 전문가들의 협력이 필요하다. 이것을 실행에 옮기려면 관련 전문가들 간에 수시로 회합할 수 있는 유기적인 네트워킹이 필요하다. 신속한 대응을 위한 실질적인 대안으로 AI 기술을 활용하는 것을 고려할 수 있다. 즉,

---

17 가짜 뉴스가 선거에 치명적인 타격을 준 사례로 2002년 12월의 제16대 대통령 선거 때 김대업이 조작한 '이회창 후보 자녀의 병역 비리' 폭로 사건과 2022년 3월의 제20대 대통령 선거 때 김만배가 조작한 '윤석열 커피' 허위 인터뷰 사건을 들 수 있다. 이 20년의 시차로 벌어진 두 가짜 뉴스 사건 사이에는 디지털 전환이 가져온 유포 속도의 차이가 현저하게 드러난다. 2022년도 가짜 뉴스의 경우 불과 선거 사흘 전에 보도되었는데도, 대선 전날에 대선 후보가 유권자 475만 명에게 메시지로 전달할 수 있을 만큼 유포 속도가 빨라졌다.

18 중국이 사이버 스파이 활동, 영향력 작전, 사이버 공격, 인터넷 댓글 조작, 정치 공작 등을 통해서 대만, 태국, 호주, 한국, 캐나다 등 여러 나라의 선거와 정치에 개입해 온 사실은 여러 언론에 소개되어 있다. 케리 거샤넥 대만 국립정치대 교수는 중국이 디지털 정치전, 미디어 전쟁 등을 통해서 대만의 정치와 선거에 깊숙이 개입하고 있고, 그러한 전략·전술이 한국에 대해서도 동일하게 사용된다고 지적했다. 케리 거샤넥, 『중국은 지금도 전쟁을 하고 있다』, 이창형·임다빈 옮김, GDC Media, 2022 참조.

미디어를 통해 유포되는 거짓 정보를 AI 기술을 이용해서 실시간으로 여과(즉, 'AI 필터링')하는 '기술치료(技術治療)'가 실질적인 대안이 될 수 있다. 전문가 그룹에 의한 진위 파악은 이를 보완한 사후처리(事後處理) 방법으로 유용할 것이다. 특히 소셜미디어에 대해서는 실시간적·사후적 처리를 모두 동원해 거짓 정보와 가짜 뉴스의 증폭을 차단하고 응분의 법적 조치를 가할 필요가 있다. 이렇듯 과학적으로 진위(眞僞)를 규명하고 법적으로 엄정하게 죄과(罪科)를 물으면 거짓 정보와 가짜 뉴스의 양산을 차단하면서 미디어 생태계에 질서와 책임감을 확립해 줄 수 있을 것이다. 다만 과잉 규제로 인해 언론의 자유를 침해하거나 새로운 디지털 기술의 창의적·혁신적인 시도를 좌절시키지 않도록 분별과 절제가 필요하다.

디지털 전환으로 등장한 소셜미디어 플랫폼이 정치활동과 사회운동을 획기적으로 변화시킨 점을 주목할 필요가 있다. 초연결의 소셜미디어가 정치·사회 환경에 가져온 가장 충격적인 변화는 인터넷을 매개로 한 집단행동이다. SNS와 유튜브를 통한 인터넷 개인방송이 그 수단을 제공한다. SNS는 의사소통, 정보 공유, 인맥 확대 등을 위해 형성된 사회적 관계망으로서 구성원들에게 개인의 주장을 표출하고 공유하는 수단을 제공해 주며, 인터넷 개인방송은 불특정 다수에게 개인의 주장을 전파하는 수단을 제공한다. 이들 소셜미디어를 이용하면 의견을 공유하는 집단을 형성하는 것이 가능하고 그 집단의 구성원들이 연대해 집단행동을 하는 것도 가능하다. 그 집단행동은 '문자폭탄' 같은 사이버 공간상의 공격적인 행동일 수도 있고 시위와 같은 현실 공간에서의 집단행동일 수도 있다. 이러한 집단행동이 과거와 다른 점은 시간이나 공간의 제약 없이 형성되고 행동으로 옮겨질 수 있다는 점이다. 이제는 집단의 구성원들이 여러 나라에 분산되어 있어도 집단행동에 참여할 수 있고, 심지어 적대국에서조차 여론조작에 끼어들어 상황을 교란·악화시킬 수 있게 되었다. 따라서 이러한 환경의 변화에 민감하게 대처해 개인정보 보호와 국가정보 보안을 위한 다층적인 대응책을 마련하는 것이 긴요한 과제가 되었다.

7.7 디지털 감시

디지털 전환기에 은밀하게 진행되고 있는 현상이 있다. 그것은 국민 개개인에 대한 정보를 수집해 감시에 사용하고, 소비자 개개인에 대한 정보를 수집해 사업에 사용하는 현상이다. 그리고 디지털 서비스를 사용하는 중에 자기도 모르는 가운데 자신을 구속하는 현상이다. 국민 개개인의 정보를 수집하고 이를 국민 감시에 사용하는 것은 통제사회에서나 일어나는 일로서 자유민주주의 사회에서는 허용되지 않는다. 그러나 자유민주주의 국가에서도 개개인의 정보가 수집 및 이용되고 있는데, 그것은 디지털 플랫폼 기업이 소비자 정보를 수집하고 개인별 맞춤형 광고에 이용하는 것이다. 전자는 국가에 의한 국민의 감시이고, 후자는 기업에 의한 소비자의 감시이다. 전자는 국민의 동의 없이 국가가 일방적으로 시행하는 것이라면, 후자는 상당 부분 소비자의 동의를 얻어서 사업자가 시행한다. 전자가 국민의 인권을 침해하는 정치적인 행위라면, 후자는 상당 부분 소비자의 양해하에 이루어지는 경제활동이다. 전자가 디지털 감시사회를 만든다면, 후자는 감시자본주의 사회로 이끈다. 이와 같은 디지털 감시가 디지털 기술을 매개로 사용자를 구속하는 것이라면, 사용자가 디지털 서비스를 사용하는 중에 자기 자신을 구속하는 현상도 발생한다. 정신이 산만해져 일에 집중하지 못하고, 영상에 몰입해 현실을 착각하고, 외부와의 네트워크 연결이 끊기면 불안해하고, 자기도 모르는 사이에 생각이 고정된 틀에 갇히고, 무의식적으로 그룹에 동화되는 등의 자기 구속 현상이다.

(1) 디지털 감시사회

과거에도 독재국가에서는 여러 감시 수단을 동원해서 특정한 사람들을 감시했다. 많은 비밀 요원을 동원해 뒤를 밟고 도청하고 감시했다. 그런데 거기에 들어가는 비용이 컸다. 오늘날 통제국가에서도 감시가 성행하지만, 과거와 다른 점은 디지털 기술의 도움으로 감시하기가 쉬워졌고 정밀해졌으며 감시에 드는 비용이 저렴해졌다는 점이다. 또 특정 인물을 대상으로 하던 감시를 불특정 다수, 나아가 온 국민을 대상으로 할 수 있게 되었다는 점이다. 도처에 고성능 카메라를 설치해 이동하는 사람들을 촬영하고 안면 인식 기술을 사용해 개개인의 얼굴을 식별해서 국민 개개인의 이동 정보를 수집할 수 있다. AI 기술을 이용해 입술 모양을 읽어내면 대화 내용까지 알아낼 수 있다. 앞으로는 중앙은행디지털화폐(CBDC)를 발행하고 국민이 사용하도록 강권해 국민 개개인의 자금 사용 정보를 수집할 가능성도 있다. 이처럼 국민 개개인의 신체 이동과 자금 흐름을 추적하면 전 국민에 대한 철통같은 감시가 가능해진다.

중국은 '톈왕(天網, 하늘의 그물)'이라는 감시 시스템을 운영하고 있다. 톈왕은 CCTV 카메라, 인터넷 모니터링, 얼굴인식 기술 등 정보 수집 및 분석기술을 활용하며, 공공장소뿐만 아니라 도로, 교통 시스템, 시장, 학교, 박물관 등 여러 장소에 설치해 대중을 감시한다. 중국에는 6억 대의 CCTV가 설치되어 있는 것으로 추정되고, 세계에서 가장 앞선 안면인식 기술을 보유하고 있는 것으로 알려져 있다. 중국 관영 일간지 공인일보(工人日報)에 따르면 톈왕은 중국 전체 인구를 1초 만에 스캔할 수 있고 움직이는 사람도 식별해 낼 수 있으며. 표정과 움직임, 빛의 명암 차이 등을 반영해 최대 99.8%의 정확도를 보인다고 한다. 중국 정부는 톈왕 프로젝트에 이어 2021년 12월부터 휴대폰 개통 시 얼굴 정보를 등록하도록 의무화했다. 장차 톈왕은 더욱 발전된 디지털 기술과 AI 기술로 무장하고 국민 개개인의 일거수일투족을 정밀하게 감시하는 것이 가능해질 것이다.

또한 중국은 '사회 신용 제도'를 전국적으로 시행하고 있는데, 이것은 모든 개인과 기업에 신용점수를 매기는 시스템이다. 금융 측면에서 소득세 납부, 공과금 납부, 대출 상환 등, 사회 측면에서 교통법규 준수, 대중교통 요금납부 등, 온라인 측면에서 온라인 대화 내용, 게시글의 신뢰성, 쇼핑 습관 등을 평가해 점수를 매긴다. 국민에게 기본 점수를 부여한 후 규정을 잘 지키거나 선행을 하면 가점을 주고 그렇지 않으면 감점한다. 예를 들어, 세금을 잘 내고, 공익에 기여하고, 헌혈하면 추가 점수를 받고, 환경을 오염하고, 무단 횡단하고, 주차위반을 하면 감점당한다. 그렇게 평가한 점수는 합산해 보상 또는 처벌에 사용하는데, 이를테면 보험료 산정, 학교 입학 및 장학금 지급, 인터넷 접근, 고속철도 항공편 이용, 해외여행, 공무원 채용 시 적격성 판단, 대출 금리 결정 등에 적용할 수 있다. 예를 들어, 신용점수가 높으면 병원 예약을 우선적으로 해주고 전기료를 할인해 주며 대출 시 우대금리를 적용하고 무료 건강검진도 제공하지만, 신용점수가 낮으면 공공기업 취업이 어렵고 자녀의 사립학교 입학이 제한되며 항공기 탑승이나 호텔 예약이 어려워진다.

일각에서는 중국의 사회 신용 제도가 외형적인 모습만 보면 나름대로 합리성이 있어 보인다고 평가하지만, 논란의 여지가 있다. 우선 점수로 사람을 평가하는 것은 국민의 기본권을 무시하는 것이기 때문에 자유민주주의 국가에서는 허용되지 않는 일이다. 평가 기준에는 조작 가능한 것들이 있다. 이를테면, 게시글의 신뢰성에 대한 기준은 가짜 뉴스를 퍼뜨리면 신용점수가 내려간다는 뜻인데, 가짜 뉴스의 판단에 함정이 들어 있다. 일각에서는 정부가 반대 의견을 가짜 뉴스로 취급할 가능성을 우려하고 있다. 어떤 기준은 국민 개개인의 사회적 행위에 대해 신용점수를 부과한다는 기본 목적에 부합하지 않는다. 이를테면 친구, 직장 동료, 가족이 누구인지가 평가 기준이 되고, 성격이나 정치적 종교적 견해도 평가 기준이 되는 점이 그렇다. 전자는 개인 외적인 요소로 개인의 점수와 무관하고 후자는 사회적으로 표출되지 않는 내면적인 요소이다. 이러한 기준들은 합리적이거나 객관적이지 못하다. 일각에서는 이러한 제도가 기본권을 침해할 수 있다고 우려한다.

그러면 사회 신용 제도를 설치한 목적은 무엇일까? 외형적으로는 감시카메라와 안면 인식 기술을 결합한 기술적 감시장치 톈왕에 더해 사회적 감시장치를 마련한 것으로 보인다. 기술적 감시장치가 사후 처리 성격이 있다면, 사회적 감시는 예방적 성격이 있다. 예를 들어, 반정부 활동을 하려면 사회적으로 연대하고 집단적으로 행동해야 하는 점, 그리고 사람은 사회적 활동 없이 살 수 없는 점을 고려할 때, 기술적 감시장치가 전자에 대한 감시를 담당한다면, 사회 신용 제도는 후자에 관련된 감시장치로 작용할 수 있기 때문이다. 그래서 일부 인권 단체나 학자들은 사회 신용 제도가 체제 반대자를 고립시키기 위한 수단으로 사용될 수 있다는 우려를 제기하고 있다. 즉, 사회 신용 제도가 정부에 비판적인 행동을 한 사람은 사회 신용점수가 낮아지게 되고 그 점수가 사회적으로 공개되면 그 사람은 사회에서 고립되는 메커니즘으로 작동한다는 것이다. 더욱이 신용점수 합산제를 적용해 평가항목별 점수를 공개하지 않고 합산한 점수만을 공표하는 점이 그러한 우려를 증폭시킨다. 이 경우, 비록 모든 항목에 대한 신용점수가 높다고 하더라도 정부 정책을 비판하면 합산 점수가 낮아져서, 상품을 거래할 때 거래상대방에게 신용을 의심받게 되며, 또한 그러한 사람을 사귀면 자신의 신용점수가 깎일까 두려워 친구나 직장 동료가 만나기를 꺼리게 되기 때문에 결국 사회적으로 고립되게 된다는 것이다.[19]

사회 신용 제도는 중국이 제일 먼저 사용했지만, 다른 통제국가에서도 채택할 가능성이 있는 제도이다. 또한 민주주의 국가라고 해서 방심할 수 없다. 민주주의의 대표격이라 할 수 있는 미국에서조차도 어떤 대통령을 선출하느냐에 따라서 국가 운영이 큰 폭으로 출렁일 수 있는 것을 근래에 관망한 바 있다. 그러므로 어떻게 해야 이와 같은 새로운 감시장치를 만들지 못하도록 막고 나라가 감시사회로 전락하는 것을 막을 수 있을지 진지하게 고민할 필요가 있다.

그에 대한 대책으로 고려할 수 있는 것은 첫 번째 사회 신용 제도에 관련된 인권 보장, 사생활 보호, 연좌제 금지 등을 헌법으로 규정하고 헌법

19 2024년에 EU가 제정한 인공지능법(AIA)에서는 개인의 사회적 행동을 평가하고 그에 따라 혜택이나 처벌을 가하는 AI 시스템과 사람들의 행동이나 생각을 부당하게 조작하는 AI 시스템을 금지한다. 제5장 5.9 (5)절 참조.

수호 기관인 헌법재판소와 법치주의의 수호 기관인 대법원을 통해 이를 수호하는 것이다. 물론 헌법재판소와 대법원은 정권에 맞설 수 있는 최후의 보루이기 때문에, 헌법재판관이나 대법관은 헌법과 법치주의를 수호한다는 사명감을 가진 사람으로 임명하는 것을 전제한다. 그러나 누가 대통령이 되느냐에 따라서 헌법재판관과 대법관의 임명이 좌우되고, 정치적 부족주의[20]와 대중영합 정치에 의해 법치주의가 공격당할 수 있는 상황에서는 헌법 규정만으로 안심할 수 없다.

감시사회의 문제에 대한 추가 대책으로 고려할 수 있는 또 다른 방법은 정부나 기업이 개인정보를 장기간 보관하지 못하도록 법제화하는 것이다. 특히, 개인의 정치나 종교적 취향에 대한 정보나 다른 갈등의 소지가 있는 정보는 일정 기간 이상 보관하지 못하도록 규정하거나 아예 수집하지 못하도록 규정하는 것이 바람직하다. 또 다른 대응 방법으로는, 비록 구속력은 없지만 국제 협약을 맺어서 국제적인 약속으로 국가적 결의를 다지는 방법이 있다. 그리고 최후의 수단은 국민이 독재정권이나 통제 정부에 맞서 직접 인권과 자유를 수호하는 것이다. 독재정권이나 통제 정부가 자리 잡고 있는 나라에서는 이미 각종 감시장치가 설치되어 있기 때문에 저항운동이 한계에 부딪치겠지만, 자유민주주의 국가에서는 디지털 감시장치나 사회적 감시장치를 설치하려고 시도하는 초기부터 맞서 대응한다면 충분히 승산이 있다.[21]

20 '정치적 부족주의'는 에이미 추아가 제시한 개념이다. 추아는 '인간에게는 부족 본능이 있어서 집단에 속하려 하고 유대감과 애착을 갈구한다'며, 부족 본능의 속성을 '어느 집단이건 일단 속하고 나면 우리의 정체성은 희한하게도 그 집단에 단단하게 고착된다. 가령 개인적으로는 얻는 것이 없다고 해도 내가 속한 집단 사람들의 이득을 위해 맹렬하게 나서고 별다른 근거가 없는데도 외부인에게 징벌적인 위해를 가하려 한다'고 설명했다. 에이미 추아, 『정치적 부족주의』, 김승진 옮김, 부키, 2020 참조.

21 장 티롤, '플랫폼 제국의 비밀', EBS 〈위대한 수업〉 2022.8.22 참조.

(2) 감시자본주의 사회

디지털 플랫폼 기업들은 디지털 기술을 통해 사용자의 데이터를 대규모로 수집하고 분석해 맞춤형 광고, 상품 개발, 시장 예측 등 다양한 목적으로 활용하고 경제적 이익을 추구한다. 사용자 데이터에는 온라인 검색, 웹사이트 방문, 소셜미디어 상호작용, 위치 정보, 행동 패턴, 소비 습관 등이 포함된다. 플랫폼 기업은 이러한 데이터를 갖가지 수단으로 수집하고 분석해 개인의 행동, 선호도, 관심사 등에 대한 통찰력을 얻어 사용자 프로필로 상세히 기록해 둔다. 이러한 데이터 수집과 활용은 개인의 자유와 프라이버시를 침해할 수 있고, 특히 대규모 데이터 분석과 알고리듬을 통한 예측과 조작은 개인의 행동을 조종하도록 악용될 수도 있다. 따라서 디지털 시대의 사용자는 자신도 모르는 사이에 디지털 플랫폼 기업들에 의해서 감시당하고 조종당하는 상황이 발생할 수 있다. 이 점을 주목해 감시자본주의(監視資本主義, Surveillance Capitalism)라는 새로운 개념이 등장하게 되었다. 감시자본주의란 디지털 플랫폼 기업들이 사용자의 데이터를 수집, 분석, 모니터링하고 상업적인 가치로 전환해 이익을 추구하는 경제적 시스템과 사회적 현상을 일컫는다.[22]

감시자본주의의 현실적인 배경을 이해하기 위해 구글의 사례를 살펴보자. 구글은 1998년 9월에 설립되어 검색 엔진 구글을 서비스하기 시작했다. 초기에는 수익 모델이 없었지만, 2000년 10월에 광고 플랫폼 '애드

---

22 『감시자본주의 시대』의 저자 쇼샤나 주보프는 감시자본주의 사회를 이렇게 본다. 상품 판매와 마케팅이 온라인 중심으로 이뤄지는 디지털 플랫폼 시대에 가장 중요한 정보는 각 개인의 디지털 흔적이다. 플랫폼 기업들은 온라인에 남긴 개인들의 흔적인 데이터를 무료로 추출해 상업적 이익을 얻고 권력까지 쥔다. 산업자본주의가 노동을 동력으로 삼듯, 이 감시자본주의 권력자들은 각 개인의 디지털 흔적들을 모두 빨아들여 점점 더 힘을 키우고, 각 개인은 노예화 상태로 몰아넣는다. 각 개인의 데이터는 수집, 분석 및 분류되어 상업적으로 이용될 뿐만 아니라, 각 개인을 유도, 통제, 조종한다. 각 개인은 자신이 남긴 데이터가 원재료가 되어 알고리듬이 보여 주는 것만을 소비하는 맞춤형 고객이 되고, 자유의지를 가진 인간에서 분석당하는 데이터로, 타인의 이익을 위해 이용당하는 꼭두각시로 전락한다. 쇼샤나 주보프, 『감시자본주의 시대』, 김보영 옮김, 문학사상사, 2021 참조.

워즈(AdWords)'[23]를 출시하면서 수익을 내기 시작했고, 그것이 점차 타깃 광고로 진화했다. 애드워즈는 광고주가 키워드에 입찰하고 구글의 검색 결과 옆에 텍스트 광고를 생성할 수 있게 했는데, 초기 대상은 주로 키워드를 기반으로 했다. 그 과정에 사용자의 반응과 검색쿼리가 유용한 정보임을 인식하게 되었고, 결국 사용자 데이터를 기반으로 한 광고를 개발하게 되었다. 처음에는 사용자의 검색의 질을 개선하는 데 필요한 정도의 사용자 정보를 수집하다가, 사용자 정보가 중요한 자산임을 알게 된 후에는 사용자의 관심사, 선호도, 온라인 행동 등에 대해 적극적으로 정보를 수집하기 시작했고, 사용자 스스로가 이러한 정보를 더 많이 노출하도록 유도하는 서비스와 제품을 다양하게 개발했다. 추후에는 그러한 여분의 사용자 데이터를 타깃 광고에 사용하는 것이 구글 광고 전략의 핵심 요소가 되었고, 그것이 구글의 광고 수익을 올리는 데 크게 기여했다.

구글이 사용자 데이터를 얻고 활용하는 방법은 매우 다양하다. 구글 검색 엔진에 들어오는 검색쿼리를 분석해 사용자의 의도와 관심에 관한 정보를 얻어서 그와 관련된 광고를 화면에 보여 준다. 구글 이메일인 G메일의 내용을 스캔해 여행 계획 등 사용자의 계획에 관한 정보를 얻어 여행 관련 제품 및 서비스 광고를 보여 준다. 구글 지도와 모바일 장치의 위치 정보를 이용해 인근지역의 음식점 등에 관한 정보를 보여 준다.[24] 유튜브를 이용하는 사용자의 비디오 취향과 시청 기록을 취합해 맞춤형 비디오를 추천하고 관련 광고를 제공한다. 구글 계정에 로그인 한 사용자의 데이터를 통해 종합적인 사용자 프로필을 만든다. 쿠키[25]와 추적 기술을

---

23 구글 애드워즈(Google AdWords)는 2018년 7월에 '구글 애즈(Google Ads)'로 명칭이 변경되었다.

24 사용자 정보에 대한 우려가 확산하자 구글은 사용자 정보의 관리에 변화를 주기 시작했다. 2023년 12월 14일 자 워싱턴포스트에 의하면, 사용자의 위치 이동에 대한 정보는 그동안 사용자의 기기와 구글 서버에 동시 저장해 왔지만, 2024년부터는 사용자가 소유한 하드웨어에만 남게 할 예정이라고 발표했다.

25 쿠키는 웹사이트 접속시 접속자의 개인 장치와 브라우저에 저장되는 작은 텍스트 파일이다. 웹

사용해 사용자의 온라인 행동에 대한 정보를 수집한 뒤 사용자 프로필에 기록하고 적절한 광고와 연결해 준다. 구글 검색, G메일, 구글 지도, 유튜브 등을 통해 포착한 사용자 정보 또한 모두 사용자 프로필에 기록한다. 구글은 빅데이터 분석과 기계 학습을 이용해 사용자 프로필에 있는 정보를 분석하고 패턴을 식별하고 사용자의 선호도와 행동을 예측하는 정교한 알고리듬을 만들어 사용한다. 이를 통해 사용자의 관심과 욕구에 맞는 타깃 광고를 제공하고, 그럼으로써 광고주에게 효과적인 광고플랫폼을 제공하면서 구글의 수익을 높인다.

구글을 예로 들었지만, 다른 디지털 플랫폼 사업자들도 마찬가지이다. 특히 디지털 광고 수익에 크게 의존하는 메타(페이스북)나 아마존은 소셜 네트워크나 온라인 상거래 플랫폼을 이용해 사용자 정보를 적극적으로 수집하고 광고와 마케팅에 이용한다. 페이스북에 올리는 모든 대화, 메시지를 읽고 '좋아요'를 누르는 행위, 여행 중에 인스타그램에 올리는 사진, 그 사진에 대한 댓글 등 사용자의 일거수일투족을 놓치지 않고 포착하고 분석해 개인별 프로파일에 고스란히 저장한다. 그래서 플랫폼은 각 사용자에 대해서 사용자 자신보다 더 잘 알고 있다. 개인정보는 물론, 음식 취향, 여행 취미, 종교, 정치적 성향, 사회적 불만 등 모든 것을 알고 있다. 플랫폼은 그것을 이용해 맞춤형 광고를 내보낼 수 있고, 앞으로 무슨 행동을 취할지 예측할 수 있으며, 장래에 어떠한 행동을 취하도록 유도할 수도 있다. 그렇기 때문에 사용자는 플랫폼에게 늘 감시당하며 사는 것과 마찬가지이다. 그러한 점 때문에 플랫폼 기업들이 사용자의 데이터를 상업적인 가치로 전환하는 경제적 시스템에 '감시'라는 접두어를 붙여 감시 자본주의라고 부르게 된 것이다.

사이트는 쿠키를 통해 접속자의 장치를 인식하고, 접속자의 설정과 과거 이용 내역에 대한 일부 데이터를 저장한다. 쿠키에는 페이지 탐색, 웹사이트의 보안영역 접속, 검색 등 웹사이트의 기본적인 기능을 활성화하기 위한 필수적인 쿠키가 있고, 사용자의 웹사이트 방문 내역을 추적하며 웹사이트 이용 패턴 등을 파악하는 마케팅 쿠키도 있다.

위에서 구글이 사용자의 검색의 질을 개선하는 데 필요한 것보다 많은 사용자 정보를 수집해 여분의 데이터를 타깃 광고에 활용한다고 했을 때, 그 여분의 데이터, 즉 잉여(剩餘) 데이터가 감시자본주의를 가능하게 한다. 플랫폼 사업자는 사용자의 온라인 활동으로 발생하는 데이터를 분석해 사용자의 모든 행동(즉, 위치, 이동궤적, 관심사, 인적 네트워크, 소셜 그래프, 소비 습관, 인터넷 검색 패턴, 신체적 조건, 건강 상태, 성적 취향, 사회활동, 정치적 견해, 종교적 호불호 등)을 수집하고 개인 프로필로 저장한다. 그 프로필을 분석하면 사용자의 행동을 파악할 수 있게 되므로 데이터와 행동 간에는 등가(等價)의 관계가 성립하며, 잉여 데이터는 곧 '잉여 행동' 또는 '행동 잉여'를 의미한다. 플랫폼 기업은 서비스 향상을 이유로 사용자 데이터를 수집하지만, 실제로 데이터의 일부만 그렇게 쓰일 뿐, 나머지 데이터(잉여 데이터, 즉 잉여 행동)는 다른 목적(즉, 타깃 광고, 소비 예측, 정치적 조작 등)으로 사용될 수 있다. 산업화 시대에 자본주의를 작동하게 만든 것이 잉여 노동이었다면, 디지털 플랫폼 시대에는 잉여 행동이 감시자본주의를 가능하게 만든다고 쇼샤나 주보프는 주장한다. 마르크스가 산업자본주의 체제에서 기계는 불변 자본이고 인간의 노동이 가변 자본으로서 잉여 노동이 잉여가치를 창출한다고 주장한 것에 대응해, 주보프는 감시자본주의 체제에서는 인간의 잉여 행동을 디지털 기계가 포착해 더 지능적으로 상품을 만듦으로써 가변 자본으로 거듭 태어난다고 주장했다. 또한 산업자본주의는 자연(nature)에서 얻은 원재료를 상품으로 변모시켰지만, 감시자본주의는 디지털 상품을 위해 인간의 본성(human nature)을 활용한다고 주장했다.[26]

---

26 주보프는 이렇게 주장한다. 감시자본주의 체제하에서 인간은 더 이상 가치 실현의 주체가 아니다. 인간은 이제 노동을 통해 가치를 만들어 내는 존재이기는커녕, 오히려 생산 수단의 일부, 보다 정확하게는 원재료로 전락한다. 산업자본주의는 자연에서 얻은 원재료를 상품으로 변모시켰고, 감시자본주의는 인간의 본성을 활용하려 한다. 반대급부로 자본주의적 생산 과정에서 가치를 창출해 내는 역량을 획득하게 된 것은, 산업자본주의 시대에는 '불변 자본'에 불과했던 기계들이다. 산업 시대에 기계들은 생산에 참여한다고 해도 스스로의 가치를 높일 수 없었다. 그래서 기계들은 그 자체로는 '불변 자본'으로 남을 수밖에 없었다. 하지만 (디지털 전환과 함께) 기

그러면 현실적으로 감시자본주의는 자본주의와 어떻게 다른가? 자본주의는 일반적으로 생산 수단의 사유화, 이윤 극대화, 시장 경쟁을 특징으로 하는 경제 체제이며, 전통적으로 상품과 서비스의 생산 및 교환에 초점을 둔다. 감시자본주의는 확장된 자본주의 체계 내에서 작동하며, 데이터(즉, 행동)를 가치 있는 자원으로 활용해 이익을 창출한다는 점이 추가된다. 즉, 자본주의의 3요소인 토지, 자본, 노동에 데이터(행동)가 추가되고, 노동이 잉여가치를 만들어 내던 것에 추가해 데이터(행동)도 잉여가치를 만들어 내며, 불변 자본이던 기계가 가변 자본이 된다. 여기서 주보프가 주목하는 것은 인간이 가치를 창출하는 주체적 자리를 기계에게 물려주고 데이터 잉여(행동 잉여)를 만들어 내는 원재료로 전락하게 된다는 점이다.[27] 그러나 냉정하게 짚어 보면, 개인 데이터 수집 및 활용 영역에 자본주의라는 용어를 사용하는 것은 논란의 여지가 있다. 다만 플랫폼의 개인 데이터 수집이 은밀하게 이루어지는 점이 '감시'와 같고, 그 데이터를 활용해 이윤을 추구하는 점이 '자본주의'와 같음을 감시자본주의라는 용어로 응축시켜서 디지털 플랫폼 시대를 사는 사람들의 활동에 경종을 울린 점이 의미가 있다고 볼 수 있다.

감시자본주의라는 개념은 디지털 시대에 각종 플랫폼을 이용해 의사소통하고 활동하는 사람들에게 별생각 없이 온라인에 노출하는 자신의 행동이 어떻게 사용되고 어떠한 파장을 일으킬 수 있는지 진지하게 숙고

계 지능이 발달해 상황이 완전히 달라졌다. 구글의 기계 지능 기술은 행동 잉여를 먹고 자라며, 더 많은 행동 잉여가 투입될수록 기계 지능이 만들어 내는 예측상품이 더 정확해진다. 기계 학습 메커니즘을 통해 이제 기계는 그것이 작동하는 매 순간 스스로를 업그레이드하며 '가변 자본'으로 거듭난 것이다. 쇼샤나 주보프, 앞의 책 참조.

27 주보프의 생각은 이러하다. 감시자본주의는 도구주의를 낳는다. 도구주의의 최종 목표는 기계적 관계의 새로운 전망을 새로운 시대의 사회적 관계의 모델로 삼는 것이다. 도구주의 유토피아에서 기계가 서로를 모방하듯이 인간도 그래야 한다. 기계는 여러 갈래로 나뉘지 않고 하나의 큰 강으로 합류해 움직이며, 인간도 그래야 한다. 각각의 기계가 동일한 목표를 위한 동일한 추론 과정과 흐름으로 구조화되듯이, 인간의 구조화도 그래야 한다. 인간은 지능적인 기계의 우월한 학습 프로세스를 흉내내고, 그럼으로써 기계 세계와 사회 세계가 조화롭게 작동한다. 개인의 자율성은 사라지고, 요소들의 움직임이 합류해 이루는 조화로운 전체만이 남는다.

하는 계기를 마련해 준다. 따라서 디지털 플랫폼을 효과적으로 이용하면서 과도한 행동 노출로 인한 폐해를 피하려면 자신이 어떻게 행동해야 할지 적절한 수준의 분별 있는 행동에 대해 고민해야 한다. 또한 그러한 폐해를 방지하려면 사회적으로 어떠한 장치가 필요한지 생각해야 한다. 향후 본격화할 디지털·AI 전환기에 대비하려면, 개개인이 정보 보호의 권리를 회복하고, 기업과 정부에 투명성과 책임을 요구하고, 더욱 민주적이고 윤리적인 사회를 유지하도록 노력할 필요가 있다. 국가는 대규모 데이터 수집과 감시에 대응해 개인정보 보호 권리를 보장하고, 개인정보 보호를 책임지며, 데이터 수집 관행에 대한 투명성과 동의를 확보하기 위한 법과 규제를 강화할 필요가 있다.[28] 이를 통해 개개인이 자신의 데이터에 대해 수집과 사용에 대한 통제권을 가질 필요가 있고, 동시에 개인 데이터 사용에 대한 윤리적 지침과 규범을 수립해 기업이나 정부의 데이터 남용을 방지할 필요가 있다. 이와 같은 디지털 전환의 본격화를 철저하게 대비하기 위해서는 국민의 적극적인 참여와 연대가 필요하다. 적극적인 공공 토론과 의견 수렴, 그리고 시민 참여와 연대를 통해 디지털 시대의 개인 권리와 인간 기본권의 회복, 그리고 사회적 복지를 확보할 수 있어야 한다.[29]

---

28 유럽연합이 2022년에 제정한 디지털 서비스법에는 소비자 정보 수집과 맞춤형 광고에의 이용에 대한 제한 조치가 포함되어 있다. 소비자가 개인정보 수집 중단 및 추천 알고리듬의 비활성화를 선택할 수 있는 기능을 제공하도록 규정했으며, 종교, 인종, 성적 지향, 정치 성향 등을 기반으로 한 맞춤형 광고, 그리고 어린이와 청소년 대상으로 하는 어떤 종류의 맞춤형 광고도 할 수 없도록 규정했다. 제3장 3.6 (2)절 참조.

29 주보프는 감시자본주의의 도구주의 권력이 인간의 두 가지 기본권을 침해하고 있어 이들을 회복해야 한다고 주장했다. 주보프가 지칭한 두 가지 기본권은 다음과 같다. 첫째는 '미래시제에 대한 권리(the right to the future tense)', 즉 미래를 불확실한 것으로 남겨 두고 '내 몫의 미래에 대한 권한'을 오직 나 자신이 갖는, 자율적 개인으로서의 자유의지를 행사할 권리이다. 둘째는 '성역을 가질 권리(the right to sanctuary)', 즉 '집과 세계, 은신처와 바깥세상, 내부와 외부, 자기와 타인'의 경계선을 유지하고 그 안쪽을 수호할 권리이다.

7.8 디지털 자기 구속

디지털 감시는 감시사회와 감시자본주의 사회의 경우가 마찬가지로 디지털 기술을 이용해 개인정보를 수집해서 직접적 또는 간접적으로 사람을 구속한다는 점이 공통적이다. 디지털 감시사회의 경우가 통제 정부에 의해서 국민이 정신적·신체적으로 구속당하는 것이라면, 디지털 감시자본주의 사회의 경우는 기업에 의해서 소비자가 알게 모르게 이용당하는 것이다. 양쪽 모두 국민 또는 소비자의 개인정보나 사생활 정보를 수집하고 이것을 감시 수단으로 삼아 국민 또는 소비자를 구속하는 것이다. 그런데 디지털 전환기에는 이러한 외적 요인에 의한 구속 이외에도 사용자가 스스로 자신을 구속하는 행위가 발생한다. 각종 디지털 서비스를 이용하는 가운데 습관적으로 또는 본인도 모르는 사이에 자신을 구속하는 행위가 일어나는 것이다.

(1) 연결 단절의 공포

사람은 본능적으로 소속감을 느끼고 싶어 하고 다른 사람들과 연결되고 싶어 한다. 초연결사회에서는 스마트폰, 태블릿, 노트북, PC 등 개인용 디지털 단말장치가 다양해지고 인터넷이 잘 발달해 언제 어디서나 누군가와 연결될 수 있다. 또 검색 엔진, 소셜네트워크, 메시징 플랫폼 등 연결의 종류가 다양하고 범위도 매우 넓다. 그런데 연결 상태를 유지하는 데 경비가 들지 않거나 매우 저렴하기 때문에 아무런 부담감 없이 어딘가에 연결된 상태를 유지할 수 있고, 그것을 통해 소속 본능과 연결 본능을 마음껏 누릴 수 있다. 특히 소셜네트워크는 사회적 연결과 상호작용을 지속시켜 주어서 사용자가 커뮤니티의 일부인 것처럼 느끼게 해준다. 그런데 그것이 일종의 소셜미디어 의존성으로 발전할 수 있다. 그래서 연결이 끊어지면 자신이 고립되고 자신의 사회적 그룹으로부터 단절된 것으로 인식해 외로움과 불안을 느낄 수 있다. 어떤 사람에게는 그것이 포모(FOMO)증후군을 일으키기도 한다. 또 이러한 포모증후군은 불안감을 넘어서 부정적인 기분과 우울한 감정, 나아가 일종의 자기 상실감으로 이어질 수 있다.[30] 만일 '좋아요' 횟수, 댓글의 수, 피드백 내용 등 플랫폼을 통한 다른 사람들의 인정(認定)을 개인적인 자존감과 연결 짓게 되면, 플랫폼과의 연결이 끊어질 때 자존감의 원천이 상실되어 고통의 감정을 느낄 수 있게 되는 것이다. 또한 정보 과부하의 상태를 지속하다가 갑자기 연결이 끊어지면 중독성 물질을 복용했을 때와 유사한 금단증상을 경험할 수도 있다.

이렇듯 과도한 소셜미디어 사용으로 겪게 되는 포모증후군과 자기상실감은 독자적인 존재로서의 자아를 형성하지 못하고 스스로 집단의 부수적 존재로 전락했기 때문에 발생하는 디지털·사회적 병리 현상이다. 이러한 문제들을 해결하려면 디지털 플랫폼에 대한 의존도를 줄이고 현실 세계의 연결과 활동으로 보완하는 균형 잡힌 생활 방식이 필요하다.

(2) 집중력 감소

초연결사회에서 스마트폰을 비롯한 각종 단말장치와 인터넷, 그리고 각종 플랫폼 서비스를 통해서 지속적인 정보의 흐름 속에 살다 보면 작업에 대한 집중력을 잃을 수 있다. 수시로 소통 대상, 대화 주제와 소통 방식이 바뀌기 때문에 짧은 시간 간격으로 주의력을 전환해야 하는 상황이 만들어지기 때문이다. 이러한 방식의 정보처리가 습관화되면 장시간 동안 한 가지 작업에 집중하는 능력을 잃게 된다.[31] 특히 소셜미디어에서

---

30 이러한 현상에 대해 도파민 수준의 급락이 원인이라는 설명이 있다. 소셜미디어 플랫폼이 '좋아요', 댓글, 공유 등의 대응을 하는 가운데 쾌락과 보상과 관련된 신경전달물질인 도파민의 방출을 유발하도록 설계되었는데, 그러한 플랫폼에 대한 접근이 차단되면 도파민 수준이 갑자기 떨어지면서 슬픔, 짜증, 불만족감을 느낄 수 있다는 것이다.

31 요한 하리는 저서 『도둑맞은 집중력』에서 집중력을 저하시키는 요인으로서 소셜미디어와 스마트폰 같은 기술적 방해, 정보의 과부하, 멀티태스킹 문화 등을 꼽는다. 요한 하리, 『도둑맞은 집중력』, 김하현 옮김, 어크로스, 2023 참조.

사용되는 '좋아요', 댓글, 공유 등은 중독성을 높이기 위한 기술로 사용자들의 집중력을 분산시켜서 한 가지 작업에 집중하기 어렵게 만든다. 디지털 기술은 여러 업무를 동시에 진행하는 멀티태스킹(multitasking)을 가능하게 해준다. 그러나 여러 장치와 애플리케이션을 동시에 사용하는 작업은 인지 작용에 부하를 증가시키고 주의를 분산시켜 한 가지 작업에 적용할 수 있는 집중력의 질을 감소시킨다. 또 정보의 양이 압도적으로 많고 지속적으로 연결되어야 한다는 압박을 받으면 불안과 스트레스가 증가해 집중력을 떨어뜨릴 수 있다. 또한 업무 중에 이메일, 메시지, 알림 등으로 지속적인 방해를 받게 되면, 주의력이 파편화되어 집중적인 작업에 장해가 되고 몰입이 어렵게 되어 피상적인 작업으로 흐르게 된다. 한편, 디지털 기술과 소셜미디어는 뇌의 보상 시스템과 기대치를 바꿀 수 있어서, 빠른 정보와 오락에 익숙해질수록 속도가 느린 작업을 덜 매력적으로 느끼게 만들 수 있다.

이와 같은 집중력 상실을 방지하기 위해서는 디지털 디톡스(digital detox)가 필요하다.[32] 스마트폰, 컴퓨터, 태블릿과 같은 디지털 단말기의 사용을 일시적으로 중단하는 것이다. 그렇게 하면 디지털 기술의 지속적인 간섭 없이 현실적 생활과 사회적 상호작용에 더 집중할 수 있고 스트레스를 줄일 수 있게 된다.

(3) 디지털 도피

TV 프로그램이나 각종 OTT 그리고 SNS에 떠도는 영상물에 몰입하고 허구의 세계에 탐닉해 현실을 착각하는 사례가 있다. 그렇게 착각 속에 행복감을 느끼고, 현실로 돌아와서는 허구와의 격차에 실망하고 비관하는 것이다. 이것은 어렵고 불쾌한 현실로부터 탈출해 허구의 세계에서

32 디지털 디톡스는 디지털(digital)과 해독(detoxification)의 결합어로, 각종 전자기기와 인터넷, SNS 등에 대한 중독으로부터 벗어나도록 치유하는 것을 의미한다.

구원을 추구하는 일종의 도피주의라고 할 수 있다. 이것을 잠시의 기분 전환으로 삼는다면 몰라도 상습화하게 되면 문제가 될 수 있다. 특히 취직이 어렵고 장래에 대한 불안감이 큰 청년층이 허구의 세계에 몰입하게 되기 쉬운데, 그렇게 함으로써 팍팍한 삶에서 도피하는 수단을 찾는 것이다. 그러나 허구의 세계에 깊이 빠져들수록 현실과의 괴리가 커져서 현실로 돌아와 현실을 직시하게 되면 큰 충격을 받을 수 있다. 만일 작품 중의 캐릭터와 자신을 동일시하거나 이야기에 강한 동질감을 느끼게 되는 경우, 쇼나 영화가 끝나고 현실로 돌아오면 그만큼 상실감이나 슬픔이 클 수밖에 없다. 여기에는 대조 효과(對照效果, contrast effect)도 작용한다.[33] 허구의 세계 속의 극적인 경험, 흥분, 로맨스를 경험한 후에 직면하는 현실은 상대적으로 더 따분하거나 실망스럽게 느껴질 수 있다. 사람에 따라서는 허구의 미디어 속의 강렬한 감정과 경험을 현실과 구분하는 데 어려움을 겪는 경우도 있다.

이와 같이 현실 세계의 어려움으로부터 도피해, 또 허구의 세계 속에 도취해 허구 세계와 현실 세계를 혼동하는 현상에 대처하기 위해서는 각종 영상물이나 오락에 의존하지 않고 현실을 냉정하게 직시하며 저돌적으로 돌파해 나가는 의지력이 필요하다.

(4) 디지털 테크노스트레스

디지털 기술의 발달이 고도화하고 가속함에 따라 '테크노스트레스'[34]가 현대인의 삶을 구속하고 있다. 테크노스트레스는 여러 상황에서 발생한다. 첫째, 가정생활이나 직장 업무에 필요한 기술이 발명되고 제품이나

33 대조 효과는 연속해서 두 가지 상반된 상황을 경험할 때, 그 차이가 더 두드러지게 느껴지는 심리적 현상이다. 즉, 같은 대상도 비교군(群)에 따라 다르게 느끼게 되는 현상이다.

34 테크노스트레스(technostress)는 원래 컴퓨터의 도입과 발달로 인해 컴퓨터 관련 산업에 종사하는 사람들이 받았던 스트레스를 뜻했으나, 오늘에는 기술의 급격한 발전과 변화로 일반인이 받게 되는 스트레스를 의미한다. 테크노스트레스는 새로운 기술의 도입, 기술의 복잡성, 사용자의 기술 수용 능력의 부족 등으로 인해 유발된다.

서비스로 구현되었을 때는 반가움과 해방감을 받게 되지만, 필요성을 실감하지 못하는 상태에서 새 제품의 사용을 강요받게 되면 오히려 스트레스로 작용할 수 있다. 둘째, 새로운 기술도 그것이 상식적으로 이해할 수 있고 직관적으로 사용할 수 있어야 받아들이고 학습하기 쉽고, 이해가 안 가고 사용 방법이 까다로우면 적응하기 어려워 스트레스가 된다. 셋째, 새로운 기술이 중첩되면 새로운 문명이 형성될 수밖에 없는데, 그것을 소화하고 적응할 수 없는 상태에서 맞게 되는 새로운 문명은 문화적 이질감으로 다가오고 정신적 스트레스를 준다. 넷째, 변화도 정신적으로나 육체적으로 받아들일 수 있는 정도일 때 적응해 나갈 수 있는데, 짧은 시간에 빠른 변화가 누적되면 사람의 수용 능력의 한계를 벗어나서 현실에 이질감을 느끼게 되고 마치 다른 시대, 다른 나라에 사는 듯한 문화적 충격을 받을 수 있다. 예를 들어, 산업사회 시대에 나온 전화기와 세탁기의 발명은 생활에 편익을 주고 사용 방법이 직관적이어서 환영받았지만, 디지털 전환기에 나오는 디지털 키오스크나 디지털 뱅킹 서비스는 디지털 네이티브가 아니라면 직관적으로 이해하기 쉽지 않고 사용하기 어려워서 스트레스를 준다. 나아가 디지털 키오스크를 설치하면서 점원을 줄이고 디지털 뱅킹을 사용하라며 은행 점포를 줄이면, 생활에 편익을 주어야 할 디지털 기술이 생활의 불편을 초래하고 심지어 생존까지도 위협할 수 있는 스트레스 덩어리로 인식될 수 있다. 이러한 테크노스트레스와 구속감이 오늘날 사회를 각박하게 만드는 요인 중 하나가 되고 있다.[35]

35 그것을 견디기 어려운 사람들은 기술적 향수에 젖어 과거의 기술로 복귀하려는 경향을 보이기도 하고 그러한 동호인들이 모여 소문화 그룹을 형성하기도 한다. 2023년 12월 17일자 워싱턴포스트는 'With VHS and video stores, "tapeheads" are fueling an analog revival'이라는 기사에서 '지난 20년 동안, 블록버스터 대여점이 수천 개 폐쇄되고, DVD가 VHS를 대체하고, 스트리밍이 DVD를 대체하며, 소비자의 관심을 끄는 전쟁에서 디지털이 아날로그 미디어를 지배하기 시작했음에도, 몇몇 저항자들은 여전히 테이프를 꽉 붙들고 있었다. 2023년 현재, 스스로 "테이프헤드"라고 자칭하는 애호가들의 그룹이 증가하며 VoD 이전의 시대로 시간을 되감고 있으며, 그들은 VHS와 비디오 대여점을 되살려 내고 있다. 지난 2년 동안에만 로스앤젤레스에서는 비디오 대여점들이 줄지어 개장 또는 재개장하고 있으며, 시대의 변화에 저항해 틈새 고객층에

디지털 기술에 의한 테크노스트레스는 한편으로는 아직 기술이 성숙하지 못한 요인도 있어, 만일 디지털 사회가 디지털·AI사회로 진전하면서 기술이 무르익으면 문제가 다소 완화할 수 있다. 예를 들어, 디지털 키오스크가 AI 키오스크로 바뀌면 점원과 대화하는 것 같은 자연스러움을 다소 되찾을 수 있을 것이다. 그러나 필요성을 인식하지 못하는 새로운 기술이 연속적으로 등장하고 그것이 기존의 익숙한 제품이나 서비스를 빠른 속도로 대체해서 생기는 문화적 이질감과 시대적 괴리감은 기술의 성숙으로도 해결할 수 없는 문제이다.

(5) 생각의 구속

성격은 약간 다르지만, 앞서 논의했듯이 검색 엔진과 소셜미디어는 필터 버블(filter bubble)과 반향실 효과(echo chamber effect)를 일으켜 사용자들이 모르는 가운데 정보를 제한 또는 왜곡해 사용자의 사고를 고정된 틀 안에 가둔다. 인터넷 검색 엔진 알고리듬이 사용자에게 개인 맞춤형 서비스를 빠르게 제공하기 위해 과거의 검색 내용을 기억했다가 새로운 검색쿼리가 들어오면 그것과 유사한 범위에서 검색어를 찾아 제공하도록 설계되었기 때문에, 사용자는 자신도 모르는 가운데 과거의 검색 이력의 범주 내로 정보를 제한당한다. 이러한 필터 버블 현상은 인터넷 검색으로 접근할 수 있는 정보를 제한하기 때문에 사용자의 안목을 좁히고 사용자의 사고를 왜곡시킨다. 이러한 현상이 반복되는 가운데 사용자가 다양한 관점에서 사물을 보지 못하고 편견과 자기 확신에 빠져 왜곡된 사고를 하도록 만들 수 있다. 소셜미디어는 사용자들이 대화방을 설정해 의사소통하기 때문에 정보의 반향 작용으로 참여자들 간 신념의 동질화를 일으켜 사고를 왜곡시키고 편향시킬 수 있다. 이러한 반향실 효과로 처음에는 확고한 신념이 없던 사람도 성향이 비슷한 집단 사람들과 대화

맞춰 서비스를 제공하고 있다'고 보도했다.

하는 가운데 신념이 굳어지고, 분파적 집단 형성에 참여하며, 사고의 범위가 집단적 사고의 틀 안에 갇힌다. 나아가, 반향실 효과는 동일한 대화방에 속한 구성원들 간에 신념을 동질화하고 집단을 형성해 집단행동에 나서도록 유도할 수 있다. 만일 이것이 정치에 이용될 경우 적대적인 파당을 형성하고 파괴적인 행위로 나아가게 만들 수도 있다. 필터 버블이 제한된 수집 정보를 제공해 편향을 일으킨다면, 반향실 효과는 정보를 자기중심적으로 왜곡해 확증편향을 일으킨다. 이 두 가지 모두 사용자 자신도 모르는 가운데 디지털 기술에 의해 사고가 구속 또는 제한당하는 대표적인 사례이다.

7.9 사회에서의 AI 전환

AI는 미래사회 변화의 원동력으로 작용하게 될 것이다. AI 기술은 AI 스마트폰, AI 비서, 스마트 홈, 개인화된 오락 등 효율적이고 지능적인 서비스로 일상생활에 편익을 더해 주고, AI 기반 원격 진료, 정밀한 건강진단, 개인 맞춤형 치료 등을 통해 의료 접근성과 치료 가능성을 높여 주게 될 것이다. 그 밖에도 사회활동, 직장 근무 등 다방면에 걸쳐서 AI는 효율성과 편리성을 증진시켜 줄 것이다. 사람들은 AI가 주는 편익을 이미 챗GPT를 통해 맛보기 시작했다. AI 전환은 일상생활과 사회활동, 나아가 사회 구조적인 측면에 이르기까지 많은 변화를 수반하게 될 것이다. AI 기술을 기반으로 작동하는 장치들과 플랫폼들은 사람들이 서로 소통하고 상호작용하는 방식을 바꿀 것이고, 특히 AI와 사람 간의 역할 분담에 많은 변화를 가져올 것이다.

산업에서 AI 전환은 디지털 전환의 연장선상에서 이미 디지털 기술들이 변화시킨 것들을 더 효율화하고 지능화·자동화해 사람이 개입할 필요성을 줄여 준다. 이러한 산업의 AI 전환과 비교할 때 사회에서의 AI 전환은 사람에게 미치는 영향이 더 크고 직접적일 것으로 예상된다. 사회에서의 AI 전환은 의사소통, 정보 접근 및 유통, 회사 업무, 교육 학습, 사회활동 및 일상생활의 방식을 지능화해 사용자의 편익을 증진해 줄 것이다. 그 과정에서 기계 지능이 모든 활동의 중심에 서게 될 것이며, 그 결과로 사람은 주변으로 밀려날 수 있다. 디지털 전환 이후에 일상생활이 개인별 스마트폰 중심으로 바뀌었지만, 그래도 소유자가 직접 스마트폰을 작동했다. 그런데 AI 전환 이후에는 주인이 명령만 하면 나머지는 모두 AI 스마트폰이 맡아서 처리하기 때문에 주인은 주변으로 밀려난다. AI에 과도하게 의존하지 않도록 자제하지 않는 한, 사람은 매사를 AI 스마트폰이 결정한 대로 따라가게 될 가능성도 배제할 수 없다.

검색, 소셜미디어, 온라인 상거래, 콘텐츠 공유 등을 위한 각종 플랫폼은 기존의 디지털 전환의 중심축을 형성했으며, 현재는 AI 기술의 도전에 직면하고 있다. 그러나 머지 않아 이들은 AI 기술로 재무장하고 지능적으로 변신하게 될 것이다. 또한 OS 플랫폼 위에 애플리케이션 직거래 장터를 열어 각종 디지털 플랫폼을 제공했듯이 AI 플랫폼 위에 각종 AI 애플리케이션을 올려 새로운 AI 서비스 플랫폼들을 제공하는 것도 가능할 것이다.[36] 디지털 플랫폼 사업자들이 AI 기술로 재무장하고 사용자의 스마트폰도 AI 기술을 장착하게 되면,[37] 플랫폼 서비스는 사람의 손을 떠나 AI 간에 이루어지게 될 수 있다. 이 경우에도 마찬가지로 사람은 편리함을 누릴 수 있게 되겠지만, 앞서 언급했듯이 의사결정의 중심에서 주변으로 밀려날 수 있다. 예를 들어, 온라인 상거래의 경우 사용자가 AI 스마

36 실제로 오픈AI는 2024년 1월 'GPT 스토어'를 개장해 사용자가 맞춤형 GPT 애플리케이션을 만들어 올려 놓고 사용할 수 있도록 했다.

37 실제로 삼성전자는 2024년 1월 31일에 첫 AI폰인 갤럭시 S24 시리즈를 출시했다. 이 AI폰은 내장형 AI 기술을 이용해 13개 언어에 대한 '실시간 통역(Live Translate)' 기능과 '채팅 어시스트(Chat Assist)' 기능을 제공한다. 애플은 2024년 9월에 AI 특성을 갖춘 아이폰 16을 출시했으며, 이미지 분석 및 텍스트 수정 등의 작업을 위한 AI 도구인 애플 인텔리전스(Apple Intellegence)를 점진적으로 도입할 예정이다.

트폰이나 AI 비서에게 원하는 상품을 말해 주면 그 뒤의 구체적인 거래와 결제는 모두 사용자의 AI와 온라인 상거래 플랫폼의 AI 간에 해결하게 될 것이다.

AI 전환기에는 디지털 전환기보다 업무 효율이 더 높아져서 일자리가 더 감소하게 될 것이고, 사무직 일자리는 감소 폭이 더더욱 커질 수 있다. 또한 AI가 고도로 지능화함에 따라 의료, 법률, 경영 등에 관련된 직업들도 상당 부분 AI로 대체될 것이다. 반면에 AI 전문가, 기존의 업무에 AI를 도입하는 일, AI를 이용한 새로운 사업 개발 등 새롭게 생겨나는 일자리도 많을 것이다. 이와 같은 일자리의 교체기에 필요한 것은 디지털 및 AI 활용 능력을 효과적으로 길러 주는 직업교육이다. 디지털 및 AI 활용 능력은 전문성이 높아서 학습하기가 쉽지 않지만, AI 기술을 잘 활용하면 학습 효과가 높은 직업교육을 제공하는 것이 가능할 것이다. 이를테면, 항공기 조종사를 교육하는 데 쓰는 AI 비행 시뮬레이터와 유사한 도구를 만들어 디지털 및 AI 개념을 쉽게 학습시키는 것이 가능하고, 나아가 실습까지 시킬 수 있어, 직업교육을 한 차원 높일 수 있을 것이다.

AI 전환기에도 디지털 격차 내지는 AI 격차가 사회적인 문제로 부상할 것이다. 교육의 측면에서도 AI 기술이 대화형 학습과 맞춤형 학습으로 교육의 효과를 높여 주면서도 디지털 문해력 내지는 디지털·AI 문해력을 길러 주는 것이 중요한 과제로 남게 될 것이다. 이와 같은 격차 문제의 해소와 문해력의 학습은 디지털·AI 시대를 사회적 차별 없이 살아가기 위한 필수 요소이다. 그런데 AI 기술이 이와 같은 문제들을 해소하는 데 도움을 줄 수 있다. 이를테면 버스터미널의 무인매표소나 음식점의 디지털 키오스크에 있는 주문화면을 대화 능력을 갖춘 AI 화면으로 교체하면 디지털 이전 세대의 불편을 해소해 줄 수 있다. 사용자가 화면의 문자를 이용하는 대신에 AI 화면에 나오는 사람과 대화하면서 마치 대면 서비스를 받듯이 매표하거나 주문할 수 있도록 하는 것이 핵심이다. 그 연장선상에서 AI 기술을 이용해 디지털·AI 격차 문제를 해결하고 디지털·AI 문해력 학습을 위한 유용한 도구를 만드는 것도 가능할 것이다.

AI 전환기에는 디지털 시대의 문젯거리인 거짓 정보와 가짜 뉴스를 'AI 기술치료'를 이용해 신속하게 진위를 식별함으로써 상당 부분 해결하는 것이 가능할 것이다. 그러나 AI 기술로 만드는 딥페이크 때문에 문제가 더 심각해질 가능성 또한 크다. 딥페이크 기술은 고급 AI 기술, 특히 딥러닝을 사용해 거짓 오디오나 비디오를 만드는 데 사용될 수 있고(이를테면, 기존 영상에서 특정인의 얼굴을 다른 얼굴로 바꿔치기하고 음성을 변조하는 등), 그것이 소셜미디어나 대중매체를 통해서 유포되는 경우 당사자들에게 심각한 타격을 줄 수 있다. 또한 정치적 소요를 발생시키거나 국가 보안에 영향을 주고 사회적 물의를 일으킬 수 있으며, 개인의 이미지와 신뢰를 손상할 수 있다. 더욱 근본적인 문제는 이와 같은 부작용들이 누적되는 가운데 일반 영상물에 대한 불신을 조장할 수 있다는 점이다.[38] 딥페이크 문제는 딥페이크 여부를 식별하는 것이 쉽지 않기 때문에 해결하기 어려운 과제가 될 것이다.

AI 자체가 대규모 데이터에 의존해 작동하기 때문에 개인정보 침해, 데이터 보안, 디지털 감시 등에 대한 우려를 증폭시킨다. 반면에, AI 기술을 사용하면 이러한 문제들에 대응할 강력한 보안 기술을 개발하는 것도 가능해진다. 따라서 AI 기술은 정보 보호와 디지털 감시에 대한 양날의 칼을 품고 있는 셈이다. AI가 광범위한 데이터를 끌어모아 사용하는 것은 지식재산권 침해 문제를 유발하고, AI에 의존해서 내리는 의사결정은 윤리적 문제와 편향성 문제를 유발하기도 한다.[39] 이와 같이 AI 전환에

---

38 2023년 11월 9일 자 『IEEE 스펙트럼』은 '2022년 3월, 우크라이나 대통령 볼로디미르 젤렌스키가 국가의 군인들에게 침략하는 러시아 군대에 항복하라고 조언하는 것으로 추정되는 비디오가 등장했다. 비디오 제작자들이 우크라이나의 사기를 떨어뜨리고자 했다면, 그들은 제한적인 성공을 거두었다. 하지만 이와 같은 비디오는 더 은밀한 유형의 침식을 일으킬 수 있는데, 그것은 대중 미디어에 대한 신뢰를 약화시키는 것이다'라고 보도했다.

39 AI가 광범위한 데이터를 끌어모아 이용하는 행위를 어디까지 허용할 것인지, AI의 창작물에 대한 저작권을 인정할 것인지, AI의 지식재산권 침해는 어떻게 책임을 물을 것인지, AI에 의존한

따른 사회적 영향은 광범위하고 다면적이며, 기회와 함께 도전을 수반한다. 정보 보안, 디지털 감시, 재산권 침해, 윤리적 문제, 공평성 문제 등 각종 잠재적 부작용을 최소화하면서 AI의 이점을 극대화하는 것이 AI 전환기의 시대적 과제이다.

의사결정에 대한 윤리적 문제와 편향성 문제는 누가 책임질 것인지 등에 관한 철학적 규명과 법·제도 규정이 AI 전환기의 선결 과제이다.

08 디지털·AI 전환의 과제

지금까지 디지털·AI 전환에 관련된 여러 주제를 살펴보았다. 먼저 디지털 전환의 토대가 무엇이고 그 토대가 마련되기까지 어떠한 과정이 있었는지 살펴본 후, 디지털 시대의 중심에 새롭게 부상한 플랫폼에 관하여 순기능과 역기능을 검토하고 대표적인 디지털 플랫폼 네 곳의 서비스 현황과 문제점을 살펴보았다. 이어서 디지털 전환에 사용되는 기술들에 대한 각각의 기능과 용도 등을 살펴본 후, 디지털 전환의 연장선상에 나타나는 AI에 대해 살펴보았다. AI의 기본이 되는 알고리듬, 기계 학습, 신경망 등을 살펴보고 그 기반 위에서 수립된 트랜스포머 구조와 그를 적용한 GPT 등을 검토했다. 그 토대 위에서 산업과 사회의 디지털·AI 전환에 관련된 다양한 주제들을 포괄적으로 고찰했다.

마지막 장에서는 디지털·AI 전환의 요점을 되짚어 보면서 앞선 논의 과정에 나타난 디지털 전환의 과제들을 재검토하는 것으로 모든 논의를 마무리 짓는다. 먼저 디지털 전환이 시작된 디지털 혁명을 간추려 살핀 후, 디지털 플랫폼, 산업의 디지털 전환, 디지털 시대의 교육과 언론, 디지털 전환기 정부의 역할, 디지털 시대의 개인적 소양 등의 주제를 검토하고, 끝으로 디지털 시대를 뒤잇게 될 AI 시대를 간단히 전망해 본다.[1]

1 본 장의 논의가 대부분 디지털·AI 전환에 관한 것이지만 표기는 간단히 디지털 전환이라고 한다.

8.1 디지털 혁명

산업사회를 디지털 사회로 전환한 시발점으로 우리는 디지털 혁명을 꼽는다. 농경사회를 산업사회로 전환한 것이 산업혁명이었다고 인식할 때, 디지털 사회로의 전환점에는 마땅히 그에 상응하는 디지털 혁명이 있다고 상정할 수 있다. 산업혁명이 발발한 시점을 1814년 제임스 와트의 증기기관 발명으로 잡지만, 이것은 자못 상징적이다. 그때 이미 그러한 발명을 뒷받침하는 기술들이 존재했고 산업혁명의 분위기가 한껏 무르익었을 때 제임스 와트의 증기기관 발명이 방아쇠를 당겨 주었기 때문이다. 마찬가지로 디지털 혁명은 어떤 하나의 발명이나 사건에 의해서 발발한 것은 아니다. 여러 산업과 기술의 변천 과정에 디지털화의 기운과 가능성이 점점 커져 왔고, 그것이 무르익었을 때 어떤 사건이 계기가 되어 불이 붙으면서 디지털 혁명이 발발한 것이다.

산업혁명과 비교한다면 디지털 혁명은 참 조용히 진행되었다. 산업혁명은 산업, 경제, 사회, 교통, 환경에 급격한 변화를 일으키면서 인류의 삶에 편익과 함께 고통을 가져다준 인류사적 대변혁이었다. 인류가 오랫동안 지속해 온 농업과 수공업 중심의 산업이 기계를 이용한 제조산업으로 전환되었고, 농촌지역 사람들이 공장으로 이주하면서 사회가 도시 중심으로 재편되었다. 또한 새로운 사회 계층으로 산업 중산층과 노동자층이 형성되었고, 철도와 증기선을 이용한 교통이 크게 발달했다. 그러나 석탄 채굴과 산림 벌목으로 인해 환경이 파괴됐고, 막대한 공장 폐기물은 극심한 대기 오염과 수질 오염을 초래했다. 이에 수많은 생명이 희생됐고 지구의 기후와 생태계에 중대한 영향을 미치면서 오늘날 기후 변화 문제의 시발점을 만들었다. 그것에 비하면 디지털 혁명은 그와 같은 급격한 변화를 보이지 않고 조용하게 전개되었다. 디지털 기술이 산업과 사회 전반에 파급되는 가운데에서도 사회적 변동이나 환경 파괴는 일어나지 않았다. 다만 디지털 플랫폼 기업들의 시가총액을 단기간에 세계 10위권으로 밀어 올리는 변화가 있었을 뿐이다. 그 때문에 우리가 잘 인식하지 못하는 가운데 디지털 전환이 전개되었다.

디지털 전환의 원초적인 시작점에는 음성이나 영상과 같은 아날로그 신호를 디지털로 변환하는 디지털 변환이 있었다. 디지털은 잡음 없는 장거리 통신에 대한 염원이 찾아낸 새로운 돌파구였다. 그것이 시발점이 되어 디지털 장거리 통신이 실현되고, 통신과 컴퓨터가 신호 전송의 차원에서 통합되고, 나아가 시스템 차원에서 융합을 이루면서 디지털이라는 새로운 세계를 만들어 냈다. 장거리 통신의 꿈을 실현하고자 찾아낸 디지털 개념이 결국 디지털 세계를 만들어 내는 초석이 된 것이다.

디지털 개념이 자라나서 디지털 전환의 주체가 되기까지는 50년 가까운 세월이 필요했고 통신과 컴퓨터의 통합에 이르는 긴 발달 과정을 거쳐야 했다. 통신과 컴퓨터의 통합은 '제1차 디지털대전'과 '제2차 디지털대전'을 거쳐 각각 유선 영역과 무선 영역에서 회선 방식과 패킷 방식이 접전한 결과로 얻어진 신호 전송 차원의 통합이었다. 그것이 스마트폰의 출현으로 통신과 컴퓨터가 시스템 차원에서 통합하면서 '제3차 디지털대전'으로 옮겨 가 OS 차원의 융합이 이루어지게 되었다. 첫 두 디지털대전의 결과로 통신 플랫폼이 정립되었고, 세 번째 디지털대전의 결과로 콘텐츠 플랫폼이 정립되었다. 통신 플랫폼의 형태는 인터넷이었고 콘텐츠 플랫폼의 핵심은 iOS와 안드로이드였다. 그렇게 기나긴 통합의 과정이 끝나게 되었고, 그 결과로 콘텐츠 플랫폼 위에서 애플리케이션 직거래 장터가 열리면서 'ICT 빅뱅'을 일으켜 디지털 혁명으로 이어지게 되었다.

그러면 ICT 빅뱅의 본질은 무엇이고 디지털 혁명과는 어떻게 연결되는가? ICT 빅뱅의 본질은 스마트폰과 애플리케이션 직거래 장터의 결합이 벽으로 막혀 있던(즉, 'walled garden') 콘텐츠 시장을 개방하고 애플리케이션 제공자와 이용자가 직거래할 수 있도록 시장을 혁신하게 된 것이고,[2]

2 통신과 컴퓨터가 시스템 차원에서 융합하고 OS를 도입해 초소형 컴퓨터인 통신단말을 만든 것은

그 결과로 콘텐츠가 통신 무대의 중심에 들어앉아 전통적인 통신을 주변으로 밀어낸 것이 ICT 빅뱅 현상이다. ICT 빅뱅으로 온갖 애플리케이션들이 봇물 터지듯 몰려나와 콘텐츠 플랫폼 위에 올라가고 그 위에서 무수히 많은 콘텐츠-서비스 플랫폼들이 우후죽순처럼 뻗어 나가면서 디지털 변화의 물결을 일으킨 것이 곧 디지털 혁명이다. 즉, ICT 빅뱅이 폭발적인 힘으로 디지털 기술의 개발과 디지털로의 패러다임 전환을 추동한 것, 그것이 바로 디지털 혁명이다. 세간에 널리 인용되는 '제4차 산업혁명'은 그 디지털 기술을 적용해 전통 제조산업을 디지털 패러다임으로 전환한 것을 지칭한다.

8.2 디지털 플랫폼

디지털 플랫폼에는 크게 세 종류가 있다. 통신과 컴퓨터의 통합으로 확립된 인터넷이라는 통신 플랫폼, 통신과 컴퓨터의 시스템 차원 융합으로 확립된 iOS와 안드로이드라는 OS 중심의 콘텐츠 플랫폼, 그리고 콘텐츠 플랫폼 위에 얹은 애플리케이션들이 만들어 내는 각종 응용 플랫폼들이 그것이다. 이 세 종류의 플랫폼을 통칭해 디지털 플랫폼이라고 부른다. 각종 콘텐츠와 서비스들은 이 세 가지 플랫폼을 통해 사용자에게 제공된다. 구체적으로 웹 브라우징, 파일 전송, 원격 컴퓨터 접속, 이메일 등은 인터넷 통신 플랫폼 위에서 직접 제공되고, 각종 애플리케이션은 OS 콘텐츠 플랫폼 위에서 제공되며, 기타 소셜미디어, 전자상거래, 클라우드

이미 PDA폰 때 이루어졌다. PDA는 터치스크린 방식의 입력과 각종 기능의 측면에서 오늘날의 스마트폰과 유사하다. 그러나 그것이 시장을 움직이지는 못했고, 차후에 나온 유사한 스마트폰들도 시장에 임팩트를 주지 못했다. 그 임팩트를 아이폰이 출현하면서 만들어 낸 것은 아이폰이 앱스토어와 결합했기 때문이었다. 본질적으로 앱스토어로 콘텐츠 시장을 개방해 개발자의 개발 의욕과 이용자의 구매 심리를 자극하고 시장을 움직였기 때문에, 통신-컴퓨터의 시스템 차원의 융합이 실효성을 거두어 ICT 빅뱅을 일으킨 것이다.

컴퓨팅, 콘텐츠 공유 서비스 등은 각각 특화된 애플리케이션의 응용 플랫폼을 통해 제공된다. 대표적인 플랫폼 기업인 구글, 아마존, 메타는 여러 종류의 응용 플랫폼을 운영하며, 애플과 구글은 각종 애플리케이션을 올리는 앱스토어와 플레이스토어라는 OS 중심의 콘텐츠 플랫폼을 각각 운영한다.

이러한 디지털 플랫폼이 디지털 시대의 상징이자, 디지털 시대를 이끌어 가는 선도자이다. 디지털 시대 문명의 중심에 위치하며 갖가지 형태의 소통과 연결의 수단을 제공하면서 '초연결'의 세상을 앞당긴 주역이기도 하다. 디지털 플랫폼은 산업화 시대에는 존재하지 않았던 디지털 혁명과 더불어 출현한 새로운 디지털 산업이다. 응용 플랫폼 기업의 창업자들은 디지털 변화의 징후를 남들보다 빨리 포착해 자기 영역을 확보하고 기업으로 키웠다. 스티브 잡스의 애플 아이폰-iOS-앱스토어 출시가 그 대표적인 사례이다. 플랫폼 기업들은 다양한 종류의 서비스로 인류에게 편익을 주었고 사용자들의 적극적인 관심과 사랑을 받으면서 막대한 부를 창출했다. 남들보다 앞장서서 디지털 기술을 개척하고 활용해 기업의 규모를 키웠고, 네트워크 외부효과를 이용해 자연독점 기업으로 고속 성장했다. 그렇게 후발주자이면서도 시가총액 세계 10위권에 들어갈 정도로 확고한 입지를 구축했다.

응용 플랫폼의 플랫폼이라고 할 수 있는 것이 iOS를 중심으로 운영되는 애플의 콘텐츠 플랫폼이다. 애플이 아이폰을 출시하면서 내부에 iOS를 장착했고, 그 iOS 위에서 운영되는 앱스토어를 함께 출시함으로써 수많은 애플리케이션과 다양한 응용 플랫폼을 출시할 수 있도록 문을 열어 주었다. 그리고 그것이 안드로이드를 기반으로 한 응용 플랫폼의 출시를 유발했고, ICT 빅뱅을 일으키며 디지털 혁명의 길을 터주었다. 그러면 스티브 잡스는 그러한 폭발적인 변화를 예측하고 아이폰-iOS-앱스토어 세트를 출시한 것일까? 그 배경을 살펴보면 이 질문에 긍정적으로 답할 수 있다.[3] 첫째, 스티브 잡스는 사용자(즉, 고객)가 사업의 최종 귀결점이라고 인식했다. 그는 일찍이 모든 사업의 본질은 서비스와 제품의 제공자가 사용자의 필요성을 충족시키는 데 있음을 간파했다. 아이폰이 남다른 UI/UX를 갖출 수 있었던 것도 이러한 사용자 중심의 사고가 근저에 있었기에 가능했다. 둘째, 그는 시장의 속성을 잘 이해했다. 사업자와 사용자가 직거래할 수 있는 개방적인 시장이 있어야 모두를 끌어모아 세를 형성할 수 있음을 그는 잘 이해했다. 셋째, 그는 이미 아이튠즈의 경험으로부터 콘텐츠의 중요성을 이해했으며, 장래의 통신 네트워크는 그러한 콘텐츠의 유통로가 될 것임을 그는 간파했다. 넷째, 그는 매킨토시 PC를 개발한 경험으로부터 OS의 중요성을 숙지하고 있었다. 그래서 아이폰을 만든 팀에게 반드시 iOS를 사용할 것을 처음부터 요구했다고 한다. 다섯째, 사업에 있어서 우군의 중요성을 잘 이해했다. 우군과 이익을 공유할 때 호혜적인 기업생태계(eco-cluster)를 형성할 수 있음을 이해했고, 상호 이익을 공유할 수 있는 사업 모델을 만들려 노력했다. 스티브 잡스는 이와 같은 예리한 상황 파악을 토대로 야심차게 제품과 서비스를 개발해 정보통신 시장에 과감하게 도전했다. 그럼으로써 ICT 빅뱅을 일으켜 사업자 중심의 사고에 젖어 있던 전통적인 통신 사업자들을 일거에 제압할 수 있었다.

소위 '빅테크 기업'이라고 불리는 4대 플랫폼 기업인 애플, 구글, 아마존, 메타가 모두 미국에서 창업된 것은 어떻게 보아야 할까? 미국은 이민자들이 세운 나라답게 도전과 모험, 개척 정신이 살아 있고, 인권은 물론 사상의 자유와 경제활동의 자유가 보장된 나라이다. 그리고 새로운 혁신, 기술 개발, 창업을 효과적으로 지원할 수 있는 벤처투자, 기술 지도, 인재 교육 등 인프라가 잘 갖춰진 나라이다. 무엇보다도 혁신과 발명, 그리고 사업화에 대한 존중과 관용이 사회적 분위기로 무르녹아 있어서 과거의 법이 미래를 지향한 노력을 좌절시키지 않고 열매가 맺을 때까지 기다려

---

3 이병기, 「정보통신의 전개·발전 추세와 시사점: ICT의 메가트렌드」, 『대한민국학술원 논문집(자연과학편)』 제56집 1호, 2017, pp. 33-87 참조.

주는 문화가 있다. 그 열매가 사회에 문제를 일으키거나 시장 경쟁을 제한하지 않는 한 문제 삼지 않는다. 이러한 환경은 통제국가에서의 창의적 활동이나 기업활동과 크게 대비된다.[4] 또한 과거에 만든 법에 구속되고 정치적 포퓰리즘에 함몰되어 새로운 기업의 진출을 억제하는 나라들과도 대비된다.

그러나 플랫폼의 무한 질주의 시대는 이제 서서히 막을 내리고 있다. 미국은 그간 빅테크 기업들이 충분히 성장할 수 있도록 관용해 주었다. 그런데 이제는 플랫폼의 부정적 영향들이 사회적인 문제로 부각하고 플랫폼 기업들의 독점으로 인한 경쟁 제한 문제가 대두되고 있고, 각종 소송이 제기되기 시작했다(제3장 3.6 (1)절의 각주 참조). 미국의 법적 조치가 경쟁 제한에 집중되어 있다면 유럽에서의 제재는 전면적이다. 유럽은 디지털 시장법(DMA)과 디지털 서비스법(DSA)을 제정해 플랫폼 기업들에 대한 근본적인 규제에 들어갔다. DMA가 플랫폼 기업의 시장 독점을 규제해 경쟁사업자들의 시장 진출에 문을 열어 주었다면, DSA는 플랫폼 기업들의 서비스 독점을 규제함과 동시에 사용자의 기본권을 확보하고 거짓 정보의 차단을 요구하는 데까지 나아갔다. 플랫폼 기업들이 여태껏 공터를 질주하듯이 마음대로 기업을 운영할 수 있었다면, 이제부터는 현실 공간에서 교통법규를 준수하며 운전하듯이 관련 규제법들을 준수하며 기업을 운영해야 한다. 또한 플랫폼 기업들은 사용자 정보를 수집하고 사용하는 데 분별력을 발동하고 거짓 정보를 걸러 내기 위한 수단을 마련하는 등 규제에 부합한 운영을 위해 노력해야 한다. 장차 플랫폼 기업들은 새로운 규제 환경에서 준법 영업을 하면서 과거와 같이 수익을 올리고

---

4 오늘날 세계 패권국가로의 부상을 목표로 야심 차게 과학기술 발전과 첨단기업 육성을 추진하고 있는 중국과 대조적이다. 중국은 정부 주도하에 많은 연구비 투자와 기업 보조금 투입으로 과학기술 발전과 첨단기업 육성에 집중해 왔고 부분적으로는 미국을 앞서는 수준에 도달하기도 했다. 그러나 중국은 왕조시대 이래 지금까지 사상의 자유가 없었기 때문에 새로운 발상에 의한 새로운 경지를 개척하는 연구개발이나 창업의 사례를 찾기 어렵다. 이병기, '중국몽 소고', 대한민국학술원통신 348호, 2022년 7월 1일 참조.

성장하기 위해 새로운 돌파구를 찾고자 노력할 것이고, 그것은 어떠한 형태든 사용자에게 부담으로 돌아갈 수 있다.

8.3 교육, 디지털 문해력

앞서 논의한 것과 같이, 디지털 전환이 큰 도전을 가져오는 영역이 교육이다. 디지털 전환이 디지털 교육 도구를 들여오기 때문에 그것을 활용해 교육의 방법을 변화시킬 필요가 있다. 디지털 기술이 새로운 교육 플랫폼으로 자리 잡게 되면, 디지털 기술을 이용해 대화형 학습, 맞춤형 학습, 원격 학습 등 새로운 형태의 학습을 할 수 있게 되므로 교육의 효과를 높일 수 있다. 따라서 모든 학생이 동등하게 디지털 장치와 인터넷에 접근할 수 있도록 보장하는 것이 기본적으로 필요하다. 그래서 모든 학교가 디지털 교육 장치와 초고속 인터넷 연결을 갖추고 그에 필요한 교육 콘텐츠와 도구를 구비해 모든 학생이 동등하게 이용할 수 있도록 보장하는 것이 디지털 시대 교육의 기본 조건이 된다. 또한 교사들도 디지털 기술을 숙지하고 디지털 기술을 이용한 교육자료와 교육 방법을 개발하는 것을 기본 업무로 인식할 필요가 있다.

디지털 시대에 교육이 주목할 기본 요소는 디지털 문해력이다. 디지털 전환은 사회경제적 지위, 지리적 위치, 교육 수준, 연령 등에 따른 디지털 격차 문제를 수반하게 되는데, 이를 해소할 시발점을 마련해 줄 수 있는 것이 교육이다. 만일 학생 시절부터 디지털 교육 도구를 이용해 제대로 학습하게 되면 디지털 문해력을 갖출 수 있고 사회 진출 후에도 디지털 격차 문제에서 해방될 수 있다. 따라서 학생들이 디지털 문해력을 갖출 수 있도록 교육하는 것을 디지털 시대 교육의 기본 요소로 삼아야 한다. 그 연장선상에서 만일 학교가 지역사회 주민들에게 디지털 교육프로그램을 제공해 디지털 도구 사용법을 가르쳐 주고 디지털 문해력을 길러 줄 수 있다면, 사회적 디지털 격차의 해소에 기여가 될 것이다.

디지털 문해력에 더해 학생 시절부터 준비해야 할 소양이 소셜미디어에 관한 이해와 절제 있는 사용이다. 만일 소셜미디어를 지나치게 사용하고 탐닉하면 여러 부작용이 따를 수 있다. 시간을 낭비하게 되고, 사회적으로 고립될 수 있으며, 불안, 우울감, 스트레스를 받을 수 있고, 남과의 비교에서 자존감 상실을 겪을 수 있다. 또한 정보 과부하와 수면 부족에 시달릴 수 있고 심지어 신체 건강을 해칠 가능성도 있다. 한편, 실수나 어린 치기로 자신의 개인정보를 지나치게 공개하면 그것이 사생활 침해의 부메랑으로 돌아올 수 있다. 만일 소셜미디어의 과다 사용으로 중독에 이르면, 여러 부작용과 문제가 발생할 수 있을뿐더러 그것이 졸업 후 사회활동에 불리하게 작용할 수 있다. 이러한 점들을 학생 시절에 잘 숙지해 성장기의 실수가 평생의 후회로 돌아오는 일이 없도록 분별력 있게 소셜미디어를 사용하도록 지도할 필요가 있다.

디지털 전환이 교육영역에 가져오는 근본적인 도전은 디지털 기술과 공생하게 될 미래에 대비해 교육의 내용을 어떻게 변화시켜 나가야 하느냐 하는 문제이다. 디지털·AI 시대에 디지털 기술을 외면하며 살 수는 없으며, 디지털 기술로 할 수 있는 일을 사람이 중복해서 할 필요가 없다. 그러나 매사를 디지털 기술에 의존하면 인간이 무능력해지고, 디지털 기술을 이용하기보다 디지털 기술에 눌려 살 수도 있다. 예를 들어, 챗GPT가 작문을 잘하면 필요시 그 능력을 활용하면 되지만, 그렇다고 학생이 작문을 학습하지 않는다면 정교한 표현 능력, 비판적 사고력, 그리고 창의력을 기를 수 없게 되고, 나아가 챗GPT의 작문이 제대로 되었는지 판별할 능력이 없어지게 된다. 그런 시나리오는 디지털 기술이 고도로 지능화하는 미래에 더욱 심각해질 수 있다. 그렇다면 디지털 기술(미래의 AI 로봇을 포함한)과의 공존의 시각에서 살필 때 인간의 존재는 무엇이고 공존의 시대에 인간이 갖춰야 하는 기본 능력이 무엇인지에 대한 연구가 선행되어야 한다. 그리고 그 결과를 교육에 반영해 공존의 시대를 살아가는 데 필요한 기본 능력을 길러 주어야 한다.

디지털 시대에는 전산적 사고(電算的思考, computational thinking)[5]와 코딩(coding)[6]이 중요한 능력으로 인식되어 여러 나라에서 교육프로그램에 포함하고 있다. 기본적으로 전산적 사고는 현실 속 문제를 컴퓨터가 이해하고 해결할 수 있도록 정의하는 사고방식이고, 코딩은 이를 컴퓨터 언어로 번역하는 과정으로, 컴퓨터 및 AI 장치들과의 소통을 위한 효과적인 수단을 제공한다. 전산적 사고는 논리적 사고와 분석적 사고를 토대로 하는데, 논리적·분석적 사고는 AI가 인간보다 더 잘할 수 있는 영역이다.[7] 그런데 인간의 사고방식에는 그 밖에도 여러 가지가 있으며,[8] 그중에는 인간이 AI보다 더 잘할 수 있는 것들이 있다. 예를 들어 비판적 사고, 창의적 사고, 종합적 사고 등은 인간과 AI가 모두 할 수 있는데, 만일 감정적, 윤리적, 문화적, 사회적 요소들과 결부될 경우에는 AI가 인간의 수준을 따라가지 못한다. 또한 성찰적 사고는 자기 인식과 내성적 반성을 포함하기 때문에 AI가 경험하거나 표현할 수 없는 인간 고유의 영역이다. 나아가, 인간의 심오한 감정, 윤리적 고려, 자기 인식, 복잡한 사회적 맥락을

---

5 전산적 사고는 컴퓨팅 사고라고도 불리며, 문제를 컴퓨터가 이해하고 해결할 수 있도록 정의하는 것에 관련된 사고방식을 일컫는다. 전산적 사고는 추상화(abstraction)와 자동화로 구분할 수 있는데, 추상화는 복잡하게 얽혀 있는 문제를 구조화하고 분해해 간결한 상태로 만드는 과정이고, 자동화는 추상화된 문제를 컴퓨터의 언어로 바꾸는 과정이다.

6 코딩이란 컴퓨터에게 명령을 할 때 컴퓨터가 이해할 수 있는 C언어, 자바(Java), 파이썬(Python) 등의 프로그래밍 언어로 입력하는 과정을 말한다. 세계 여러 나라들이 디지털 시대에 필수적인 문제 해결 능력, 논리력, 분석력, 창의력과 같은 기본적인 능력을 학생들에게 갖추도록 하기 위해 코딩과 전산적 사고를 초등학교 교육 과정으로 제공하고 있다. 2014년에 영국이 최초로 코딩을 초등학교 교육에 포함시켰고, 호주, 핀란드, 에스토니아, 싱가포르, 프랑스, 캐나다(일부 지역), 중국(일부 지역) 등에서도 포함하고 있으며, 우리나라는 2025년부터 초등학교와 중학교에서 의무교육으로 포함할 예정이다.

7 논리적 사고와 분석적 사고는 AI가 인간보다도 더 잘 할 수 있는 영역이면서 인간과 AI가 공유하는 영역이기 때문에 효과적인 인간-AI의 인터페이스 제공 수단이 될 수 있다.

8 인간의 사고력에는 창의적 사고, 논리적 사고, 비판적 사고, 분석적 사고, 종합적 사고, 성찰적 사고, 전략적 사고, 문제 해결 사고 등 다양한 사고가 포함된다. 이병기, "인공지능(AI)은 어떻게 작동하는가?-인지 기능-", 대한민국학술원통신 제 372호, 2024년 7월 1일 참조.

탐색하는 능력은 인간 고유의 능력이고, 상상력, 애정, 공감, 창조성, 직관, 의식 등도 AI가 모방할 수 없는 인간 고유의 특성들이다. 디지털 시대에 디지털·AI 장치들과 공존하면서도 인간이 주도적인 위치를 견지하기 위해 이와 같은 인간 고유의 능력과 특성 중 어떠한 요소들을 계발하는 것이 바람직할지 연구하고 교육에 반영할 필요가 있다.

8.4 거짓 정보, 언론

앞서 논의했듯이, 디지털 전환이 수반한 사회적 폐해 중에는 거짓 정보와 가짜 뉴스가 빠르게 전파되는 수단을 제공한 점이 대표적으로 부각된다. 디지털 시대에 들어서면서 출현한 소셜미디어와 인터넷 개인방송이 대량의 정보를 생산하고 무분별하게 유포하기 때문에 그 가운데 거짓 정보와 가짜 뉴스가 뒤섞여 있을 수 있다. 특히 인터넷 개인방송은 공공성의 방송 매체와는 달리 규제를 받지 않기 때문에 정보의 진위를 판별하려는 책임감이나 가짜 뉴스를 차단하는 자정 능력 없이, 흥미 본위로 정보를 생산하거나 근거 없는 주장을 펼칠 가능성이 있다. 그것이 정치 활동에 이용되면 사회적 폐해가 막대해진다. 여론조작, 대중선동, 포퓰리즘 공약 등과 뒤섞여 선거를 오염시키고 선거 결과를 반전시키면서 민주주의를 위기에 몰아넣을 수 있다. 그러므로 디지털 시대에는 거짓 정보와 가짜 뉴스를 책임감 있게 다루는 공공 언론의 역할이 더욱 중요해진다.

디지털 시대는 정보 홍수의 시대이고, 그 때문에 언론이 더욱 주목받게 된다. 정보의 홍수 속에는 바른 정보와 거짓 정보가 뒤섞여 있고, 사람들은 그중에서 바른 정보를 식별하고 싶어 한다. 그래서 정보의 진위를 믿고 물어볼 만한 신뢰성 있는 언론을 찾게 된다. 사회에 정보가 넘치고 정보의 진위를 판별하기가 어려워질 때면, 신뢰가 정보보다 더 중요해진다. 열 사람에게서 듣는 이야기가 서로 다를 때는 결국 평소에 믿던 사람의 말을 들을 수밖에 없다. 또 열 사람 중에 아홉 사람이 같은 말을 하더라도 평소에 믿는 사람이 달리 말하면, 무턱대고 아홉 명의 공통의견을 받아들이지는 않는다. 마찬가지로 열 가지 언론 보도가 서로 다르면, 결국 평소에 믿음을 주던 언론을 택하게 된다. 곧 정론을 펴는 언론이다. 디지털 시대의 보물은 정보가 아니라 신뢰이다. 신뢰를 주는 언론이 더욱 소중한 존재가 된다. 보물은 땅에 묻어도 흙 속에서 빛나듯이, 정론은 거짓 정보가 난무할수록 오롯이 빛난다.

디지털 시대의 공적 언론이라면 점점 늘어나고 교묘해지는 거짓 정보와 가짜 뉴스를 차단하는 여과 장치를 스스로 마련해야 한다. 새로 나오는 정보와 뉴스가 폭증하는 가운데 언론은 속도로 경쟁하며 진실을 보도해야 하기 때문이다. 언론사가 짧은 시간 안에 신속하게 진위를 판별하는 방법을 자체적으로 갖추어야만 이러한 상황을 정면으로 돌파할 수 있다. 이것은 매우 도전적인 과제이지만 AI 기술에서 해결의 실마리를 찾을 수 있을 것이다. 이를테면, AI 기술을 이용한 실시간 진위 판별 소프트웨어를 개발해 'AI 필터링' 처리를 하는 것이다. 그러한 해결 방법을 마련하기 전까지는 조급증이나 흥미 본위의 보도 경쟁을 자제하고 다소 지연되더라도 진실이 확인된 후에 보도하는 것이 공적 언론의 정도이다. 장차 정부 주도로 거짓 정보와 가짜 뉴스를 차단하는 법적·제도적 장치가 마련되면 진위를 판별해야 하는 정보 자체가 줄어들 수 있다. 또한 EU의 DSA와 유사한 법을 우리나라도 제정하게 되면 플랫폼 사업자들이 거짓 정보의 차단에 앞장서게 될 것이므로 거짓 정보의 유통이 현저히 줄어들 것이다. 그때까지 자체 해결 방법을 모색하면서 언론의 정도를 견지하면, 그것이 사회적 신뢰로 돌아와 공적 언론의 위상은 더욱 확고해질 것이다.

챗GPT 출시 이후 급속히 확산하는 AI 기술은 언론을 포함한 사회 전반에 또 다른 차원의 도전이다. AI 소스 코드의 개방으로 인해 고액 투자와 장기간 연구개발의 벽이 허물어져 누구나 AI를 개발할 수 있게 되었다. 또 GPT 스토어가 활성화되면 갖가지 맞춤형 AI 애플리케이션들이 널리 확산하게 될 것이다. 그러면 거짓 정보와 가짜 뉴스는 AI 신기술로 중무장하게 될 것이다.[9] 그런데 딥페이크의 사례에서 볼 수 있듯 AI로 생성하는 거짓 정보는 정밀하고 교묘해 허위 여부 식별이 매우 어렵다. 또 그것이 여론조작, 대중선동, 선거전략에 이용되면 사회는 극심한 혼란에 빠질 가능성이 있다. 남북 대치 상황의 우리나라로서는 민주주의는 물론 국가 존립까지도 위협받을 수 있다. 이러한 상황에서 진실을 보도하고 정론을 펴는 언론의 역할은 더욱 막중해진다. 그러나 가장 앞선 AI 기술로 무장한 언론이라 하더라도 언론만으로는 이를 감당하기 어려울 것이다. 그러한 상황에 대처하려면, 미국 정부가 발동한 AI 기술 오용 차단 행정명령, G7 국가들이 제정한 AI 기업 행동강령, EU의 AI법(AIA)의 연장선상에서 허위 정보 조작을 중벌하는 강력한 법 제도의 뒷받침이 필요할 것이다.

8.5 개인정보, 개인 소양

디지털 전환기는 갖가지 새로운 기술 문명의 혜택과 함께 정보의 보호와 관리 문제, 특히 개인정보 보호 문제를 수반하게 되었다. 이것은 마치 디지털 기술이 가져온 수많은 혜택을 누리는 대가로 지불하는 요금처럼 따라붙는다. 디지털 기술이 생성하고 처리하는 것이 모두 데이터이고 데이터를 가공한 것이 정보이기 때문에[10] 정보를 사용하게 되면 늘 정보 관

---

9 AI는 가짜 뉴스 생성을 자동화하고 있으며, 사실적인 기사를 모방한 웹 콘텐츠를 폭발적으로 증가시켜 선거, 전쟁, 자연재해에 대한 거짓 정보를 퍼뜨리고 있다. 가짜 정보를 추적하는 기관인 뉴스가드에 따르면, 2023년 5월에서 12월 사이에 AI로 생성된 거짓 기사를 호스팅 하는 웹사이트가 49개 사이트에서 600개 이상으로 급증했다고 한다. Pranshu Verma, "The rise of AI fake news is creating a 'misinformation superspreader,'" Washington Post 2023년 12월 17일 참조.

10 데이터는 가공되지 않은 사실이나 숫자이고, 정보는 데이터를 가공하고 조직화 및 구조화해 의미를 부여한 내용이다. 예를 들어, 28도, 26도, 30도, 27도, 29도 등은 숫자로 표시된 온도 데이

리 문제가 뒤따르게 된다. 검색 플랫폼을 이용하거나 온라인 장터 플랫폼을 이용하면 개인정보 유출의 문제가 발생하고, 소셜미디어 플랫폼을 사용해도 마찬가지로 개인정보가 유출된다. 그 개인정보는 플랫폼 사업자의 소중한 영업 자산이 되어 타깃 광고에 사용되고 그 밖의 다른 목적에도 사용될 수 있다.

만일 스마트폰이 분실되어 악의를 가진 사람의 손에 들어가면 스마트폰 주인의 개인정보는 물론 메시지, 채팅, 이메일 등의 내용까지 모두 노출되어 주인 자신뿐만 아니라 주인과 교신(交信)한 친구들 모두에게 폐해가 돌아갈 수 있다. 디지털 기술을 교육과 학습에 사용하면 교육 콘텐츠 플랫폼은 학생들의 정보를 수집하고 만일 그 정보가 누출되면 성장기의 학생에게 정신적인 스트레스로 작용할 수 있다. 만일 정치적으로 나쁜 의도를 가진 정치인이나 정치집단이 국민을 감시할 목적으로 안면 인식 기술과 디지털 화폐를 사용해 개인의 이동과 금전 흐름의 정보를 수집한다면 그것은 국민 개개인에게 심각한 속박과 스트레스로 작용할 수 있다.

이와 같이 개인정보의 유출은 정신적 스트레스는 물론 신체적, 금전적 피해로까지 연결될 수 있기 때문에 정보 관리와 개인정보 보호는 디지털 전환기의 치명적인 사회적 과제가 된다. 개인의 차원에서는 인터넷을 통해 플랫폼 서비스를 연결할 때 정보 유출의 가능성을 미리 고려해 조심스럽고 절제 있게 처리하는 것이 디지털 전환 시대에 필요한 기본자세이다.

디지털 시대를 살아감에 있어서 기본적으로 필요한 개인 소양이 디지털 문해력이다. 디지털 기술을 이해하고 디지털 도구를 이용해서 정보를 찾고 활용하고 전달할 수 있는 능력이다. 디지털 문해력을 기르고 유지하려면 새로운 디지털 기술과 도구가 나올 때마다 용도와 작동 방법을 알아 두는 습관을 들이는 것이 좋다. 또한 기본적으로 필요한 능력이 정보

터이고, 이것을 처리하고 의미를 부여하면 '평균온도가 28도이고 야외 활동에 적합하다'는 정보를 추출할 수 있다.

변별 능력이다. 소셜미디어를 비롯한 온갖 디지털 매체를 통해 유통되는 정보 중 내가 필요한 정보를 선별할 수 있는 능력, 그리고 옳고 그른 정보가 뒤섞인 가운데 어떤 것이 옳고 어떤 것이 그른지 판별할 수 있는 능력이다. 그러나 이것은 고도의 전문 지식을 필요로 할 수 있고 또 많은 자료를 찾아볼 필요가 있다. 따라서 어떻게 하면 필요한 정보를 얻고 바른 정보를 선택할 수 있는지, 그 방법을 미리 알아 둘 필요가 있다.[11]

디지털 시대에는 많은 사회경제적 활동이 인터넷을 통해 이루어진다. 따라서 원만한 사회생활을 위해 소셜미디어, 검색 엔진 등 각종 디지털 플랫폼 서비스에 대한 이해와 분별력 있는 사용이 필요하다. 내가 소셜미디어에 올리는 글이 사회적으로 어떠한 파장을 일으킬 수 있는지, 플랫폼 기업이 그 글에서 나의 어떤 정보를 수집해서 어떻게 사용하는지, 내가 대외비로 분류한 자료가 인터넷에 유출되어 떠돌면서 어떤 곤란한 상황을 만들 수 있는지 이해할 필요가 있다. 또한 검색 엔진을 사용할 때 내가 검색하려는 내용이 필터 버블 현상에 의해서 제한될 수 있다는 사실, 그리고 소셜네트워크를 사용할 때 반향실 효과 때문에 확증편향이 생길 수 있다는 사실을 이해할 필요가 있다. 그와 같은 사실들을 이해하는 가운데 소셜미디어와 검색 엔진 등을 사용하면, 소셜미디어에 메시지를 써넣을 때 분별력 있게 행동하게 되고, 검색 엔진이 보내 주는 메시지를 분별하며 받아들이는 것을 습관화할 수 있다.

특히 인터넷 또는 기타 네트워크에 연결된 디지털 장치를 사용할 때 조심해서 행동하는 것을 습관화할 필요가 있다. 여기서 행동이란 연결된 디지털 장치에 내보내는 데이터를 통칭한다. 플랫폼이 그 데이터를 모두

11 헤더 켈리(Heather Kelly)는 2023년 10월 9일 자 워싱턴포스트 칼럼 'How to avoid falling for misinformation, AI images on social media'에서 다음 8가지 주의사항을 소개했다. 1) 어떤 것이 왜 잘못된 정보일 수 있는지 알아 두기, 2) 읽고 볼 때 서두르지 않기, 3) 출처를 확인하기("인증된" 계정이라고 무조건 신뢰하지 않기), 4) 신뢰할 수 있는 출처 모음 만들기, 5) 뉴스 이벤트에 대한 추가적인 맥락을 찾아보기, 6) AI 이미지를 식별하기 위한 팁을 사용하기, 7) 비디오와 실제 이미지도 검증하기, 8) 사실 검증 사이트와 도구 사용하기.

수집해 프로필로 작성해 두었다가 분석하면 나에 관한 모든 행동 정보, 이를테면 관심사, 인적 네트워크, 소비 습관, 이동 경로, 검색 패턴, 정치적 성향, 종교적 취향 등을 모두 알아낼 수 있기 때문이다. 소셜미디어를 사용하거나 온라인 상거래를 하거나 정보를 검색할 때 내가 입력하는 데이터가 그대로 수집·분석되어 타깃 광고로 돌아오거나 어떤 예상치 못한 결과로 돌아올 수 있음을 유념하고 조심할 필요가 있다. 또한 디지털 공간상에서는 입력한 모든 데이터가 어딘가에서 영원히 지워지지 않고 저장되어 있을 수 있음을 유의해야 한다. 그중에는 젊은 날의 치기나 실수로 내보낸 글이 들어 있을 수 있다. 누군가가 그것을 찾아서 유포하게 되면 난처한 상황에 봉착할 수가 있고, 때로는 그것이 매우 치명적인 문제를 일으킬 수 있음을 유념하고 늘 조심해야 한다.

8.6 정부의 역할

디지털 전환 시대에 정부가 할 역할은 크고 막중하다. 기업과 사회 각 영역에서 자체적으로 디지털 전환을 위해 노력하겠지만, 여러 요소에 대해서 법·제도 차원의 지원이 필요하고 재정적·제도적 뒷받침이 아울러 필요하다. 국가 차원에서 고려할 때 디지털 전환의 성공 여부는 정부가 얼마나 충실하게 제 역할을 하는지에 의해서 좌우된다. 따라서 정부의 공무원들이 디지털 전환을 한발 앞서 이해하고 성공적인 디지털 전환을 위해 정부가 어떠한 역할을 해야 하는지 숙지하는 것이 선결 과제이다.

먼저, 교육영역에서 디지털 전환을 이루기 위해서는 디지털 교육 도구와 초고속 인터넷 등 디지털 인프라를 구축하고 각종 애플리케이션 및 서비스를 구입하고 업데이트하는 데 많은 예산이 소요된다. 또 그것을 토대로 대화형 학습, 맞춤형 학습, 원격 학습 등 새로운 형태의 학습을 제공하기 위한 각종 교육프로그램 개발에도 예산이 소요된다. 이렇듯 디지털 전환을 위해 필요한 제반 경비를 확보할 수 있도록 정부가 지원할 필요가 있다. 또한 구축된 디지털 인프라를 학생 교육과 더불어서 지역사회 주민들의 디지털 교육에도 사용할 수 있도록 정부가 장려하고 제도화해 주면 사회적 디지털 격차를 줄이는 데도 기여할 수 있다. 또한, 디지털 교육 인프라 구축에 못지않게 중요한 것이 디지털 시대의 교육프로그램 개선이다. 인간이 디지털 기술과 공존하는 미래에 대비해 교육의 내용을 변화시킬 필요가 있는데, 정부가 전문가 그룹에 위촉해서 이를 뒷받침하는 심층 연구를 수행해 미래 교육 내용을 결정하고 이를 교과 과정에 반영하도록 역할을 해주어야 한다.

디지털 시대에는 디지털 기술을 이해하고 디지털 장치를 이용하는 것이 기본이며 거기에서 소외되거나 뒤처지면 디지털 격차가 발생하고 그것이 사회경제적 활동의 제약으로 돌아온다. 특히, 디지털화 이전의 세대는 은행, 공공기관, 매표소, 음식점 등에 급증하는 디지털 도구를 제대로 사용하지 못해 고통받고 있다. 이러한 세대 간 디지털 격차를 줄이지 않고서는 디지털 시대에 사회적 평등을 이룰 수 없다. 따라서 정부는 능동적으로 디지털 격차를 해소하는 노력을 펼쳐야 한다. 우선 급증하는 노년층이 디지털 장치의 스트레스에서 벗어날 수 있도록 모든 공공기관과 매장에 적어도 창구 하나는 대면 서비스를 제공하도록 보장하는 등 제도적 뒷받침이 필요하다.[12] 또한 농어촌과 산촌을 포함한 모든 주거지역에 초고속 인터넷 인프라를 구축하고 저소득 계층이 저렴하게 인터넷에 접속할 수 있도록 지원해야 한다. 디지털 장치가 없는 사람이 저렴한 가격으로 장치를 구입할 수 있도록 지원하고, 디지털 장치를 무료로 활용할 수 있는 공공디지털센터도 요소요소에 설치해야 한다. 나아가 디지털 교육

12 공공기관이 아닌 개인 사업장에 대면 서비스 창구 설치를 제도화하는 것은 정부의 과도한 간섭일 수 있으나, 디지털 전환기의 사회적 문제를 해결하는 것 또한 정부의 책임이기 때문에, 한시적인 제도로써 설득할 필요가 있다. 디지털 전환기 중이라도 만일 대면 서비스를 대신할 만한 수준의 AI 서비스를 개발할 수 있으면 그것을 설치해 갈음하는 것도 가능할 것이다.

프로그램을 마련해 전 국민의 디지털 문해력 향상에 힘써야 한다.

디지털 전환기에 접어들면서 각종 직업에서 디지털 기술을 다루는 능력이 필수적으로 요구되고 있고, 디지털 기술이 진화하고 직업 환경이 변화하면서 개인의 디지털 능력을 향상할 필요성이 생겼다. 또 새롭게 생기는 디지털 직업으로 전직하려면 수준 높은 디지털 기술 능력을 갖추어야만 한다. 따라서 디지털 시대의 직업 경쟁력을 유지하기 위해서는 재교육과 평생 학습이 필수적이다. 또한 공장 자동화와 AI 등 디지털 기술이 사람의 일자리를 대체할 수 있기 때문에 그로 인한 일자리 상실에 대응하기 위해 디지털 직업 전환 교육도 필요해졌다. 이러한 시대적 추세에 대응해 정부 차원에서도 직업 향상과 직업 전환을 희망하는 사람들을 위한 재교육·평생교육·직업전환교육 프로그램을 제공할 수 있도록 각종 방안을 적극 강구해야 한다.

정부는 디지털 시대의 문젯거리로 대두된 허위 정보와 가짜 뉴스에 대해서도 적극적으로 대응할 필요가 있다. 문제의 진원지가 되는 소셜미디어에 대해서 표현의 자유는 보장하지만 표현의 결과는 당사자가 책임지는 문화를 정착시킬 필요가 있다. 특히 인터넷 개인방송은 모든 공공 방송이 지키는 기본적인 방송윤리를 지키지 않고 무분별하게 정보를 유포하기 때문에 사회적 물의를 일으키고 선거에 영향을 미칠 수 있다. 그러므로 인터넷 개인방송도 방송의 오류와 허위성에 관해서는 공공 방송에 준하는 책임을 물을 수 있는 제도적 장치를 마련할 필요가 있다. 그 연장선상에서 여론조사도 사회 여론을 왜곡하고 선거에 치명적인 영향을 미치는 점을 감안해 중앙선거여론조사심의위원회에 등록되지 않은 여론조사 기관은 활동을 금지하거나 등록 여론조사 기관에 준하는 규제를 부과할 필요가 있다. 그러나 설립 허가가 필요 없는 인터넷 개인방송은 방송윤리를 위반해도 허가 취소 등의 제재가 무의미하고, 미등록 여론조사 기관은 규정을 어겨도 등록 취소의 처분이 무의미한 점을 감안해, 별도의 법·제도를 마련해 허위 정보와 가짜 뉴스에 대처할 필요가 있다.

또 다른 디지털 시대의 걱정거리가 개인정보 보호이다. 디지털 기술의 확산으로 인해 개인정보의 수집, 저장 및 사용에 대한 우려가 증가했다. 특히 디지털 플랫폼은 각종 서비스를 제공하면서 사용자의 정보를 수집하기 때문에 정보 수집이 과도하거나 수집 정보가 유출되거나 잘못 사용되는 경우, 사용자에게 큰 피해를 줄 수 있다. 개인의 민감한 정보가 유출되면 사생활 침해, 금전적 손실, 신용카드 부정 사용과 같은 피해를 줄 수 있다. 나아가 신용카드 정보나 은행 계좌 정보를 부정 거래에 사용할 수 있고, 개인정보를 도용해 법적 문제를 일으킬 수 있으며, 개인의 신용과 평판을 손상할 수 있다. 또한 디지털 사회는 모든 것이 네트워크로 연결되어 있어서 사이버 공격 및 데이터 침해의 위험이 증가했고, 그 결과로 중요 인프라의 손상, 금전 손실, 민감한 정보 노출 등 폐해로 이어질 수 있다. 그러므로 개인정보 보호, 데이터 보안, 소비자 권리 등을 법으로 규정하고 처벌 규정도 함께 제정 또는 강화할 필요가 있다. 또한 EU의 DSA와 비슷하게 플랫폼 사업자의 개인정보 수집, 사용 및 관리에 대한 제한 규정을 법제화하는 것도 고려할 필요가 있다.

디지털 전환기에 정부가 특별히 관심을 기울여야 하는 것이 중소기업의 디지털 전환 문제이다. 전통산업의 중소기업은 디지털 전환의 필요성을 잘 인식하고 있어도 디지털 전환에 필요한 자금의 여력이 없어서 추진하지 못할 수 있다. 그런데 디지털 전환은 결국 기업의 지속 가능성 문제로 이어지기 때문에 정부가 산업 정책의 일환으로 지원책을 마련하는 것이 바람직하다. 일반적으로 기업활동에 정부가 개입하는 것은 바람직하지 않지만 디지털 전환기의 중소기업의 경우는 예외적이다. 해당 중소기업의 부실이나 무능 때문이 아니라 시대적 조류의 변화 때문에 생긴 문제이기 때문에 예외적인 조치가 불가피하다. 마침 우리나라는 중소벤처기업부가 독립부처로 존재하기 때문에 중소기업의 현실을 잘 파악하고 있을 것이고, 또한 중소기업의 디지털 전환이야말로 '4차 산업혁명'을 성공으로 이끌기 위한 실질적인 과제임을 잘 인식할 것이기 때문에 다양한 디지털 전환 지원책을 마련할 수 있을 것으로 본다.

8.7 AI 시대, AI 로봇 시대

디지털 시대의 미래는 AI 시대라고 쉽게 예측할 수 있다. 그런데 디지털 사회가 AI 사회로 나아가는 것은 산업사회가 디지털 사회로 전환한 것과는 양태가 다르다. 디지털 사회로의 전환은 패러다임 변화에 해당하지만 AI 시대는 디지털 시대의 후반 연속선상에 존재하기 때문이다. AI는 디지털 기술의 하나로 출현해 이미 사용되어 왔던 것인데, 장차 그 중요도가 높아지고, 종국에는 디지털 기술의 중심축이 AI로 옮겨 가게 된다는 뜻이다. 2022년의 챗GPT 출시는 중심축 이동이 본격화하기 시작했음을 알리는 신호탄으로 볼 수 있다. 다만 AI 시대의 본격화는 디지털·AI 시대의 성숙과 병행하게 된다.

챗GPT의 등장은 AI에게 새로운 존재감과 위상을 부여하는 계기가 되었다. AI가 그동안 여러 돌파구를 뚫으면서 꾸준히 발달해 오다가 챗GPT에 이르러 사람과 자유롭게 대화할 수 있는 수준에 이르렀다. 정보 입력 방법도 처음에는 문자로 시작되었으나 좀 더 자연스럽게 음성과 영상으로 확대되고 있다. 챗GPT를 개발한 오픈AI는 디지털 산업의 신데렐라로 부상했고, '게임체인저'로 인정받아 회사의 가치가 급격히 상승했다.[13] 챗GPT의 출현은 플랫폼 사업자들을 긴장시켜서 플랫폼 사업으로 축적한 막대한 부를 AI 연구개발에 투입하게 만들었다. 구글 검색도 챗GPT의 출현으로 위축되었다가 각각 웹 콘텐츠 액세스와 휴먼 인터페이스로 차별화가 확인되면서 상호 보완적인 관계로 자리매김하고 있다.[14]

---

13 2023년 10월 19일 블룸버그통신에 의하면, 오픈AI의 기업가치가 860억 달러로 평가받아 비상장기업의 '빅3'에 올라섰다고 한다. 12월 22일 현재는 기업가치가 1,000억 달러로 올라갔다.

14 챗GPT의 출현이 구글과 같은 검색 엔진 사업에 어떤 영향을 미칠지가 큰 관심사로 부상했다.

AI의 발달이 지속됨에 따라 AI에 관한 우려가 공공연하게 표출되기 시작했다. 2018년에는 AI를 연구하는 전문가들이 '몬트리올 책임감 있는 AI 선언문'을 통해 AI의 투명성, 책임성 및 윤리성을 강조하는 AI 연구 및 개발 원칙을 선언했다.[15] 2022년 챗GPT 출시 이후에는 AI에 관한 우려가 고조되어 AI 전문가, 기업가들은 물론 정부와 의회에서도 AI의 책임성 문제를 제기했다. 챗GPT 같은 AI 시스템이 고용, 교육, 그리고 국가안보에 위해를 끼칠 수 있다는 우려가 증가함에 따라 미국의 행정부는 책임 조치에 대한 공공의 의견을 구한다고 발표했다. 미국 상원은 소위원회를 통해 AI 기술에 관한 청문회를 열었고, 챗GPT를 개발한 오픈AI의 최고경영자이자 챗GPT의 개발 책임자였던 샘 올트맨은 이 청문회에 참석해 갈수록 막강해지는 AI 기술을 규제할 필요성을 주장했다. 오픈AI는 헌장을 발표해 책임감 있고 윤리적이고 안전한 일반 AI(AGI)의 개발과 배포를 약속했고, AI 연구 커뮤니티의 협력과 공동 작업을 촉구했다. 그 후에도 미국의 바이든 대통령이 AI 기술 오용에 따른 위험을 차단하기 위한 행정명령에 서명했고,[16] G7 국가들은 AI 개발 기업들을 대상으로 한 AI 행동강령을 제정해, AI 관리 및 보안 강화, 개인정보 보호, AI 테스트

그러나 챗GPT와 구글의 검색 엔진은 목적이 서로 다르기 때문에 상호 보완적으로 공존할 것으로 전망된다. 검색 엔진은 거대한 웹에서 관련 정보를 신속하게 검색하는 것에 중점을 두었고, 이와 달리 챗GPT는 인간과 유사한 텍스트 응답을 생성하고 대화를 나누는 데 초점을 두었기 때문이다. 일례로, 질문에 답하고 정보를 제공하는 일은 챗GPT가 잘 할 수 있지만, 특정 사실을 검색하거나 다양한 웹 콘텐츠를 찾는 경우는 검색 엔진이 잘 할 수 있다. 단적으로, 챗GPT와 검색 엔진은 각각 휴먼 인터페이스와 웹 콘텐츠 액세스에 차별화된 전문성을 갖는다고 말할 수 있다. 만일 구글 검색이 강력한 AI 기능을 장착하게 되면 웹 액세스와 휴먼 인터페이스의 양면에서 성능을 발휘할 수도 있을 것이다.

15 '책임감 있는 AI(Responsible AI)'란 AI 시스템을 개발, 운영, 배포하는 과정이 윤리적이고 투명하며 개인정보와 사회적 가치를 존중하는 방식으로 이뤄지는 것을 의미한다. 책임감 있는 AI의 핵심 요소로는 책임성, 포용성, 신뢰성, 안전성, 공정성, 투명성, 개인정보 보호 및 보안 등이다. 이것들은 AI가 생산과 서비스의 주류로 부상할 때 책임성과 신뢰성을 보장하는 데 필수적인 요소들이다.

16 Washington Post, "Biden signs AI executive order, the most expansive regulatory attempt yet," October 30, 2023 참조.

공격조 구성, AI 생성물 식별표시 등을 촉구하기에 이르렀다.[17] 이와 같은 일련의 노력이 첫 구체적인 결실로 나타난 것이 2024년에 제정된 EU의 AI법이다.

그런 중에도 오픈AI의 도전적 GPT 행보는 거침없이 이어졌다. 2022년 11월에 챗GPT-3.5를 일반에 공개해 센세이션을 일으킨 이후, 2023년 3월에는 챗GPT-4를 구독용 서비스로 일반에 제공했다. 뒤이어 2024년 1월에는 GPT 스토어를 개장했고, 5월에는 GPT-4o를 출시했으며, 나아가 2024년 10월에는 새로운 모델인 GPT-o1을 출시했다. GPT 스토어 개장은 AI 발달 과정에 하나의 이정표를 세우는 것으로, 2007년에 애플이 아이폰을 출시하면서 앱스토어를 개장했던 것과 유사하다. 그 앱스토어에 각양각색의 애플리케이션들이 올라오면서 디지털 플랫폼 시대가 열렸던 것처럼, 만일 GPT 스토어에 각종 맞춤형 GPT(즉, GPT 애플리케이션)들이 올라오게 된다면 AI 시대가 성큼 진전할 수 있을 것이다.

그러면 산업혁명, 디지털 혁명을 뒤잇는 제3의 혁명은 무엇일까? 산업혁명이 '제1의 기계시대'인 산업사회를 열고 디지털 혁명이 '제2의 기계시대'인 디지털 사회를 열었다면, 제3의 혁명이 열 '제3의 기계시대'는 무엇일까?[18] 그것은 'AI 시대'라기보다 'AI 로봇 시대'라고 상정(想定)할 수 있다. 앞에서 언급했듯이 AI 기술은 디지털 기술의 집합에 속하고 AI 시대는 디지털 시대의 연장선상에 위치하지만, AI 로봇 시대는 이것과 차원을 달리한다. 장차 AI가 발달해 특이점(特異點, singularity point)[19]을 넘어

---

17 Reuters, "Exclusive-G7 to agree AI code of conduct for companies-G7 document," October 29, 2023 참조.

18 '제1의 기계시대'와 '제2의 기계시대'는 앤드루 맥아피가 각각 산업 시대와 디지털 시대를 지칭할 때 사용한 용어이다. 에릭 브린욜프슨, 앤드루 맥아피, 『제2의 기계 시대』, 이한음 옮김, 청림출판, 2014 참조.

19 특이점은 분야마다 달리 정의되는데, AI의 맥락에서는 AI가 AGI(즉, GAI)를 넘어서 인간의 지능을 능가하는 초지능(超知能, super-intelligence)으로 올라서는 시점을 뜻한다. 이것은 AI가 AGI를 넘어 더욱 발전하게 되면 독자적으로 발전을 가속할 수 있고 그로 인해 사회에 근본적인 변화가 일어나게 된다는 가정을 토대로 한다.

서면 인간의 지능을 초월하는 초(超)AI로 진화하게 될 것이고, 휴머노이드 로봇도 그에 상응해 인간의 육체를 능가하는 수준으로 발달할 것이다. 그 둘이 한 몸으로 융합해 'AI 로봇'으로 발전하면,[20] 그것은 초인간의 탄생을 뜻하며, 새롭게 열리는 'AI 로봇 시대'는 그야말로 '제3의 기계시대'가 아닐 수 없다. 산업사회가 디지털 사회로 전환할 때를 능가하는 패러다임 변화가 일어날 것이다. 만물의 영장으로서 모든 동물 위에 군림하던 인류가 지능적·신체적으로 인류를 능가하는 AI 로봇과 공존하는 시대가 열리면서, 인류의 삶은 천지개벽하듯이 바뀔 것이다. 그런데 그것은 먼 훗날의 이야기가 아니라 단 이삼십 년 후의 일이 될 수 있고, 그것은 다른 누구도 아닌 인류 스스로 만드는 것이며, AI 연구개발 경쟁에 가속이 붙어 그 시점은 더 앞당겨질 수 있다.[21] 특히, AI 소프트웨어를 무료로 개방하는 '오픈 소스' 운동[22]은 누구나 막대한 투자 없이도 생성형 AI를 개발할 수 있게 만들어 AI의 발전을 가속할 수 있다.[23] AI 전문가들이 왜 일찍이 AI 연구개발 원칙을 선언하고 AI 기술 규제를 제안했는지, 왜 미국

---

20 원래 사용자 기기가 AI 서비스를 받으려고 질문이나 명령을 내보내면 그것이 통신채널을 통해서 외부 클라우드로 보내지고 거기서 AI 처리 과정을 거친 다음에 사용자 기기에 돌아온다. 그래서 'AI 로봇'이라는 개체가 제대로 기능하려면 어떠한 상황에서도 끊김 없는 통신이 이루어지는 것이 전제된다. 그러나 만일 고성능 AI 칩이 소형화되어 사용자 기기나 AI 로봇에 탑재되면 외부 통신이 끊겨도 자체적으로 AI 처리기능을 수행하는 것이 가능해진다. 이와 같은 '내장형(on-device) AI'에 대한 가능성이 2024년 CES(Consumer Electronics Show)에서 몇몇 회사의 부스에서 전시된 바 있다. 그리고 삼성전자가 2024년에 출시한 갤럭시 S24에도 내장형 AI가 탑재되어 자동 통역 기능을 제공한다.

21 챗GPT 출시 이후에 각 플랫폼 기업들은 경쟁적으로 AI 모델들을 공개했고(메타의 라마2, 구글의 제미나이 등), 2024년의 CES는 AI가 핵심 주제가 되어 수많은 회사가 다양한 AI 제품과 서비스들을 선보였다.

22 오픈AI가 챗GPT를 출시한 지 1년 후에 메타는 IBM과 함께 50개 이상의 AI 관련 기업과 기관을 모아 'AI 동맹'을 결성했다. 이것은 AI 기술을 무료로 공유하는 오픈소스 동맹이다. Belle Lin, 'Meta and IBM Launch AI Alliance,' 월 스트릿 저널, December 5, 2023 참조.

23 오픈소스로 생성형 AI를 개발할 수 있게 되면 AI가 막대한 투자력이 있는 기업들만의 전유물이 아닌 모두의 공유물이 될 수 있도록 문턱을 낮춰 주는 효과가 있다. 반면에 범죄 조직이나 테러 조직들도 쉽게 딥페이크 등을 이용한 거짓 정보와 가짜 뉴스를 양산할 수 있게 만드는 부작용도 있다.

과 G7이 AI에 관한 행정명령을 발동하고 행동강령을 제정했는지, 나아가 왜 EU가 AI법을 제정했는지 충분히 납득할 만하다.

2022년은 디지털 발전사에 큰 전환점이 되는 해로 기억될 것이다. 2022년 7월에 EU가 디지털 시장법(DMA)과 디지털 서비스법(DSA)을 제정했다. 2022년 11월에는 챗GPT-3.5가 출시되었다. DMA와 DSA의 제정은 디지털 시대가 정점을 넘어섰다는 신호이고, 챗GPT-3.5의 출시는 AI 시대에 접어들기 시작했다는 신호이다. 그것을 계기로 디지털 플랫폼 회사들은 일제히 연구개발의 중심축을 AI로 돌리기 시작했다. 그러므로 2022년은 디지털 시대가 정점을 지나면서 AI 시대로 바통을 넘기기 시작한 해로 기록될 것이다. 그러나 AI 시대의 진입은 디지털 시대의 종말을 의미하는 것이 아니라 디지털 시대의 성숙을 의미하고 디지털·AI 시대의 진전을 의미한다.

참고문헌

김진형, 『AI 최강의 수업』, 매일경제신문사, 2020.

나이절 섀드볼트·로저 햄프슨, 『디지털 유인원』(*The Digital Ape*), 김명주 옮김, 을유문화사, 2019.

박태웅, 『박태웅의 AI 강의』, 한빛비즈, 2023.

쇼샤나 주보프, 『감시 자본주의 시대』(*The Age of Surveillance Capitalism*), 김보영 옮김, 문학사상사, 2021.

스콧 갤러웨이, 『플랫폼 제국의 미래』(*The Four: The Hidden DNA of Amazon, Apple, Facebook, and Google*), 이경식 옮김, 비즈니스북스, 2018.

앤드루 맥아피, 『포스트 피크 거대한 역전의 시작』(*More from Less*), 이한음 옮김, 청림출판, 2020.

앤드루 맥아피·에릭 브린욜프슨, 『머신 플랫폼 크라우드』(*Machine, Platform, Crowd*), 이한음 옮김, 청림출판, 2018.

에릭 브린욜프슨·앤드루 맥아피, 『제2의 기계 시대』(*The Second Machine Age*), 이한음 옮김, 청림출판, 2014.

월터 아이작슨, 『이노베이터』(*The Innovators*), 정영목·신지영 옮김, 21세기북스, 2022.

윤영진·황재진, 『웹3.0과 메타버스가 만드는 디지털 혁명』, 제이펍, 2022.

최두환, 『스마트팩토리로 경영하라』, 허클베리북스, 2019.

Bell Laboratories, *A History of Engineering and Science in the Bell System, Communication Sciences*, Bell Laboratories, 1984.

Bell Laboratories, *A History of Engineering and Science in the Bell System, Switching Technology*, Bell Laboratories, 1982.

Bell Laboratories, *A History of Engineering and Science in the Bell System, Transmission Technology*, Bell Laboratories, 1985.

Bell Laboratories, *Engineering and Operations in the Bell Systems*, 2nd Edition, Bell

Laboratories, 1983.

Bell Laboratories, *Transmission Systems for Communications*, 5th Edition, Bell Laboratories, 1982.

Blum, A., *Tubes: A Journey to the Center of the Internet*, Ecco, 2012.

Campbell-Kelly, M., W. Aspray, N. Ensmenger, and J. R. Yost, *Computer: A History of the Information Machine*, Westview Press, 2013.

Computer History Museum, *Timeline of Computer History*, 2017. http://www.computerhistory.org/timeline/computers/

Dale, N. and J. Lewis, *Computer Science Illuminated*, Jones & Bartlett Learning, 2019.

Galloway, Scott, *Post Corona: From Crisis to Opportunity*, Penguin Random House, 2020.

Gleick, J., *The Information: A History, A Theory, A Flood*, Pantheon Books, 2011.

Goodfellow, I., Y. Bengio, and A. Courville, *Deep Learning*, MIT Press, 2016.

Highsmith, Jim, Linda Luu, and David Robinson, *EDGE: Value-Driven Digital Transformation*, Addison-Wesley Professional, 2019.

IEEE Communications Society, *A Brief History of Communications*, IEEE, 2002.

Ince, D., *The Computer: A Very Short Introduction*, Oxford University Press, 2011.

Internet Society, *Brief History of the Internet*, 2017. http://www.internetsociety.org/internet/what-internet/history-internet/brief-history-internet

Kissinger, H. A., E. Schmidt, and D. Huttenlocher, *The Age of AI: And Our Human Future*, Little, Brown and Company, 2021.

Lee, B. G. and S. Choi, *Broadband Wireless Access and Local Networks: Mobile WiMAX & WiFi*, Artech House, 2008.

Lee, B. G. and W. J. Kim, *Integrated Broadband Networks: TCP/IP, ATM, SDH/SONET, and WDM/Optics*, Artech House, 2002.

Lee, B. G., M. Kang, and J. Lee, *Broadband Telecommunications Technology*, 2nd Edition, Artech House, 1996.

Marr, Bernard, *Tech Trends in Practice: The 25 Technologies that are Driving the 4th Industrial Revolution*, Wiley, 2020.

Metz, C., *Genius Makers: The Mavericks Who Brought AI to Google, Facebook, and the World*, Dutton, 2021.

Meyers, J., *A Brief History of the Computer (BC – 1993AD)*, 2017. http://www.jeremymeyers.com/comp

Oppenheim, A. V. and R. W. Schafer with J. R. Buck, *Discrete-Time Signal Processing*, 2nd Edition, Prentice-Hall, 1999.

Oppenheim, A. V. and R. W. Schafer, *Digital Signal Processing*, Pearson, 1975.

Osseiran, A., J. F. Monserrat, and P. Marsch, *5G Mobile and Wireless Communications Technology*, Cambridge University Press, 2016.

Rappaport, T. S., *Wireless Communications: Principles and Practice*, Prentice Hall, 2002.

Russell, Stuart and Peter Norvig, *Artificial Intelligence: A Modern Approach*, 4th US Edition,

Pearson, 2022.
Saldanha, Tony, *Why Digital Transformations Fail: The Surprising Disciplines of How to Take Off and Stay Ahead*, Berrett-Koehler Publishers, 2019.
Schiller, J., *Mobile Communications*, 2nd Edition, Addison-Wesley, 2003.
Schwab, K., *The Fourth Industrial Revolution*, World Economic Forum, 2016.
Siebel, Thomas M., *Digital Transformation: Survive and Thrive in an Era of Mass Extinction*, Rosetta Books, 2019.
Stüber, G. L., *Principles of Mobile Communication*, Springer, 2017.
Yang, S. C., *OFDMA System Analysis and Design*, Artech House, 2010.

약어 목록

2FA: 2 Factor Authentication, 이중 인증
Adam: Adaptive moment estimation, 적응 모멘트 추정
ADSL: Asynchronous Digital Subscriber Line, 비동기식 디지털 가입자 선로
AI: Artificial Intelligence, 인공지능
AIA: Artificial Intelligence Act, 인공지능법, AI법
ALU: Arithmetic Logic Unit, 연산논리장치
AMPS: Advanced Mobile Phone Service, 아날로그 이동전화 (시스템, 표준)
API: Application Programming Interface, 응용프로그래밍인터페이스
AR: Augmented Reality, 증강현실
ARP: Address Resolution Protocol, 주소 결정 프로토콜
ATM: Asynchronous Transfer Mode, 비동기식 전달 모드
AWS: Autonomous Weapon System, 자율 무기 시스템
BERT: Bidirectional Encoder Representations from Transformers, BERT 모델
BFS: Breadth-First Search, 너비 우선 탐색
BISDN: Broadband Integrated Services Digital Network, 광대역 통합디지털통신망
CAD: Computer-Aided Design, 컴퓨터 원용 설계
CATV: Cable Television, 케이블 텔레비전
CATV: Community Antenna Television, 공동체 안테나 텔레비전
CBDC: Central Bank Digital Currency, 중앙은행 디지털 화폐
CDMA: Code-Division Multiple Access, 부호 분할 다원 접속
CPS: Cyber-Physical System, 사이버 물리 시스템
CNN: Convolutional Neural Network, 합성곱 신경망
DAW: Digital Audio Workstation, 디지털 오디오 워크스테이션
DeFi: Decentralized Finance, 탈중앙화 금융
DApps: Decentralized Applications, 분산 애플리케이션

DL: Deep Learning, 심층 학습
DMA: Digital Market Act, 디지털 시장법
DNN: Deep Neural Networks, 심층신경망
DSA: Digital Service Act, 디지털 서비스법
DFS: Depth-First Search, 깊이 우선 탐색
EDM: Electronic Dance Music, 전자 댄스 음악
FDMA: Frequency-Division Multiple Access, 주파수 분할 다원 접속
FLOPS: Floating-point Operations per Second, 초당 부동소수점 연산 수
FNN: Feedforward Neural Network, 피드포워드 신경망
FOMO: Fear of Missing Out, 포모 (증후군)
FTP: File Transfer Protocol, 파일 전송 프로토콜
GAN: Generative Adversarial Network, 생성적 대립 신경망
GAI: General AI, 일반 AI
GELU: Gaussian Error Linear Unit, 가우스 오류 선형 단위
GNN: Graph Neural Networks, 그래프 신경망
GPAI: General-purpose AI, 일반 목적 AI
GPT: Generative Pre-trained Transformer, GPT (모델)
GSM: Global System for Mobile Communications, GSM (시스템, 표준)
HDTV: High-Definition Television, 고화질 텔레비전
HSPA: High-Speed Packet Access, 고속 패킷 접속
HTTP: HyperText Transfer Protocol, 하이퍼 텍스트 전송 프로토콜
HTML: Hyper Text Markup Language, 하이퍼 텍스트 마크업 언어
IaaS: Infrastructure as a Service, 인프라 서비스
ICT: Information-Communication Technology, 정보통신 기술
IDS: Intrusion Detection System, 침입 탐지 시스템
IP: Internet Protocol, 인터넷 프로토콜
IPv4: Internet Protocol version 4
IPv6: Internet Protocol version 6
IPTV: Internet Protocol Television, 인터넷 프로토콜 텔레비전
IPS: Intrusion Prevention System, 침입 방지 시스템
IS: Interim Standard, CDMA 표준
ISDN: Integrated Services Digital Network, 통합디지털통신망
ISP: Internet Service Provider, 인터넷 서비스 제공자
ITU: International Telecommunication Union, 국제 통신 연합
ITS: Intelligent Traffic System, 지능형 교통 시스템
IoT: Internet of Things, 사물인터넷
LAN: Local Area Network, 지역통신망, 근거리통신망
LAW: Lethal Autonomous Weapon, 치명적인 자율 무기
LIDAR: Light Imaging, Detection and Ranging, 라이다

LTE: Long-Term Evolution, LTE (시스템, 표준)
LSTM: Long Short-Term Memory, 장단기 메모리 (네트워크)
MAC: Medium Access Control, 매체 접근 제어 (프로토콜)
MAC: Multiplier Accumulator, 곱셈덧셈기
MFN: Most-Favored Nation, 최혜국
MIDI: Musical Instrument Digital Interface, 음악 기기 디지털 인터페이스
MIMO: Multi-Input Multi-Output, 다중입력 다중출력
ML: Machine Learning, 기계 학습
MLM: Masked Language Modeling, 마스킹 언어 모델링
MR: Mixed Reality, 혼합현실
MSE: Mean Square Error, 평균 자승 오차
NAI: Narrow AI, 좁은 AI
NER: Named Entity Recognition, 명명된 실체 인식
NFT: Non-Fungible Token, 대체 불가능 토큰
NLP: Natural Language Processing, 자연어 처리
NR: New Radio, 뉴 라디오 (새로운 무선 접속 기술)
NSP: Next Sentence Prediction, 다음 문장 예측
OFDMA: Orthogonal Frequency-Division Multiple Access, 직교 주파수 분할 다원 접속
OS: Operating System, 운영체제
OTT: Over the Top, 인터넷 스트리밍 서비스용 셋톱박스
PaaS: Platform as a Service, 플랫폼 서비스
PDA: Personal Digital Assistant, 개인 디지털 비서 (단말기)
PoS: Proof of Stake, 지분증명
PoW: Proof of Work, 작업증명
RADAR: Radio Detection and Ranging, 레이더
RARP: Reverse Address Resolution Protocol, 역순 주소 결정 프로토콜
ReLU: Rectified Linear Unit, 정류 선형 단위
RL: Reinforcement Learning, 강화 학습
RLHF: Reinforced Learning by Human Feedback, 인간 피드백 강화 학습
RNN: Recurrence Neural Network, 순환 신경망
RPA: Robot Process Automation, 로봇 프로세스 자동화
SaaS: Software as a Service, 소프트웨어 서비스
SDGs: Sustainable Development Goals, 지속 가능한 개발 목표
SMTP: Simple Mail Transfer Protocol, 단순 메일 전송 프로토콜
STB: Set-Top Box, (위성, 케이블) 셋톱박스
STEM: Science, Technology, Engineering, and Mathematics, 과학 기술 공학 수학 (교육)
TCP: Transmission Control Protocol, 전송제어 프로토콜
TDMA: Time-Division Multiple Access, 시간 분할 다원 접속
Telematics: Communications + Informatics, 텔레매틱스

UDP: User Datagram Protocol, 사용자 데이터그램 프로토콜
UHDTV: Ultra-High Definition Television, 초고해상도 텔레비전
UI: User Interface, 사용자 인터페이스
UX: User Experience, 사용자 경험
VAE: Variational Auto-Encoder, 변분 자동부호기
VDSL: Very high-speed Digital Subscriber Line, 고속 비동기식 디지털 가입자 선로
ViT: Vision Transformer, 비전 트랜스포머
VLOP: Very Large Online Platform, 거대 온라인 플랫폼
VLOSE: Very Large Online Search Engine, 거대 온라인 검색 엔진
V2I: Vehicle to Infrastructure, 차량-인프라 간 (통신)
V2V: Vehicle to Vehicle, 차량 간 (통신)
VR: Virtual Reality, 가상현실
WCDMA: Wideband Code-Division Multiple Access, 광대역 부호 분할 다원 접속
WiFi: Wireless Fidelity, 와이파이
WiMAX: Worldwide Interoperability for Microwave Access, 와이맥스
WLAN: Wireless Local Area Network, 무선 근거리통신망
WPA: Wi-Fi Protected Access, 와이파이 보호 접속 (패킷 암호화 방식)
WWW: World-Wide Web, 월드와이드웹
XR: eXtended Reality, 확장 현실

찾아보기

ㄱ

가격 불공정 100
가상 세계 129
가상 아바타 132
가상현실(VR) 130, 267
가우스 오류 선형 단위 196
가중치 193, 195
가중치 파라미터 수 235
가중치 행렬 196
가짜 뉴스 300, 317, 353, 360
감시 252
감시자본주의 사회 320, 325
값 216
강화 학습 166, 187, 192
강(强)AI 166
개인 맞춤형 263
개인 소양 355, 356
개인정보 96, 99, 248, 300, 355
개인정보 보호 313, 361
개인정보 보호 권리 330
거대 온라인 검색 엔진(VLOSE) 115
거대 온라인 플랫폼(VLOP) 115
거짓 정보 317, 353
건축 시각화 131
검색 엔진 83, 95, 183, 225
검색쿼리 77, 326
게이트 순환 유닛(GRU) 202
게이트키퍼 110, 114
결어긋남 162
결정 트리 186, 188
경비 지불 92
경사 하강법 185, 186, 206, 208
경쟁법 109
경합성 112
고화질 텔레비전 39
공공디지털센터 359
공동체 안테나 텔레비전 40
공장 디지털화 282
공적 공간 101
공정성 112, 255
과학 문해력 311
관리 254
광고 92
광대역종합정보통신망(BISDN) 35, 52
광통신 35, 41
교육 312, 350
교육 도구 225
교육 불평등 310
교육적 불평등 312
교육 콘텐츠 312
교육 플랫폼 76
교차 엔트로피 206

교환 35
구글 83, 104, 107, 112, 115, 325
구글 검색 서비스 77
구글 애즈 83
구글 클라우드 84
규제 106, 254
규제 기능 93
규제 방법 108
그래프 신경망(GNN) 179
그리드 형태 203
근거리통신망(LAN) 38
금지사항 111, 116
기계 학습 166, 167, 178, 179, 186, 327
기술 119
기술적 감시장치 322
기술적 도전 243
기술적 위험 249
기술치료 319
기업생태계 348
기지국 120
깊이 우선 탐색(DFS) 182

ㄴ

내비게이션 시스템 149, 150
네트워크 외부 효과 91, 103, 109
넷플릭스 139
노드 193, 195
논리 이론가 177

ㄷ

다중헤드주목 212, 215, 218
단백질 구조 139
단일헤드주목 234
대조 효과 334
대체 코인 155
대화형 시각화 130
대화형 학습 312
데브옵스 290
데이터통신 41
도메인 이름 시스템 78
도피주의 334
동적 프로그래밍 185
드론 146
등대공장 280
디자인 원칙 279
디지털 69, 119
디지털 가상공간 128
디지털 감시 320
디지털 감시사회 320
디지털 격차 248, 301, 309, 339, 350, 359
디지털 구속 320
디지털 기술 20, 264
디지털대전 345
디지털 도피 333
디지털 디톡스 333
디지털 문해력 311, 318, 350, 356
디지털 문화 309
디지털 변환 42, 45
디지털 서비스법(DSA) 114, 349
디지털 시장법(DMA) 110, 349
디지털 신호 44
디지털 신호처리 47
디지털 융합 62
디지털 장의사 99
디지털 전환 262
디지털 전환기의 사회 298
디지털 전환의 추동력 264
디지털 전환의 토대 17
디지털 전환 전략 287
디지털 정부 316
디지털 키오스크 309
디지털 테크노스트레스 334
디지털 통신망 48
디지털 통합 50
디지털 트윈 133, 268
디지털 팩토리 272
디지털 포용 311
디지털 플랫폼 18, 69, 346

디지털 혁명 344
디지털·AI 문해력 248, 339
디지털·AI 전환의 과제 28
딥러닝 193
딥블루 178
딥페이크 249, 256, 340, 355
떼 지능 알고리듬 185

ㄹ
라이다(LIDAR) 149
랜섬웨어 142
랭크브레인 183
레이더(RADAR) 149
레이블 188
렌즈 129
로보틱스 146
로봇 145, 268
로봇공학 166
로봇 프로세스 자동화(RPA) 147, 268, 307
로짓 232
루트킷 142
리눅스 77
링크 계층 61

ㅁ
마이크로 컴퓨터 37
마켓플레이스 86
맞춤형 교육 312
맞춤형 제품 293
맞춤형 학습 312
맥OS 77
맬웨어 142
멀티태스킹 333
멀티호밍 110, 113
메인프레임 컴퓨터 37
메일 서비스 79
메타 88, 106, 107, 112, 327
메타버스 131, 267, 308
모바일 와이맥스(m-WiMAX) 36, 57
모션 캡쳐 305
모의 담금질 185
몰입감 131
몰입형 교육 131
무선 이동통신 35, 55
무선전신 35
무선주파수 대역 120
무선지역통신망(WLAN) 38
무차별 탐색 185
문자폭탄 315, 319
문화 301
물리적 대응물 134
미니뱃치 208
미니 컴퓨터 37
밈 302

ㅂ
바이러스 142
바이오정보학 139
반지도 학습 190
반향실 효과 97, 317, 336
반(半) 디지털 미술 304
방송 39
방송위성 35
방화벽 142
배터리 283
백신 개발 140
버블 정렬 184
벌금 111, 117
변분 자동부호기(VAE) 180, 198
병리(病理) 현상 315
병합 정렬 184
보안 255
보안 위험 250
보안 패치 141
보완 사업 108
복호기 198, 212, 214
부적합 208
부족본능 315

부호기 198, 212, 214
부호분할다원접속(CDMA) 55
북코퍼스 241
분류(classification) 문제 188
분류 작업 206
분산 네트워크 153
분산웹 158
분산 제조 160
분산화 152
분할-정복 184
블록별 기능 230
블록체인 153, 268
비밀번호 관리자 144
비용 함수 206
비전 트랜스포머 220
비지도 학습 166, 187, 189
비트코인 154
빅데이터 136, 268, 327
빅데이터 분석학 137
빅테크 기업 20, 348, 349
빔포밍 121
빙 115

ㅅ
사라지는 경사 202
사람의 인지 과정 170
사물인터넷(IoT) 123, 267, 277
사생활 248
사생활 공간 101
사생활 침해 252
사이버 공격 249, 251
사이버 물리 시스템 277
사이버 보안 솔루션 141
사회 신용 제도 321
사회적 감시장치 322
사회적 과제 301
사회적 네트워크 89
사회적 불평등 247, 310
사회적 위험 250
사회적·윤리적 도전 246
산업 로봇 146
산업의 디지털·AI 전환 24
산업의 AI 전환 293
삽입 정렬 184
상품의 거래 방식 299
상호 연결 279
상호운용성 245
생각의 구속 336
생산 공정 135
생성기 199
생성 모델 167
생성적 대립 신경망(GAN) 180, 199
생성적 아트 304
생성형 167
생성형 모델 180
생성형 신경망 모델 199
생활 문화 303
생활 형태 298
서비스 79, 80
서비스 로봇 146
선택 정렬 184
선형 및 소프트맥스 237
선형 변환 196, 214, 232, 235
선형 프로그래밍 185
선형 회귀 모델 188
설명 가능성 255
세 가지 신호원 42
센서 123, 130, 145
셀룰러 네트워크 120
셀룰러 통신 41
소셜미디어 96, 317, 351, 353
소셜미디어 서비스 77
소셜미디어 플랫폼 76, 89
소셜 웹 157
소프트맥스 214, 232, 235
소프트웨어 구동 공장(SDF) 286
소프트웨어 기반 차량(SDV) 284
소프트웨어 서비스(SaaS) 126

수소전기차 284
순환 신경망(RNN) 167, 178, 197, 200, 201, 218
슈퍼 컴퓨터 164
스마트 계약 154, 158
스마트시티 124, 125, 135
스마트 제조 284
스마트팩토리 280, 285
스마트폰 37, 62, 303
스마트홈 124
스파이웨어 142
시그모이드 196
시뮬레이션 130, 134
시분할다원접속(TDMA) 55
시퀀스 201
신경망 166, 178, 193
신경망 구조 194
신경망 모델 188
신경망의 유형 197
신용점수 321
신용점수 합산제 323
심층 신경망(DNN) 179, 209
심층 학습 166, 187, 209
쌍곡 탄젠트(tanh) 196

ㅇ
아날로그 신호 44
아마존 85, 105, 107, 112, 327
아마존 스토어 115
아마존 프라임 86
아이폰 82
악성 댓글 315
안드로이드 62, 77, 84
안면 인식 321
안전 255
알고리듬 181
알트코인 155
알파고 178
암호화 143
암호화폐 154
애드웨어 142
애자일 방법 292
애플 81, 104, 107, 112
애플리케이션 79, 80
액추에이터 123, 145
앱스토어 63, 64, 76, 83, 115
약물 발견 140
약(弱)AI 166
양면 시장 91
양자비트 162
양자 컴퓨터 162
언론 353
언어 번역 225
얽힘 162
업무와 생활 방식 299
에이전트 192
에지 컴퓨팅 124, 126
에퀴팩스 141
엔지 272
엘리자(ELIZA) 178
여론 재판 99
여론조사 360
역전파(backpropagation) 기법 206
역전파 알고리듬 167
역진행 학습 312
연결 단절의 공포 331
연결된 차량 284
연속시간 신호 47
연속 연결 217
영상 신호 43
예술 창작 304
예측적 유지 보수 294
오픈 소스 운동 365
오픈AI 227
온라인 소매업 86
온라인 시장 플랫폼 76
완전 연결 계층 198, 204
왓츠앱 88

원격 제조 160
원격 학습 312
원격 협업 308
웜 142
웨어러블 기술 125
웹1.0 156
웹2.0 157
웹3.0 156, 158
웹 브라우징 73
위성통신 35
위치 부호기 212
위험 249
위협 250
윈도우 77
유선통신 34
유전자 서열 139
유튜브 84
윤리 문제 248
윤리적 위험 250
윤리 지침 255
은닉 계층 194
음성 신호 43
응용 계층 61
응용 플랫폼 75, 346
의무사항 111, 116
이더리움 155
이동 로봇 146
이동통신 35
이모지 302
이모티콘 302
이산시간 신호 47
이중 인증 144
인간 게놈 프로젝트 140
인간의 본성 328
인간형 로봇 146
인격 처형 99
인더스트리 4.0 276, 277, 279, 285
인스타그램 88
인증 및 접근 제어 143
인지 기능 170
인지 컴퓨팅 277, 278
인터넷(Internet) 38, 53
인터넷 개인방송 317, 353, 360
인터넷 계층 61
인터넷 용어 302
인터넷 프로토콜 텔레비전(IPTV) 40
인프라 서비스(IaaS) 126
일반화 245
일반 AI(GAI, AGI) 166
일자리 301, 307
일자리 문제 247
임베딩 벡터 233
임베딩 행렬 233
입력 계층 194
입력 임베딩 212, 230, 232, 236
잉여가치 329
잉여(剩餘) 데이터 328
잉여 행동 328
잊힐 권리 99

ㅈ

자기 구속 331
자기 구속 현상 320
자기주목 215
자기주목 메커니즘 167, 180
자연 독점 103, 109
자연어 처리 166, 220
자율 드론 149, 150
자율 무기 250
자율 무기 시스템(AWS) 249, 250
자율주행 122
자율주행 차량 149, 284
자율주행 트랙터 275
자체 접힘 구조 161
잠복 공간 198
잡스, 스티브(Jobs, Steve) 347
장단기 기억 198
장단기 메모리(LSTM) 178, 198, 202

재고 관리 275
재교육 360
재구성 손실 199
재택근무 308
전기차 283
전(全) 디지털 미술 304
전문가 시스템 178
전산적 사고 352
전송 계층 61
전자교환기 35
전자 댄스 음악 304
전자상거래 86
전자상거래 플랫폼 76
전자정부 316
전처리 과정 188
전통산업 270
전화 42
정규분포화 213
정규화 기법 209
정규화 손실 199
정렬 알고리듬 183
정류 선형 단위(ReLU) 196
정보 이론 41
정보 추출 225
정보통신 기술(ICT) 119, 299
정보 투명성 279
정부의 역할 358
정수 프로그래밍 185
정적 웹 156
정치 315
정치적 부족주의 324
제1의 기계시대 364
제1차 디지털대전 54, 67
제2의 기계시대 364
제2차 디지털대전 57, 67
제3의 기계시대 364
제3차 디지털대전 64, 68
제3판매자 86
제4차 산업혁명 346
제조산업 276
존디어 274
좁은 AI(NAI, ANI) 166
종합정보통신망 35
주목 가중치 216
주목(注目, attention) 메커니즘 180
주목 점수 216
주문형 126
주보프, 쇼샤나(Zuboff, Shoshana) 328
주파수분할다원접속(FDMA) 55
중소기업의 디지털 전환 361
중앙은행 디지털 통화(CBDC) 156
중앙은행디지털화폐 321
중첩 162
증강현실 129
지능형 이동 로봇 146
지도 학습 166, 187, 188
지속 가능성 256
지속 가능한 개발 목표 263
직업교육 339
직업전환교육 360
진화 알고리듬 185
집단행동 319
집중력 감소 332
짤방 302

ㅊ

차폐 다중헤드주목 212, 231, 233, 236
차폐 언어 모델링 225
차폐 자기주목 223
채굴 155
책임감 있는 AI 363
책임성 246, 255
챗봇 167
챗GPT 167, 226
챗GPT-3.5 167
챗GPT-4 167
초기 AI 177
초연결 299, 347

초연결망 136
초(超)AI 365
최저가 보장 102
최적화 알고리듬 184
출력 계층 195
침입 탐지 및 방지 시스템 142
칩튠 304

ㅋ
컴퓨터 36, 42
컴퓨터 그래픽 305
컴퓨터 비전 166
컴퓨터 통신 38
케이블 텔레비전(CATV) 39
코딩 352
코먼크롤 241, 244
콘도르 164
콘텐츠 74, 79
콘텐츠 공유 플랫폼 76
콘텐츠 플랫폼 74, 346
쿠키 326
쿼리 216
큐비트 162
클라우드 서버 126
클라우드 컴퓨팅 124, 126, 267, 277
클라우드 컴퓨팅 플랫폼 76
클러스터 190
클러스터링 알고리듬 190
키 216

ㅌ
타깃 광고 100
탈중앙화 152, 153, 158
탈중앙화 금융(DeFi) 158
탈진실 315
탐사 로봇 146
탐색 알고리듬 182
텍스트 분류 225
텍스트 생성 225
텔레비전 42
텐왕 321
토큰 212, 216
토큰화 158
통신 플랫폼 58, 72, 346
투명성 246, 255
트랙터 274
트랜스포머 167, 180
트랜스포머 구조 181, 200, 210
트랜스포머의 구성 212
트랜지스터 40
트로이목마 142

ㅍ
판별기 199
패킷 교환 38
패킷 방식 48, 58
패킷 방식의 디지털 통합 53
페이스북 88
페이지랭크 183
편향성 246, 255
편향치 195
평가 166
평균자승오차(MSE) 206
평생교육 360
포모 98
포모(FOMO)증후군 98, 332
포스코 280
포스코DX 281
포스코ICT 281
포스프레임 281
폭발하는 경사 202
표준화 245
풀링 계층 198, 203
프로세스 자동화 263, 293
프로토타입 160
프론티어 164
플랫폼 69
플랫폼 기업 81

플랫폼 서비스(Paas) 76, 126
플랫폼의 역기능 94
플레이스토어 64, 76
피드포워드 212, 231, 234, 237
피드포워드 신경망 197
피싱 144
피처폰 62
픽셀 아트 304
핀테크 307
필터 버블 95, 336

ㅎ
하이브리드차 283
하이퍼파라미터 208
학습 과정 205
학습률 207
학습 절차 187
한류(韓流) 문화 306
합성곱 계층 198, 203
합성곱 신경망(CNN) 167, 178, 198, 200, 203, 218
합의 메커니즘 155
해저케이블 35
핵심 사업 108
핸드오버 120
행동 잉여 328
허밍버드 183
허위 정보 249, 300, 360
현대자동차 283
협업 플랫폼 76
확률적 경사 하강법(SGD) 207
확장성 244
활성화 계층 203
활성화 함수 195, 196
회귀 작업 206
회귀(regression) 문제 188
회선 방식 48, 58
회선 방식의 디지털 통합 51
훈련 166
훈련 시뮬레이션 131
휴머노이드 146
흑백TV 방송 35

A
ADSL 54
AI 22, 129, 166, 269
AI 격차 248, 339
AI 기술 294, 337
AI 기술치료 340
AI 로봇 365
AI 로봇 시대 362, 364, 365
AI법 355
AI 시대 362
AI 시스템의 복잡도 232
AI 시스템의 훈련 239
AI 아트 304
AI의 발달 과정 177
AI의 인지 과정 172
AI 전환 294, 337
AI 필터링 319, 354
all-IP 방식 57
API 75
AR 129, 267
AR 아트 304
AR 안경 130
AR 정보 처리 129
ATM 52
AWS 클라우드 컴퓨팅 86

B
BERT 181, 183, 221, 243

C
CAD 160
CCTV 252
CPS 277, 278

D
DApps 158
DAW 304

E
E-FOREST 285

F
FTP 60

G
GELU 함수 197
GPS 149, 150
GPT 167, 181, 221, 243
GPU 219, 243

H
HDTV 39
HMGICS 287
HTML 156
HTTP 60, 77, 157
HTTPS 77

I
IBM 왓슨 178
ICT 빅뱅 62, 63, 66, 345
IDS/IPS 143
iOS 62, 77
IP 패킷 58, 78
IPv4 123
IPv6 123
ISDN 35, 52
ITS 121

K
K-컬처 306
k-평균 190

L
LTE 36, 57

M
MIDI 304
MIMO 121

N
NFT 158

O
OFDMA 56, 120
OS 75
OTT 306

P
PC 37
PDA 37
PoS 155
PoW 155

R
RPA 봇 148
RPA 솔루션 148

S
SMTP 60

T
T-1 캐리어 35
TCP 77
TCP 패킷 78
TCP 프로토콜 41
TCP/IP 프로토콜 41, 60
Telnet 60
TPU 244

V
V2X 149

VDSL 54
VoIP(Voice over IP) 61
VR 아트 304
VSTi 304

W
WPA2 144
WPA3 144

X
XML 157

기타
1G 36
2G 36
3차원 몰입 환경 131
3D 카메라 305
3D 프린팅 159, 269
3G 36
4D 프린팅 161
4G 36
5G 120, 267
6G 120, 122